Flavio Luis Vieira Souza

CONTABILIDADE TRIBUTÁRIA

Tributos Federais, Estaduais e Municipais,
Reforma e Planejamento

Atualizado conforme a Reforma Tributária – EC nº 132/2023
e sua regulamentação pela Lei Complementar nº 214, de 2025

Inclui estudos de caso com simulações de apuração tributária
Mais de 200 exercícios práticos de fixação

Copyright © 2025 by Flavio Luis Vieira Souza

Todos os direitos reservados e protegidos pela Lei 9.610, de 19.2.1998.
É proibida a reprodução total ou parcial, por quaisquer meios, bem como a produção de apostilas, sem autorização prévia, por escrito, da Editora.
Direitos exclusivos da edição e distribuição em língua portuguesa:
Maria Augusta Delgado Livraria, Distribuidora e Editora

Direção Editorial: Isaac D. Abulafia
Gerência Editorial: Marisol Soto
Diagramação e Capa: Maicon Santos
Copidesque: Lara Alves dos Santos Ferreira de Souza e Enrico Miranda
Revisão: Doralice Daiana da Silva
Assistente Editorial: Larissa Guimarães

Dados Internacionais de Catalogação na Publicação (CIP) de acordo com ISBD

T729c	Souza, Flavio Luis Vieira
	Contabilidade tributária: Tributos Federais, Estaduais e Municipais, Reforma e Planejamento / Flavio Luis Vieira Souza. - Rio de Janeiro : Freitas Bastos, 2025.
	692 p.; 15,5cm x 23cm.
	Inclui bibliografia.
	ISBN: 978-65-5675-547-2
	1. Contabilidade. 2. Contabilidade tributária. 3. Tributos. I. Título.
2025-2018	CDD 657
	CDU 657

Elaborado por Odilio Hilario Moreira Junior - CRB-8/9949

Índice para catálogo sistemático:
1. Contabilidade 657
2. Contabilidade 657

Freitas Bastos Editora
atendimento@freitasbastos.com
www.freitasbastos.com

Dedico este livro:

Aos meus pais, Miguel e Maria Aparecida, e à minha irmã, Márcia Valéria, pelo amor, exemplo e apoio incondicional.

À minha esposa, Gisele Souza, que acreditou em mim mesmo quando eu duvidei. Parceira e maior incentivadora deste e de tantos outros projetos.

Aos meus filhos, Maria Luísa, Ana Beatriz e Luis Eduardo, minha maior contribuição para um mundo melhor.

LISTA DE ABREVIATURAS E SIGLAS

ADCT	Ato das Disposições Constitucionais e Transitórias
ADI	Atos Declaratórios Interpretativos
AFRMM	Adicional ao Frete para a Renovação da Marinha Mercante
APEX	Agência Brasileira de Promoção de Exportações e Investimentos
ATAERO	Adicional de Tarifa Aeroportuária
B2B	Business to Business – transações comerciais realizadas entre empresas
B2C	Business to Consumer – vendas diretas ao consumidor final
CadÚnico	Cadastro Único para Programas Sociais do Governo Federal
CAMEX	Câmara de Comércio Exterior
CARF	Conselho Administrativo de Recursos Fiscais
CBS	Contribuição sobre Bens e Serviços
CEPP	Contribuição Estadual sobre Produtos Primários e Semielaborados
CFC	Conselho Federal de Contabilidade

6

CGIBS	Comitê Gestor do Imposto sobre Bens e Serviços
CIDE-Combustíveis	Contribuição de Intervenção no Domínio Econômico incidente sobre a importação e a comercialização de petróleo e seus derivados, gás natural e seus derivados, e álcool etílico combustível
CIDE-Energia	Contribuição de Intervenção no Domínio Econômico sobre Energia
CIDE-Remessas	Contribuição de Intervenção no Domínio Econômico sobre Remessas ao Exterior
CIP	Contribuição de Iluminação Pública
CNPJ	Cadastro Nacional de Pessoas Jurídicas
COFINS	Contribuição para o Financiamento da Seguridade Social
CONDECINE	Contribuição para o Desenvolvimento da Indústria Cinematográfica Nacional
CPP	Contribuição Previdenciária Patronal
CPRB	Contribuição Previdenciária Patronal sobre a Receita Bruta
CSLL	Contribuição Social sobre o Lucro Líquido
CTN	Código Tributário Nacional
DARF	Documento de Arrecadação de Receitas Federais
DASN-Simei	Declaração Anual Simplificada para o Microempreendedor Individual
DCTF	Declaração de Débitos e Créditos Tributários Federais

DCTFWeb	Declaração de Débitos e Créditos Tributários Federais Previdenciários e de Outras Entidades e Fundos
DE	Declaração de Exportação
Defis	Declaração de Informações Socioeconômicas e Fiscais
DIFAL	Diferencial de Alíquota do ICMS
DIRF	Declaração de Imposto de Renda Retido na Fonte
DPVAT	Seguro Obrigatório de Danos Pessoais Causados por Veículos Automotores de Via Terrestre
e-CAC	Centro Virtual de Atendimento ao Contribuinte
EC	Emenda Constitucional
eSocial	Sistema de Escrituração Digital das Obrigações Fiscais, Previdenciárias e Trabalhistas
FGTS	Fundo de Garantia do Tempo de Serviço
FOT	Fundo Orçamentário Temporário
Funrural	Fundo de Assistência ao Trabalhador Rural
FUNTEL	Fundo para o Desenvolvimento Tecnológico das Telecomunicações
FUST	Fundo de Universalização dos Serviços de Telecomunicações
GPS	Guia da Previdência Social
IBS	Imposto sobre Bens e Serviços

ICMS	Imposto sobre Circulação de Mercadorias e Serviços
IE	Imposto sobre Exportação
IGF	Imposto sobre Grandes Fortunas
II	Imposto sobre Importação
IN	Instrução Normativa
INCRA	Instituto Nacional de Colonização e Reforma Agrária
INSS	Instituto Nacional do Seguro Social
IOF	Imposto sobre Operações Financeiras
IPI	Imposto sobre Produtos Industrializados
IPTU	Imposto Predial e Territorial Urbano
IPVA	Imposto sobre Propriedade de Veículos Automotores
IR	Imposto de Renda
IS	Imposto Seletivo
ISS	Imposto sobre Serviços de Qualquer Natureza
ITBI	Imposto sobre Transmissão Inter Vivos de Bens e Imóveis
ITCMD	Imposto sobre Transmissão Causa Mortis e Doação
ITR	Imposto sobre a Propriedade Territorial Rural
LC	Lei Complementar
MEI	Microempreendedor Individual
NBC	Normas Brasileiras de Contabilidade
NCM	Nomenclatura Comum do Mercosul

PGDAS-D	Programa Gerador do Documento de Arrecadação do Simples Nacional – Declaratório
PGFN	Procuradoria-Geral da Fazenda Nacional
PGMEI	Programa Gerador do Documento de Arrecadação do Simples Nacional para o Microempreendedor Individual
PIB	Produto Interno Bruto
PIS	Programa de Integração Social
Prouni	Programa Universidade para Todos
RAT	Risco Ambiental do Trabalho
RBT12	Receita bruta acumulada nos doze meses anteriores ao período de apuração
REB	Registro Especial Brasileiro
RECOF	Regime Aduaneiro Especial de Entreposto Industrial
Refis	Programa de Recuperação Fiscal
Reidi	Regime Especial de Incentivos para o Desenvolvimento da Infraestrutura
Renaval	Regime Tributário para Incentivo à Atividade Naval
Reporto	Regime Tributário para Incentivo à Modernização e à Ampliação da Estrutura Portuária
RFB	Receita Federal do Brasil
RIR	Regulamento do Imposto de Renda
SAF	Sociedade Anônima do Futebol
Sebrae	Serviço Brasileiro de Apoio às Micro e Pequenas Empresas

Sesc	Serviço Social do Comércio
Selic	Taxa referencial do Sistema Especial de Liquidação e de Custódia
Senac	Serviço Nacional de Aprendizagem Comercial
Senai	Serviço Nacional de Aprendizagem Industrial
Senat	Serviço Nacional de Aprendizagem do Transporte
Sesi	Serviço Social da Indústria
Sest	Serviço Social do Transporte
Simei	Sistema de Recolhimento em Valores Fixos Mensais dos Tributos Abrangidos pelo Simples Nacional para o Microempreendedor Individual
Siscomex	Sistema Integrado de Comércio Exterior
SPE	Sociedade de Propósito Específico
SPU	Secretaria de Patrimônio da União
STF	Supremo Tribunal Federal
STJ	Superior Tribunal de Justiça
Suframa	Superintendência da Zona Franca de Manaus
TEC	Tarifa Externa Comum do Mercosul
TST	Tribunal Superior do Trabalho
ZFM	Zona Franca de Manaus

LISTA DE FIGURAS

Figura 2.1	Elementos presentes no conceito de tributo
Figura 2.2	Espécies tributárias
Figura 2.3	Fato gerador das taxas
Figura 2.4	Exceções aos princípios da anterioridade e noventena
Figura 2.5	Aspectos conceituais das imunidades, isenções e não incidências
Figura 2.6	Obrigação tributária
Figura 2.7	Hipóteses de incidência
Figura 2.8	Obrigação e crédito tributário – diferenças
Figura 2.9	Prescrição e decadência
Figura 3.1	Alterações promovidas pela Reforma Tributária
Figura 3.2	Princípio da não cumulatividade presente na ideia do IVA

LISTA DE FIGURAS

LISTA DE QUADROS E TABELAS

Quadro 2.1	Competência para criação de impostos
Quadro 2.2	Classificação dos impostos
Quadro 2.3	Contribuições sociais no STN
Quadro 2.4	Competência tributária – Instrumentos legais
Tabela 3.1	Efeitos da cobrança por fora do IBS e CBS
Quadro 3.1	Fixação do preço de venda – Comparação entre modelos
Quadro 3.2	Lançamentos contábeis – Modelo atual
Tabela 3.2	DRE projetada – Modelo atual
Tabela 3.3	Fluxo de caixa simplificado – Modelo atual
Tabela 3.4	Lançamentos contábeis – Após a reforma
Tabela 3.5	DRE projetada – Após a reforma
Tabela 3.6	Fluxo de caixa simplificado – Modelo atual
Tabela 3.7	Comparação entre lucro e caixa – Modelos atual e após a reforma
Tabela 3.8	Distribuição dos tributos Simples Nacional 2025-2026
Tabela 3.9	DRE projetada atual
Tabela 3.10	Repartição dos tributos Simples Nacional – 4ª faixa, Anexo I

Tabela 3.11	DRE Projetada anual – 2027-2033
Tabela 3.12	Créditos tributários tomados pelos compradores
Tabela 3.13	Percentual de repartição de tributos – 4ª faixa, Anexo I
Tabela 3.14	DRE projetada atual a partir de 2027-2030
Tabela 3.15	DRE projetada atual a partir de 2031-2033
Tabela 3.16	Comparação do lucro apurado nos regimes do Simples Nacional
Tabela 3.17	Informações por estabelecimentos – apuração IBS/CBS
Tabela 3.18	Composição do faturamento
Tabela 3.19	Projeção do resultado pelo regime atual
Tabela 3.20	Projeção do resultado após a Reforma Tributária
Tabela 3.21	Projeção do resultado após a Reforma Tributária com alteração na receita bruta
Tabela 3.22	Projeção do resultado pelo regime atual – Regime cumulativo
Tabela 3.23	Alíquotas IBS e CBS ICMS e ISS – período de 2027 a 2032
Tabela 3.24	Alterações introduzidas pela reforma tributária – 2026-2033
Tabela 4.1	Valores fixos do MEI a partir de 2027
Tabela 4.2	Desenquadramento por ultrapassagem do limite de faturamento
Tabela 5.1	Anexo I – Simples Nacional
Tabela 5.2	Projeção de RBT12 no primeiro ano de atividade

Tabela 5.3	Cálculo da alíquota efetiva
Tabela 5.4	Cálculo do tributo devido
Tabela 5.5	Percentual de participação dos tributos – Anexo I
Tabela 5.6	Anexo III – Simples Nacional
Quadro 6.1	Conceito de industrialização
Tabela 6.1	Alíquota interestadual – ICMS
Tabela 6.2	Alíquotas CPRB e CPP – período 2025-2028
Tabela 7.1	Contribuição dos segurados empregado, empregado doméstico e trabalhador avulso a partir de 01/01/2025
Quadro 8.1	Percentuais da receita bruta aplicáveis ao lucro presumido
Quadro 8.2	Percentuais aplicáveis para base de cálculo das antecipações
Quadro 8.3	Percentuais aplicados sobre a receita bruta conhecida
Quadro 8.4	Lucro arbitrado quando não conhecida a receita
Tabela 9.1	Resumo dos tributos incidentes sobre a importação apurados
Tabela 10.1	Alíquotas do ITR
Tabela 12.1	Projeção da RBT12 e alíquota efetiva em 2025
Tabela 12.2	Valores a recolher no Simples Nacional – Exercício 2025
Tabela 12.3	Projeção dos créditos tributários – 2025

Tabela 12.4	Projeção dos gastos após a dedução dos créditos tributários
Tabela 12.5	Projeção dos gastos após a dedução dos créditos tributários
Tabela 12.6	Projeção dos tributos sobre a folha de pagamento 2025
Tabela 12.7	Resultado do exercício projetado por regime de tributação
Tabela 12.8	Fluxo de caixa tributário
Tabela 12.9	Projeção da receita bruta acumulada e alíquota efetiva em 2025
Tabela 12.10	Valores a recolher no Simples Nacional – Exercício 2025
Tabela 12.11	Resultado do exercício projetado por regime de tributação
Tabela 12.12	Projeção da receita bruta acumulada e da alíquota efetiva em 2025
Tabela 12.13	Valores a recolher no Simples Nacional – Exercício 2025
Tabela 12.14	Resultado do exercício projetado por regime de tributação

Sumário

PREFÁCIO...31
APRESENTAÇÃO...33
INTRODUÇÃO..35
Capítulo 1 – A CONTABILIDADE E OS TRIBUTOS............39
    1.1 Contabilidade tributária 41
    1.2 Gestão tributária 44
    1.3 Planejamento tributário 47
    1.4 Compliance tributário 50
    1.5 Auditoria tributária 51
    1.6 Relacionamento Estado x Contribuinte.......53
    1.7 A Relação entre Contabilidade tributária e
    Direito Tributário...55
    1.8 O papel do contador e do advogado tributário 57
    1.9 Competências e habilidades profissionais 58
    1.10 Normas Brasileiras de Contabilidade –
    Aplicações na área tributária 62
    1.11 Estudo de Caso – Atuação do contador diante
    da Reforma Tributária...66
    1.12 Exercícios de fixação 69
    Respostas 78
Capítulo 2 – SISTEMA TRIBUTÁRIO NACIONAL.............79
    2.1 Atividade financeira do Estado e o papel dos
    tributos 80
    2.2 Tributos: conceito e natureza jurídica..........81
    2.3 Receitas públicas não tributárias 84
    2.4 Espécies tributárias.......................................86

2.4.1 Impostos 87
2.4.2 Taxas 90
2.4.3 Contribuição de melhorias 92
2.4.4 Empréstimos compulsórios 93
2.4.5 Contribuições especiais 94
2.5 Competência tributária 96
2.6 Limitações constitucionais ao poder de tributar 99
2.6.1 Federativo 100
2.6.2 Legalidade 100
2.6.3 Anterioridade 102
2.6.4 Noventena 102
2.6.5 Irretroatividade 103
2.6.6 Isonomia 104
2.6.7 Uniformidade geográfica 104
2.6.8 Não limitação ao tráfego 105
2.6.9 Não confisco 105
2.6.10 Novos princípios introduzidos pela
Reforma Tributária 105
2.6.11 Imunidades tributárias 106
2.7 Legislação tributária 109
2.7.1 Leis 109
2.7.2 Legislação Tributária 111
2.8 Obrigação tributária 112
2.8.1 Fato gerador e hipótese de incidência 114
2.8.2 Interpretação do Fato Gerador e
Planejamento Tributário 115
2.8.3 Capacidade tributária 116
2.8.4 Sujeitos da obrigação tributária 117
2.8.5 Outros elementos da obrigação tributária 118
2.9 Crédito tributário 119
2.9.1 Suspensão do crédito tributário 121
2.9.2 Extinção do crédito tributário 122

2.9.3 Exclusão do crédito tributário 126

2.10. Noções do processo administrativo tributário 128

2.10.1 Fase não litigiosa 128

2.10.2 Fase litigiosa 129

2.10.3 Prazo para pagamento ou parcelamento 130

2.10.4 Inscrição em dívida ativa 130

2.10.5 Execução fiscal 130

2.11 Exercícios de Fixação 131

Respostas: 140

Capítulo 3 – REFORMA TRIBUTÁRIA 141

3.1 Objetivos da Reforma Tributária 142

3.2 IVA-dual 143

3.3 Aspectos constitucionais do IBS e da CBS 156

3.3.1 IBS 156

3.3.2 CBS 158

3.4 Normas Gerais do IBS e da CBS 159

3.4.1 Regimes de apuração 159

3.4.1.1 Regime regular e o Simples Nacional.. 160

3.4.1.2 Formas de apuração 172

3.4.2 Hipóteses de incidência 176

3.4.2.1 Definição de operação onerosa 177

3.4.2.2 Norma antielisão – Incidência sobre
operações específicas 178

3.4.2.3 Situações de não incidência 179

3.4.2.4 Operações mistas – Segregação de
bens e serviços 181

3.4.3 Imunidades 182

3.4.4 Momento da ocorrência do fato gerador 183

3.4.5 Local da operação 187

3.4.6 Base de cálculo 189

3.4.7 Alíquotas 193

3.4.7.1 Alíquotas-padrão 193

3.4.7.2 Alíquotas de referência 194

3.4.8 Sujeito passivo 195

3.4.8.1 Contribuintes 195

3.4.8.2 Solidariedade e responsabilidade tributária 198

3.4.9 Modalidades de extinção dos débitos 200

3.4.9.1 Pagamento 200

3.4.9.2 Recolhimento na liquidação financeira (*split payment*) 201

3.4.9.3 Recolhimento pelo adquirente 215

3.4.10 Ressarcimento 215

3.4.11 Não cumulatividade 216

3.4.11.1 Estudo de Caso 221

3.4.12 IBS e CBS sobre importações 228

3.4.13 IBS e CBS sobre exportações 230

3.4.14 Regimes aduaneiros especiais 232

3.4.15 *Cashback* 234

3.4.16 *Tax free* 235

3.4.17 Regimes diferenciados 236

3.4.18 Regimes específicos do IBS e da CBS 241

3.4.18.1 Estudo de Caso 246

3.4.19 Regime específico da CBS 249

3.4.20 Compras Governamentais – Redução e Destinação do IBS e da CBS 250

3.4.21 Comitê Gestor do Imposto sobre Bens e Serviços (CGIBS) 252

3.5 Imposto Seletivo (IS) 253

3.5.1 Aspectos constitucionais 254

3.5.2 Hipóteses de incidência 255

3.5.3 Base de cálculo 256

3.5.4 Alíquotas 258

3.5.5 Sujeitos passivos 259

3.5.6 IS incidente nas importações 260

3.5.7 Estudo de Caso – Apuração e reconhecimento contábil do IS 261

3.6 Contribuição estadual sobre produtos primários e semielaborados (CEPP) 262

3.7 Zona Franca de Manaus (ZFM) 263

3.8 Período de transição 265

3.8.1 Principais ações a serem desenvolvidas no ano de 2025 266

3.8.2 Principais ações a serem desenvolvidas no ano de 2026 267

3.8.3 Principais ações a serem desenvolvidas nos anos de 2027 e 2028 268

3.8.4 Principais ações a serem desenvolvidas no período de 2029 a 2033 271

3.8.5 Principais ações a serem desenvolvidas entre 2033 e 2078 274

3.9 Exercícios de Fixação 275

Respostas: 283

Capítulo 4 – TRIBUTAÇÃO DO MICROEMPREENDEDOR INDIVIDUAL 285

4.1 Requisitos legais 286

4.2 Benefícios e vantagens do MEI 288

4.3 Opção pelo Simei 289

4.4 Contribuição 290

4.5 Contratação de empregado pelo MEI 292

4.6 Obrigações Acessórias 294

4.7 Desenquadramento do Regime 295

4.8 Complementação das Contribuições Previdenciárias 301

4.9 Nanoempreendedor 302

4.10 Exercícios de Fixação 303

Respostas: 306

Capítulo 5 – TRIBUTAÇÃO DAS MICROEMPRESAS
E EMPRESAS DE PEQUENO PORTE 307

5.1 Tratamento Jurídico Diferenciado 308

5.2 Momento da Opção 310

5.3 Limites da Receita Bruta para Fins de
Enquadramento 313

    5.3.1 Ultrapassagem do Limite 314

    5.3.2 Sublimites para Efeitos de ICMS e ISS 317

5.4 Vedações ao Ingresso 321

    5.4.1 Vedações Relacionadas às Atividades
Exercidas 322

    5.4.2. Vedações Relacionadas à Estrutura
Jurídica da Empresa 323

    5.4.3. Vedações Relacionadas ao Quadro
Societário 324

    5.4.4. Vedações Relacionadas à Situação Fiscal 326

5.5 Tributos Abrangidos 327

5.6 Base de Cálculo 330

5.7 Metodologia de Cálculo 333

5.8. Casos práticos 337

    5.8.1 Tributação normal 338

    5.8.2 Empresa com opção pelo Simples
Nacional no início de sua atividade 339

    5.8.3 Vendas com substituição tributária 340

    5.8.4 Empresas com parcela de sua receita
decorrente de exportação 342

    5.8.5 Empresa com diversidade de atividades 344

    5.8.6 Receita bruta total maior que
R$ 3.600.000,00 345

5.9 Obrigações acessórias 347

    5.9.1 Declaração de Informações

Socioeconômicas e Fiscais (Defis) 347

5.9.2 Outras obrigações acessórias 348

5.10 Regime de caixa ou de competência 349

5.11 Exclusão do Simples Nacional 352

5.11.1 Procedimentos para exclusão 353

5.11.2 Exclusão por comunicação 353

5.11.3 Exclusão automática por alteração no CNPJ 354

5.11.4 Exclusão de ofício 355

5.12 Créditos Tributários 356

5.13 Impactos da reforma tributária no Simples Nacional 359

5.13.1. Crédito de impostos e a não cumulatividade no novo sistema 359

5.13.2. Simples Nacional Híbrido: uma nova opção de tributação 363

5.13.3 Alteração no conceito de receita bruta e risco de exclusão do simples 364

5.14 Parcelamento 365

5.15 Obrigações dos escritórios de serviços contábeis 366

5.16 Reconhecimento Contábil 367

5.17 Exercícios de Fixação 369

Resposta: 375

Capítulo 6 – TRIBUTOS SOBRE A RECEITA OU FATURAMENTO 377

6.1 Imposto sobre Produtos Industrializados (IPI) 378

6.1.1 Fato Gerador 379

6.1.2 Contribuintes 380

6.1.3 Base de Cálculo 380

6.1.4 Alíquotas e Período de Apuração 381

6.1.5 Imunidades 381

6.1.6 Não Cumulatividade 382

6.1.7 Caso Prático 384

6.1.8 Reconhecimento Contábil 386

6.2 ICMS 387

6.2.1 Fato Gerador 388

6.2.2 Contribuintes 391

6.2.3 Base de Cálculo 392

6.2.4 Imunidades 393

6.2.5 Alíquotas 394

6.2.6 Não Cumulatividade 395

6.2.7 Substituição Tributária 397

6.2.8 Diferencial de Alíquota (DIFAL) 399

6.2.9 Reconhecimento Contábil 402

6.2.10 Casos Práticos 405

6.3 Imposto Sobre Serviços de Qualquer
Natureza (ISS) 414

6.3.1 Fato Gerador 414

6.3.2 Contribuintes 415

6.3.3 Base de Cálculo e Alíquotas 415

6.3.4 Local de Prestação dos Serviços e
Sujeito Ativo 416

6.3.5 Reconhecimento Contábil 418

6.4 PIS e COFINS 419

6.4.1 Regime Cumulativo 420

6.4.2 Regime Não Cumulativo 421

6.4.3 Base de Cálculo 425

6.4.4 Contribuintes 427

6.4.5 Regime Monofásico 430

6.4.6 Regime de Substituição Tributária 432

6.4.7 Receitas Financeiras 432

6.4.8 Caso Prático 433

6.4.9 Reconhecimento Contábil 438

6.5 Contribuição Previdenciária sobre a Receita
Bruta (CPRB).. 439

6.6 Exercícios de Fixação... 444

Respostas... 452

Capítulo 7 – CONTRIBUIÇÕES PREVIDENCIÁRIAS,
FGTS E PIS SOBRE A FOLHA... 453

7.1 Contribuição Patronal Previdenciária (CPP).......... 455

7.2 Risco Ambiental do Trabalho (RAT)....................... 457

7.3 Contribuição Adicional para o Financiamento
da Aposentadoria Especial.. 458

7.4 Terceiros... 459

7.5 Contribuições Previdenciárias do Trabalhador...... 460

   7.5.1 Contribuição dos Segurados
Empregado, Avulso e Doméstico.................................... 461

   7.5.2 Contribuição dos Contribuintes
Individuais... 463

   7.5.3 Tributação da Remuneração dos Sócios....... 466

7.6 Fundo de Garantia do Tempo de Serviço
(FGTS)... 469

7.7 Retenção das Contribuições Previdenciárias.......... 471

7.8 Caso Prático... 474

7.9 Reconhecimento Contábil... 477

7.10 Exercícios de Fixação.. 479

Respostas:... 484

Capítulo 8 – TRIBUTOS SOBRE O LUCRO....................... 485

8.1 Fato Gerador.. 486

8.2 Momento da Opção pelo Regime de Tributação..... 486

8.3 Lucro Presumido.. 487

   8.3.1 Base de Cálculo.. 488

   8.3.2 Alíquotas IRPJ e CSLL e Adicional
do IRPJ.. 491

8.3.3 Caso prático IRPJ / CSLL – Lucro Presumido.. 492

8.4 Lucro Real... 494

8.4.1 Base de Cálculo... 495

8.4.2 Caso prático – Apuração Lucro Real.............. 498

8.4.3 Opção pelo Pagamento por Estimativa.......... 499

8.4.4 Caso Prático – Apuração Lucro Real – Pagamento por Estimativa... 500

8.5 Lucro Arbitrado... 504

8.6 Retenções IRPJ, CSLL, PIS e COFINS................... 507

8.7 Reconhecimento Contábil do IRPJ e da CSLL...... 514

8.8 Exercícios de Fixação.. 520

Respostas:.. 527

Capítulo 9 – TRIBUTAÇÃO SOBRE O COMÉRCIO EXTERIOR... 529

9.1 Imposto sobre a Importação de Produtos Estrangeiros.. 530

9.1.1 Hipóteses de Incidência e Fato Gerador........ 530

9.1.2 Sujeitos Passivos.. 531

9.1.3 Base de Cálculo... 532

9.1.4 Alíquotas.. 532

9.1.5 Isenções e Regimes Especiais........................... 533

9.1.6 Caso Prático – Apuração Imposto de Importação... 533

9.2 Imposto sobre a Exportação, Para o Exterior, de Produtos Nacionais ou Nacionalizados..................... 534

9.2.1 Hipóteses de Incidência e Fato Gerador........ 535

9.2.2 Sujeitos Passivos.. 536

9.2.3 Base de Cálculo... 536

9.2.4 Alíquotas.. 536

9.2.5 Caso Prático – Apuração do Imposto de Exportação... 537

9.2.6 Contabilização – Apuração Imposto
de Exportação... 538

9.3 IPI Aplicado ao Comércio Exterior............................ 540

9.4 ICMS Aplicado ao Comércio Exterior...................... 541

9.5 PIS e COFINS Aplicados ao Comércio Exterior.... 541

9.6 Taxa de Utilização do SISCOMEX........................... 541

9.7 Caso Prático – Apuração dos Tributos
Incidentes na Importação... 542

9.8 Reconhecimento Contábil – Tributos
Incidentes na Importação... 545

9.9 Exercícios de Fixação.. 546

Respostas:.. 550

Capítulo 10 – TRIBUTAÇÃO SOBRE AS
OPERAÇÕES FINANCEIRAS E PATRIMÔNIO 551

10.1 Imposto sobre Operações Financeiras (IOF)........ 552

    10.1.1 Fato Gerador.. 552

    10.1.2 Momento da Incidência 553

    10.1.3 Contribuintes 554

    10.1.4 Alíquotas e Base de Cálculo 555

    10.1.5 Imunidades 556

    10.1.6 Isenções 557

    10.1.7 Cálculo 560

    10.1.8 Reconhecimento Contábil........................... 560

10.2 Imposto sobre a Propriedade Predial e
Territorial Urbana (IPTU) 560

    10.2.1 Fato Gerador.. 561

    10.2.2 Base de Cálculo.. 563

    10.2.3 Contribuintes 563

    10.2.4 Alíquotas 564

    10.2.5 Período de Apuração.................................... 565

    10.2.6 Imunidades.. 565

    10.2.7 IPTU Progressivo no Tempo 565

10.2.8 Reconhecimento Contábil............................ 567

10.3 Imposto sobre a Propriedade Territorial
Rural (ITR).. 568

10.3.1 Fato Gerador...................................... 569

10.3.2 Contribuintes.................................... 569

10.3.3 Base de Cálculo................................ 569

10.3.4 Alíquotas... 570

10.3.5 Cálculo do ITR.................................. 571

10.3.6 Período de Apuração......................... 573

10.3.7 Imunidades....................................... 573

10.3.8 Isenções... 574

10.3.9 Documento de Informação e Atualização
Cadastral do ITR.. 575

10.3.10 Reconhecimento Contábil.................. 576

10.4 Imposto sobre a Propriedade de Veículos
Automotores (IPVA).. 577

10.4.1 Fato Gerador...................................... 578

10.4.2 Contribuintes.................................... 579

10.4.3 Base de Cálculo................................ 579

10.4.4 Alíquotas... 579

10.4.5 Período de Apuração......................... 580

10.4.6 Imunidades e Isenções...................... 580

10.4.7 Reconhecimento Contábil.................. 581

10.5 Imposto sobre Transmissão Inter Vivos de
Bens Imóveis (ITBI).. 582

10.5.1 Fato Gerador...................................... 583

10.5.2 Contribuintes.................................... 585

10.5.3 Base de Cálculo................................ 585

10.5.4 Alíquotas... 586

10.5.5 Período de Apuração......................... 586

10.5.6 Imunidades....................................... 587

10.5.7 Isenções... 588

10.5.8 Reconhecimento Contábil 588

10.6 Imposto sobre Transmissão *Causa Mortis* e Doação (ITCMD)... 589

10.6.1 Fato Gerador...................................... 590

10.6.2 Contribuintes 590

10.6.3 Base de Cálculo.................................. 591

10.6.4 Alíquotas 591

10.6.5 Período de Apuração........................... 591

10.6.6 Imunidades e Isenções 592

10.6.7 Reconhecimento Contábil.................... 592

10.7 Exercícios de Fixação................................. 593

Respostas: 600

Capítulo 11 – TRIBUTAÇÃO DAS ENTIDADES SEM FINS LUCRATIVOS.. 601

11.1 Imunidades 603

11.2 Isenções.. 607

11.3 Obrigações Acessórias 610

11.4 Impactos da Reforma Tributária.................. 610

11.5 Exercícios de Fixação................................. 611

Respostas: 615

Capítulo 12 – PLANEJAMENTO TRIBUTÁRIO.......... 617

12.1 Direito de Planejar e Organizar os Negócios........ 618

12.2 Princípios e Limites das Atividades de Planejamento Tributário.................................... 619

12.3 Tipos de Planejamento Tributário................ 622

12.4 Elisão, Elusão e Evasão Tributária............... 623

12.5 Norma Antielisão....................................... 626

12.6 Simulação, Dissimulação, Dolo e Fraude........... 631

12.7 Infração e Crime Contra a Ordem Tributária 633

12.8 Extinção de Punibilidade............................ 638

12.9 Metodologia e Processo de Elaboração 640

12.10 Casos Práticos – Opções Tributárias.......... 644

12.10.1 Empresa Industrial 644

12.10.2 Empresa Comercial 657

12.10.3 Empresa Prestadora de Serviços 664

12.11 Deslocamento de Empresas 671

12.12 Reorganizações Societárias 672

12.13 Exercícios de Fixação 676

Respostas: 682

REFERÊNCIAS 683

PREFÁCIO

É com grande satisfação que escrevo o prefácio desta importante obra, que chega em um momento decisivo e marcado por profundas transformações para todos que desejam fazer negócios no Brasil.

Sabemos que o cenário tributário brasileiro, sempre foi complexo e desafiador, exigindo atenção constante dos profissionais e gestores. No entanto, com as recentes mudanças decorrentes da reforma tributária, tornou-se ainda mais essencial dominar não apenas os fundamentos tributários, mas também as nuances práticas dessas alterações em diversos ambientes. Este livro oferece exatamente isso, além de prezar por uma abordagem didática e prática, proporcionando uma orientação clara e segura para este período de transição.

Nesta nova fase do sistema tributário brasileiro uma categoria se destacará por desempenhar singular importância estratégica. O papel do contador vai muito além do simples registro contábil ou cumprimento de obrigações acessórias. Hoje, mais do que nunca, contadores são aliados fundamentais das organizações, ajudando-as a navegar pela complexa tributação com eficiência, assegurando não apenas conformidade fiscal, mas também competitividade e sustentabilidade financeira. Nesse aspecto, Flavio captou perfeitamente as necessidades atuais da comunidade profissional.

Conheço bem a dedicação e seriedade que Flavio imprime em seus trabalhos, e este livro é um excelente exemplo disso. Tenho certeza de que a comunidade profissional reconhecerá nesta obra uma ferramenta indispensável para enfrentar os desafios impostos pela nova realidade tributária brasileira.

Convido contadores, advogados, economistas, gestores e estudantes a utilizarem esta obra como um guia prático e confiável para atravessar com êxito este momento único em nossa história tributária.

Boa leitura!

Antonio Florêncio de Queiroz Júnior
Presidente da Fecomércio RJ

APRESENTAÇÃO

Tive o privilégio de conhecer o Professor Flavio Luis Vieira Souza em um processo seletivo para docente do ensino superior, quando atuava como coordenador do curso de Ciências Contábeis da UNISUAM. Desde então, sua trajetória acadêmica e profissional tem sido marcada por um compromisso inegociável com a excelência. Foi selecionado para lecionar disciplinas nas áreas de Contabilidade e Tributos, tanto na graduação quanto na pós-graduação em Gestão de Tributos – curso no qual exerceu papel essencial para sua consolidação no mercado.

Suas aulas sempre se destacaram pela articulação entre teoria e prática, com uma didática fundamentada em sólida literatura técnica e uma experiência profissional vasta no campo tributário. Essa combinação reflete-se de forma exemplar nesta obra, que ora tenho a honra de apresentar.

O livro **Contabilidade Tributária: Tributos Federais, Estaduais e Municipais, Reforma e Planejamento**, de autoria do Professor Flavio Souza, é uma contribuição oportuna e robusta ao debate contábil-tributário no Brasil. Sua estrutura abrange com profundidade e clareza os principais eixos temáticos que envolvem a integração entre contabilidade e planejamento tributário, com destaque para os impactos da **Reforma Tributária (EC nº 132/2023)** e sua regulamentação por meio da **LC nº 214/2025**.

Trata-se de uma obra completa, atualizada e estratégica, cujo conteúdo abarca desde a abordagem conceitual da contabilidade e os tributos, passando pela sistemática do Sistema Tributário Nacional, até temas específicos como tributação do MEI, da ME e da EPP; tributos sobre receitas, folha de pagamento, lucro e comércio exterior; além da tributação sobre atividades econômicas, patrimônio, entidades sem fins lucrativos e o próprio planejamento tributário.

Destinada a um público amplo – estudantes da graduação e da pós-graduação, profissionais da contabilidade, administração, economia, gestores públicos e privados –, esta obra preenche uma lacuna importante ao fornecer uma visão integrada, prática e acessível sobre os principais desafios tributários do país.

O Professor Flavio Souza é um profissional de altíssima capacidade técnica, com credibilidade consolidada na academia e no mercado. Sua dedicação e competência se materializam neste trabalho, que seguramente contribuirá para a formação de milhares de leitores e para o aprimoramento das práticas contábeis e tributárias no Brasil.

Recomendo, com entusiasmo e convicção, a leitura desta obra, certo de que se trata de um trabalho de grande impacto e relevância para a sociedade brasileira.

Sérgio Correia Barbosa

Contador, Administrador, Mestre em Economia Empresarial, Perito Contábil e Professor Adjunto da Universidade Federal Rural do Rio de Janeiro – UFRRJ

INTRODUÇÃO

A contabilidade tributária tem se consolidado como uma área estratégica nas organizações contemporâneas, especialmente diante do complexo cenário fiscal brasileiro. Com uma das cargas tributárias mais elevadas do mundo e uma legislação complexa e em constante transformação, a gestão eficiente dos tributos representa um dos maiores desafios enfrentados por empresas, contadores e gestores.

Esta obra nasce da experiência docente do autor no ensino das disciplinas de Contabilidade Tributária e Planejamento Tributário, em cursos de graduação e pós-graduação, contexto no qual se identificou a necessidade de um material que integre legislação atualizada e aplicação prática. O conteúdo foi estruturado para facilitar a compreensão, com capítulos que integram fundamentos teóricos e dispositivos legais aplicados, por meio de estudos de caso e exemplos.

A principal motivação para a escrita deste livro, contudo, está no atual processo de transformação do sistema tributário brasileiro. A Emenda Constitucional (EC) nº 132/2023 e a Lei Complementar (LC) nº 214/2025 inauguraram uma nova fase na tributação sobre o consumo, com mudanças significativas, como a criação do IVA-Dual – composto pelo Imposto sobre Bens e Serviços (IBS) e pela Contribuição sobre Bens e Serviços (CBS) – e do Imposto Seletivo (IS). Essas alterações exigirão dos profissionais da contabilidade uma postura mais estratégica, analítica e preparada para lidar com transições, identificar oportunidades e mitigar riscos.

Voltado a profissionais de departamentos tributários, contadores, empresários e estudantes, este livro oferece uma visão atualizada e sistemática sobre a contabilidade e o planejamento tributário.

A estrutura foi concebida para promover um aprendizado progressivo. Os capítulos iniciais tratam da relação entre contabilidade, tributação e Direito, detalhando as competências essenciais aos profissionais da área. Em seguida, são abordados os principais elementos do Sistema Tributário Nacional (STN): princípios constitucionais, espécies tributárias, obrigações e créditos.

Um capítulo específico é dedicado à Reforma Tributária, com foco nos novos tributos, seus regimes, alíquotas, imunidades e nas fases de transição. Também são explorados os tributos em espécie, com abordagem de questões jurídicas como hipóteses de incidência, sujeitos passivos, bases de cálculo, alíquotas, entre outros.

A tributação do microempreendedor individual (MEI), das microempresas (ME) e das empresas de pequeno porte (EPP) é apresentada de forma prática, voltada à realidade dos pequenos negócios. Os tributos – sobre o consumo, a folha de pagamento, o lucro e o patrimônio – são apresentados com foco na apuração e no reconhecimento contábil. Aborda-se ainda a tributação das entidades sem fins lucrativos. A obra se encerra com um capítulo dedicado ao planejamento tributário, destacando seus aspectos essenciais e aplicações práticas.

Mais do que um instrumento para cálculo de tributos, a contabilidade tributária contribui para evitar penalidades, organizar processos, orientar decisões e identificar oportunidades que podem impulsionar o desempenho financeiro das empresas. O planejamento tributário, quando bem conduzido, torna-se uma ferramenta poderosa, capaz de otimizar a carga tributária e maximizar a eficiência econômica das organizações. Em um momento de transição e reestruturação do sistema tributário, compreender os fundamentos legais e contábeis torna-se imprescindível para a sustentabilidade e o crescimento dos negócios.

Agradeço aos alunos, aos colegas professores e às universidades em que leciono, que sempre me incentivaram e, de diferentes formas, contribuíram para a construção desta obra. As discussões em sala de aula foram fundamentais para transformar a experiência docente em conteúdo escrito. Agradeço também à Editora Freitas Bastos por acreditar neste projeto e aceitar o desafio de publicar um livro em um momento tão importante de transição no cenário tributário brasileiro.

Seja bem-vindo! Espero que este livro o ajude a navegar com mais segurança pelo universo – nada simples – dos tributos e da contabilidade. Vamos juntos?

Capítulo 1 – A CONTABILIDADE E OS TRIBUTOS

*Nossa nova Constituição está agora estabelecida
e tem uma aparência que promete permanência;
mas neste mundo nada pode ser considerado
certo, exceto a morte e os impostos.*

Benjamin Franklin – 1789

Os tributos desempenham um papel central na vida das organizações, sendo um fator de grande impacto sobre suas operações e seu desenvolvimento. Em muitas situações, os **tributos funcionam como um limitador ao crescimento empresarial**, sobretudo quando se trata de novos investimentos, especialmente aqueles provenientes do exterior. Esses entraves afetam diretamente a vida financeira das empresas e refletem na economia de maneira mais ampla, influenciando a competitividade, a capacidade de inovação e a sustentabilidade das operações.

O Brasil possui uma das **maiores cargas tributárias do mundo**. No entanto, os retornos proporcionados à sociedade nem sempre são percebidos como satisfatórios pelos contribuintes. Isso gera uma resistência natural ao pagamento de tributos, tanto por pessoas físicas quanto por jurídicas. A alta incidência de tributos, aliada à complexidade e à instabilidade do Sistema Tributário Nacional (STN), faz com que muitas organizações –

tanto com fins lucrativos quanto sem fins lucrativos – enfrentem dificuldades em cumprir suas obrigações fiscais.

Essa realidade transforma a **gestão tributária em uma tarefa altamente estratégica dentro das organizações**. As empresas precisam fazer investimentos substanciais, não apenas na contratação de profissionais qualificados, mas também na aquisição de tecnologias que garantam respostas rápidas e adequadas às demandas fiscais. Além disso, muitas recorrem a consultorias especializadas, visando identificar e explorar todas as alternativas legais que permitam reduzir o impacto fiscal, otimizando a carga tributária sem violar a legislação vigente.

Independentemente do porte ou da natureza da organização, seja uma pequena empresa local ou uma grande multinacional, todas estão sujeitas ao recolhimento de tributos. Estar em conformidade com o STN é fundamental. Para alcançar esse objetivo, **as entidades precisam contar com profissionais especializados em contabilidade e planejamento tributário**. Esses especialistas desempenham um papel crucial na gestão fiscal, evitando problemas com os entes tributantes (fisco federal, estadual e municipal) e prevenindo entraves que possam comprometer a continuidade das atividades empresariais.

Além de evitar sanções fiscais, que podem variar desde multas de valor elevado, restrições de operação de venda de bens imóveis e móveis de valor relevante, e até mesmo a suspensão de atividades, o planejamento e a gestão tributária também **buscam, de maneira lícita, reduzir os custos tributários nas operações cotidianas**. O foco é garantir que a organização não pague mais tributos do que o necessário, maximizando sua eficiência financeira e sua competitividade.

Nesse cenário, **o profissional de contabilidade exerce uma função essencial**. Ele é o responsável por aplicar corretamente as normas tributárias, identificar possíveis riscos e avaliar os

Capítulo 1 – A CONTABILIDADE E OS TRIBUTOS

impactos fiscais das decisões tomadas pela administração. Esse trabalho é realizado continuamente, acompanhando as mudanças legislativas, analisando jurisprudências e decisões de órgãos responsáveis pela arrecadação, buscando formas de otimizar a carga tributária sem infringir as leis.

Além de suas responsabilidades internas, o contador também atua como intermediário entre a entidade e o Estado. Ele facilita o cumprimento das obrigações tributárias, garantindo que a empresa esteja em conformidade com a legislação vigente e que suas atividades não sejam interrompidas por problemas fiscais. Esse papel é crucial, especialmente em um ambiente econômico em que o *compliance* tributário é cada vez mais valorizado.

> **Não esqueça!**
>
> O contador é essencial na estratégia tributária, garantindo economia lícita e a continuidade das operações das organizações.

1.1 Contabilidade tributária

Para compreender os objetivos e os conceitos da contabilidade tributária, é fundamental entender a essência da ciência contábil. O papel do contabilista, especialmente na relação com o Estado, deve ser claramente delineado para **evitar que o contador seja visto apenas como um agente a serviço do Fisco**, mas também como alguém que oferece benefícios estratégicos para as empresas.

> **Na prática!**
>
> É fundamental que a atuação dos profissionais contábeis vá além da simples conformidade fiscal, agregando valor estratégico às empresas.

A contabilidade é uma ciência social aplicada que pode ser definida como a ciência que estuda, interpreta e registra os fenômenos que impactam o patrimônio de uma entidade, seja ela uma empresa, instituição pública ou organização sem fins lucrativos. Seu principal objetivo é fornecer informações precisas sobre a posição financeira e os resultados econômicos da entidade, auxiliando na tomada de decisões estratégicas, promovendo transparência e responsabilização.

A Ciência Contábil se ramifica em diversas áreas especializadas, cada uma atendendo a necessidades específicas das organizações e da sociedade. Essas ramificações destacam a complexidade e a importância da contabilidade no desenvolvimento econômico das entidades e da sociedade, sempre ligadas ao seu objeto central: o patrimônio.

A contabilidade tributária, um dos diversos ramos da ciência contábil, visa garantir o cumprimento eficaz das obrigações fiscais de uma entidade, além de facilitar sua relação com o Fisco. No passado, esse ramo foi amplamente conhecido como "contabilidade fiscal", já que o foco principal era o controle e arrecadação de tributos pelo Estado. No entanto, esse termo não reflete a essência da contabilidade, que deve **priorizar o patrimônio**.

A origem do termo **"fiscal"** está ligada à palavra latina *fiscus*, que designava o **"tesouro público"** na Roma Antiga, reforçando a conexão histórica com a administração de recursos pelo Estado. Essa perspectiva é resultado de um longo período em que o Fisco usurpou a ciência contábil, especialmente no Brasil, onde, por meio de normas tributárias coercitivas, o Estado transformou a contabilidade em uma ferramenta a serviço da arrecadação. A obrigatoriedade de registros contábeis e relatórios financeiros, muitas vezes, priorizou os interesses do Fisco, negligenciando a proteção do patrimônio. É nesse ambiente que

Capítulo 1 – A CONTABILIDADE E OS TRIBUTOS

o conceito de contabilidade tributária surge voltado para o cumprimento das obrigações tributárias; por meio da aplicação das normas tributárias, prioriza-se a conformidade legal em detrimento da proteção patrimonial.

A adoção das normas internacionais de contabilidade (IFRS), a partir de 2010, no Brasil, marcou uma mudança significativa. Sob essas normas, a contabilidade passou a priorizar a apresentação precisa da situação patrimonial e financeira, servindo a todos os *stakeholders*, e não apenas ao Fisco. **As Normas Brasileiras de Contabilidade (NBC) reforçam essa visão, enfatizando que as demonstrações contábeis devem servir à tomada de decisões econômicas, e não apenas ao cumprimento de exigências fiscais.**

Nesse novo cenário, o termo "contabilidade tributária" tornou-se mais apropriado do que "contabilidade fiscal". **A contabilidade tributária adota uma abordagem crítica, avaliando normas tributárias e buscando minimizar os impactos sobre o patrimônio da entidade.** Dessa forma, ela contribui para um ambiente de negócios mais equilibrado e confiável. A transição de uma abordagem focada exclusivamente no Fisco para uma visão mais ampla, que prioriza a proteção do patrimônio, é essencial para que os contadores ajudem as empresas a enfrentarem o complexo sistema tributário de forma estratégica.

A contabilidade tributária pode, portanto, ser definida como o **ramo da ciência contábil que visa, de forma lícita, minimizar o impacto das obrigações tributárias sobre o patrimônio das entidades, fornecendo informações úteis para a tomada de decisões.** Ela é essencial tanto para empresas, que enfrentam o impacto da carga tributária sobre sua lucratividade e competitividade, quanto para entidades sem fins lucrativos, que, embora gozem de imunidades e isenções, precisam cumprir suas obrigações tributárias e prestar contas adequadamente.

Para que o complexo sistema tributário não gere transtornos para as entidades, é **fundamental compreender a importância de atividades como gestão tributária, planejamento tributário, auditoria tributária e *compliance* tributário**, todas inseridas no contexto da atuação do contador na área tributária. Essas atividades não só garantem o cumprimento das obrigações fiscais, mas permitem que o contador use o sistema tributário de forma estratégica, fortalecendo a competitividade da empresa e assegurando uma gestão financeira eficiente. Cada uma dessas atividades será explorada em detalhes nos próximos tópicos.

> **Não esqueça!**
>
> A contabilidade tributária vai além da conformidade fiscal; ela é uma ferramenta estratégica para proteger o patrimônio e auxiliar na tomada de decisões econômicas.

1.2 Gestão tributária

A gestão tributária é uma função essencial dentro das empresas, responsável por **garantir que todas as obrigações fiscais sejam cumpridas de forma eficiente e dentro dos prazos legais**. Ela abrange um conjunto de práticas e procedimentos voltados à gestão de tributos, com o objetivo de otimizar o pagamento de impostos e reduzir riscos fiscais. Para isso, é fundamental que a gestão tributária assegure que as rotinas fiscais estejam adequadamente organizadas, em conformidade com a legislação vigente e alinhadas aos objetivos financeiros da empresa.

Esse processo contínuo envolve o **controle de todas as atividades relacionadas à apuração e ao pagamento de tributos, além das declarações fiscais**, garantindo que a empresa

Capítulo 1 – A CONTABILIDADE E OS TRIBUTOS

cumpra corretamente suas obrigações tributárias. O trabalho consiste em analisar as atividades desenvolvidas pela empresa, identificando hipóteses de incidência tributária e definindo adequadamente a base de cálculo dos tributos, assim como as alíquotas a serem aplicadas.

Além disso, a gestão tributária visa **minimizar os impactos fiscais no fluxo de caixa**, evitando o pagamento excessivo de tributos e aproveitando de forma eficiente os incentivos fiscais. Essa função é essencial para evitar multas e autuações, e para manter a empresa em conformidade com as normas fiscais. Entre as atividades centrais da gestão tributária, destacam-se:

- **Apuração de tributos:** identificar fatos geradores e calcular corretamente os tributos a serem pagos.
- **Entrega de obrigações acessórias:** garantir que todas as obrigações tributárias acessórias sejam enviadas dentro do prazo.
- **Monitoramento de alterações legislativas:** acompanhar mudanças na legislação que possam impactar as rotinas fiscais.

Além dessas, há outras atividades igualmente importantes na gestão tributária:

- **Análise de incentivos fiscais:** identificar benefícios tributários como redução de bases de cálculos, isenções e opções de tributação disponíveis.
- **Acompanhamento de créditos tributários e pedidos de compensação e restituição:** monitorar e gerenciar créditos tributários disponíveis, por meio de tributos a recuperar ou retidos na fonte, além

de solicitar a compensação ou restituição quando aplicável.

- **Parametrização de sistemas de apuração de tributos:** configurar e ajustar sistemas contábeis e de gestão para garantir a apuração correta dos tributos devidos.
- **Prestação de informações tributárias a outras áreas:** fornecer dados e orientações tributárias para auxiliar na tomada de decisões em diversas áreas da organização.
- **Revisão de contratos:** garantir que cláusulas contratuais estejam em conformidade com as obrigações tributárias.
- **Elaboração de relatórios fiscais:** preparar relatórios periódicos sobre a situação fiscal da empresa.
- **Apoio à auditoria:** fornecer informações e documentação necessária durante auditorias.
- **Capacitação da equipe:** promover a atualização dos colaboradores sobre legislações tributárias e boas práticas de *compliance*.

A gestão tributária é uma atividade vital para a sustentabilidade financeira das empresas, pois contribui para a minimização de custos e riscos. Assim, a implementação de práticas robustas de gestão tributária não é apenas uma necessidade legal, mas uma oportunidade de otimização e eficiência financeira, essencial para o sucesso a longo prazo das organizações.

> **Não esqueça!**
>
> A gestão tributária é uma atividade estratégica que garante a conformidade fiscal, otimiza o pagamento de tributos e reduz riscos, contribuindo para a sustentabilidade financeira das empresas.

Capítulo 1 – A CONTABILIDADE E OS TRIBUTOS

1.3 Planejamento tributário

Embora o planejamento tributário não tenha um conceito legalmente tipificado, a doutrina é unânime em estabelecer como limite fundamental a legalidade das práticas adotadas – especialmente nos âmbitos tributário, comercial e societário. Ainda que não exista uma definição única, é amplamente aceito que o planejamento tributário consiste no **conjunto de atos e negócios jurídicos lícitos utilizados pelo contribuinte com o objetivo de reduzir, evitar ou postergar a incidência de tributos.**

O planejamento tributário pode ser definido como a **atividade desenvolvida por meio da estruturação das atividades e dos negócios jurídicos, com o propósito de alcançar, de forma lícita, a redução da carga tributária.** Isso significa que, a partir de um estudo prévio à ocorrência dos fatos geradores, as empresas podem organizar suas operações de maneira a otimizar a carga tributária, utilizando mecanismos legais para diminuir o montante dos tributos devidos.

Essa técnica envolve a análise detalhada das normas tributárias, permitindo que as organizações identifiquem oportunidades de economia e evitem a incidência desnecessária de tributos. Além disso, essa organização preventiva exige uma visão holística dos negócios, considerando não apenas a legislação vigente, mas também as particularidades do setor em que a empresa atua. Aspectos como a estrutura societária, a escolha do melhor local para desenvolver as atividades, a forma de tributação e a gestão de contratos são fundamentais para alcançar esses objetivos.

O pressuposto de todo planejamento tributário é a **liberdade que a ordem jurídica confere às pessoas para organizar licitamente seus negócios.** Essa liberdade de escolha entre alternativas válidas fundamenta o planejamento tributário e legitima a possibilidade de escolha entre alternativas juridicamente válidas é o que fundamenta o planejamento tributário e legitima a atuação dos particulares diante do poder de tributar.

O planejamento tributário exige competência em três áreas: Direito, Contabilidade e Gestão de negócios. O Direito fornece as bases legais para a interpretação correta das normas tributárias, garantindo que as estratégias respeitem os limites legais e evitem riscos de autuações. A Contabilidade analisa e registra os impactos tributários nas operações financeiras, assegurando a correta apuração dos tributos e o aproveitamento de incentivos fiscais. Já a Gestão de negócios alinha as decisões tributárias com a estratégia empresarial, promovendo eficiência e competitividade. Dessa forma, o **planejamento tributário vai além de identificar lacunas na legislação, pois utiliza essas competências de maneira estratégica e inteligente para lidar com as complexidades legais e operacionais do ambiente de negócios.**

Para ilustrar a importância de uma abordagem multidisciplinar no planejamento tributário, podemos considerar o deslocamento de uma empresa para uma região com tributação mais favorável, como a Zona Franca de Manaus (ZFM). Embora essa decisão tenha respaldo legal e possa gerar benefícios fiscais, ela pode não ser vantajosa em termos práticos. Outros fatores podem elevar os custos operacionais, neutralizando a economia tributária. O aumento de despesas com logística, salários mais altos ou escassez de mão de obra especializada são exemplos de variáveis que podem comprometer a viabilidade econômica da mudança. Portanto, **é crucial que as empresas avaliem não apenas os benefícios tributários, mas o impacto total de suas operações na nova localidade**.

Em um ambiente competitivo, a busca pela maximização de lucro com a redução de custos é fundamental. A liderança em

Capítulo 1 – A CONTABILIDADE E OS TRIBUTOS

custos, como estratégia eficaz, permite que produtos e serviços sejam oferecidos a preços mais baixos do que os dos concorrentes. A carga tributária é um dos componentes mais elevados dos custos operacionais, impactando diretamente o preço final dos produtos e serviços. **Cabe ao empresário aplicar técnicas de economia fiscal para racionalizar esses custos**. Embora parte da carga tributária possa ser repassada ao consumidor, seu excesso pode restringir ou inviabilizar a atividade empresarial.

Investidores esperam retornos proporcionais ao risco assumido, obtidos por meio de resultados econômicos e financeiros. O planejamento tributário possibilita ao contribuinte buscar a menor carga tributária possível, fundamentado na ordem constitucional e nos valores de propriedade e liberdade, sempre dentro dos limites legais.

Como atividade econômica organizada, a empresa demanda de seus administradores a busca dos melhores resultados possíveis. A economia tributária é amplamente aceita, embasada na ideia de que ninguém é obrigado a optar por condutas tributadas quando há opções legais e menos onerosas disponíveis.

Essa temática será aprofundada no capítulo 12 desta obra, no qual abordaremos os fundamentos teóricos e legais, os limites jurídicos, os tipos e as metodologias aplicáveis ao planejamento tributário, além da análise de casos práticos. Esse estudo permitirá uma compreensão mais detalhada de como o planejamento tributário pode ser utilizado de forma estratégica e eficiente, respeitando sempre os limites legais e otimizando o desempenho financeiro das empresas.

> **Não esqueça!**
>
> O planejamento tributário é uma estratégia legal e eficiente que permite ao contribuinte otimizar sua carga tributária e maximizar o desempenho financeiro da empresa.

1.4 *Compliance* tributário

A contabilidade tributária está diretamente ligada ao conceito de *compliance* tributário. O termo deriva do verbo em inglês *to comply*, que significa **cumprir, obedecer ou agir conforme as regras**. No contexto tributário, *compliance* refere-se à conformidade com normas legais e regulatórias, assegurando que todas as obrigações fiscais da empresa sejam cumpridas corretamente.

Implementar práticas eficientes de *compliance* não apenas evita sanções e penalidades fiscais, mas também melhora significativamente a reputação da organização junto a seus *stakeholders*. Em um cenário em que a responsabilidade social corporativa ganha cada vez mais relevância, o cumprimento das obrigações fiscais se torna um fator crucial para a sustentabilidade e a competitividade das empresas.

O complexo e instável **sistema tributário brasileiro expõe as empresas a riscos frequentes de não conformidade**. A falta de acompanhamento das normas pode resultar em pagamentos indevidos, perdas de incentivos fiscais e multas aplicadas pelo Fisco. Por isso, o *compliance* tributário é uma ferramenta essencial para mitigar esses riscos e melhorar a gestão fiscal.

> **Atenção!**
>
> O *compliance* tributário visa garantir que todas as obrigações fiscais sejam cumpridas de forma correta, protegendo a empresa de riscos fiscais e melhorando sua imagem no mercado.

Embora cada empresa possua particularidades, algumas ações formam a base de uma gestão tributária eficiente. Entre as atividades essenciais do *compliance* tributário estão:

Capítulo 1 – A CONTABILIDADE E OS TRIBUTOS

- **Monitoramento** constante das alterações legislativas e ajuste das rotinas fiscais às novas normas.
- **Implementação de controles internos** para prevenir erros e inconsistências fiscais.
- **Treinamento das equipes** sobre a aplicação correta das normas tributárias.

A automação, por meio de ferramentas tecnológicas como sistemas integrados de gestão, também é um diferencial importante. Ela diminui a probabilidade de erros e reduz o tempo necessário para o cumprimento das obrigações fiscais. Uma vez implementadas essas ações, a empresa pode desenvolver um planejamento mais detalhado, com metas claras e delegação de responsabilidades, permitindo um controle mais rigoroso das atividades fiscais. A presença de um especialista em *compliance* tributário pode ser crucial para adaptar essas práticas à realidade da empresa, garantindo a conformidade e evitando possíveis riscos fiscais.

> **Na prática!**
>
> A atividade de *compliance* tributário pode ser realizada por meio da revisão periódica dos incentivos fiscais. Muitas empresas deixam de aproveitar corretamente os benefícios oferecidos pela legislação, o que resulta em desperdício de oportunidades. Uma atividade eficaz de *compliance* inclui a análise detalhada das normas vigentes para garantir o uso adequado dos incentivos e a otimização de créditos fiscais.

1.5 Auditoria tributária

A auditoria tributária consiste na **análise detalhada e na verificação das operações fiscais e tributárias da empresa, com o objetivo de identificar erros, omissões ou irregularidades.**

Pode ser conduzida de forma preventiva, como auditoria interna, ou após a identificação de inconsistências, como auditoria externa. Trata-se de uma ferramenta valiosa para assegurar que a empresa cumpra corretamente suas obrigações fiscais, identificando passivos ocultos e mitigando riscos fiscais iminentes.

Dentre as principais ações da auditoria tributária, destacam-se:

- **Verificação da conformidade:** assegurar que a empresa está em conformidade com todas as obrigações fiscais.
- **Identificação de passivos tributários:** detectar tributos não recolhidos ou recolhidos incorretamente.
- **Revisão das obrigações acessórias:** garantir que todas as declarações fiscais sejam enviadas corretamente.

Durante a realização da auditoria, são **examinados as rotinas, os fluxos, os lançamentos contábeis, os documentos e demais atividades desenvolvidas pela entidade**, com o objetivo de obter evidências suficientes e apropriadas que permitam ao auditor formar uma opinião fundamentada sobre a conformidade e a precisão das informações financeiras e tributárias.

Enquanto o planejamento tributário visa otimizar a carga fiscal, a auditoria tributária se concentra em assegurar a conformidade e a correção dos processos fiscais, identificando riscos e falhas. A auditoria tributária atua como uma espécie de "fiscal interno", revisando o trabalho realizado pela gestão e planejamento tributário para garantir a conformidade dos processos e reduzir potenciais riscos para a empresa.

Embora auditoria tributária e *compliance* tributário estejam ligados ao controle e à conformidade fiscal, eles têm enfoques

Capítulo 1 – A CONTABILIDADE E OS TRIBUTOS

distintos. O *compliance* tributário visa estabelecer e seguir procedimentos que garantam o cumprimento das obrigações fiscais de forma contínua e preventiva. Já a **auditoria tributária atua de maneira reativa e investigativa**, verificando e revisando as operações já realizadas para identificar eventuais erros ou inconsistências. Dessa forma, o *compliance* **funciona como uma prática preventiva constante**, enquanto a auditoria é uma revisão pontual e profunda das práticas fiscais adotadas pela empresa.

> **Na prática!**
>
> Um exemplo prático de auditoria tributária é a análise dos créditos de ICMS em uma empresa de comércio. Através da realização de Auditoria pode ser constatado que uma empresa está aproveitando créditos fiscais sobre despesas que não se qualificavam para o benefício, o que poderia resultar em autuações e multas por parte do Fisco. Com base no relatório de Auditoria, a empresa deve corrigir o erro, recalcular os créditos corretamente e ajustar as práticas fiscais, evitando penalidades futuras.

Durante uma auditoria, é possível encontrar falhas como pagamentos indevidos, aproveitamento incorreto de créditos tributários, ou até mesmo irregularidades no cumprimento das obrigações acessórias. A auditoria tributária também previne problemas com o Fisco, corrigindo eventuais erros antes que sejam detectados em uma fiscalização externa. É como se fosse uma "manutenção preventiva" na máquina fiscal da empresa.

1.6 Relacionamento Estado x Contribuinte

A relação entre o Estado e os contribuintes, do ponto de vista tributário, é muitas vezes marcada por uma **tensão constante**. O Estado, por um lado, busca arrecadar recursos para financiar suas atividades, enquanto os contribuintes enfrentam o desafio de cumprir suas obrigações fiscais em meio a uma carga tributária elevada e uma legislação complexa. Esse cenário frequentemente gera resistência, informalidade e inadimplência, o que leva o Estado a adotar novos mecanismos de controle, aumentando o número de obrigações acessórias.

Essas novas exigências, muitas vezes, **ultrapassam os limites da razoabilidade e elevam significativamente os custos de conformidade para as empresas**. Como resultado, o cumprimento das normas fiscais se torna ainda mais desafiador, reforçando o ciclo de complexidade e dificultando a manutenção da conformidade tributária.

O sistema tributário brasileiro é fruto de uma evolução histórica. Antes de 1946, a legislação tributária carecia de uma estrutura formal. Com a Constituição de 1946, introduziu-se o princípio da capacidade contributiva, que adequa a tributação à capacidade econômica de cada indivíduo. Em 1966, a criação do Código Tributário Nacional (CTN) trouxe uma base mais técnica e formal ao sistema.

Contudo, o CTN foi elaborado em um contexto de positivismo jurídico, focado em conceitos rígidos e formais, o que resultou em um sistema pouco adaptável às mudanças sociais e econômicas. A Constituição de 1988 trouxe novos princípios substantivos, como o da capacidade contributiva, mas o CTN permaneceu inalterado, criando uma desconexão entre a teoria constitucional e a prática tributária no dia a dia.

A frequente utilização de Medidas Provisórias pelo Poder Executivo sem os devidos critérios de relevância e urgência contribui para a instabilidade do sistema tributário, alimentando a incerteza jurídica. Esse ambiente gera conflitos entre Estado e contribuinte, que muitas vezes buscam interpretar a Constituição de forma isolada, gerando mais divergências.

Capítulo 1 – A CONTABILIDADE E OS TRIBUTOS

Na prática!

Um exemplo recente dessa complexidade foi a tentativa do governo de revogar a desoneração da folha de pagamento por meio da Medida Provisória nº 1185/2023, publicada em 31/10/2023, menos de um mês após a Lei nº 14.784/2023, que prorrogava a desoneração até 2027, ter sido sancionada. Essa rápida reviravolta gerou grande incerteza entre as empresas, que haviam feito seus planejamentos financeiros com base na continuidade da desoneração da folha de pagamento, tema que abordaremos no capítulo 7.

Para que a relação entre Estado e contribuinte funcione de maneira equilibrada, é fundamental que se respeitem os princípios da **segurança jurídica, da legalidade tributária e da capacidade contributiva**. A gestão tributária eficiente é uma ferramenta essencial para garantir a conformidade fiscal e mitigar riscos que possam impactar os resultados das empresas, e até mesmo suas operações.

Não esqueça!

A falta de previsibilidade jurídica afeta diretamente a confiança dos empresários nas regras fiscais, tornando o planejamento financeiro mais arriscado.

1.7 A Relação entre Contabilidade tributária e Direito Tributário

A Contabilidade Tributária e o Direito Tributário são áreas interdependentes que, embora distintas, atuam de maneira complementar no contexto das obrigações fiscais das empresas e demais entidades. **Enquanto o Direito Tributário estabelece o conjunto de normas legais que regem a tributação, a Contabilidade Tributária aplica essas normas** no dia a dia empresarial, gerindo o impacto dos tributos sobre o patrimônio das organizações e promovendo a conformidade com as obrigações fiscais.

Além disso, a Contabilidade Tributária é o ramo da Ciência Contábil responsável por registrar, controlar e analisar os tributos incidentes sobre as atividades econômicas de uma entidade. Sua principal função é **fornecer informações precisas sobre as obrigações fiscais, visando otimizar a gestão tributária e minimizar, de forma lícita, o impacto dos tributos sobre o patrimônio.** Assim, essa área contábil não se limita ao cumprimento de normas fiscais; ela também auxilia no planejamento tributário, buscando alternativas para reduzir a carga tributária de maneira legal e eficiente.

Em contrapartida, o Direito Tributário é o ramo do Direito público que disciplina a criação, a arrecadação e a fiscalização de tributos. Ele define as obrigações tributárias, os deveres e direitos tanto do Estado quanto dos contribuintes, regulamentando como os tributos são instituídos e cobrados. A legislação tributária determina o que deve ser tributado, as alíquotas aplicáveis e os prazos de recolhimento, além de prever as penalidades para o não cumprimento dessas obrigações.

O Direito Tributário busca equilibrar o interesse público na arrecadação de receitas para financiar o Estado com os direitos dos contribuintes de serem tributados de forma justa, transparente e proporcional à sua capacidade econômica. Por isso, estabelece princípios fundamentais para proteção do contribuinte, como a legalidade, a anterioridade e a irretroatividade das normas fiscais.

A relação entre contabilidade tributária e Direito Tributário é, portanto, intrínseca e interdependente. **O contador precisa dominar as regras do Direito Tributário para aplicar corretamente a legislação no cálculo e no recolhimento de tributos, bem como para identificar oportunidades de planejamento**

Capítulo 1 – A CONTABILIDADE E OS TRIBUTOS

tributário que permitam otimizar a carga fiscal de uma empresa. Ao mesmo tempo, o Direito Tributário se vale da contabilidade como uma ferramenta de controle fiscal, exigindo das empresas a apresentação de relatórios contábeis detalhados para verificação da conformidade com as normas legais.

Além disso, a contabilidade tributária atua como uma **fonte de informação fundamental para a interpretação e a aplicação do Direito Tributário**. Muitas vezes, a legislação tributária é complexa e sujeita a diferentes interpretações, e a contabilidade pode fornecer dados e documentos que ajudam a clarificar a aplicação das normas fiscais. Divergências interpretativas entre o Fisco e o contribuinte são frequentemente resolvidas com base na análise de informações contábeis, sendo a Contabilidade Tributária um instrumento essencial nesse processo.

> **Não esqueça!**
>
> A Contabilidade Tributária e o Direito Tributário atuam de forma interdependente, com a Contabilidade aplicando as normas legais estabelecidas pelo Direito Tributário para garantir a conformidade fiscal e otimizar a gestão tributária das empresas.

1.8 O papel do contador e do advogado tributário

Dada a crescente complexidade do sistema tributário brasileiro, **o papel do contador se expande para além do simples cumprimento das obrigações fiscais**. Ele se torna um consultor estratégico que, em parceria com o advogado tributarista, auxilia a empresa na navegação por entre as exigências fiscais e na adoção de práticas que protejam o patrimônio empresarial. Enquanto o contador é o responsável pela correta aplicação da legislação fiscal na prática, o advogado tributarista atua na análise da constitucionalidade e da legalidade das normas tributárias, orientando a empresa na defesa de seus direitos.

Essa colaboração entre contabilidade e direito é essencial para lidar com eventuais litígios tributários, garantir a defesa de autuações fiscais e, sobretudo, para manter a empresa em conformidade com as normas fiscais, minimizando riscos e maximizando oportunidades de eficiência tributária.

A Contabilidade Tributária e o Direito Tributário são **áreas complementares que desempenham papéis cruciais no cenário fiscal**. Juntas, elas garantem que as empresas cumpram suas obrigações legais de forma eficiente, otimizem sua carga tributária e estejam preparadas para enfrentar a complexidade do ambiente tributário. Enquanto o Direito Tributário define as regras do jogo, a Contabilidade Tributária coloca essas regras em prática, promovendo a proteção do patrimônio e o sucesso financeiro das organizações.

> **Na prática!**
>
> O contador e o advogado tributarista desempenham papéis complementares na gestão tributária, unindo conhecimentos técnicos e jurídicos para proteger o patrimônio empresarial e garantir a conformidade com as obrigações fiscais, ao mesmo tempo que exploram oportunidades de eficiência tributária.

1.9 Competências e habilidades profissionais

A especialização em contabilidade tributária é de grande relevância para os profissionais da área, pois possibilita que ofereçam consultoria e planejamento tributário eficazes. Com a crescente complexidade da legislação tributária no Brasil, é indispensável que os contadores compreendam as nuances das normas fiscais e orientem seus clientes na tomada de decisões estratégicas. Além disso, **o contador tributarista desempenha um papel crucial na prevenção de problemas fiscais e na re-**

Capítulo 1 – A CONTABILIDADE E OS TRIBUTOS

dução da exposição ao risco, garantindo que a entidade esteja em conformidade com as obrigações legais.

Atuar como contador especializado em contabilidade tributária requer uma série de competências e habilidades específicas, dadas as particularidades e a natureza técnica desse ramo.

A Resolução CNE/CES nº 1, de 27/03/2024, que institui as **Diretrizes Curriculares Nacionais do Curso de Graduação em Ciências Contábeis**, bacharelado, a serem observadas pelas instituições de educação superior estabelece como uma das competências mínimas que os cursos de graduação em Ciências Contábeis devem proporcionar aos discentes, ao longo da formação acadêmica "Compreender e aplicar a legislação tributária e previdenciária", destacando as seguintes habilidades:

- elaborar o planejamento tributário e previdenciário;
- aplicar as leis e os regulamentos tributários e previdenciários inerentes às organizações;
- avaliar os impactos tributários e previdenciários da tomada de decisão; e
- identificar riscos oriundos da gestão tributária e previdenciária das entidades.

Para desempenhar suas funções de forma eficiente e estratégica, os profissionais devem desenvolver conhecimentos profundos e atualizados sobre a legislação tributária, além de habilidades analíticas e de comunicação. Entre as principais competências e habilidades exigidas, destacam-se:

- **Conhecimento da legislação tributária:** o contador tributário deve ser especialista na legislação fiscal vigente em níveis federal, estadual e municipal, dominando as regras de cálculo de tributos.

- **Planejamento tributário:** essa função envolve uma análise detalhada das operações da empresa para identificar oportunidades de redução de tributos dentro da legalidade, promovendo eficiência fiscal.
- **Visão estratégica:** além de cumprir obrigações tributárias, o contador deve ter uma visão estratégica, ajudando a empresa a tomar decisões informadas com base em previsões de impacto fiscal, visando maximizar resultados e minimizar riscos.
- **Capacidade analítica e atenção aos detalhes:** é essencial analisar minuciosamente documentos fiscais, demonstrativos contábeis e normas tributárias, garantindo conformidade e identificando oportunidades de economia tributária.
- **Atualização constante:** a legislação tributária está em constante mudança, e o contador deve se manter atualizado sobre as alterações e as novas regulamentações para fornecer orientação precisa.
- **Habilidades de comunicação:** o contador deve ser capaz de explicar questões fiscais de forma clara para gestores, diretores e outros profissionais da organização que podem não ter conhecimento aprofundado na área tributária.

Os profissionais especializados em contabilidade tributária podem ocupar diversos cargos, que variam conforme o porte da empresa e a experiência do contador. Alguns dos cargos incluem:

- **Analista fiscal/tributário:** responsável pela apuração e pelo cálculo de tributos, elaboração e entrega de declarações fiscais, além de acompanhar mudanças na legislação tributária.

Capítulo 1 – A CONTABILIDADE E OS TRIBUTOS

- **Consultor tributário:** oferece consultoria para empresas, elaborando estratégias de planejamento tributário e garantindo conformidade fiscal.
- **Gerente de tributos:** lidera a equipe tributária, desenvolvendo políticas e estratégias tributárias alinhadas aos objetivos financeiros da organização.
- **Supervisor de tributos:** supervisiona atividades de apuração de tributos, auditorias fiscais e implementação de procedimentos de controle tributário.
- **Auditor tributário:** realiza a revisão dos processos fiscais e tributários, verificando conformidade com as normas e identificando riscos ou irregularidades.

Os contadores especializados em tributação podem atuar de diversas maneiras, como:

- **Empresas privadas:** integrando o departamento fiscal, assegurando a conformidade com a legislação e implementando estratégias de otimização de tributos.
- **Consultoria independente:** oferecendo serviços de planejamento tributário e assessoria fiscal para várias empresas.
- **Escritórios de contabilidade:** atuando em escritórios que oferecem serviços contábeis completos, incluindo a área fiscal.
- **Órgãos públicos e fiscalizadores:** trabalhando em órgãos governamentais, como a Receita Federal, realizando funções de auditoria e fiscalização tributária.
- **Entidades sem fins lucrativos:** estruturando a contabilidade tributária dessas entidades para garantir

o aproveitamento de benefícios fiscais e cumprimento de obrigações.

A especialização em contabilidade tributária abre uma ampla gama de oportunidades profissionais, permitindo ao contador agregar valor significativo às organizações e assumir posições estratégicas em suas operações.

1.10 Normas Brasileiras de Contabilidade – Aplicações na área tributária

As Normas Brasileiras de Contabilidade (NBCs) são um conjunto de diretrizes técnicas estabelecidas pelo Conselho Federal de Contabilidade (CFC) com o objetivo de uniformizar os procedimentos contábeis, assegurando a clareza, a consistência e a confiabilidade das informações financeiras apresentadas pelas entidades. Elas seguem padrões internacionais de contabilidade e visam harmonizar as práticas contábeis no Brasil, adaptando-se às especificidades legais e econômicas do país.

O principal objetivo dessas normas é **orientar o profissional contábil quanto ao registro, à mensuração, à divulgação e à apresentação das operações econômicas e financeiras,** assegurando que as demonstrações contábeis reflitam, de forma transparente, a posição patrimonial e financeira das empresas. Essa transparência facilita a tomada de decisões de investidores, acionistas, gestores e órgãos reguladores, que dependem de dados confiáveis para avaliar o desempenho e a saúde financeira das organizações.

As normas também **vinculam o profissional contábil,** exigindo que ele siga os princípios éticos e técnicos estabelecidos pelo CFC. Ao adotar as NBCs, o contador assegura a conformidade com a legislação vigente e contribui para a credibilidade

Capítulo 1 – A CONTABILIDADE E OS TRIBUTOS

das informações contábeis. Dessa forma, o profissional atua como um intermediário confiável entre a empresa e seus diversos *stakeholders*, incluindo o Fisco, que utiliza as informações contábeis para apuração de tributos e verificação da conformidade fiscal. Em particular, as normas que envolvem aspectos tributários são fundamentais para o alinhamento das práticas contábeis com as obrigações fiscais, o que torna o contador uma peça essencial na gestão tributária das empresas.

Na matéria tributária as NBCs orientam as práticas contábeis quanto ao reconhecimento, à mensuração, à apresentação e à divulgação dos aspectos fiscais nas demonstrações contábeis das entidades. Essas normas são essenciais para a conformidade tributária e a transparência contábil, promovendo uma base sólida para análise e planejamento fiscal. A seguir, listamos as principais NBCs que afetam diretamente o tratamento contábil de tributos:

- **NBC TG 32 – Tributos sobre o lucro:** norma específica para tributos sobre o lucro, orienta o reconhecimento de tributos correntes e diferidos, assegurando uma mensuração correta.
  – **Aspectos tributários:** definição e mensuração de ativos e passivos fiscais correntes e diferidos, impacto de perdas fiscais e divulgação de tributos sobre o lucro.

- **NBC TG 25 – Provisões, passivos contingentes e ativos contingentes:** esta norma abrange questões essenciais para a gestão de riscos e o reconhecimento de passivos fiscais incertos.
  – **Aspectos tributários:** reconhecimento de provisões para tributos em contencioso, trata-

mento de incertezas fiscais e divulgação de passivos e ativos contingentes tributários.

- **NBC TG 47 – Receita de contrato com cliente:** impacta a área tributária ao tratar do reconhecimento de receitas e o tratamento dos tributos incidentes sobre a receita, como ICMS, ISS, PIS e COFINS.
  – **Aspectos tributários:** mensuração da receita líquida deduzida de tributos sobre vendas e diferenciação entre receita bruta e líquida.

- **NBC TG 26 – Apresentação das demonstrações contábeis:** estabelece princípios para a apresentação das demonstrações contábeis, incluindo a divulgação de informações fiscais.
  – **Aspectos tributários:** divulgação de ativos e passivos fiscais no balanço e na classificação dos tributos diferidos no passivo não circulante.

- **NBC TG 06 – Arrendamentos:** trata dos arrendamentos, incluindo orientações sobre o reconhecimento de tributos incidentes nas operações de arrendamento, relevantes para contratos de *leasing*.
  – **Aspectos tributários:** reconhecimento de tributos aplicáveis ao arrendamento que impactam o cálculo de ativos e passivos.

- **NBC TG 48 – Instrumentos financeiros:** trata dos instrumentos financeiros e o impacto de tributos em operações financeiras, como *hedge* e investimentos.
  – **Aspectos tributários:** tributos incidentes em ativos e passivos financeiros que afetam o resultado contábil e fiscal.

Capítulo 1 – A CONTABILIDADE E OS TRIBUTOS

- **NBC TG 1000 – Contabilidade para pequenas e médias empresas:** versão simplificada das normas contábeis, aplicada a pequenas e médias empresas que não necessitam de um padrão contábil tão complexo quanto o exigido para grandes corporações. Ela cobre o tratamento tributário dessas entidades de forma simplificada e prática, facilitando o cumprimento de obrigações fiscais.
  - **Aspectos tributários:** simplificação no reconhecimento e mensuração de ativos e passivos fiscais, incluindo tributos sobre o lucro, arrendamentos e provisões, permitindo que pequenas empresas atendam às exigências contábeis e fiscais com maior facilidade e precisão.

Além dessas normas, outras normas complementares impactam indiretamente o tratamento tributário:

- **NBC TG 27 – Ativo imobilizado:** trata de influências fiscais sobre depreciação e reavaliação de ativos para o cálculo de tributos diferidos.
- **NBC TG 04 – Ativo Intangível:** regula o tratamento de intangíveis, influenciando deduções tributárias com a amortização de ativos intangíveis.
- **NBC TG 01 – Redução ao valor recuperável de ativos:** orienta o cálculo de *impairment* de ativos, afetando o lucro tributável e o reconhecimento de tributos diferidos.
- **NBC TG 16 – Estoques:** relaciona-se ao custo dos estoques tributos não recuperáveis e impacta tributos como ICMS, PIS e COFINS na apuração de receita e custo.

- **NBC TG 18 – Investimento em coligada, em controlada e em empreendimento controlado em conjunto:** direciona o tratamento de tributos diferidos e rendimentos obtidos com investimentos em coligadas e controladas.
- **NBC TG 24 – Evento subsequente:** exige ajustes fiscais e divulgação de eventos fiscais que ocorrem após o fechamento do balanço, incluindo mudanças em legislações tributárias.

Essas normas complementam a base contábil para o tratamento de tributos, oferecendo diretrizes para uma gestão fiscal segura e alinhada à realidade tributária da entidade.

1.11 Estudo de Caso – Atuação do contador diante da Reforma Tributária

Nos próximos anos, o STN passará por modificações profundas, introduzidas pela Reforma Tributária. Duas grandes inovações serão adotadas: a **tributação "por fora" e a cobrança no destino do consumo** para o IBS e a CBS. Embora essas mudanças busquem simplificação e transparência, elas trazem novos desafios para as empresas e **ampliam a responsabilidade estratégica do contador** – tema que será abordado no capítulo 3.

Considere o caso de uma empresa comercial que concluiu, em 2023, sua transferência do Rio de Janeiro para o Espírito Santo, em busca de incentivos tributários. **Embora os custos logísticos tenham aumentado, os benefícios fiscais justificaram a mudança, resultando em maior lucratividade** para a empresa, que realiza vendas para consumidores finais em diferentes estados. Até então, a empresa estava acostumada a cal-

Capítulo 1 – A CONTABILIDADE E OS TRIBUTOS

cular o ICMS com base na alíquota interestadual, aplicando o imposto sobre o valor total da operação, destacando-o na nota fiscal e recolhendo parte para o estado de origem e outra parte (o diferencial de alíquotas) para o estado de destino – tema que será explorado no capítulo 6.

Com a entrada em vigor do IBS e da CBS, essa lógica será alterada. A tributação passará a ser "por fora", ou seja, o imposto deixará de estar embutido no preço do produto e passará a ser destacado à parte, sendo acrescido ao valor cobrado do cliente. A arrecadação ocorrerá, observando-se um **longo período de transição, integralmente no local de destino do consumo**, ou seja, no estado e município onde ocorre o uso final do bem ou serviço. Essa nova sistemática de **cobrança no destino** rompe com o modelo atual, em que parte significativa da arrecadação ocorre no local de origem da empresa fornecedora e poderá gerar **impactos significativos na formação de preços, nas margens de lucro e no fluxo de caixa das empresas.**

Além disso, a adoção do princípio do destino tende a representar **o fim das chamadas guerras fiscais** entre estados e municípios, já que os incentivos fiscais regionais perderão eficácia. Isso também reduz consideravelmente as possibilidades de **planejamento tributário baseado na localização geográfica das operações.** No entanto, outras estratégias de planejamento continuarão a existir, mas com foco menos territorial e mais estrutural.

Sem um planejamento adequado, a empresa corre o risco de:

- **Definir preços de forma inadequada**, afetando suas atividades operacionais, uma vez que o valor final passará a incluir, além do preço do produto, os tributos IBS e CBS.

- **Não ajustar seus sistemas fiscais,** resultando em erros de apuração e eventuais sanções.
- **Permanecer em estados que antes ofereciam incentivos fiscais** vantajosos, mas que, com a nova lógica de arrecadação, podem deixar de ser estratégicos, já que os custos adicionais para manutenção da operação nessas localidades podem superar os benefícios anteriormente obtidos.

É nesse contexto que a atuação do contador se torna fundamental. Ao prestar uma assessoria especializada, o contador poderá:

- **Mapear a nova carga tributária** efetiva por estado de destino, considerando as alíquotas-padrão e os regimes diferenciados previstos na Lei Complementar nº 214/2025.
- **Ajustar o sistema de precificação da empresa** para refletir a tributação por fora, garantindo que o valor líquido desejado seja mantido após a incidência do IBS e da CBS.
- **Atualizar os sistemas contábeis e fiscais** para possibilitar a correta apuração dos tributos, com base na localidade do consumidor final.
- **Analisar os impactos financeiros e logísticos** decorrentes do fim da concessão de benefícios fiscais e verificar a viabilidade de criação de centros de distribuição em estados estratégicos, considerando a arrecadação no destino e possíveis oportunidades de crédito.

Capítulo 1 – A CONTABILIDADE E OS TRIBUTOS

Além disso, o contador poderá identificar oportunidades de **recuperação de crédito**, já que o IBS e a CBS prometem ser tributos não cumulativos, inclusive em setores que antes eram mais penalizados pela cumulatividade. Ao final, com o suporte técnico do contador, a empresa estará apta não apenas a cumprir com segurança suas obrigações fiscais, mas também a aproveitar as oportunidades proporcionadas pelo novo modelo tributário, posicionando-se de forma mais competitiva no mercado nacional.

1.12 Exercícios de fixação

1) Qual das alternativas abaixo descreve corretamente a função do planejamento tributário nas organizações?
A) Aumentar a carga tributária da empresa para evitar sanções fiscais.
B) Reduzir os custos tributários de forma lícita e otimizar a eficiência financeira da empresa.
C) Evitar completamente o pagamento de tributos por meio de isenções fiscais.
D) Contratar profissionais com especialização em tributos para administrar as finanças da empresa.

2) Em relação à realidade tributária do Brasil, qual dos fatores a seguir é um dos principais desafios enfrentados pelas organizações?
A) A simplificação das normas tributárias.
B) O incentivo governamental para a redução de tributos.
C) A complexidade e a instabilidade do STN.
D) A baixa carga tributária comparada com outros países.

3) Qual das alternativas apresenta corretamente o papel do profissional de contabilidade na relação entre a entidade e o Estado.

A) O profissional de contabilidade é responsável exclusivamente pela auditoria interna e não participa das decisões tributárias da empresa.

B) O contador atua como intermediário entre a empresa e o Estado, aplicando normas fiscais e garantindo que as operações não sejam afetadas por descumprimento tributário.

C) O contador deve assegurar que a empresa sempre pague o mínimo de tributos possíveis, independente da legislação vigente.

D) O contador é responsável apenas pela gestão tributária e não tem envolvimento com o planejamento tributário.

4) Uma empresa do setor industrial planeja expandir suas operações para outro estado, mas está preocupada com o impacto dos tributos, especialmente o ICMS, sobre seus novos investimentos. O contador contratado sugere uma análise dos incentivos fiscais oferecidos pelo estado de destino. Com base nesse cenário, qual é a função mais importante do contador, nesse caso?

A) Aumentar os tributos da empresa para obter maior receita.

B) Garantir que a empresa pague o tributo com a menor carga sem levar em conta outros gastos que possam resultar dessas operações.

C) Identificar oportunidades para reduzir legalmente a carga tributária e otimizar a expansão analisando todos os impactos financeiros e comparando a economia tributária com gastos adicionais que porventura venham a surgir.

Capítulo 1 – A CONTABILIDADE E OS TRIBUTOS

D) Ignorar os incentivos fiscais, já que eles não são relevantes para a expansão.

5) Em relação à transição da contabilidade fiscal para a contabilidade tributária, qual das alternativas descreve corretamente o impacto dessa mudança para a atuação do contador?

A) A mudança eliminou a necessidade de cumprimento das obrigações fiscais, focando exclusivamente na proteção patrimonial.

B) Passou-se a enfatizar o atendimento às exigências fiscais para atender prioritariamente ao Fisco.

C) O contador tornou-se responsável pela avaliação crítica das normas tributárias, buscando proteger o patrimônio da entidade.

D) A transição dispensou o contador de considerar os impactos tributários nas demonstrações contábeis.

6) O termo "contabilidade fiscal" se tornou inadequado em função da nova visão trazida pela contabilidade tributária. Qual das afirmações abaixo explica essa inadequação?

A) A contabilidade fiscal favorece a gestão patrimonial acima do cumprimento das normas fiscais.

B) A contabilidade fiscal era usada para controle de tributos, sem focar na proteção patrimonial.

C) A contabilidade tributária se preocupa exclusivamente com o cumprimento das obrigações tributárias do Estado.

D) A contabilidade tributária passou a ser definida como ciência econômica, eliminando o conceito de "fiscal".

7) A adoção das normas internacionais de contabilidade (IFRS) no Brasil influenciou a contabilidade tributária. Qual dos seguintes aspectos reflete uma mudança fundamental trazida por essa adoção?

A) As demonstrações contábeis passaram a priorizar o fornecimento de informações econômicas para uma ampla gama de interessados.

B) A IFRS estabeleceu o controle exclusivo de tributos com base nas normas locais.

C) A partir da IFRS, as obrigações fiscais passaram a ser exclusivamente aplicáveis a empresas públicas.

D) As normas internacionais dispensaram a aplicação de normas contábeis brasileiras no cálculo de tributos.

8) A respeito das práticas e dos procedimentos adotados na gestão tributária, qual das alternativas representa corretamente uma ação preventiva que visa evitar o pagamento excessivo de tributos e otimizar os incentivos fiscais?

A) Identificação de fatos geradores dos tributos e suas respectivas bases de cálculo.

B) A configuração dos sistemas de apuração de tributos para garantir conformidade legal.

C) A elaboração de relatórios fiscais sobre a situação financeira da empresa.

D) A identificação e o aproveitamento eficiente de incentivos fiscais, como isenções e compensações.

9) Em relação às atividades centrais da gestão tributária, qual das alternativas descreve corretamente uma medida importante para manter a empresa em conformidade com mudanças na legislação tributária?

A) Realizar a revisão de contratos para adaptar cláusulas à legislação tributária vigente.

B) Garantir a correta parametrização dos sistemas de apuração para o cálculo de tributos.

C) Acompanhar e monitorar alterações legislativas com impacto nas obrigações fiscais da empresa.

D) Fornecer relatórios periódicos para as equipes financeira e fiscal sobre a situação tributária.

10) Qual das alternativas a seguir melhor descreve a função do planejamento tributário no contexto empresarial?

A) Identificar brechas nas normas fiscais e utilizar práticas com baixa transparência para reduzir tributos.

B) Estabelecer um conjunto de práticas lícitas para minimizar tributos e otimizar a carga fiscal, respeitando as normas vigentes.

C) Aumentar os lucros das empresas por meio do repasse total dos tributos ao consumidor final.

D) Criar estratégias que permitam isenções fiscais sem consideração pelos requisitos da gestão de negócios.

11) Sobre a atuação multidisciplinar no planejamento tributário, qual das alternativas evidencia uma análise abrangente que considere as diferentes variáveis do ambiente empresarial?

A) Focar apenas nas vantagens fiscais oferecidas por determinadas regiões para reduzir a carga tributária.

B) Optar por localidades com benefícios fiscais sem levar em conta custos logísticos ou operacionais.

C) Considerar aspectos fiscais e societários na escolha de uma região, minimizando outros fatores externos.

D) Avaliar, além dos incentivos fiscais, os custos logísticos, de mão de obra e outros aspectos regionais para uma decisão viável.

12) O que o *compliance* tributário busca alcançar nas organizações, e qual é a sua importância no contexto empresarial?

A) Assegurar a conformidade com as normas legais e regulatórias, mitigando riscos e melhorando a reputação da organização.

B) Aumentar a carga tributária das empresas, garantindo que todas as obrigações fiscais sejam atendidas.

C) Cumprir rigorosamente todas as normas tributárias sem considerar a sustentabilidade financeira da empresa.

D) Implementar práticas que visem unicamente evitar penalidades e sanções fiscais, independentemente da responsabilidade social.

13) Quais são as principais ações que uma empresa deve implementar para garantir um *compliance* tributário eficaz?

A) Focar exclusivamente na redução de tributos, desconsiderando as mudanças nas normas legais.

B) Monitorar alterações legislativas, implementar controles internos e treinar equipes sobre normas tributárias.

C) Realizar auditorias anuais e treinar a equipe apenas em períodos de alta demanda fiscal.

D) Ignorar as alterações legislativas e utilizar sistemas manuais para a gestão fiscal.

14) Qual é a principal diferença entre auditoria tributária e *compliance* tributário, conforme descrito no texto?

Capítulo 1 – A CONTABILIDADE E OS TRIBUTOS

A) Ambas as práticas visam a conformidade fiscal, mas a auditoria tributária é sempre preventiva, enquanto o *compliance* é reativo.

B) A auditoria tributária se concentra na análise de operações fiscais já realizadas, enquanto o *compliance* tributário busca garantir a conformidade contínua com as obrigações fiscais.

C) O *compliance* tributário envolve apenas a verificação de passivos tributários, enquanto a auditoria tributária abrange somente o controle de obrigações acessórias.

D) A auditoria tributária é realizada apenas por órgãos externos, enquanto o *compliance* é responsabilidade exclusiva da equipe interna da empresa.

15) Quais ações a auditoria tributária pode realizar para mitigar riscos fiscais?

A) Revisar as obrigações acessórias, identificar passivos tributários e assegurar a conformidade com as obrigações fiscais.

B) Conduzir apenas auditorias externas, ignorando as operações internas da empresa.

C) Focar exclusivamente na redução da carga tributária, desconsiderando a conformidade.

D) Realizar auditorias apenas em períodos de fiscalização externa e não monitorar continuamente as operações.

16) Analise as afirmações a seguir sobre a interdependência entre contabilidade tributária e Direito Tributário e indique a alternativa correta:

I. A contabilidade tributária pode ser considerada uma ferramenta prática que aplica as normas do Direito Tributário no cotidiano das empresas, assegurando a conformidade e a otimização da carga tributária.

II. O Direito Tributário, ao estabelecer normas e diretrizes, não influencia a prática contábil, pois sua função é apenas normativa, e não operacional.

III. A relação entre Contabilidade Tributária e Direito Tributário é fundamental para a proteção dos direitos dos contribuintes, pois a contabilidade fornece os dados necessários para interpretar e aplicar as normas tributárias, evitando divergências interpretativas entre o Fisco e o contribuinte.

IV. O contador deve ter um conhecimento aprofundado do Direito Tributário para aplicar corretamente as leis, mas não é necessário que o profissional de direito tenha conhecimento em contabilidade tributária, pois suas funções são distintas e não se cruzam.

Qual das alternativas abaixo representa corretamente a avaliação das afirmações acima?

A) Apenas I e III estão corretas.

B) Apenas II e IV estão corretas.

C) Todas as afirmações estão corretas.

D) Apenas I e IV estão corretas.

17) Com base na atuação do contador no contexto da gestão tributária e na sua interface com o Direito Tributário, analise as alternativas abaixo e assinale a que melhor representa o papel desse profissional nas organizações contemporâneas:

A) O contador é responsável apenas pelo cumprimento das obrigações fiscais, sem influenciar as estratégias de planejamento tributário.

Capítulo 1 – A CONTABILIDADE E OS TRIBUTOS

B) Ele atua como consultor estratégico, aplicando a legislação fiscal na prática e colaborando com o advogado tributarista para proteger o patrimônio da empresa.

C) O papel do contador se limita a auditar as informações fiscais e contábeis, sem interação com questões legais.

D) O contador deve se concentrar apenas na apresentação de relatórios contábeis, desconsiderando a análise das normas tributárias.

18) Qual é a importância da especialização em contabilidade tributária para os profissionais da área, conforme descrito no texto?

A) A especialização é irrelevante, pois os contadores podem se manter atualizados apenas por meio de cursos rápidos.

B) Ela permite que os contadores ofereçam consultoria e planejamento tributário eficazes, ajudando na conformidade fiscal e na redução de riscos.

C) Os contadores especializados em contabilidade tributária não precisam ter conhecimento da legislação tributária, pois essa função é exclusiva dos advogados.

D) A especialização em contabilidade tributária limita as oportunidades de carreira, restringindo o contador a um único tipo de função.

19) Qual é o papel das NBC no tratamento contábil dos tributos?

A) As NBC apenas regulamentam a apuração de tributos, sem impactar a apresentação das demonstrações contábeis.

B) As NBC têm como principal objetivo aumentar a carga tributária das empresas, sem considerar a transparência nas informações contábeis.

C) Elas uniformizam os procedimentos contábeis, assegurando que a mensuração e a divulgação dos tributos nas demonstrações contábeis sejam claras, consistentes e confiáveis.

D) As NBC não têm relevância no planejamento tributário, pois se concentram apenas na contabilidade financeira das empresas.

20) Qual das alternativas abaixo melhor define a importância do planejamento tributário para uma empresa?

A) O planejamento tributário permite que a empresa evite completamente o pagamento de tributos ao optar por não seguir determinadas obrigações fiscais.

B) Por meio do planejamento tributário, a empresa pode reduzir sua carga tributária de forma legal, identificar incentivos fiscais e regimes específicos, além de evitar pagamentos indevidos e otimizar o fluxo de caixa.

C) O planejamento tributário é uma estratégia opcional, sem impactos significativos para a competitividade da empresa ou sua conformidade com a legislação fiscal.

D) O contador não tem um papel relevante no planejamento tributário, pois todas as decisões fiscais são de responsabilidade exclusiva da administração da empresa.

Respostas

1 – B	6 – B	11 – D	16 – A
2 – C	7 – A	12 – A	17 – B
3 – B	8 – D	13 – B	18 – B
4 – C	9 – C	14 – B	19 – C
5 – C	10 – B	15 – A	20 – B

Capítulo 2 – SISTEMA TRIBUTÁRIO NACIONAL

Me arrancam tudo a força
e depois me chamam de contribuinte.
Millôr Fernandes

O Sistema Tributário Nacional (STN) **é o conjunto de normas que regulam a criação, a administração, a arrecadação e a partilha de tributos.** Sua base legal principal está na Constituição Federal, que define:

- **Competências tributárias** (arts. 145 a 149 e 153 a 156): quais entes federativos podem instituir tributos.
- **Limitações ao poder de tributar** (arts. 150 a 152): garantias aos direitos dos contribuintes.
- **Repartição das receitas tributárias** (arts. 157 a 162): distribuição de recursos entre a União, os Estados, os Municípios e o Distrito Federal.

Essas normas constitucionais servem de base para a elaboração de legislações infraconstitucionais, como o CTN, que estabelece as normas gerais aplicáveis ao sistema tributário, além de outras leis que criam e regulamentam as obrigações tributárias.

Para viabilizar a aplicação dessas normas, são editados decretos regulamentares, que consistem em atos administrativos de competência dos chefes dos Poder Executivo (Presidente da República, Governadores e Prefeitos). Esses decretos têm a função de detalhar as disposições legais, assegurando sua execução uniforme e eficaz.

Além disso, o STN contempla **instrumentos de controle e fiscalização**, incluindo o papel desempenhado pelos órgãos de administração tributária e o processo administrativo fiscal, que garantem tanto a correta aplicação das normas quanto a proteção dos direitos dos contribuintes.

Ao longo deste capítulo, serão abordadas noções dos principais aspectos do STN, incluindo os conceitos fundamentais sobre tributos, suas espécies e as competências tributárias atribuídas a cada ente federativo. Serão discutidas as limitações ao poder de tributar, que visam proteger os direitos dos contribuintes, bem como a legislação tributária que rege as obrigações e o crédito tributário. Além disso, será apresentada a estrutura do processo administrativo tributário, destacando seu papel na fiscalização e na resolução de conflitos entre o Fisco e os contribuintes.

2.1 Atividade financeira do Estado e o papel dos tributos

O Estado deve garantir o funcionamento dos serviços públicos, o que exige a captação de recursos financeiros. Torres (2005) define a atividade financeira do Estado como o conjunto de ações voltadas à obtenção de receitas e realização de despesas, conforme o planejamento orçamentário. Assim, a arrecadação e o gasto público seguem diretrizes estabelecidas no orçamento.

A receita pública é o principal meio de financiamento estatal, sendo a arrecadação tributária sua maior fonte. **No Orçamento da União de 2024, os tributos representavam mais de 70%**

Capítulo 2 – SISTEMA TRIBUTÁRIO NACIONAL

81

das receitas correntes, evidenciando sua importância para a manutenção do governo e do bem-estar social.

A tributação afeta diretamente o patrimônio dos contribuintes, impactando consumo, investimento e poupança. Pagamentos excessivos ou indevidos podem comprometer a saúde financeira de empresas e cidadãos, tornando essencial o conhecimento do STN. Além disso, a fiscalização da aplicação dos tributos fortalece o controle social e garante transparência na gestão pública.

Os tributos desempenham funções essenciais na economia, sendo utilizados pelo Estado para **financiar políticas públicas** e viabilizar investimentos em infraestrutura, saúde, educação e programas sociais. Por meio da tributação, o Estado também pode atuar na **redistribuição de renda**, buscando reduzir desigualdades sociais e econômicas, além de realizar **ajustes fiscais** com o objetivo de controlar os ciclos econômicos. Além dessas possibilidades, a tributação pode ser utilizada como instrumento de **incentivo a práticas sustentáveis** e responsáveis, por meio da taxação de atividades que geram externalidades negativas, como a poluição, desestimulando comportamentos prejudiciais e promovendo alternativas mais sustentáveis.

Em resumo, os tributos não apenas garantem a arrecadação estatal, mas também promovem justiça social, desenvolvimento econômico e equilíbrio fiscal. Um sistema tributário eficiente e equitativo é essencial para o fortalecimento do Estado e a melhoria da qualidade de vida da população.

2.2 Tributos: conceito e natureza jurídica

O Estado dispõe de diversas fontes de receita além dos tributos. Aplicação de penalidades, preços públicos e outras formas de ingresso de recursos possuem natureza jurídica distinta. Assim, **nem toda obrigação financeira imposta ao cidadão pelo Estado pode, tecnicamente, ser considerada um tributo.**

Estabelecer essa distinção é essencial para **determinar o regime jurídico aplicável**, identificando se as normas do Direito Tributário devem reger o processo de apuração e cobrança ou se outra base legal deve ser utilizada.

O art. **3º do CTN conceitua tributo como** "toda prestação pecuniária compulsória, em moeda ou cujo valor nela se possa exprimir, que não constitua sanção de ato ilícito, instituída em lei e cobrada mediante atividade administrativa plenamente vinculada".

Desse conceito extraem-se os elementos necessários para classificação de um ingresso público como tributo, sendo eles:

Figura 2.1 – Elementos presentes no conceito de tributo.

Prestação Pecuniária
- Valor em dinheiro.
- No âmbito tributário é a forma de arrecadação utilizada pelo Estado para financiar suas atividades e serviços públicos.

Compulsória
- O dever de pagar o tributo existe independente de qualquer vontade.
- Concretizada a hipótese legal de incidência surge a obrigação tributária.

Em moeda ou cujo valor nela se possa exprimir
- Tributo deve ser pago em dinheiro.
- Apenas em circunstâncias definidas em lei é possível quitar o tributo por meio da entrega de bens, como ocorre no caso da dação em pagamento de bens imóveis.

Que não constitua sanção de ato ilícito
- Tributo não pode ser confundido com punição.

Instituída por Lei
- Somente Lei pode instituir tributo, não comportando qualquer exceção, uma vez que ninguém será obrigado a fazer ou deixar de fazer algo se não por força de Lei.

Cobrada mediante atividade administrativa plenamente vinculada
- Tributo deve ser cobrado por autoridade administrativa competente, a qual atuará vinculada aos dispositivos legais, não empregando nessa tarefa juízo pessoal.

Fonte: Elaborada pelo autor, 2025.

Capítulo 2 – SISTEMA TRIBUTÁRIO NACIONAL

Da análise dos elementos essenciais destacamos, em primeiro lugar, a **necessidade de o tributo sempre ser criado por Lei**, garantindo assim segurança jurídica para os contribuintes. Ademais, a cobrança deve seguir um procedimento administrativo vinculado, rigorosamente definido por lei, sem espaço para interpretações subjetivas por parte dos agentes públicos. Esses elementos garantem transparência e previsibilidade ao processo tributário.

O caráter coercitivo caracteriza o tributo como uma prestação compulsória, ou seja, obrigatória, não importando a vontade do contribuinte. Assim, **basta que a situação prevista em lei como uma hipótese de incidência se realize para surgir a obrigação tributária.**

Na prática!

Ausência de natureza tributária das contribuições para o Fundo de Garantia por Tempo de Serviço (FGTS)

O FGTS, um direito social e trabalhista garantido pela Constituição Federal, obriga o empregador a realizar depósitos mensais na conta do trabalhador. Apesar dessa obrigatoriedade, as contribuições ao FGTS não têm natureza tributária, conforme definido pela Súmula nº 353 do Superior Tribunal de Justiça (STJ), que deixa claro que essas contribuições não se submetem às regras do CTN. Por não possuir caráter de imposto ou contribuição previdenciária, o FGTS é regido por normas de Direito do Trabalho, e não Tributário. Em execuções fiscais relacionadas a débitos do FGTS, as regras do CTN não se aplicam, mesmo de forma analógica. Nessas situações, utilizam-se as disposições gerais de responsabilidade patrimonial previstas no Código de Processo Civil (CPC).

Por ser uma prestação pecuniária em moeda, ou cujo valor nela se possa exprimir, **todo tributo deve ser pago em dinheiro**, não sendo possível pagar tributos em bens de nenhuma natureza, ou com trabalho do contribuinte nem mesmo em moeda estrangeira ou nas ditas criptomoedas. Cabe destacar que, caso não seja recolhido espontaneamente, o Fisco poderá iniciar a

84 CONTABILIDADE TRIBUTÁRIA

execução fiscal e penhorar por meio de processo judicial os bens do contribuinte para sanar suas dívidas tributárias.

Tributo **não é punição**, assim, **não pode ser confundido com sanções por descumprimento de normas, como as penalidades pecuniárias (multas). As penalidades têm o objetivo de punir comportamentos ilícitos, enquanto o tributo objetiva arrecadar recursos para financiar as atividades realizadas pelo Estado.**

2.3 Receitas públicas não tributárias

A interpretação detalhada do art. 3º do CTN permite identificar determinadas prestações que não são consideradas tributos, por **não atenderem integralmente aos requisitos legais**. Embora algumas apresentem características semelhantes às dos tributos, **situam-se fora do campo de incidência do Direito Tributário**. Além do FGTS, já mencionado, podemos citar: as contribuições Sindicais o foro, o laudêmio, as multas por infração e os preços públicos.

- **Contribuições sindicais:** não possuem natureza tributária por serem voluntárias ou restritas a sindicalizados, **não atendendo ao atributo essencial da coercitividade**. Dividem-se em:

  – **Contribuição sindical:** criada no período Vargas para a manutenção dos sindicatos era obrigatória até a edição da Lei nº 13.467/2017, que tornou seu pagamento facultativo, afastando sua coercitividade.

  – **Contribuição confederativa:** prevista no art. 8º, IV, da CF, financia entidades sindicais, mas só pode ser exigida de sindicalizados, conforme a Súmula Vinculante nº 40 do Supremo Tribunal Federal (STF).

– **Contribuição assistencial:** prevista em convenções coletivas, são restritas a filiados, conforme o Precedente Normativo nº 119 do Tribunal Superior do Trabalho (TST).

– **Mensalidades ou anuidades:** valores pagos voluntariamente pelos associados, configurando relação contratual, sem caráter tributário.

- **Foro e laudêmio:** são receitas patrimoniais ligadas ao **domínio útil de terrenos foreiros**, como os terrenos de Marinha da União, administrados pela Secretaria de Patrimônio da União (SPU), tendo como fundamento normativo o Decreto-Lei nº 9.760/1946. Por **não possuírem caráter compulsório** ou serem utilizados para custear as funções gerais do Estado, não se configuram como tributos.

  – **Foro:** renda anual paga pelo ocupante (enfiteuta) ao titular do domínio direto (senhorio). Não é tributo, pois decorre de contrato e não do poder de império do Estado.

  – **Laudêmio:** valor devido ao senhorio direto na transferência do domínio útil do imóvel. Representa uma compensação patrimonial e não um tributo.

- **Preços públicos:** cobranças **pelo uso de serviços ou bens públicos, com base em relação contratual**. Diferem-se dos tributos pela ausência de coercitividade, sendo pagos apenas por quem opta pelo serviço ou bem.

86   CONTABILIDADE TRIBUTÁRIA

Dessa forma, **receitas públicas não tributárias têm fundamento em relações contratuais ou patrimoniais**, distinguindo-se dos tributos por não possuírem obrigatoriedade imposta pelo Estado.

2.4 Espécies tributárias

A Constituição Federal confere competência para a instituição de cinco espécies tributárias, definindo suas características específicas e o regime jurídico aplicável a cada uma delas. Essas espécies são: **impostos, taxas, contribuições de melhoria, empréstimos compulsórios** e **contribuições especiais**.

A correta identificação da natureza jurídica do tributo é essencial para definir seu regime jurídico e assegurar sua conformidade com as normas vigentes. A criação de tributos deve seguir regras estabelecidas pela Constituição e leis complementares, respeitando competência legislativa e princípios tributários. O descumprimento dessas normas pode levar à inconstitucionalidade do tributo, protegendo os direitos do contribuinte e garantindo a legalidade da tributação.

Na prática!

A taxa de iluminação pública foi declarada inconstitucional pelo STF, por meio da Súmula Vinculante nº 41, que determinou que serviços como iluminação pública não podem ser remunerados por meio de taxas. Isso porque esses serviços não são prestados de forma divisível e individualizável aos contribuintes, requisito essencial para a criação de taxas.

Para solucionar essa irregularidade, a Constituição foi alterada, introduzindo o art. 149-A, que prevê a Contribuição de Iluminação Pública (CIP). Essa contribuição especial foi criada em conformidade com o ordenamento jurídico, atendendo aos parâmetros constitucionais.

Capítulo 2 – SISTEMA TRIBUTÁRIO NACIONAL

Figura 2.2 – Espécies tributárias.

Impostos

Contribuições especiais

Tributos

Taxas

Empréstimos compulsórios

Contribuições de melhorias

Fonte: Elaborada pelo autor, 2025

2.4.1 Impostos

De acordo com o art. 16 do CTN, imposto é o tributo não vinculado, ou seja, a obrigação tem por **fato gerador uma situação independente de qualquer atividade estatal específica**, relativa ao contribuinte que justifique a sua cobrança, como, por exemplo, "pague o IPVA para que ruas sejam conservadas". Assim, o imposto é um tributo de receita não vinculada, pois a previsão de arrecadação integra o orçamento, sendo distribuído de acordo com as prioridades estabelecidas pelo governo e aprovadas pelo Poder Legislativo, nas diversas ações que constituem as políticas públicas que serão adotadas pelo governo.

Além disso, a Constituição determina que, sempre que possível, os impostos terão **caráter pessoal e serão graduados segundo a capacidade econômica do contribuinte**, respeitando

88

CONTABILIDADE TRIBUTÁRIA

os princípios da justiça fiscal e da isonomia tributária. A Constituição Federal prevê a criação de 15 impostos, distribuídos entre as esferas federativas da seguinte forma:

Quadro 2.1 – Competência para criação de impostos.

Categoria	Ente Estatal Competente	Imposto
Comércio Exterior	União	**II** – O imposto sobre a importação de produtos estrangeiros incide sobre a importação de mercadorias estrangeiras e sobre a bagagem de viajante procedente do exterior.
		IE – O imposto sobre a exportação tem como fato gerador a saída da mercadoria do território aduaneiro.
Produção e Circulação	União	**IPI** – Imposto sobre Produtos Industrializados: tributo pago a todo produto industrializado, mesmo que este esteja em fase intermediária, parcial ou incompleta de industrialização.
		IOF – Imposto sobre Operações Financeiras, Crédito, Câmbio, Seguro, ou relativas a Títulos e Valores Imobiliários.
	Estados/DF	**ICMS** – Imposto sobre Circulação de Mercadorias e Serviços de telecomunicações e transporte intermunicipal e interestadual.
	Municípios/DF	**ISS** – Imposto sobre Serviços de qualquer Natureza.
	Estados/DF e Municípios	**IBS** – Imposto sobre Bens e Serviços.
	União	**IS** – Imposto Seletivo – produção, extração, comercialização ou importação de bens e serviços prejudiciais à saúde ou ao meio ambiente.

Capítulo 2 – SISTEMA TRIBUTÁRIO NACIONAL

Patrimônio e Renda	**União**	**IR** – Imposto de Renda: tributo que tem como fato gerador a manifestação de riqueza incidindo sobre rendas de pessoas físicas ou jurídicas.
		ITR – Imposto sobre a Propriedade Territorial Rural: tributo pago por proprietário de terras fora do perímetro urbano.
		IGF – Imposto sobre Grandes Fortunas, ainda não instituído.
	Estados/DF	**ITCMD** – Imposto de Transmissão Causa Mortis e Doação, de quaisquer bens ou direitos o qual tem como fato gerador a transmissão dos bens e direitos de pessoa falecida para seus herdeiros legítimos ou testamentários.
		IPVA – Imposto sobre Propriedade de Veículos Automotores
	Municípios/DF	**ITBI** – Imposto sobre Transmissão Inter Vivos de Bens e Imóveis: sua hipótese de incidência, ou fato gerador *in abstrato*, é, genericamente, a transmissão, por ato oneroso, de bens imóveis, excluindo-se a sucessão (causa mortis).
		IPTU – Imposto Predial e Territorial Urbano.

Fonte: Elaborado pelo autor.

Os impostos podem ser classificados quanto a sua base econômica, a sua alíquota, a sua forma de percepção e ao seu objeto de incidência, conforme demonstrado no quadro seguinte:

Quadro 2.2 – Classificação dos impostos.

Base Econômica	**Sobre comércio exterior.**	II e IE.
	Sobre o patrimônio e a renda.	IR, ITR, IGF, ITCMD, IPVA, ITBI e IPTU.
	Sobre a produção e a circulação	IPI, IOF, ICMS, ISS, IS e IBS.
Alíquota	**Fixos**	ICMS e ISS do MEI.
	Proporcionais	ICMS, ISS, IPI etc.
Forma de Percepção	**Diretos** Ônus financeiro recai sobre o próprio contribuinte.	IR, IPTU e ITR.
	Indiretos Passíveis de repasse para o consumidor final.	ICMS, ISS, e IOF.
Objeto de Incidência	**Reais** Incidem sobre bens.	IPTU, ITR, IPVA e ITBI.
	Pessoais Incidem sobre pessoas.	IR e IOF.

Fonte: Elaborado pelo autor.

2.4.2 Taxas

A Constituição Federal, em seu art. 145, dispõe que a União, os Estados, o Distrito Federal e os Municípios poderão instituir taxas **em razão do exercício do poder de polícia ou pela utilização, efetiva ou potencial, de serviços públicos específicos e divisíveis, prestados ao contribuinte ou postos à sua disposição**.

Capítulo 2 – SISTEMA TRIBUTÁRIO NACIONAL

Figura 2.3 – Fato gerador das taxas.

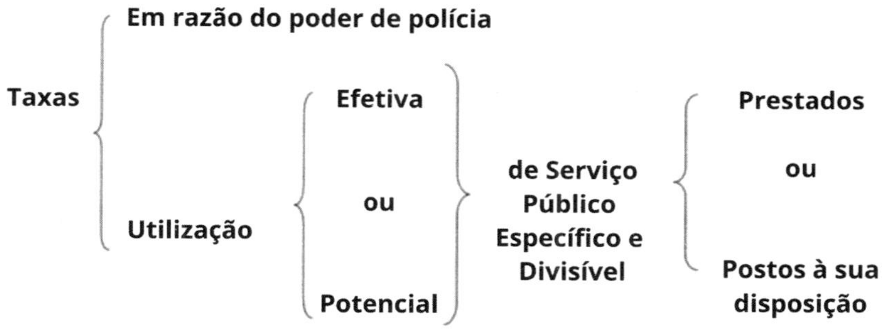

Taxas
- Em razão do poder de polícia
- Utilização
  - Efetiva
  - ou
  - Potencial
  - de Serviço Público Específico e Divisível
    - Prestados
    - ou
    - Postos à sua disposição

Fonte: Elaborada pelo autor, 2025.

A competência para instituir taxas é comum, ou seja, **todos os entes federativos (União, Estados, Distrito Federal e Municípios) podem criar esse tributo**, desde que respeitem as atribuições definidas na Constituição Federal, nas Constituições Estaduais e nas Leis Orgânicas Municipais.

Trata-se de **um tributo vinculado, uma vez que há uma contrapartida imediata por parte do Estado em razão do tributo cobrado**. Diferentemente dos impostos, o contribuinte sabe exatamente o motivo pelo qual está efetuando o pagamento. A base de cálculo das taxas tende a refletir o custo da atuação estatal relacionada ao contribuinte, sendo vedado, pela Constituição, que tenham base de cálculo idêntica à dos impostos. O CTN reforça essa limitação, ao proibir que sejam calculadas com base no capital das empresas.

Poder de Polícia é a faculdade que a administração pública possui para **condicionar ou restringir o uso e o gozo de bens, atividades e direitos individuais, em benefício da coletividade ou do próprio Estado**. A razão do poder de polícia é o interesse social. Como exemplo de taxas cobradas em razão do poder de polícia, temos: taxa de inspeção sanitária, taxa de obras em logradouros públicos e taxa de alvará.

As taxas de serviços decorrem da prestação de serviços públicos essenciais, cuja ausência pode prejudicar a coletividade. Um exemplo comum é a taxa de coleta de lixo. Para análise conceitual das taxas relacionadas aos serviços públicos, é importante entender os seguintes conceitos:

- **Serviços específicos:** aqueles que podem ser destacados em unidades autônomas de intervenção, permitindo ao contribuinte identificar claramente a atividade estatal pela qual está pagando.
- **Serviços divisíveis:** aqueles que podem ser utilizados separadamente por cada um dos seus usuários.
- **Utilização efetiva:** serviço de fato usufruído pelo contribuinte, como, por exemplo, taxa de emissão de alvará e licenciamento de veículos.
- **Utilização potencial:** disponibilidade compulsória do serviço, sendo suficiente que ele seja colocado à disposição do contribuinte, mediante atividade administrativa em efetivo funcionamento, para justificar a cobrança da taxa, mesmo que o serviço não seja utilizado pelo contribuinte, como, por exemplo, a taxa de coleta de lixo ou de combate e prevenção a incêndios.

2.4.3 Contribuição de melhorias

A contribuição de melhoria é um tributo cujo fato gerador é a **valorização imobiliária, direta ou indireta, decorrente de obras públicas**. Pode ser instituída pela União, pelos Estados, pelo Distrito Federal ou pelos Municípios, com o intuito de co-

Capítulo 2 – SISTEMA TRIBUTÁRIO NACIONAL

93

brir os custos das obras que resultam na valorização dos imóveis. Esse tributo apresenta dois limites:

- **Limite total:** o valor total da contribuição não pode exceder o custo das obras realizadas.
- **Limite individual:** o valor da contribuição para cada imóvel deve corresponder ao acréscimo de valor que a obra gerou para aquele imóvel específico.

A contribuição de melhoria é considerada um tributo vinculado, pois sua cobrança está **condicionada à efetiva valorização dos imóveis**. No entanto, é pouco utilizada pelos entes públicos. A determinação do valor a ser cobrado a título de contribuição de melhoria é feita por meio do rateio proporcional do custo total ou parcial das obras entre todos os imóveis situados nas zonas de influência beneficiadas pela obra realizada.

2.4.4 Empréstimos compulsórios

Os empréstimos compulsórios **são tributos que podem ser criados exclusivamente pela União, por meio de lei complementar**, com o objetivo de atender a despesas extraordinárias decorrentes de **calamidade pública, guerra externa ou sua iminência, além de investimentos públicos** de caráter urgente e de relevante interesse nacional.

A necessidade de uma lei complementar para a criação desse tributo torna o processo de aprovação mais complexo, uma vez que requer a aprovação da maioria absoluta das duas Casas do Congresso (41 senadores e 257 deputados), o que pode dificultar a implementação desse tributo.

A cobrança ocorre de forma temporária, limitada às circunstâncias que autorizam sua criação, sendo necessário comprovar a dificuldade do Estado em arcar com tais gastos. Trata-se de um **tributo restituível**, devendo a União devolver o valor pago ao contribuinte ao final do período de vigência.

2.4.5 Contribuições especiais

As contribuições especiais são tributos instituídos pela União, podendo também ser criadas pelos Estados, pelos Municípios e pelos Distrito Federal, desde que de forma exclusiva para a manutenção de Regimes Próprios de Previdência de seus servidores. Além disso, os Municípios e o Distrito Federal têm a competência de instituir contribuições para o custeio, a expansão e a melhoria do serviço de iluminação pública, bem como para sistemas de monitoramento destinados à segurança e à preservação de logradouros públicos. As contribuições sociais se dividem em quatro espécies principais:

- **Contribuições sociais:** destinadas ao custeio da Seguridade Social.
- **Contribuições de intervenção no domínio econômico:** criadas com o objetivo de regular o mercado e corrigir distorções econômicas.
- **Contribuições de interesse das categorias profissionais ou econômicas:** utilizadas para custear ações de capacitação e fortalecimento de determinadas profissões.
- **Contribuições municipais e do Distrito Federal:** aplicadas na iluminação pública e em sistemas de monitoramento para segurança.

Capítulo 2 – SISTEMA TRIBUTÁRIO NACIONAL

Quadro 2.3 – Contribuições Sociais no STN.

Seguridade Social e do Programa de Integração Social	Sobre a folha de pagamento	**CPP** – Contribuição Previdenciária Patronal – a cargo dos empregadores **RAT** – Risco Ambiental do Trabalho **Contribuição do trabalhador** para a Previdência Social **Contribuições dos Servidores Públicos** para os Regimes Próprios de Previdência Social **PIS** – Programa de Integração Social devido pelas entidades sem fins lucrativos, imunes
	Sobre o faturamento	**PIS** – Programa de Integração Social **COFINS** – Contribuição para o Financiamento da Seguridade Social
		CPRB – Contribuição Previdenciária Patronal sobre a Receita Bruta em substituição a incidente sobre a folha de pagamento (Desoneração da Folha de Pagamento) **CBS** – Contribuição sobre Bens e Serviços
	Sobre o lucro	**CSLL** – Contribuição Social sobre o Lucro Líquido
Seguridade Social e do Programa de Integração Social	Sobre a importação	**PIS** – Programa de Integração Social incidente sobre a importação **COFINS** – Contribuição para o Financiamento da Seguridade Social incidente sobre a importação
CIDE e Categorias Profissionais	"Sistema S"	**SEBRAE, SESC, SENAC, SESI, SENAI, SEST, SENAT e APEX**
	Outras	**CIDE Combustível; CIDE Remessas; CONDECINE** **CIDE Energia; AFRMM; ATAERO; FUST; FUNTEL; INCRA e FUNRURAL**
	Categorias Profissionais	**Conselhos de Fiscalização Profissional**
Contribuição para o custeio, a expansão e a melhoria do serviço de iluminação pública e de sistemas de monitoramento para segurança e preservação de logradouros públicos, a cargo dos Municípios e do Distrito Federal.		

Fonte: Elaborado pelo autor.

2.5 Competência tributária

A competência tributária refere-se à **capacidade conferida pela Constituição Federal** à União, aos Estados, ao Distrito Federal e aos Municípios para:

- **Legislar:** criar normas tributárias que instituam, regulamentem e disciplinem a cobrança de tributos.
- **Fiscalizar:** supervisionar o cumprimento das obrigações tributárias pelos contribuintes.
- **Arrecadar:** proceder à cobrança efetiva dos tributos.

Embora a competência tributária seja indelegável, é possível transferir funções de fiscalização e arrecadação a entidades públicas de direito público, como autarquias e consórcios públicos. Um exemplo é a atuação dos conselhos profissionais, responsáveis por fiscalizar e arrecadar contribuições das categorias que representam. Outro caso é o ITR, cujas fiscalização e arrecadação podem ser transferidas aos Municípios, conforme o art. 153, § 4º, da Constituição Federal de 1988.

A Constituição Federal estabelece competências tributárias e limites para garantir os direitos dos contribuintes. Ela define regras gerais e condições específicas para o exercício dessas competências, que são estruturadas em três níveis:

Quadro 2.4 – Competência tributária – instrumentos legais.

Constituição Federal	Apenas cria competência para que União, Estados, Distrito Federal e Municípios instituam os seus respectivos tributos.

Lei Complementar	1) Estabelecer normas gerais para instituir tributos. 2) Dispor sobre conflitos de competência. 3) Regular as limitações constitucionais ao poder de tributar. 4) Definir tributos, fato gerador, base de cálculo e contribuintes, obrigação, crédito, lançamento, prescrição, decadência e adequação ao ato cooperativo.
Lei Ordinária	Instituir tributos obedecendo as normas gerais. Determinados tributos serão estabelecidos por lei complementar.

Fonte: Elaborado pelo autor.

A competência para legislar plenamente sobre um tributo é exclusiva da entidade que detém a competência constitucional para instituí-lo, sendo vedada sua delegação. Dessa forma, mesmo que um ente federativo não exerça sua competência tributária (ou seja, não institua o tributo), essa competência não pode ser transferida ou exercida por outro ente.

Na prática!

Reforma Tributária
Durante o processo de Reforma Tributária, iniciado com a Emenda Constitucional nº 132/2023, importantes mudanças foram realizadas. Essa emenda atribuiu à União a competência para instituir a CBS e o IS, além de estabelecer que Estados e Municípios compartilhem a competência para criar o IBS. No entanto, essas alterações na Constituição não bastaram para regulamentar a aplicação prática desses tributos. Foi necessária a edição da LC nº 214, de 16/01/2025, que definiu os parâmetros para sua cobrança, garantindo maior clareza e operacionalização no sistema tributário.

A competência tributária é organizada em diferentes tipos, cada um com suas particularidades, de acordo com a norma constitucional:

- **Competência privativa:** exclusiva de um ente federativo, que é o único autorizado a instituir determinado tributo. Esse é o caso dos **impostos**, com suas competências definidas na Constituição Federal.
- **Competência comum:** permite que todos os entes federativos instituam tributos, respeitando suas atribuições constitucionais. Exemplos: **taxas e contribuições de melhoria** podem ser cobradas pelos entes que arcaram com os custos dos serviços públicos, das atividades relacionadas ao poder de polícia ou das obras públicas que resultaram na valorização imobiliária.
- **Competência especial:** abrange tributos específicos, como **contribuições especiais** e **empréstimos compulsórios**, que são de competência exclusiva da União.
- **Competência residual:** possibilidade de a União criar novos tributos, desde que sejam respeitadas as seguintes regras:

  — **Edição por lei complementar:** requer aprovação por quórum qualificado para aprovação.

  — **Não cumulatividade:** deve haver compensação de valores pagos em etapas anteriores.

  — **Base de cálculo e fato gerador diferentes:** os novos tributos não podem coincidir com os já previstos na Constituição.

Capítulo 2 – SISTEMA TRIBUTÁRIO NACIONAL

Na prática!

Contribuição previdenciária incidente sobre a contratação de cooperativas de serviços – Inconstitucionalidade do Recurso Extraordinário STF nº 595.838.

A contribuição previdenciária sobre serviços prestados por cooperados, criada pela Lei nº 9.876/1999, exigia que empresas recolhessem 15% sobre o valor bruto das notas fiscais de serviços realizados por intermédio de cooperativas de trabalho. Essa obrigação foi considerada inconstitucional pelo STF, com repercussão geral.

O STF concluiu que a União excedeu os limites constitucionais ao transferir para o prestador de serviço a responsabilidade pelo recolhimento, criando um modelo de custeio que só poderia ser instituído por lei complementar. Em decorrência, o Senado Federal suspendeu os efeitos dessa contribuição por meio da Resolução nº 10, de 30/03/2016.

A competência tributária estrutura o STN, delimitando responsabilidades e limites dos entes federativos. **A inobservância dessas regras torna os tributos inconstitucionais**.

2.6 Limitações constitucionais ao poder de tributar

As limitações ao poder de tributar são um conjunto de **princípios e normas que restringem a atuação do Estado, garantindo a liberdade dos indivíduos e protegendo-os contra abusos**. Embora o Estado necessite arrecadar recursos, sua competência tributária não é ilimitada, sendo regulada pela Constituição.

Os arts. 150 a 152 da Constituição reúnem as principais limitações, mas outros dispositivos também impõem restrições. Essas garantias são irrevogáveis, pois fazem parte das cláusulas pétreas previstas no art. 60, § 4º, assegurando a estabilidade jurídica e evitando a supressão de direitos fundamentais.

Representam **instrumentos essenciais para o cidadão resguardar seus direitos e evitar abusos por parte do Estado**. O conhecimento dessas limitações permite que os contribuintes identifiquem tributos inconstitucionais e contestem cobranças indevidas, contribuindo para um sistema tributário mais justo.

2.6.1 Federativo

O princípio federativo garante a autonomia dos entes da Federação – União, Estados, Distrito Federal e Municípios – na criação e arrecadação de tributos, evitando interferências indevidas entre eles. Cada ente tem competência própria para instituir tributos conforme suas necessidades, promovendo equilíbrio e cooperação na gestão tributária.

2.6.2 Legalidade

O princípio da legalidade tributária **proíbe a cobrança ou o aumento de tributos sem previsão em lei**, garantindo transparência e segurança jurídica. Como já destacado, alguns tributos devem ser instituídos por lei complementar, como impostos extraordinários, empréstimos compulsórios e o IGF. A importância do princípio da legalidade tributária se justifica pela proteção dos direitos do contribuinte e pela manutenção da ordem jurídica do Estado.

O II, o IE, o IPI, o IOF e a CIDE relativa à importação ou comercialização de petróleo, gás e álcool combustível, além das variações nas alíquotas do ICMS incidentes sobre combustíveis e lubrificantes, **são exceções ao princípio da legalidade, podendo ser alterados por meio de decretos ou outros atos normativos,** justificando-se pelo seu objetivo extrafiscal, ou seja, pela utilização desses tributos como instrumentos de política econômica.

Capítulo 2 – SISTEMA TRIBUTÁRIO NACIONAL

Na prática!

Durante crises econômicas, o governo pode aumentar o II para desestimular importações e proteger a indústria nacional, incentivando a produção interna. Esse uso do II, assim como do IE, tem caráter extrafiscal, pois busca influenciar a economia, controlando a balança comercial e favorecendo o mercado interno, mais do que arrecadar. Da mesma forma, elevar o IE pode limitar a saída de produtos, preservando a oferta interna e regulando preços. Assim, a tributação é usada como instrumento de política econômica e social.

O princípio da legalidade **reserva ao Poder Legislativo a prerrogativa exclusiva de criar tributos**. Apesar disso, a medida provisória (MP) permite ao Presidente da República editar normas com força de lei em casos urgentes e relevantes, gerando debates sobre sua aplicação na criação de tributos. O art. 62 da Constituição Federal limita a competência presidencial no que diz respeito à criação de tributos, determinando que **os efeitos financeiros das normas tributárias instituídas por MP são condicionados à sua conversão em Lei.**

Na prática!

Inconstitucionalidade do DIFAL Estabelecido por Convênio

O Diferencial de Alíquota do ICMS (DIFAL) foi criado para equilibrar a arrecadação do imposto entre os Estados, garantindo que o ICMS fosse recolhido de forma justa em operações interestaduais para consumidores finais. Isso evitava distorções na concorrência e assegurava uma distribuição equilibrada da receita tributária.

Porém, em 2021, o STF declarou inconstitucional a instituição do DIFAL por convênio entre os Estados. A Corte argumentou que a criação de tributos deve seguir o princípio da legalidade tributária, exigindo a edição de uma lei específica, garantindo transparência e controle social, e não por meio de convênios ou normas infralegais.

2.6.3 Anterioridade

Proíbe a cobrança de tributos **no mesmo exercício financeiro em que seja publicada a lei que o instituiu ou aumentou**. Trata-se da não surpresa ao contribuinte. Há, no entanto, determinados tributos que não respeitam este princípio, sendo eles:

- Empréstimos compulsórios, que atendem às despesas extraordinárias da União.
- II, IE IPI e IOF.
- Impostos extraordinários.
- Contribuição Social para a Seguridade Social (podem ser cobrados no mesmo exercício fiscal desde que respeitem 90 dias).
- Cide relativo à importação ou comercialização de petróleo, Gás e álcool combustível).
- ICMS incidentes sobre combustíveis e lubrificantes.

Assim, **em regra, os efeitos financeiros decorrentes da criação ou majoração de tributos só ocorrerão no exercício financeiro seguinte**; contudo, no caso dos tributos que não respeitam esses princípios os efeitos podem ocorrer no mesmo exercício em que tenham sido criados ou majorados.

2.6.4 Noventena

Este princípio determina que **a criação ou o aumento de tributos só pode produzir efeitos após 90 dias da publicação da lei**, **reforçando o princípio da anterioridade**, impedindo que tributos sejam majorados no final do ano para entrarem em vigor logo no início do ano seguinte. Sem essa regra, uma lei publicada em 31 de dezembro poderia ter efeitos já em 1º de janeiro, impactando os contribuintes de forma abrupta. No entanto, há exceções, sendo repetidas as exceções relativas à anterioridade, prevista no art. 153, III, b, ressalvado quanto ao IPI, e acrescenta as exceções referentes ao Imposto sobre a Renda, à fixação das bases de cálculo do IPVA e do IPTU – arts.153, inciso IV, 155, III, e 156, I, respectivamente).

Figura 2.4 – Exceções aos princípios da anterioridade e noventena.

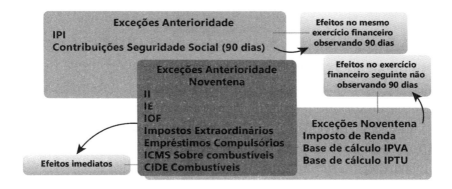

Fonte: Elaborada pelo autor.

2.6.5 Irretroatividade

Todos os tributos serão cobrados somente **a partir da data da entrada em vigor da lei que os instituiu, não podendo incidir sobre fatos geradores ocorridos antes do início da vigência da lei criadora**.

Tem por finalidade vedar a aplicação retroativa das leis, ou seja, a lei que rege o ato será aquela vigente no tempo em que o ato tenha sido praticado. Contudo, o que nos importa a título de uma melhor gestão tributária são as exceções a este princípio, ou seja, as hipóteses em que os entes da federação possam tributar fatos passados com leis atuais. As situações que compreendem exceções ao Princípio da

104 CONTABILIDADE TRIBUTÁRIA

Irretroatividade são leis interpretativas (Art. 106, I, CTN), criadas para esclarecer algum conteúdo existente em outras leis de maneira que não influencia o conteúdo jurídico que alteram os aspectos formais do lançamento (Art. 144, § 1º, CTN), e mais benéficas na aplicação de penalidades (Art. 106, II, CTN).

2.6.6 Isonomia

O princípio da isonomia assegura que todos os contribuintes, independentemente de sua condição pessoal ou econômica, devem ser tratados de forma equitativa pelo ente tributante. Isso significa que é **vedada a criação de tratamentos desiguais entre indivíduos ou empresas que se encontrem em situações equivalentes**, garantindo que a tributação seja justa e imparcial.

A isonomia tributária **busca evitar privilégios ou discriminações arbitrárias**, respeitando as peculiaridades de cada contribuinte apenas quando elas forem relevantes para a definição da capacidade contributiva.

2.6.7 Uniformidade geográfica

O princípio da uniformidade **geográfica proíbe que a União institua tributos que não sejam aplicados de maneira uniforme em todo o território nacional** ou que impliquem distinções ou privilégios em relação a determinados Estados ou Municípios. No entanto, é permitido à União conceder incentivos fiscais com o objetivo de promover o equilíbrio do desenvolvimento socioeconômico entre as diferentes regiões do país.

2.6.8 Não limitação ao tráfego

O Art. 150, inciso V, da Constituição Federal garante a **liberdade de locomoção, vedando a criação de tributos interestaduais ou intermunicipais que limitem o tráfego de pessoas ou bens, exceto o pedágio** em vias conservadas pelo Poder Público. Embora não proíba tributos entre estados ou municípios, restringe aqueles que poderiam se tornar barreiras econômicas.

2.6.9 Não confisco

O princípio do Não Confisco proíbe o uso de tributos como forma de apropriação forçada e punitiva de bens ou recursos dos contribuintes. Ele **assegura que a carga tributária seja proporcional, respeitando a capacidade contributiva e evitando excessos que prejudiquem o patrimônio do contribuinte**. Embora não haja limites objetivos definidos em lei, cabe ao Poder Legislativo fixar alíquotas que garantam equilíbrio e justiça tributária, e ao Poder Judiciário verificar, em casos concretos, o respeito a esse princípio.

2.6.10 Novos princípios introduzidos pela Reforma Tributária

A EC nº 132/2023 promoveu a reforma do STN, introduzindo seis novos princípios: simplicidade, transparência, justiça tributária, cooperação, defesa do meio ambiente e atenuação dos efeitos regressivos.

- **Simplicidade:** busca desburocratizar o sistema tributário, facilitando o cumprimento das obrigações fiscais e reduzindo custos, com medidas como a unificação de tributos (ICMS, ISS, COFINS e PIS substituídos por IBS e CBS).

- **Transparência:** garante acesso a informações fiscais de forma compreensível, permitindo que contribuintes saibam o valor exato de tributos e como são utilizados, fortalecendo o controle social.
- **Justiça tributária:** promove maior equidade na arrecadação, com redistribuição de receitas e redução de desigualdades regionais e sociais por meio de medidas como alíquota-padrão e *cashback* tributário.
- **Cooperação:** Visa construir uma relação mais colaborativa entre contribuintes e Fisco, promovendo a harmonização entre os entes federativos, e incentivando a solução consensual de conflitos.
- **Defesa do meio ambiente:** introduz incentivos a práticas sustentáveis e tributos específicos para atividades prejudiciais ao meio ambiente, como o IS.
- **Atenuação dos efeitos regressivos:** busca proteger os mais pobres, combatendo a regressividade dos tributos sobre consumo, objetivando garantir que a **carga tributária não seja desproporcionalmente alta para aqueles com menor capacidade contributiva** por meio de medidas como isenção de bens essenciais e devolução de parte do imposto pago a consumidores de baixa renda.

2.6.11 Imunidades tributárias

As imunidades tributárias são **limitações constitucionais ao poder de tributar, impedindo a incidência de tributos sobre certas pessoas, atividades ou bens** para garantir direitos fundamentais como liberdade religiosa, de expressão, acesso à cultura e à democracia. Diferem da isenção tributária, que é

Capítulo 2 – SISTEMA TRIBUTÁRIO NACIONAL

concedida por lei ordinária sem afetar a competência do ente para criação do tributo.

A discussão sobre a imunidade como cláusula pétrea divide juristas. A Constituição Federal protege direitos e garantias fundamentais (art. 60, § 4º), mas o **STF entende que nem todas as imunidades possuem esse *status***. Um exemplo é a revogação da imunidade do IR sobre aposentadorias (EC nº 20/1998), considerada uma retirada de benefício fiscal, não uma supressão de direito fundamental. Assim, **apenas imunidades que protegem direitos essenciais ou estruturas basilares do Estado são cláusulas pétreas**. Imunidades econômicas ou de política fiscal podem ser alteradas por emendas constitucionais.

Figura 2.5 – Aspectos conceituais das imunidades, isenções e não incidências.

Imunidades

• São situações protegidas pelo texto constitucional. São hipóteses de não incidência constitucionalmente qualificadas. Tais situações ficam fora do campo de incidência dos tributos. São cláusulas pétreas, por isso são imutáveis e não podem ser modificadas nem mesmo por meio de emendas constitucionais.

Isenções

• São situações que estão dentro da área de incidência do tributo, mas cujo pagamento fica dispensado mediante disposição expressa de lei. O fato é em si tributável, mas a lei, e somente a lei, dispensa do pagamento do tributo que seria devido, excluindo-o do campo de incidência.

Não Incidência

• São situações fora do campo de atuação da lei tributária, situações em que o legislador poderia atingir com a instituição de determinado tributo, mas que, por voluntariedade, ele não o faz. Tais situações são deixadas fora do campo de incidência do tributo por deliberação do legislador, não sendo definidas em lei como fato gerador.

Fonte: Elaborada pelo autor, 2025.

A seguir, listamos as principais imunidades existentes no STN. Importante destacar que por vezes o texto constitucional estabelece essas regras utilizando expressões do tipo "isenta" ou "não incidirá"; contudo, todas as vedações à tributação estabelecidas pela Constituição Federal devem ser classificadas como imunidades.

- **Imunidade recíproca (art. 150, VI, "a"):** Impede tributação entre União, Estados, DF e Municípios para garantir autonomia federativa. Abrange autarquias e fundações públicas com fins essenciais. O STF já decidiu, por exemplo, que a Empresa Brasileira de Correios e Telégrafos também goza dessa imunidade, pois presta serviços públicos essenciais.
- **Imunidade religiosa (art. 150, VI, "b"):** veda a incidência de impostos protegendo templos e atividades religiosas. Essa proteção se aplica não apenas ao local de culto, mas também às suas atividades relacionadas, desde que os bens e as rendas estejam vinculados às finalidades essenciais da entidade religiosa.
- **Imunidade de partidos políticos, sindicatos, instituições de educação e assistência social (art. 150, VI, "c"):** veda a instituição de impostos sobre o patrimônio, a renda ou os serviços dessas entidades.
- **Imunidade de imprensa (art. 150, VI, "d"):** veda a instituição de impostos sobre livros, jornais, periódicos e o papel destinado à sua impressão, e também materiais digitais, como *e-books* e *audiobooks*, conforme previsto na Súmula Vinculante do STF nº 57.
- **Imunidade musical (art. 150, VI, "e"):** incentiva a cultura nacional ao isentar fonogramas e videofonogramas produzidos no Brasil por autores ou artistas brasileiros.

Capítulo 2 – SISTEMA TRIBUTÁRIO NACIONAL

- **Imunidade sobre taxas (art. 5º, XXXIV e LXXVII):** impede a cobrança de taxas para o direito de petição, certidões para defesa de direitos, *habeas corpus* e *habeas data*.
- **Imunidade sobre exportações (arts. 149, § 2º, I, e 155, § 2º, X, "a"):** impede a cobrança de ICMS e contribuições sociais sobre receitas de exportação, com o objetivo de estimular a competitividade dos produtos brasileiros no mercado externo.
- **Imunidade sobre pequenas glebas rurais (art. 153, § 4º):** impede a cobrança do ITR sobre pequenas propriedades rurais exploradas pelo proprietário que não possua outros imóveis.

2.7 Legislação tributária

A legislação tributária é fundamental no sistema jurídico brasileiro, regulando a **criação, a arrecadação e a fiscalização de tributos**. Para contadores, dominá-la é essencial tanto para cumprir obrigações fiscais quanto para elaborar estratégias que assegurem a correta aplicação das normas e a defesa de interesses legítimos. Compreender o sistema tributário exige conhecer os diferentes instrumentos legais e seu uso adequado. Um ponto importante é distinguir **"lei" e "legislação"**, termos que, apesar de semelhantes, possuem significados distintos.

2.7.1 Leis

Toda norma elaborada pelo Poder Legislativo. Segundo o art. 59 da Constituição, o processo legislativo inclui:

- **Emendas à Constituição:** modificam o texto da Constituição para ajustá-lo às necessidades sociais e econômicas. No campo tributário, podem **alterar competências, criar ou extinguir tributos e modificar regras fiscais.** Para sua aprovação, é necessário um processo rigoroso, incluindo votação em dois turnos em cada Casa do Congresso Nacional, com quórum qualificado de três quintos dos parlamentares. Contudo, as emendas não podem modificar cláusulas pétreas, como a forma federativa de Estado, o voto direto, secreto, universal e periódico, a separação dos Poderes, e os direitos e garantias individuais.
- **Leis complementares:** tratam de **conflitos de competência** tributária entre os entes federativos, **regulam limitações** constitucionais ao poder de tributar e **estabelecem normas gerais** sobre definição de tributos, fatos geradores, bases de cálculo, obrigações, prazos, além de regimes diferenciados para micro e pequenas empresas, conforme previsto na Constituição.
- **Leis ordinárias:** principal instrumento para a **criação e regulamentação de tributos,** desde que respeitem os limites constitucionais e as normas gerais estabelecidas pelas leis complementares.
- **Leis delegadas:** as leis delegadas são **elaboradas pelo Presidente da República com autorização do Congresso Nacional.** Embora sejam menos comuns, podem abordar temas tributários, desde que não sejam de competência exclusiva do Poder Legislativo.

Capítulo 2 – SISTEMA TRIBUTÁRIO NACIONAL

- **Medidas provisórias:** atos normativos editados pelo Presidente da República em situações de **relevância e urgência, possuindo força de lei** imediata. No âmbito tributário, podem instituir ou alterar tributos, contudo, os efeitos financeiros ocorrem apenas após a conversão em Lei.
- **Decretos legislativos:** normas expedidas pelo Congresso Nacional para regulamentar matérias específicas, como a **aprovação de tratados e acordos internacionais** com impacto tributário.
- **Resoluções:** normas editadas pelo Senado Federal ou pelo Congresso Nacional para disciplinar questões específicas, como a **fixação de alíquotas de tributos interestaduais**.

2.7.2 Legislação Tributária

É um conceito mais amplo. Segundo o art. 96 do CTN, **abrange, além das leis, tratados, convenções internacionais, decretos e normas complementares** que tratem, parcial ou integralmente, de tributos e relações jurídicas a eles vinculadas.

- **Decretos:** são atos normativos expedidos pelo Poder Executivo (Presidente da República, Governadores e Prefeitos) para **regulamentar leis** e até medidas provisórias. Embora não possam criar ou modificar tributos, **detalham sua aplicação prática e procedimentos administrativos**.
- **Normas complementares:** são expedidas por órgãos da administração tributária, como a Receita Federal, para **orientar a interpretação e a aplica-**

ção da legislação tributária. Entre os principais tipos, destacam-se:

– **Instruções normativas:** regulamentam a aplicação de leis tributárias, esclarecendo procedimentos e fixando prazos.

– **Portarias:** definem regras administrativas internas, prazos e regulamentos específicos.

– **Resoluções:** emitidas por órgãos colegiados, buscam padronizar entendimentos sobre a legislação tributária.

– **Pareceres normativos:** expressam a interpretação oficial da administração tributária acerca da legislação e de decisões vinculantes.

– **Atos Declaratórios Interpretativos (ADI):** esclarecem pontos específicos da legislação tributária, promovendo uniformidade na sua aplicação.

Outras fontes normativas incluem: **práticas reiteradas das autoridades administrativas** (condutas sistemáticas adotadas pelos órgãos fiscais, que acabam influenciando a interpretação da legislação) e **convênios** firmados para regular a aplicação de tributos e a cooperação federativa.

2.8 Obrigação tributária

A obrigação tributária é um **vínculo jurídico entre o sujeito passivo (contribuinte ou responsável) e o sujeito ativo (Fisco).** Embora o tributo seja uma prestação obrigatória, essa relação não é de poder, mas sim jurídica, assegurando direitos e deveres conforme a lei.

Capítulo 2 – SISTEMA TRIBUTÁRIO NACIONAL

Figura 2.6 Obrigação tributária.

Fonte: Elaborada pelo autor, 2025.

A obrigação **surge com a ocorrência do fato gerador e se formaliza pelo lançamento tributário**. O CTN classifica as obrigações tributárias em:

- **Principal:** envolve o pagamento de tributo ou penalidade pecuniária. Exemplo: pagamento do ISS na prestação de serviços.
- **Acessória:** corresponde a deveres instrumentais que auxiliam no controle fiscal, sem envolver pagamento direto. Exemplos: escrituração de livros fiscais e emissão de documentos fiscais.

Quando uma obrigação acessória não é cumprida, converte-se em principal no que se refere à penalidade pecuniária. Assim, mesmo que o tributo tenha sido pago, o descumprimento de exigências formais pode gerar multas. Portanto, a **conformidade tributária não se limita ao pagamento de**

114

impostos, mas exige o cumprimento de todas as obrigações formais previstas na legislação.

> **Na prática!**
>
> Um exemplo de conversão de obrigação acessória em principal ocorre quando um contribuinte não entrega a Declaração de Ajuste Anual do IRPF dentro do prazo.
> **Obrigação acessória:** a entrega da declaração permite à Receita Federal verificar o correto recolhimento do imposto.
> **Descumprimento e conversão:** se a declaração não for enviada no prazo estabelecido, o contribuinte é penalizado com uma multa. Nesse caso, a obrigação acessória se transforma em uma obrigação principal, representada pelo pagamento da penalidade.

2.8.1 Fato gerador e hipótese de incidência

A obrigação tributária surge com o fato gerador, ou seja, o evento previsto na lei ou na legislação que exige o pagamento de um tributo. Esse conceito está diretamente ligado à **hipótese de incidência, que é a previsão abstrata da norma tributária** sobre situações que, ao se concretizarem, geram a obrigação tributária.

> **Na prática!**
>
> Uma empresa de consultoria empresarial em São Paulo presta um serviço de planejamento estratégico para um cliente no Rio de Janeiro. Após a conclusão, emite a nota fiscal e cobra o valor acordado.
> Hipótese de incidência (regra abstrata na legislação): de acordo com a LC nº 116/2003, a prestação desse serviço está sujeita ao ISS, ou seja, sempre que ocorre, presume-se a incidência do imposto.
> Fato gerador (ocorrência concreta do evento previsto na norma): o imposto se torna devido no momento em que o serviço é prestado, configurando a obrigação tributária e exigindo seu recolhimento ao município competente.

Capítulo 2 – SISTEMA TRIBUTÁRIO NACIONAL

115

Segundo o art. 114 do CTN, **o fato gerador da obrigação principal é a situação definida em lei como necessária e suficiente para sua ocorrência.** Já o fato gerador da obrigação **acessória é qualquer situação que exige a prática ou abstenção de um ato, sem envolver pagamento direto de tributo.**

A hipótese de incidência **estabelece a base legal para a criação do vínculo tributário,** devendo ser plenamente definida para garantir segurança jurídica. Assim, a hipótese de incidência é uma previsão legal abstrata (a lei diz que a prestação de serviços gera a obrigação de recolher o ISS). Já o fato gerador é a materialização dessa hipótese na prática (a empresa efetivamente presta o serviço passando a dever o ISS), sendo necessário abordar alguns aspectos como os apresentados na figura a seguir.

Figura 2.7 – Hipóteses de incidência.

ASPECTOS DA HIPÓTESE DE INCIDÊNCIA	CARACTERIZAÇÃO
Pessoal	Definição do Sujeito ativo (credor) e do Sujeito passivo (devedor) da obrigação tributária.
Temporal	Definição do momento exato do fato gerador da obrigação tributária.
Espacial	Definição do lugar em que terá de ocorrer o fato gerador, que deverá situar-se dentro dos limites territoriais em que o ente federativo tem a competência tributária.
Material	Definição do fato que será objeto de tributação. Normalmente é expresso por uma ação: importar, exportar, industrializar, prestar serviços.
Quantificativo	Definição da base de cálculo (expressão da grandeza do aspecto material) e da alíquota (percentual a ser aplicado sobre a base de cálculo) para determinação do montante do tributo.

Fonte: Elaborada pelo autor, 2025.

2.8.2 Interpretação do Fato Gerador e Planejamento Tributário

O art. 118 do CTN determina que **o fato gerador deve ser interpretado sem considerar formalidades jurídicas ou efei-**

tos práticos do ato. Isso significa que a administração tributária não avalia a validade legal ou os impactos econômicos do ato para definir a incidência do tributo, mas apenas a ocorrência do evento previsto na lei. A interpretação desse artigo permite concluir pelos seguintes desdobramentos:

- **Independência da validade jurídica do ato:** mesmo que um ato seja inválido ou irregular, ele pode ser tributado. Assim, uma venda sem nota fiscal gera o dever de pagar ICMS, pois há circulação de mercadoria.
- **Independência dos efeitos dos fatos ocorridos:** o tributo é devido independentemente das consequências financeiras. Se uma nota fiscal de serviço for emitida, o ISS será devido, mesmo que o serviço não seja prestado ou o pagamento não ocorra.

Diante dessa regra, o **planejamento tributário deve ser feito antes da ocorrência do fato gerador**, pois, uma vez ocorrido, a obrigação tributária surge automaticamente. Estratégias como escolha do regime tributário, reestruturação societária e análise de regimes aduaneiros podem reduzir custos fiscais. Sem planejamento prévio, não é possível evitar tributos alegando impactos financeiros indesejáveis.

2.8.3 Capacidade tributária

A capacidade tributária é a **aptidão para ser sujeito passivo de uma obrigação tributária,** ou seja, para ser **contribuinte ou responsável** pelo pagamento de tributos. Segundo o art. 126 do CTN, essa capacidade independe de certas limitações civis ou comerciais:

Capítulo 2 – SISTEMA TRIBUTÁRIO NACIONAL

- **Independência da capacidade civil:** pessoas sem plena capacidade civil (como menores ou interditados) podem ser tributadas, sendo representadas por responsáveis legais.
- **Independência de restrições profissionais:** mesmo quém esteja impedido de atuar em determinada área, pode ser tributado se realizar um fato gerador.
- **Pessoas jurídicas informais:** empresas não formalmente constituídas, mas que operam como unidade econômica ou profissional, também estão sujeitas a tributos.

2.8.4 Sujeitos da obrigação tributária

Os sujeitos da obrigação tributária são:

- **Sujeito ativo:** ente público (União, Estados, Municípios, DF) com competência para exigir o tributo (art. 119 do CTN).
- **Sujeito passivo:** quem deve cumprir a obrigação tributária, podendo ser:
  - **Contribuinte:** aquele que realiza diretamente o fato gerador.

  - **Responsável tributário:** aquele que assume o pagamento do tributo por determinação legal, mesmo sem praticar o fato gerador.

O CTN, nos arts. 128 a 138, disciplina a responsabilidade tributária, segmentando-a em três categorias: a dos sucessores, a de terceiros e a por infrações.

Conforme estabelecido pelo CTN, **a lei pode expressamente atribuir a responsabilidade pelo crédito tributário a ter-**

118

ceiros vinculados ao fato gerador da obrigação, excluindo a responsabilidade do contribuinte ou atribuindo-a a este de forma supletiva. Essa situação pode ser observada em casos como a obrigação do empregador de reter e repassar a contribuição previdenciária e o IRRF, bem como nos casos de retenção de tributos como INSS, ISS, PIS, COFINS, IRPJ e CSLL.

Na prática!

Vínculo Empregatício e Contribuição Previdenciária
Um empregado contratado por uma empresa recebe mensalmente seu salário, sobre o qual incide a contribuição previdenciária. Nessa situação são:
Sujeito ativo: a União é responsável por arrecadar a contribuição previdenciária.
Sujeito passivo:
– **Contribuinte:** o empregado, que tem um percentual descontado do seu salário, e a empresa em relação à contribuição patronal previdenciária.
– **Responsável tributário:** a empresa que deve reter o valor da contribuição do empregado e recolher o tributo.

2.8.5 Outros elementos da obrigação tributária

Além do fato gerador e dos sujeitos passivos, outros elementos fundamentais são a **base de cálculo, a alíquota e o montante do tributo**, essenciais para a apuração do valor devido.

- **Base de cálculo:** valor sobre o qual se aplica a alíquota para determinar o tributo. Deve ser definida em lei e seguir os princípios da **legalidade, da anterioridade e da irretroatividade**. Exemplo: No **IPVA**, a base de cálculo é o valor venal do veículo.
- **Alíquota:** percentual ou valor fixo aplicado sobre a base de cálculo. Pode ser:

Capítulo 2 – SISTEMA TRIBUTÁRIO NACIONAL

– **Específica:** expressa em valor monetário fixo. Exemplo: ICMS e ISS do MEI possuem valores fixos, R$ 1,00 e R$ 5,00 respectivamente.

– *Ad valorem*: percentual sobre a base de cálculo. Exemplo: No **IPI**, a alíquota varia conforme o produto.

- **Montante do tributo:** resultado da aplicação da alíquota sobre a base de cálculo, representando o valor que deve ser recolhido pelo contribuinte.

2.9 Crédito tributário

O crédito tributário representa o **valor devido pelo contribuinte ao Fisco**, resultante da obrigação tributária. Ele se constitui a partir do lançamento tributário, um procedimento administrativo que verifica a ocorrência do fato gerador e quantifica o tributo devido.

Crédito tributário e obrigação tributária são conceitos distintos e ocorrem em momentos diferentes na relação jurídica entre o fisco e o contribuinte. Na figura abaixo listamos as principais diferenças desses conceitos:

Figura 2.8 – Obrigação e crédito tributário – diferenças.

Obrigação tributária	Crédito Tributário
- É a relação jurídica entre o Fisco (sujeito ativo) e o contribuinte (sujeito passivo).	- É a expressão monetária da obrigação tributária.
- Surge com a ocorrência do fato gerador previsto na legislação tributária.	- Constitui-se a partir do lançamento, que determina o valor específico devido pelo contribuinte.
- Consiste no dever do contribuinte de realizar determinada prestação, que pode ser o pagamento de tributos ou a prática de atos administrativos, como a entrega de declarações fiscais.	- Representa o montante que o Fisco tem o direito de exigir judicial ou extrajudicialmente.

Fonte: Elaborada pelo autor, 2025.

A **constituição do crédito tributário ocorre por meio do lançamento**, que pode ser classificado em três modalidades:

- **Lançamento de ofício:** realizado pela administração tributária sem necessidade de declaração prévia do contribuinte. Ocorre, por exemplo, em situações como: omissão no pagamento de tributo declarado pelo contribuinte; descumprimento de obrigações tributárias acessórias; identificação de infração após fiscalização. Tributos em que o Estado dispõe de todas as informações para efetuar lançamento como IPTU, ITR e IPVA.
- **Lançamento por declaração:** o contribuinte fornece informações ao Fisco, que realiza o lançamento com base nesses dados, como ocorre no caso do ITBI.
- **Lançamento por homologação:** o próprio contribuinte apura e recolhe o tributo, sujeito a posterior conferência do Fisco, como no ICMS e no IPI. O pagamento antecipado extingue o crédito, mas sob condição resolutória da ulterior homologação. Se a lei não fixar prazo para a homologação, considera-se automaticamente homologado após cinco anos da ocorrência do fato gerador, salvo se houver dolo, fraude ou simulação.

A atividade administrativa de lançamento é vinculada e obrigatória, ou seja, não cabe ao agente público decidir se efetua ou não o lançamento, pois **não existe discricionariedade nesse ato**. Dessa forma, **o lançamento deve sempre ocorrer quando identificada a obrigação tributária correspondente**.

Capítulo 2 – SISTEMA TRIBUTÁRIO NACIONAL

121

Uma vez notificado o sujeito passivo, o lançamento somente pode ser alterado nos seguintes casos: impugnação do sujeito passivo, recurso de ofício e iniciativa de ofício da autoridade administrativa, nos casos previstos no art. 149 do CTN.

2.9.1 Suspensão do crédito tributário

Após a prática do fato gerador e a constituição do crédito tributário, o tributo passa a ser exigível, passível de inscrição em dívida ativa e executável, contudo, o crédito tributário devidamente constituído pode ter a sua exigibilidade suspensa, **implicando a paralisação temporária da exigibilidade de um tributo**, impedindo a Fazenda Pública de cobrá-lo até que a situação que gerou a suspensão seja superada. Assim o contribuinte não pode ser considerado inadimplente.

Importante destacar que **a suspensão não extingue a obrigação tributária, apenas posterga sua exigibilidade, além de não afastar a obrigação do contribuinte de cumprir obrigações acessórias relacionadas ao tributo suspenso**. Nos termos do art. 151 do CTN suspendem a exigibilidade do crédito tributário:

- **Moratória:** concessão por meio de lei de um **prazo maior para pagamento** de tributos, geralmente sem cobrança de multa e juros.

- **Depósito do montante integral:** o contribuinte realiza o depósito do valor do tributo discutido administrativa ou judicialmente, suspendendo sua exigibilidade enquanto a legalidade do tributo é analisada **evitando a aplicação de juros e multas**. Caso a decisão seja favorável ao contribuinte, os valores depositados são devolvidos; caso contrário, são revertidos para o Estado.

- **Reclamações e Recursos:** O contribuinte pode contestar o lançamento tributário e apresentar recursos a instâncias superiores. Nesses casos, a exigibilidade do crédito tributário fica **suspensa até que haja uma decisão final no processo administrativo**.
- **Concessão de liminar em mandado de segurança:** utilizado para proteger **direitos certos e líquidos contra atos ilegais ou abusivos de autoridades públicas**. A liminar suspende temporariamente a exigibilidade do crédito tributário até o julgamento final, garantindo segurança jurídica ao contribuinte enquanto o processo está em andamento. Nesse período, o Fisco não pode cobrar o tributo, e o contribuinte não é considerado inadimplente.
- **Concessão de liminar ou tutela antecipada em outras ações judiciais:** concedida em ações judiciais distintas do mandado de segurança, permite a **suspensão da cobrança do tributo enquanto a ação é analisada**. Usada em situações de urgência, protege o contribuinte de danos irreparáveis até a decisão final.
- **Parcelamento:** permite o pagamento da dívida tributária em parcelas, suspendendo a exigibilidade do crédito **enquanto o contribuinte estiver em dia com as parcelas acordadas**. Facilita a regularização fiscal, evitando multas e juros por inadimplência.

2.9.2 Extinção do crédito tributário

A extinção do crédito tributário ocorre quando há o **desaparecimento definitivo da obrigação tributária, eliminando a possibilidade de sua exigência pela Fazenda Pública**. O

Capítulo 2 – SISTEMA TRIBUTÁRIO NACIONAL

art. 156 do CTN estabelece as hipóteses de exclusão do crédito tributário:

- **Pagamento:** forma mais comum de extinguir um tributo, por meio da quitação integral do valor devido pelo contribuinte.
- **Compensação:** permite ao contribuinte usar créditos de tributos pagos indevidamente ou a maior para quitar dívidas tributárias. Regulada por lei, evita pagamentos em duplicidade e promove equilíbrio entre obrigações e direitos fiscais.
- **Transação:** regulada pela Lei nº 13.988/2020, possibilita a realização de acordo entre contribuinte e Fisco, com concessões mútuas, para resolver disputas tributárias e regularizar a situação fiscal.
- **Remissão:** perdão parcial ou total de dívidas tributárias concedido por lei específica. Pode ser motivado por razões sociais, econômicas ou políticas, facilitando a regularização fiscal.
- **Conversão de depósito em renda:** ocorre quando há uma decisão judicial ou administrativa desfavorável ao contribuinte, que tenha realizado o depósito do montante integral para suspender a exigibilidade do crédito tributário. Nesses casos, o valor depositado é convertido definitivamente em receita para o Fisco.
- **Pagamento antecipado e homologação do lançamento:** ocorre quando o contribuinte quita o valor do tributo antes mesmo de a administração tributária formalizar o lançamento. A homologação do lançamento é o ato administrativo pelo qual a admi-

nistração tributária valida o pagamento realizado pelo contribuinte e pode ocorrer de duas formas:

– **Homologação tácita:** ocorre automaticamente se a administração tributária não se manifestar em **cinco anos** após o pagamento antecipado.

– **Homologação expressa:** a administração valida explicitamente o pagamento, extinguindo a obrigação tributária.

- **Consignação em pagamento**: procedimento judicial usado quando há controvérsia sobre o valor ou a exigibilidade do tributo. O contribuinte deposita judicialmente o valor para evitar inadimplência e extinguir a obrigação tributária.
- **Decisão administrativa irreformável:** decisão final no âmbito administrativo, após esgotadas todas as possibilidades de recurso.
- **Decisão judicial passada em julgado:** decisão definitiva no Judiciário, sem possibilidade de recurso, reconhecendo a inexistência da obrigação tributária.
- **Dação em pagamento em bens imóveis:** permite ao contribuinte quitar dívidas tributárias com bens imóveis de sua propriedade.
- **Prescrição e decadência:** a prescrição e a decadência são institutos jurídicos que determinam o **prazo para o Fisco exercer o direito de cobrar ou constituir o crédito tributário**. Objetivam garantir a segurança jurídica evitando que obrigações fiscais permaneçam indefinidamente em aberto.

– **Prescrição:** prazo que o Fisco tem para **cobrar o crédito tributário já constituído.** Após o término desse prazo, o direito de cobrar o tributo expira, extinguindo-se a obrigação tributária. O prazo prescricional é de cinco anos, contados a partir da data de constituição definitiva do crédito.

– **Decadência:** prazo que o Fisco tem para **constituir o crédito tributário, ou seja, para lançar o tributo após a ocorrência do fato gerador.** Após o término desse prazo, o direito do Fisco de constituir o crédito expira, extinguindo-se a obrigação tributária. O prazo decadencial é contado a partir do primeiro dia do exercício seguinte àquele em que o lançamento poderia ter sido efetuado ou da data em que se tornar definitiva a decisão que houver anulado, por vício formal, o lançamento anteriormente efetuado.

Figura 2.9 – Prescrição e decadência.

Fonte: Elaborada pelo autor, 2025.

Suponha que um contribuinte, no dia 15/03/2019, tenha realizado uma venda de mercadorias (fato gerador do ICMS). O prazo para a administração tributária constituir o crédito tributário por meio do lançamento **começa a contar a partir do primeiro dia do exercício seguinte ao da ocorrência do fato gerador**.

- Fato gerador: 15/03/2019
- Início do prazo de decadência: 01/01/2020
- Prazo de decadência: cinco anos
- Término do prazo de decadência: 31/12/2024

Se a administração tributária não realizar o lançamento do ICMS devido até 31/12/2024, o direito de constituir o crédito tributário decairá, extinguindo-se a obrigação de pagar o tributo.

Caso tenha sido realizado o lançamento do ICMS devido em 10/05/2021, a partir dessa data, o crédito tributário está formalmente constituído e pode ser cobrado, passando a contar o prazo de prescrição.

- Data do lançamento: 10/05/5021
- Início do prazo de prescrição: 10/05/2021
- Prazo de prescrição: cinco anos
- Término do prazo de prescrição: 10/05/2026

Se a administração tributária não iniciar a cobrança judicial do crédito tributário (por exemplo, por meio de uma execução fiscal) até 10/05/2026, o direito de cobrar o ICMS prescreverá, extinguindo-se a obrigação de pagar o tributo.

2.9.3 Exclusão do crédito tributário

A exclusão do crédito tributário ocorre quando a lei determina que o tributo não seja exigido, **impedindo seu lançamento, removendo a obrigação do contribuinte de pagar um tributo devido, mesmo após a ocorrência do fato gerador**. A exclusão

Capítulo 2 – SISTEMA TRIBUTÁRIO NACIONAL

do crédito tributário não afasta a obrigação do contribuinte de cumprir obrigações acessórias vinculadas ao tributo isento ou anistiado.

Diferente da extinção, a exclusão **impede que o crédito tributário sequer seja constituído**. De acordo com o art. 175 do CTN, excluem o crédito tributário a isenção e a anistia:

- **Isenção:** benefício concedido por lei que **dispensa ou reduz o pagamento do tributo** antes mesmo de sua exigibilidade. A isenção pode ser concedida para incentivar atividades econômicas específicas, promover o desenvolvimento regional, ou atender a interesses sociais, como a proteção de setores vulneráveis da sociedade. Ela pode ser concedida de forma geral, abrangendo todos os contribuintes que se enquadram nas condições estabelecidas, ou de forma individual, mediante solicitação e análise do caso específico.

- **Anistia:** benefício concedido por lei que **perdoa infrações tributárias cometidas pelo contribuinte, dispensando-o** do pagamento de multas, juros e outros acréscimos legais. Esse benefício é utilizado para promover a regularização da situação fiscal dos contribuintes e incentivar o cumprimento das obrigações tributárias. A anistia pode ser total ou parcial e é geralmente concedida em situações específicas, previstas na legislação.

A isenção, salvo se concedida por prazo certo e em função de determinadas condições, pode ser revogada ou modificada por lei a qualquer tempo. Isso significa que o **ente competente possui a prerrogativa de alterar ou extinguir isenções, a me-**

128

CONTABILIDADE TRIBUTÁRIA

nos que estas tenham sido concedidas com prazo definido e baseadas em condições específicas.

> ## Na prática!
>
> **Revogação de isenção**
> Uma lei estadual concedeu isenção do IPVA para veículos elétricos sem prazo determinado ou condições específicas. Com a mudança na política fiscal, uma nova lei revogou esse benefício, tornando obrigatório o pagamento do imposto. Como a isenção não tinha prazo ou requisitos definidos, o Estado pode alterá-la ou extingui-la a qualquer momento. No entanto, se a isenção fosse concedida por um período fixo, como 10 anos, e vinculada a critérios específicos, sua revogação antecipada poderia ser contestada por violar o direito adquirido dos beneficiários.

2.10. Noções do processo administrativo tributário

O processo administrativo tributário é um **conjunto de procedimentos destinados a resolver controvérsias entre contribuintes e a administração tributária, relacionadas à exigibilidade de tributos e ao cumprimento de obrigações fiscais**, envolvendo desde a constituição do crédito tributário até a sua eventual inscrição em dívida ativa.

Visa garantir a **ampla defesa e o contraditório**, permitindo que o contribuinte conteste autuações fiscais, lançamentos de tributos e outras exigências da administração tributária, sem a necessidade de recorrer ao Poder Judiciário. Na esfera federal é regulado pelo Decreto nº 70.235, de 1972.

2.10.1 Fase não litigiosa

O processo **inicia-se com a ocorrência do fato gerador**, que é a materialização no mundo real de uma hipótese de incidência tributária prevista na legislação. Ao ocorrer o fato gerador, surge

Capítulo 2 – SISTEMA TRIBUTÁRIO NACIONAL

129

a obrigação tributária. **Por meio do lançamento, é formalizado o crédito tributário.**

Após o lançamento, o contribuinte é notificado sobre o valor apurado, prazo para pagamento e eventuais penalidades por descumprimento de obrigações tributárias. **Após ser notificado, o contribuinte pode aceitar a cobrança e efetuar o pagamento ou apresentar uma impugnação dentro do prazo estabelecido.**

2.10.2 Fase litigiosa

A fase litigiosa **inicia-se quando o sujeito passivo apresenta a impugnação ao lançamento.** O contribuinte pode discordar do lançamento tributário e apresentar defesa administrativa, impugnando o auto de infração ou a notificação de débito. Nesse caso, o processo administrativo tributário é instaurado, e o crédito tributário fica suspenso até decisão final.

- **Julgamento em primeira instância:** após a instrução, a autoridade administrativa profere uma decisão em primeira instância, julgando procedente ou improcedente a impugnação. Essa decisão pode manter, modificar ou cancelar o lançamento tributário.
- **Recurso em segunda instância:** caso o contribuinte discorde da decisão de primeira instância, ele pode recorrer a uma instância superior, como o Conselho Administrativo de Recursos Fiscais (CARF), no âmbito federal, ou órgãos equivalentes nos Estados e Municípios. A decisão dessa instância geralmente encerra a fase administrativa.

Se a decisão final for favorável ao contribuinte, a exigência do crédito tributário é cancelada. Se for favorável ao Fisco, o

130

crédito tributário torna-se exigível, podendo ser cobrado judicialmente caso não seja pago espontaneamente.

2.10.3 Prazo para pagamento ou parcelamento

Após a decisão definitiva, o contribuinte é **notificado novamente para pagamento do tributo, acrescido de juros, multa e correção monetária**. Caso o débito não seja quitado, é possível requerer o parcelamento, conforme as normas aplicáveis.

2.10.4 Inscrição em dívida ativa

Se o débito tributário **não for pago no prazo estabelecido, o crédito tributário é inscrito na dívida ativa**, tornando-se título executivo extrajudicial. A inscrição em dívida ativa ocorre por meio de um ato administrativo e representa a transferência do crédito para controle de órgãos de cobrança, como a Procuradoria-Geral da Fazenda Nacional (PGFN) ou as procuradorias estaduais e municipais. Entre os efeitos da inscrição em dívida ativa, podemos citar:

- Acréscimo de encargos legais, como honorários advocatícios.
- Inclusão do nome do contribuinte em cadastros de inadimplentes, como o CADIN.
- Possibilidade de ajuizamento de execução fiscal para cobrança judicial.

2.10.5 Execução fiscal

A inscrição em dívida ativa autoriza o ente público a **ajuizar uma ação de execução fiscal para cobrança do débito**. Esse

Capítulo 2 – SISTEMA TRIBUTÁRIO NACIONAL

processo judicial pode resultar na penhora de bens, no bloqueio de contas bancárias ou em outras medidas para garantir o pagamento do tributo.

2.11 Exercícios de Fixação

1) Sobre o princípio da legalidade tributária, é correto afirmar que:
A) Qualquer tributo pode ser instituído ou majorado por ato administrativo, sem necessidade de lei específica.
B) A criação de tributos deve ocorrer obrigatoriamente por meio de lei formal, com exceções previstas para certos tributos.
C) Todos os tributos podem ser criados por medida provisória, pois possuem força de lei.
D) O princípio da legalidade impede que tributos tenham função extrafiscal, isto é, sejam usados para influenciar a economia.

2) O princípio da anterioridade tributária visa evitar a surpresa ao contribuinte ao impedir a cobrança de tributos no mesmo exercício financeiro de sua criação ou aumento. No entanto, existem tributos que não respeitam essa regra. Assinale a alternativa que apresenta corretamente um desses tributos:
A) IR.
B) ITR.
C) II.
D) Contribuição para o PIS/PASEP.

3) O princípio do não confisco estabelece que os tributos não podem ter caráter confiscatório. Nesse contexto, qual órgão tem o poder de zelar para que a carga tributária imposta a um contribuinte não viole esse princípio?

A) Poder Judiciário.

B) Congresso Nacional.

C) Tribunal de Contas da União (TCU).

D) Ministério da Fazenda.

4) A Reforma Tributária introduziu novos princípios no STN. Dentre eles, o princípio da transparência visa:

A) Facilitar a fiscalização da arrecadação por meio de auditorias tributárias compulsórias.

B) Garantir que os contribuintes tenham acesso claro e compreensível às informações sobre tributos pagos e sua destinação.

C) Reduzir a carga tributária sobre produtos essenciais por meio da isenção total de impostos indiretos.

D) Concentrar a arrecadação de tributos apenas na União, eliminando a tributação estadual e municipal.

5) Sobre as contribuições sindicais, analise as afirmações a seguir e assinale a alternativa correta:

I. A contribuição sindical, antes obrigatória, teve seu caráter compulsório revogado com a reforma trabalhista, tornando-se facultativa.

II. A contribuição confederativa pode ser exigida de todos os trabalhadores, sindicalizados ou não, conforme decisão do STF.

III. As mensalidades ou anuidades dos associados possuem natureza tributária, pois decorrem de uma obrigação legal imposta aos trabalhadores.

A) Apenas a afirmativa I está correta.

B) Apenas as afirmativas I e II estão corretas.

C) Apenas a afirmativa III está correta.

D) Todas as afirmativas estão corretas.

Capítulo 2 – SISTEMA TRIBUTÁRIO NACIONAL

6) Considerando a natureza jurídica das receitas públicas não tributárias, marque a alternativa que corretamente explica a razão pela qual o FGTS não é considerado um tributo:

A) Porque os valores arrecadados são destinados exclusivamente ao custeio das funções gerais do Estado, caracterizando-o como um imposto.

B) Porque se trata de uma obrigação imposta pelo poder público aos empregadores, o que lhe confere a natureza de contribuição especial prevista no CTN.

C) Porque seu recolhimento decorre da relação empregatícia e seus valores são destinados a contas vinculadas em benefício direto do trabalhador, não possuindo a finalidade arrecadatória típica dos tributos.

D) Porque o STF já reconheceu que qualquer pagamento compulsório feito ao governo é um tributo, independentemente de sua destinação.

7) Sobre a competência tributária no Brasil, analise as afirmativas a seguir e assinale a alternativa correta:

I – A competência tributária para legislar sobre tributos é indelegável, mas as funções de fiscalização e arrecadação podem ser delegadas a outras entidades públicas.

II – A competência residual permite que Estados e Municípios criem novos tributos desde que sejam instituídos por Lei Complementar.

III – A competência extraordinária autoriza a União a instituir impostos em situações de guerra externa ou sua iminência, podendo até utilizar bases de cálculo idênticas às de tributos já existentes.

A) Apenas as afirmativas I e II estão corretas.

B) Apenas as afirmativas I e III estão corretas.

C) Apenas a afirmativa III está correta.

D) Apenas a afirmativa II está correta.

8) A respeito da competência tributária, analise as seguintes situações e identifique a alternativa correta:

A) A União pode instituir empréstimos compulsórios para financiar obras públicas de infraestrutura, desde que o faça por meio de lei Ordinária.

B) A competência cumulativa permite que os Estados criem tributos municipais em caso de Territórios Federais.

C) A competência comum permite que todos os entes federativos instituam impostos sobre circulação de mercadorias e prestação de serviços.

D) A competência privativa impede que outros entes criem tributos que já são de responsabilidade exclusiva de um ente federativo.

9) Sobre a hierarquia das normas no ordenamento jurídico tributário brasileiro, assinale a alternativa correta:

A) As leis complementares possuem o mesmo nível hierárquico das leis ordinárias, podendo ser modificadas por estas.

B) Os decretos têm a função de regulamentar leis, podendo criar tributos, desde que observem o princípio da legalidade.

C) As emendas constitucionais podem alterar qualquer dispositivo da Constituição, inclusive cláusulas pétreas, desde que haja aprovação por maioria absoluta no Congresso Nacional.

D) A Constituição Federal ocupa o topo da hierarquia das normas e prevalece sobre todas as demais leis, sendo referência para a definição de competências tributárias e para a limitação do poder de tributar.

Capítulo 2 – SISTEMA TRIBUTÁRIO NACIONAL

10) Com relação às normas complementares da legislação tributária, analise as afirmativas a seguir e assinale a alternativa correta:

I – Instruções normativas são atos administrativos expedidos por autoridades fiscais e têm a finalidade de regulamentar a aplicação das leis tributárias.

II – Pareceres normativos possuem caráter vinculante, ou seja, obrigam tanto os agentes fiscais quanto os contribuintes a seguirem a interpretação oficial da administração tributária.

III – As práticas reiteradamente observadas pelas autoridades administrativas não possuem qualquer relevância jurídica no STN.

IV – Convênios celebrados entre entes federativos podem estabelecer diretrizes normativas para a execução de políticas tributárias conjuntas, desde que respeitem a Constituição Federal.

A) Apenas as afirmativas I e IV estão corretas.

B) Apenas as afirmativas II e III estão corretas.

C) Apenas as afirmativas I e III estão corretas.

D) Todas as afirmativas estão corretas.

11) Sobre a classificação da obrigação tributária conforme o CTN, assinale a alternativa correta:

A) A obrigação tributária principal refere-se exclusivamente à imposição de penalidades pecuniárias, enquanto as acessórias tratam do pagamento do tributo devido.

B) A obrigação tributária acessória é independente da obrigação principal e não possui relação com a fiscalização e o controle da tributação.

C) O descumprimento de uma obrigação acessória pode resultar em sua conversão em obrigação principal, no que se refere à penalidade pecuniária aplicada.

D) A obrigação tributária principal está vinculada exclusivamente ao pagamento de tributos, sem qualquer relação com penalidades ou sanções pecuniárias.

12) A respeito do fato gerador da obrigação tributária, analise as assertivas abaixo e assinale a alternativa correta:

I – O fato gerador da obrigação principal é a situação definida em lei como necessária e suficiente para ensejar a ocorrência da tributação.

II – A hipótese de incidência é a previsão abstrata de um fato que, caso ocorra no mundo real, dará origem ao fato gerador da obrigação tributária.

III – O fato gerador da obrigação acessória é qualquer situação que, conforme a legislação aplicável, imponha a prática ou a abstenção de atos que não configurem obrigação principal.

IV – A administração tributária, ao interpretar o fato gerador, deve considerar exclusivamente a validade jurídica do ato e seus efeitos econômicos.

A) Apenas as afirmativas I, II e III estão corretas.

B) Apenas as afirmativas II e IV estão corretas.

C) Apenas as afirmativas I e III estão corretas.

D) Todas as afirmativas estão corretas.

13) De acordo com o CTN, a constituição do crédito tributário ocorre por meio do lançamento, que é um procedimento administrativo obrigatório e vinculado. Sobre as modalidades de lançamento, analise as afirmativas a seguir e assinale a alternativa correta:

Capítulo 2 – SISTEMA TRIBUTÁRIO NACIONAL

I. No lançamento de ofício, a autoridade administrativa realiza o lançamento independentemente de qualquer declaração do sujeito passivo, como ocorre no IPTU e no IPVA.

II. No lançamento por declaração, a autoridade administrativa efetua o lançamento com base em informações fornecidas pelo sujeito passivo ou por terceiros, sendo um exemplo o ITBI.

III. O lançamento por homologação ocorre quando o sujeito passivo antecipa o pagamento do tributo e a administração fazendária deve homologar expressamente esse pagamento dentro do prazo de cinco anos, sob pena de nulidade do crédito tributário.

A) Apenas a afirmativa I está correta.

B) Apenas as afirmativas I e II estão corretas.

C) Apenas as afirmativas II e III estão corretas.

D) Todas as afirmativas estão corretas.

14) A suspensão da exigibilidade do crédito tributário impede temporariamente a cobrança do tributo pelo Fisco, sem extinguir a obrigação tributária. De acordo com o art. 151 do CTN, são causas de suspensão da exigibilidade do crédito tributário, exceto:

A) A concessão de moratória, que pode ser geral ou individual, permitindo a prorrogação do prazo para pagamento do tributo.

B) O pagamento integral do tributo antes da notificação do lançamento, extinguindo a obrigação tributária.

C) A concessão de liminar em mandado de segurança, que pode suspender a exigibilidade até o julgamento final da ação.

D) O parcelamento do crédito tributário, desde que o contribuinte esteja em dia com os pagamentos das parcelas.

138 CONTABILIDADE TRIBUTÁRIA

15) Sobre o Processo Administrativo Tributário, analise as afirmativas abaixo e assinale a alternativa correta:

I. A fase litigiosa do processo administrativo tributário inicia-se quando o sujeito passivo apresenta impugnação ao lançamento, suspendendo a exigibilidade do crédito tributário até decisão final.

II. O julgamento em primeira instância pode manter, modificar ou cancelar o lançamento tributário, sendo que a decisão desta fase é definitiva e não cabe recurso.

III. Após decisão definitiva desfavorável ao contribuinte, caso o débito não seja quitado, o crédito tributário pode ser inscrito em dívida ativa, tornando-se título executivo extrajudicial.

A) Apenas a afirmativa I está correta.

B) Apenas as afirmativas I e III estão corretas.

C) Apenas a afirmativa II está correta.

D) Todas as afirmativas estão corretas.

16) Assinale a alternativa que indica corretamente um efeito da inscrição do crédito tributário na dívida ativa:

A) A conversão do crédito tributário em penalidade administrativa definitiva.

B) A extinção do crédito tributário, impedindo sua cobrança futura.

C) A inclusão do nome do contribuinte em cadastros de inadimplentes e a possibilidade de execução fiscal.

D) A transformação do crédito tributário em dívida judicial diretamente cobrável pelo Poder Judiciário, sem necessidade de execução fiscal.

17) Uma lei ordinária federal alterou a alíquota e ampliou a base de cálculo de um determinado tributo. Conside-

Capítulo 2 – SISTEMA TRIBUTÁRIO NACIONAL

rando o que estabelece a Constituição Federal, assinale a alternativa correta:

A) A alteração da alíquota e da base de cálculo deveria ter sido feita por lei complementar, pois são matérias reservadas a esse tipo de norma.

B) A base de cálculo poderia ter sido alterada por lei ordinária, mas a alteração da alíquota exige lei complementar.

C) Tanto a alíquota quanto a base de cálculo podem ser modificadas por lei ordinária, pois não há exigência de lei complementar para tais alterações.

D) A alíquota pode ser modificada por lei ordinária, mas a base de cálculo só pode ser alterada por lei complementar.

18) Relacione os conceitos tributários:

(1) Obrigação principal.

(2) Obrigação acessória.

(3) Fato gerador.

(4) Sujeito passivo.

(5) Sujeito ativo.

( ) Situação que faz surgir a obrigação tributária.

( ) Pessoa física ou jurídica que deve efetuar o pagamento do tributo.

( ) Entrega de declarações fiscais.

( ) Pessoa Jurídica de Direito público que tem competência para cobrar tributos.

( ) Dever de pagar tributos como o ISS, o ICMS e o IPTU.

A sequência correta é:

A) 3, 4, 2, 5, 1.

B) 3, 4, 2, 1, 5.

C) 3, 4, 1, 5, 2.

D) 3, 4, 2, 5, 1.

19) Segundo o CTN, qual das alternativas abaixo descreve corretamente o efeito do parcelamento de débitos tributários?

A) O parcelamento extingue a obrigação tributária a partir do pagamento da primeira parcela.

B) O parcelamento é uma forma de remissão da dívida tributária, conforme previsto no CTN.

C) O parcelamento suspende a exigibilidade do crédito tributário, impedindo a cobrança judicial enquanto estiver sendo cumprido.

D) O parcelamento elimina automaticamente as obrigações acessórias relacionadas ao tributo devido.

20) Uma lei ordinária municipal, publicada em 1º de agosto de determinado ano, alterou a alíquota do ITBI e o valor venal dos imóveis para fins de cálculo do IPTU. De acordo com a legislação tributária, os novos valores poderão ser cobrados a partir de:

A) 1º de janeiro do ano seguinte.

B) 1º de setembro do mesmo ano.

C) 1º de dezembro do mesmo ano.

D) 1º de outubro do mesmo ano.

Respostas:

1 – B	6 – C	11 – C	16 – C
2 – C	7 – B	12 – A	17 – C
3 – A	8 – D	13 – B	18 – A
4 – B	9 – D	14 – B	19 – C
5 – A	10 – A	15 – B	20 – A

Capítulo 3 – REFORMA TRIBUTÁRIA

A diferença entre a morte e os impostos
é que a morte não piora toda vez
que Congresso se reúne.
Will Rogers (1879-1935)

A Reforma Tributária é um dos temas mais debatidos no cenário econômico e político brasileiro, refletindo a necessidade de modernizar e tornar mais eficiente a arrecadação de tributos. Diante desse contexto, profissionais da área tributária e gestores empresariais devem acompanhar de perto essas mudanças, que têm impacto direto na economia do país.

Recentemente, o Brasil avançou nessa agenda com a EC nº 132/2023 que trouxe mudanças estruturais, como a substituição de tributos sobre o consumo e a LC nº 214/2025, que detalhou regras de transição, alíquotas e distribuição da arrecadação entre os entes federativos.

O sistema tributário brasileiro, historicamente complexo e instável, é um dos principais entraves ao crescimento econômico. Para enfrentar esse desafio, uma Reforma Tributária deve buscar atender três objetivos centrais: reduzir a carga tributária, simplificar o sistema e promover a estabilidade das normas fiscais.

A **redução da carga tributária** tem como objetivo aliviar o peso dos tributos sobre empresas e consumidores, estimulando o consumo, a produção e a geração de empregos. Embora o governo tenha declarado que a reforma não visa à redução da carga tributária, uma de suas premissas é **mantê-la proporcional ao produto interno bruto (PIB), sem aumentos**. Durante o período de transição, as alíquotas do IBS e da CBS serão ajustadas anualmente pelo Senado Federal, a fim de assegurar essa estabilidade.

A **simplificação tributária reduz a burocracia e os custos de conformidade**, tornando a arrecadação e a fiscalização mais eficientes. A reforma substitui tributos indiretos complexos – ICMS, ISS, COFINS e PIS – pelo IBS e pela CBS, unificando e facilitando o cumprimento das obrigações fiscais. Além disso, a criação do IS, aplicado a produtos prejudiciais à saúde e ao meio ambiente, como cigarros, bebidas alcoólicas e combustíveis fósseis, complementa essa estratégia.

A **estabilidade tributária** é essencial para **garantir previsibilidade aos agentes econômicos, incentivando investimentos de longo prazo** e fortalecendo a segurança jurídica. Mudanças frequentes e imprevisíveis nas regras tributárias desestimulam investimentos e dificultam o planejamento financeiro das empresas.

Este capítulo analisará em detalhes as principais mudanças da Reforma Tributária, seus impactos para as empresas, além dos desafios e das perspectivas para a tributação no Brasil.

3.1 Objetivos da Reforma Tributária

A Reforma Tributária no Brasil tem **três objetivos principais: impulsionar o crescimento econômico sustentável, tornar a tributação mais justa e reduzir a complexidade do sistema.** Essas mudanças são essenciais para corrigir distorções e criar um ambiente mais favorável ao desenvolvimento econômico e social.

Um dos focos da reforma é reduzir a **cumulatividade dos tributos**, acabar com a **guerra fiscal** entre Estados e Municípios, e eliminar desequilíbrios sociais e regionais. Atualmente, a arrecadação se concentra nos Estados e Municípios mais de-

Capítulo 3 – REFORMA TRIBUTÁRIA

senvolvidos, pois os tributos incidem na origem. Com a adoção da **cobrança no do destino**, os impostos serão recolhidos no local de consumo, beneficiando regiões menos desenvolvidas. A criação de uma **alíquota-padrão** e o mecanismo de *cashback*, que devolve parte do imposto para as pessoas de menor renda, também contribuem para a redução das desigualdades.

Outro pilar da reforma é a **simplificação tributária**, reduzindo a burocracia e os custos para as empresas. O novo sistema, com **base ampla, com plena não cumulatividade e regras uniformes que reduzem ao máximo os regimes especiais de tributação**, trará mais segurança jurídica, eliminando distorções e melhorando o ambiente de negócios.

3.2 IVA-dual

A principal mudança trazida pela Reforma Tributária são novas regras para a implementação do **Imposto sobre Valor Agregado (IVA) dual, composto pela CBS** de competência da União, e pelo **IBS**, de competência dos Estados e Municípios.

Atualmente, a tributação sobre o consumo no Brasil se dá pela incidência de cinco tributos distintos: IPI, ICMS, ISS, PIS e COFINS. A Reforma Tributária simplifica essa estrutura. Na esfera federal a **CBS substituirá o PIS e a COFINS**, sendo ainda da **criado o IS**. Já o **IPI**, que seria extinto, **teve suas alíquotas zeradas**, exceto para a ZFM, não tendo sido incorporado pelos novos tributos criados, podendo, dessa forma, ter sua alíquota restabelecida pelo Poder Executivo a qualquer momento, situação que gera insegurança jurídica no setor produtivo. Nas esferas estadual e municipal, o **IBS substituirá o ICMS e o ISS**.

O IBS e a CBS terão administrações separadas, mas **seguirão regras harmônicas entre si** e compartilharão os mesmos: fatos geradores, bases de cálculo, hipóteses de não incidência e sujeitos passivos; imunidades; regimes específicos, diferenciados ou favorecidos de tributação; além das regras de não cumulatividade e creditamento.

Figura 3.1 – Alterações promovidas pela Reforma Tributária.

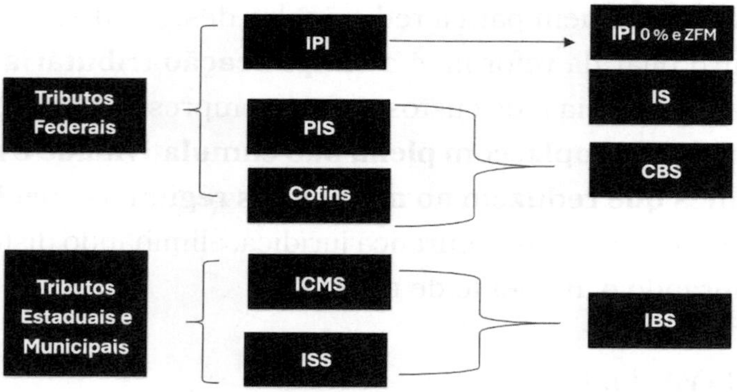

Fonte: Elaborada pela autor.

O IBS e a CBS são informados pelo **princípio da neutralidade**, segundo o qual esses tributos devem ser projetados para **evitar distorcer as decisões de consumo e de organização da atividade econômica**. Esse modelo de tributação baseado no valor agregado é utilizado na maioria dos países reconhecidos pela ONU, tornando **a carga tributária mais justa**. Isso ocorre porque o sistema **incide apenas sobre o valor adicionado em cada etapa da produção, deduzindo os valores já tributados nas etapas anteriores**. Com isso, garante-se que não haja cumulatividade na cobrança de tributos ao longo das cadeias.

Para demonstrar a aplicação do princípio da neutralidade, presente na ideia do IVA, podemos utilizar como exemplo uma cadeia tradicional de produção e distribuição. Nesse contexto, será aplicada uma **alíquota de referência de 26,5%**, conforme estipulado pelo art. 475, § 11, da LC nº 214/2025.

Capítulo 3 – REFORMA TRIBUTÁRIA

Figura 3.2 – Princípio da não cumulatividade presente na ideia do IVA.

A indústria adquire insumos por R$ 1.000,00 beneficia e comercializa todo o seu estoque de produtos acabados para um atacadista pelo valor de R$ 1.500,00.

IBS e CBS a recolher....... R$ 397,50 (R$1.500,00 X 26,5%)
(-) IBS e CBS a recuperar..... R$ 265,00 (R$ 1.000,00 X 26,5%)
(=) IBS e CBS a pagar...........R$ 132,50

O valor de R$ 132,50 reflete a carga tributária efetiva aplicada sobre o valor agregado pela indústria

(R$1.500,00 – R$1.000,00) X26,5% = R$ 132,50

IBS / CBS a Recuperar

D	C
265,00	
	265,00

IBS / CBS a Recolher

D	C
	397,50
265,00	
	132,50

O atacadista adquiriu os produtos da indústria por R$ 1.500,00 e comercializou todo o seu estoque pelo valor de R$ 1.800,00 para uma empresa varejista.

IBS e CBS a recolher....... R$ 477,00 (R$ 1.800,00 X 26,5%)
(-) IBS e CBS a recuperar.... R$ 397,50 (R$ 1.500,00 X 26,5%)
(=) IBS e CBS a pagar.......... R$ 79,50

O valor de R$ 79,50 reflete a carga tributária efetiva aplicada sobre apenas o valor agregado pelo atacadista

(R$1.800,00 – R$1.500,00) X26,5% = 79,50

IBS / CBS a Recuperar

D	C
397,50	
	397,50

IBS / CBS a Recolher

D	C
	477,00
397,50	
	79,50

O varejista adquire os produtos do Atacadista por R$ 1.800,00 e vende todo o estoque para consumidores finais por R$ 2.500,00.

IBS e CBS a recolher.......R$ 662,50 (R$ 2.500,00 X 26,5%)
(-) IBS e CBS a recuperar.... R$ 477,00 (R$ 1.800,00 X 26,5%)
(=) IBS e CBS a pagar......... R$ 185,50

O valor de R$ 185,50 reflete a carga tributária efetiva aplicada sobre apenas o valor agregado pelo varejista

(R$2.500,00 – R$1.800,00) X26,5%= 185,50.

IBS / CBS a Recuperar

D	C
477,00	
	477,00
0	

IBS / CBS a Recolher

D	C
	662,50
477,00	
	185,50

Fonte: Elaborada pelo autor, 2025.

> **Atenção!**
>
> Por uma questão de simplificação, e considerando que, até a data de publicação desta obra, ainda não havia sido editada a lei que define as alíquotas dos novos tributos, optamos por utilizar contas contábeis unificadas para o IBS e a CBS nos exemplos apresentados. No entanto, é importante destacar que esses tributos devem ser reconhecidos separadamente, em contas contábeis próprias. Em cada período de apuração, o contribuinte deverá calcular individualmente os saldos de IBS e CBS, conforme exigido pela legislação vigente.
>
> Cumpre destacar que o direito ao crédito está condicionado à quitação dos débitos relativos às operações em que a empresa atue como adquirente, o que exigirá um controle efetivo. Esse tema será abordado no tópico 3.4.11. Nos exemplos da Figura 3.2, consideramos que os tributos incidentes sobre as todas as compras foram devidamente extintos.

Os **adquirentes** de produtos ou tomadores de serviços **pagam o tributo** acrescido no preço das aquisições. Já o **fornecedor** ou prestador de serviços **recolhe esse tributo** pago pelos adquirentes e tomadores, **descontando o valor do imposto que foi pago anteriormente sobre suas próprias aquisições** de bens e serviços (o chamado crédito tributário). Esse processo ocorre em cada etapa da cadeia produtiva. Assim, o ônus econômico recai exclusivamente sobre o consumo final de bens e serviços, com a carga tributária efetivamente prevista, garantindo que o preço final dos produtos e serviços não seja distorcido e atendendo ao princípio da neutralidade do IBS e da CBS.

O consumidor final é quem efetivamente suporta a carga tributária inserida no preço dos produtos em cada etapa da produção e distribuição. Como apurado no exemplo, o total arrecadado ao longo de todas as etapas desde a industrialização foi de R$ 397,50. Esse valor representa a aplicação da alíquota de 26,5% sobre o valor agregado de R$ 1.500,00 (R$ 2.500,00 – R$ 1.000,00).

Capítulo 3 – REFORMA TRIBUTÁRIA

A **CBS e o IBS incidirão sobre uma base ampla**, abrangendo todas as operações envolvendo **bens materiais e imateriais, inclusive direitos, serviços e atividades** como alienação, troca ou permuta, locação, cessão, disponibilização, licenciamento, arrendamento mercantil e prestação de serviços.

A tributação será feita no destino. A mudança gradual no modelo de arrecadação tributária no Brasil, prevista para ocorrer entre 2029 e 2078, representa um marco significativo no sistema federativo brasileiro, transferindo a arrecadação progressivamente para os locais de consumo, em vez de privilegiar Estados e Municípios produtores.

A medida busca reduzir distorções históricas e **combater a guerra fiscal**, caracterizada pela concessão de incentivos tributários para atrair empresas, que geraram desigualdades econômicas entre unidades federativas. Com o novo modelo, esses incentivos perderão a eficácia, pois a arrecadação será baseada no consumo, não na produção, contudo, o período de transição será longo.

Mais do que uma simples mudança normativa, essa transição é um convite à reflexão sobre modelos de **negócios sustentáveis, alinhados a fundamentos econômicos sólidos e desvinculados de incentivos transitórios**.

Na prática!

Empresas deverão **reavaliar suas estratégias de localização**. Muitas organizações escolheram determinadas regiões exclusivamente pelos **incentivos tributários oferecidos, que compensavam os custos adicionais com logística, infraestrutura, mão de obra e acesso a mercados consumidores**. Com o fim desses incentivos, a permanência nessas localidades pode levar ao aumento dos custos operacionais e à redução da lucratividade.

Diante disso, é fundamental que as empresas se antecipem a essa mudança e realizem análises detalhadas de viabilidade e competitividade. Ajustar a estratégia de localização poderá ser decisivo para preservar margens de lucro e manter a competitividade em um cenário tributário mais equilibrado e transparente.

Nesse novo modelo, o IBS e a CBS serão cobrados "por fora", ou seja, esses tributos não farão parte da base de cálculo de si mesmos nem um do outro. Além disso, os investimentos permitirão aproveitamento imediato dos créditos tributários, e os exportadores poderão recuperar o valor do IVA incidente sobre insumos e demais mercadorias e serviços adquiridos. Em contrapartida, mercadorias e serviços importados, inclusive os digitais, estarão sujeitos à mesma tributação aplicada aos produtos nacionais.

Embora muitos empresários demonstrem preocupação com o aumento da carga tributária, a tributação realizada "por fora" **não trará impacto direto para as empresas em termos de tributos**, uma vez que o imposto será totalmente repassado ao comprador. **O impacto, na realidade, ocorre no preço pago pelo consumidor**, que poderá ser maior caso as empresas mantenham o preço de venda.

Com base no exemplo anterior (Figura 3.2), vamos simular o impacto da mudança na tributação sobre o consumo. Para isso, consideraremos que todas as empresas adotam o regime cumulativo de recolhimento do PIS e da COFINS, tema que será detalhado no capítulo 6. Nesse exemplo inicial, despesas operacionais e demais tributos serão desconsiderados.

Atualmente, a tributação sobre o faturamento dessas empresas comerciais inclui o ICMS, PIS e Cofins, com alíquotas de **20%**, **0,65%** e **3%**, respectivamente. Embora a carga tributária total sobre a receita no modelo atual **(22,92%)** pareça, à primeira vista, inferior a estimada pela Lei Complementar nº 214/25 **(26,5%)**, essa percepção muda ao projetar o lucro e o fluxo de caixa nos dois regimes. Cumpre informar que na apuração da carga tributária atual devemos retirar da base de cálculo do Pis e da Cofins o ICMS [20% + 3,65% - (3,65% X 20%)].

Capítulo 3 – REFORMA TRIBUTÁRIA

No sistema atual, a tributação "por dentro" faz com que parte dos tributos seja incorporada à receita. Assim, embora o atacadista pague **R$ 1.500,00** à indústria pela compra do produto, **a receita efetiva da indústria é de R$ 1.156,20**, pois o valor **inclui R$ 300,00 de ICMS** (R$ 1.500,00 X 20%) e **R$ 43,80 [(R$ 1.500,00 – R$ 300,00) X 3,65%] de PIS e Cofins, totalizando R$ 343,80. Já no novo regime, o atacadista pagará R$ 1.897,50** à indústria, valor que engloba o preço do produto R$ 1.500,00 mais R$ 397,50 que corresponde aos tributos IBS e CBS (R$ 1.500,00 X 26,5%), os quais passam a compor o preço final.

Tabela 3.1 – Efeitos da cobrança por fora do IBS e CBS.

	Indústria	Atacadista	Varejista
Modelo Atual – Tributação por dentro			
Produto	R$ 1.500,00	R$ 1.800,00	R$ 2.500,00
Após a Reforma – Tributação por fora			
Produto	R$ 1.500,00	R$ 1.800,00	R$ 2.500,00
IBS/CBS	R$ 397,50	R$ 477,00	R$ 662,50
Faturamento Bruto	**R$ 1.897,50**	**R$ 2.277,00**	**R$ 3.162,50**

Fonte: Elaborada pelo autor.

No modelo atual, ao definir o preço de venda, a empresa precisa incluir no preço a carga tributária referente ao ICMS, ao PIS e à COFINS, excluindo o ICMS da base de cálculo desses tributos. Dessa forma, para que o atacadista consiga efetivamente obter uma receita líquida de R$ 1.500,00, o preço que deverá ser praticado será de R$ 1.946,03. No modelo proposto como o tributo que será pago pelo comprador não haverá essa necessidade.

150

CONTABILIDADE TRIBUTÁRIA

Quadro 3.1 – Fixação do preço de venda – Comparação entre modelos.

Modelo Atual	Após a Reforma
Receita líquida = R$ 1.500,00 ICMS = 20% PIS / COFINS = 3,65% Cálculo do preço de venda [R$ 1.500 / (1 – 0,0365)] = R$ 1.556,82 [(R$ 1.556.82 / (1 – 0,2)] = R$ 1.946,03 Receita bruta = R$ 1.946,03 (–) ICMS (R$ 1.946,03 X 20%) = R$ 389,21 (=) Receita líquida do ICMS = R$ 1.556,82 (–) PIS/COFINS (R$ 1.556,82 x 3,65%) = R$ 56,82 (=) Receita líquida de vendas = R$ 1.500,00	Receita líquida = R$ 1.500,00 IBS/CBS = 26,5% Preço de Venda R$ 1.500,00 Como a tributação é por fora, o tributo será cobrado do comprador, sendo adicionado ao preço do produto. Receita bruta = R$ 1.500,00 IBS CBS = R$ 397,50 Faturamento bruto = R$ 1.897,50

Fonte: Elaborado pelo autor.

Quadro 3.2 – Lançamentos contábeis – Modelo atual.

Indústria pela Compra		Indústria pela Venda	
D – Estoques	R$ 800,00	**D** – Caixa	R$ 1.500,00
D – ICMS a recuperar	R$ 200,00	**C** – Receita de vendas	R$ 1.500,00
C – Caixa	R$ 1.000,00		
		D – ICMS	R$ 300,00
		C – ICMS a recolher	R$ 300,00
		D – PIS/COFINS	R$ 43,80
		C – PIS/COFINS a recolher	R$ 43,80
		D – CMV	R$ 800,00
		C – Estoques	R$ 800,00

Capítulo 3 – REFORMA TRIBUTÁRIA

Atacadista pela Compra		Atacadista pela Venda	
D – Estoques	R$ 1.200,00	**D** – Caixa	R$ 1.800,00
D – ICMS a recuperar	R$ 300,00	**C** – Receita de vendas	R$ 1.800,00
C – Caixa	R$ 1.500,00		
		D – ICMS	R$ 360,00
		C – ICMS a recolher	R$ 360,00
		D – PIS/COFINS	R$ 52,56
		C – PIS/ COFINS a recolher	R$ 52,56
		D – CMV	R$ 1.200,00
		C – Estoques	R$ 1.200,00
Varejista pela Compra		**Varejista pela Venda**	
D – Estoques	R$ 1.440,00	**D** – Caixa	R$ 2.500,00
D – ICMS a recuperar	R$ 360,00	**C** – Receita de vendas	R$ 2.500,00
C – Caixa	R$ 1.800,00		
		D – ICMS	R$ 500,00
		C – ICMS a recolher	R$ 500,00
		D – PIS/COFINS	R$ 73,00
		C – PIS/COFINS a recolher	R$ 73,00
		D – CMV	R$ 1.440,00
		C – Estoques	R$ 1.440,00

Fonte: Elaborado pelo autor.

Destaca-se que as aquisições geram apenas crédito tributário de ICMS, não sendo possível o aproveitamento de créditos de PIS e COFINS, uma vez que, por serem optantes pelo regime de Lucro Presumido, essas contribuições são apuradas de forma cumulativa, o que impede a apropriação de créditos. Com base no reconhecimento contábil dos fatos, é possível simular o resultado apurado pelas empresas conforme o modelo atual.

Tabela 3.2 – DRE projetada – Modelo atual.

	Indústria	Atacadista	Varejista
Receita Bruta de Vendas (RBV)	R$ 1.500,00	R$ 1.800,00	R$ 2.500,00
(–) Deduções	R$ 343,80	R$ 412,56	R$ 573,00
ICMS (20% RBV)	R$ 300,00	R$ 360,00	R$ 500,00

PIS [0,65% (RBV – ICMS)]	R$ 7,80	R$ 9,36	R$ 13,00
COFINS [3% (RBV – ICMS)]	R$ 36,00	R$ 43,20	R$ 60,00
(=) Receita Líquida de Vendas	R$ 1.156,20	R$ 1.387,44	R$ 1.927,00
(–) CMV	R$ 800,00	R$ 1.200,00	R$ 1440,00
(=) Lucro Bruto	R$ 356,20	R$ 187,44	R$ 487,00

Fonte: Elaborada pelo autor.

Destacamos que o ICMS não integra a base de cálculo do PIS e da COFINS. Assim, o cálculo desses tributos deve ser realizado da seguinte forma:

$$[(RBV - ICMS) \times \%PIS/COFINS)]$$

A título de ilustração o PIS/COFINS da indústria foi apurado da seguinte forma:

$$PIS = (R\$ 1.500,00 - R\$ 300,00) \times 0,65\% = R\$ 7,80$$
$$COFINS = (R\$ 1.500,00 - R\$ 300,00) \times 3\% = R\$ 36,00$$

Tabela 3.3 – Fluxo de caixa simplificado – Modelo atual.

	Indústria	Atacadista	Varejista
(+) Recebimentos	R$ 1.500,00	R$ 1.800,00	R$ 2.500,00
(–) Pagamentos	R$ 1.143,80	R$ 1.612,56	R$ 2.013,00
Fornecedores	R$ 1.000,00	R$ 1.500,00	R$ 1.800,00
ICMS	R$ 100,00	R$ 60,00	R$ 140,00
PIS	R$ 7,80	R$ 9,36	R$ 13,00
COFINS	R$ 36,00	R$ 43,20	R$ 60,00
(=) Saldo Final	R$ 356,20	R$ 187,44	R$ 487,00

Fonte: Elaborada pelo autor.

Capítulo 3 – REFORMA TRIBUTÁRIA

Destacamos que o valor do ICMS foi obtido pela diferença dos valores a recolher e a recuperar. Assim, o cálculo desses tributos foi realizado na indústria da seguinte forma:

$$\textbf{ICMS a Recolher} - \textbf{ICMS a Recuperar} = \textbf{R\$ 300,00} - \textbf{R\$ 200,00} = \textbf{R\$ 100,00}$$

Agora vamos projetar o novo modelo de tributação sobre o consumo para efeitos de comparação.

Tabela 3.4 – Lançamentos contábeis – Após a reforma.

Pela Compra		Pela Venda	
Indústria			
D – Estoques	R$ 1.000,00	**D** – Caixa	R$ 1.897,50
D – IBS/CBS a recuperar	R$ 265,00	**D** – IBS/CBS a recolher	R$ 397,50
C – Caixa	R$ 1.265,00	**C** – Receita de Vendas	R$ 1.500,00
		D – CMV	R$ 1.000,00
		C – Estoques	R$ 1.000,00
Atacadista			
D – Estoques	R$ 1.500,00	**D** – Caixa	R$ 2.277,00
D – IBS/CBS a recuperar	R$ 397,50	**D** – IBS/CBS a recolher	R$ 477,00
C – Caixa	R$ 1.897,50	**C** – Receita de Vendas	R$ 1.800,00
		D – CMV	R$ 1.500,00
		C – Estoques	R$ 1.500,00
Varejista			
D – Estoques	R$ 1.800,00	**D** – Caixa	R$ 3.162,50
D – IBS/CBS a recuperar	R$ 477,00	**D** – IBS/CBS a recolher	R$ 662,50
C – Caixa	R$ 2.277,00	**C** – Receita de Vendas	R$ 2.500,00
		D – CMV	R$ 180,00
		C – Estoques	R$ 180,00

Fonte: Elaborada pelo autor.

Tabela 3.5 – DRE projetada – Após a reforma.

	Indústria	Atacadista	Varejista
Faturamento Bruto	**R$ 1.897,50**	**R$ 2.277,00**	**R$ 3.162,50**
(–) IBS/CBS	R$ 397,50	R$ 477,00	R$ 662,50
(=) **Receita Bruta de Vendas**	**R$ 1.500,00**	**R$ 1.800,00**	**R$ 2.500,00**
(–) CMV	R$ 1.000,00	R$ 1.500,00	R$ 1.800,00
(=) **Lucro Bruto**	**R$ 500,00**	**R$ 300,00**	**R$ 700,00**

Fonte: Elaborada pelo autor.

Como **a tributação incide "por fora", não houve impacto direto na lucratividade**, uma vez que os tributos IBS e CBS foram cobrados separadamente do consumidor. Além disso, considerando que a empresa manteve seu preço de venda inalterado, houve um aumento real no valor final pago pelo consumidor, devido à inclusão desses tributos.

É importante ressaltar que esse aumento foi neutro tanto para o atacadista quanto para o varejista, pois o valor adicional pago nesse modelo permite a recuperação na forma de créditos tributários. Assim, **a compra de bens destinados à comercialização ou à industrialização compensa o aumento do preço, já que esses créditos podem ser recuperados**. No entanto, essa compensação não se aplica em aquisições que não geram crédito tributário, como aquelas feitas para uso ou consumo pessoal.

Tabela 3.6 – Fluxo de caixa simplificado – Modelo atual.

	Indústria	Atacadista	Varejista
(+) Recebimentos	**R$ 1.897,50**	**R$ 2.277,00**	**R$ 3.162,50**
(–) Pagamentos	R$ 1.397,50	R$ 1.977,00	R$ 2.462.50
Fornecedores	R$ 1.265,00	R$ 1.897,50	R$ 2.277,00

Capítulo 3 – REFORMA TRIBUTÁRIA

IBS/CBS	R$ 132,50	R$ 79,50	R$ 185,50
(=) Saldo Final	**R$ 500,00**	**R$ 300,00**	**R$ 700,00**

Fonte: Elaborada pelo autor.

Tabela 3.7 – Comparação entre lucro e caixa – Modelos atual e após a reforma.

	Lucro		Caixa	
	Atual	**Após a reforma**	**Atual**	**Após a reforma**
Indústria	R$ 356,20	R$ 500,00	R$ 345,25	R$ 500,00
Atacadista	R$ 187,44	R$ 300,00	R$ 174,30	R$ 300,00
Varejista	R$ 487,00	R$ 700,00	R$ 608,75	R$ 700,00

Fonte: Elaborada pelo autor.

Dessa forma, fica evidente que, neste caso, **como não houve alteração no preço de venda, se observou um aumento no lucro**. No entanto, nem sempre as empresas poderão manter o preço atualmente praticado, sendo fundamental analisar cada situação. **O aumento do preço pago pelo comprador pode significar perda de competitividade das empresas.** Assim, uma outra opção seria a empresa reduzir seu preço de venda sem reduzir a rentabilidade, o que será adiante evidenciado.

Para neutralizar o impacto do aumento no preço de venda decorrente da nova sistemática de tributação, uma alternativa seria ajustar a receita da empresa, descontando os tributos atualmente embutidos no valor da receita, em razão do cálculo "por dentro". O novo preço de venda pode ser obtido pela divisão do valor atualmente praticado pelo somatório de 1 mais a carga tributária vigente.

Por exemplo, considerando que o preço atual pago pelo consumidor é de R$ 1.500,00 e que a empresa deseja manter esse valor após a implantação do IBS e da CBS, cuja alíquota combinada estimada é de 26,5%, a receita líquida da empresa passaria a ser de **R$ 1.185,77** [R$ 1.500,00 ÷ (1 + 0,265)].

Ao se aplicar sobre essa nova base o IBS e a CBS, cobrados "por fora", no valor de R$ 314,23 (26,5% de R$ 1.185,77), o preço final ao consumidor permaneceria em R$ 1.500,00 [R$ 1.185,77 + R$ 314,23].

3.3 Aspectos constitucionais do IBS e da CBS

O IBS e a CBS possuem previsão constitucional para substituir o ICMS, o ISS, o PIS e a COFINS, com o objetivo de simplificar a tributação sobre o consumo. Nos tópicos a seguir, serão apresentados os principais aspectos constitucionais de cada um desses tributos, destacando suas características, suas formas de incidência e seus impactos no modelo tributário brasileiro.

3.3.1 IBS

O IBS, previsto no art. 156-A da Constituição Federal, é um tributo de competência compartilhada entre Estados, Distrito Federal e Municípios que busca modernizar e tornar mais eficiente o sistema tributário brasileiro. A seguir, destacam-se suas principais características:

- **Incidência ampla:** o IBS incidirá sobre operações com bens (materiais ou imateriais, inclusive direitos) e serviços, além de importações realizadas por pessoas físicas ou jurídicas, independentemente de serem contribuintes habituais.
- **Imunidade das exportações:** o IBS não incidirá sobre as exportações, **assegurando ao exportador a manutenção e o aproveitamento dos créditos**

relativos às operações nas quais seja adquirente de bens materiais ou imateriais, inclusive direitos, ou serviços.

- **Legislação uniforme:** haverá uma legislação única para o IBS em todo o território nacional. Cada ente federativo poderá fixar sua própria alíquota, que será uniforme para todas as operações, salvo exceções previstas na Constituição.
- **Cobrança no destino:** o IBS será cobrado pelo somatório das alíquotas do Estado e do Município de destino da operação.
- **Não cumulatividade:** o IBS será não cumulativo, permitindo o abatimento do imposto pago na maior parte das aquisições de bens materiais ou imateriais, inclusive direitos, ou serviços. **Exceções incluem operações de uso ou consumo pessoal** especificadas em lei complementar. Entretanto, isenções e imunidades não implicarão crédito para compensação nas operações seguintes e acarretarão a anulação do crédito relativo às operações anteriores, salvo disposição em contrário em lei complementar, como ocorre por exemplo no caso das exportações.
- **Base de cálculo:** o IBS não integrará sua própria base de cálculo nem a do IS, a da CBS, a do PIS e a da COFINS, sobre a receita e o faturamento e sobre a importação.
- **Vedação a incentivos fiscais:** não serão permitidos incentivos ou benefícios fiscais relacionados ao IBS, salvo os expressamente previstos na Constituição, com o objetivo de evitar guerras fiscais.
- **Imunidades específicas:** haverá imunidade para serviços de comunicação em modalidades de ra-

diodifusão sonora e audiovisual de recepção livre e gratuita.

- **Alíquota de referência:** o Senado Federal estabelecerá uma alíquota de referência para cada esfera federativa, a ser aplicada quando o ente não definir sua própria alíquota.
- **Transparência:** sempre que possível, o valor do IBS deverá ser discriminado no documento fiscal, facilitando o entendimento por parte do contribuinte.

3.3.2 CBS

A CBS está prevista no art. 195, inciso V, da Constituição Federal, que atribui à União competência para instituí-la. Seguem os principais dispositivos constitucionais que regulamentam esse tributo:

- **Alíquota fixada em lei ordinária:** a alíquota da CBS pode ser estabelecida por lei ordinária, permitindo sua adaptação às necessidades econômicas e fiscais do país.
- **Compatibilidade com o IBS:** a CBS segue, no que for compatível, as mesmas disposições constitucionais do IBS, incluindo regras sobre não cumulatividade, base de cálculo, incidência e compensação de créditos.
- **Base de cálculo:** a CBS não comporá sua própria base de cálculo nem a de outros tributos como IS, IBS, PIS e COFINS, evitando a cobrança de imposto sobre imposto.
- *Cashback* **tributário:** prevê a devolução da CBS a pessoas físicas, com limites e beneficiários definidos, visando à redução das desigualdades de renda e

à promoção de um sistema tributário mais justo, beneficiando especialmente cidadãos de menor renda.

3.4 Normas Gerais do IBS e da CBS

A Reforma Tributária buscou simplificar o sistema. Para isso, foram adotadas **regras semelhantes para o IBS e a CBS em vários aspectos**. A seguir, são apresentadas as normas gerais desses tributos

3.4.1 Regimes de apuração

A LC nº 214/2025 define os regimes de apuração do IBS e da CBS, centralizando o pagamento e consolidando débitos e créditos para maior controle e eficiência. No entanto, os contribuintes devem observar as regras de enquadramento, prazos e ajustes para evitar inconsistências e otimizar sua carga tributária.

- **Regime Regular:** O regime regular inclui todas as regras de incidência e apuração dos tributos, sendo **aplicado automaticamente às empresas que não optarem pelo Simples Nacional ou pelo MEI**. Com a promulgação da Reforma Tributária, as **empresas atualmente enquadradas no Simples Nacional passaram a ter novas possibilidades** em relação ao recolhimento do IBS e da CBS.
- **Regimes diferenciados:** previstos na LC nº 214/2025, destinam-se a atender **setores econômicos específicos**, com isenções, alíquotas reduzidas ou créditos presumidos, aplicados uniformemente no país.
- **Regimes específicos:** a EC nº 132/2023 criou regimes específicos de tributação para diversos setores

e atividades econômicas com o objetivo de adaptar a tributação às particularidades de cada setor, como no caso de combustíveis e lubrificantes, serviços financeiros, imóveis, planos de assistência à saúde, concursos de prognósticos, cooperativas, hotelaria, parques de diversão e temáticos, agências de viagens e turismo, bares e restaurantes, atividades esportivas desenvolvidas por Sociedade Anônima do Futebol.

3.4.1.1 Regime regular e o Simples Nacional

Embora o Simples Nacional tenha sido mantido como regime unificado para micro e pequenas empresas, a Reforma Tributária introduziu o chamado **regime híbrido**, que permite a essas empresas optar pelo recolhimento do IBS e da CBS **fora do Documento de Arrecadação do Simples (DAS)**, seguindo as regras gerais do novo sistema tributário.

Essa alternativa pode ser vantajosa, especialmente para empresas inseridas em **cadeias produtivas com alto volume de insumos tributados** ou que atuam no modelo **B2B (venda para outras empresas)**, pois permite o **repasse integral dos créditos tributários** aos clientes, aumentando a competitividade. Em contrapartida, a adoção do regime híbrido pode **elevar a carga tributária** e gerar **novas obrigações acessórias**, exigindo uma análise criteriosa.

No regime simplificado tradicional, os créditos concedidos aos clientes são proporcionais aos valores efetivamente pagos dentro do DAS. Isso pode reduzir a atratividade da empresa em relação à concorrência que opte pelo regime híbrido ou que esteja fora do Simples. No entanto, para empresas que atuam no modelo **B2C (venda ao consumidor final)**, o impacto tende a ser menor, uma vez que o crédito tributário **não é relevante**

Capítulo 3 – REFORMA TRIBUTÁRIA

para esse público, contudo, deve ser observado o aumento do preço em decorrência da tributação por fora.

Dessa forma, a partir de 2027, as empresas optantes pelo Simples Nacional deverão avaliar dois cenários distintos e manifestar sua escolha, que será válida para os semestres iniciados em janeiro e julho de cada ano. Essa escolha será irretratável para cada um desses períodos e deverá ser exercida, respectivamente, nos meses de setembro e abril imediatamente anteriores a cada semestre. Após a análise, a empresa deverá decidir por:

- Permanecer integralmente no **Simples Nacional**, com o recolhimento do IBS e da CBS incluído na alíquota efetiva; ou
- Optar pelo regime híbrido, recolhendo o IBS e a CBS fora do DAS, em substituição ao ICMS, ao ISS, ao PIS e à COFINS.

É importante destacar que é vedado ao contribuinte do Simples Nacional ou ao contribuinte que venha a fazer a opção por esse regime retirar-se do regime regular do IBS e da CBS caso tenha recebido ressarcimento de créditos desses tributos no ano-calendário corrente ou anterior.

Diante desse novo cenário, o papel da **contabilidade** se torna ainda mais estratégico. É por meio dela que as empresas poderão **simular cenários, estimar tributos** e **tomar decisões fundamentadas em dados concretos**. O planejamento tributário, mais do que nunca, exigirá não apenas conhecimento técnico, mas também uma **compreensão aprofundada das mudanças normativas e de seus efeitos práticos** na gestão do negócio.

Na sequência, será apresentado um **caso prático** com exemplos numéricos que ilustram os principais fatores a serem consi-

162 CONTABILIDADE TRIBUTÁRIA

derados na escolha entre permanecer no Simples Nacional com o novo regime híbrido ou migrar para outra forma de tributação, de acordo com o perfil e a atividade da empresa.

Considere uma **empresa comercial optante pelo Simples Nacional**, com **receita bruta anual de R$ 1.740.000,00** e **receita mensal de R$ 145.000,00**. Estima-se que a empresa realize **compras de mercadorias no valor de R$ 696.000,00**, tenha **despesas operacionais de R$ 200.000,00** e **despesas com pessoal de R$ 300.000,00**. Para fins de simulação, será considerado que **todo o estoque será vendido** no exercício.

Com base nesse faturamento, a empresa se enquadra na **quarta faixa do Anexo I da LC nº 123/2006**, com **alíquota efetiva estimada aproximadamente em 9,41% {[(R$ 1.740.000,00 × 10,7%) - R$ 22.500,00] / R$ 1.740.000,00}**. A metodologia de cálculo do Simples Nacional será abordada no capítulo 5.

Considera-se ainda que os produtos comercializados pela empresa estão sujeitos à **alíquota padrão de 26,5% para o IBS/CBS**. As compras de mercadorias geram **créditos tributários integrais**, assim como **70% das despesas operacionais**, também com alíquota de 26,5%.

Atualmente, a empresa recolhe **R$ 13.644,50 por mês** (R$ 145.000,00 x 9,41%), totalizando **R$ 163.734,00 ao ano**. Esse valor engloba os tributos previstos no Simples Nacional, conforme os percentuais de distribuição estabelecidos pela LC nº 123/2006.

Tabela 3.8 – Distribuição dos tributos Simples Nacional 2025-2026.

2025/2026	IRPJ	CSLL	COFINS	PIS	CPP	ICMS	Total
Alíquota	5,5%	3,5%	12,74%	2,76%	42%	33,5%	100%
R$	750,45	477,56	1.738,30	376,59	5.730,69	4.570.91	13.644,50

Fonte: Elaborada pelo autor a partir das informações do ANEXO I da LC 123/2006.

Capítulo 3 – REFORMA TRIBUTÁRIA

Tabela 3.9 – DRE projetada atual.

Receita Bruta de Vendas (RBV)	R$ 1.740.000,00
(–) Simples Nacional	R$ 163.734,00
(=) Receita Líquida de Vendas	R$ 1.576.266,00
(–) CMV	R$ 696.000,0
(=) Lucro Bruto	R$ 880.266,00
(–) Despesas Operacionais	R$ 200.000,00
(–) Despesas com Pessoal	R$ 300.000,00
(=) Lucro	R$ 380.266,00

Fonte: Elaborada pelo autor.

Em 09/2026, essa empresa deverá optar pela forma de tributação no Simples Nacional. Caso decida **permanecer integralmente no Simples Nacional**, com o **recolhimento do IBS e da CBS incluído na alíquota efetiva**, e considerando, para fins de comparação, a **manutenção das receitas, dos custos e das despesas**, o cenário projetado para o período de **2027 a 2033** será o seguinte:

Tabela 3.10 – Repartição dos tributos Simples Nacional – 4ª faixa, Anexo I.

	2027/2028	2029	2030	2031	2032	2033
IRPJ	5,5%	5,5%	5,5%	5,5%	5,5%	5,5%
CSLL	3,5%	3,5%	3,5%	3,5%	3,5%	3,5%
CBS	15,33%	15,50%	15,50%	15,50%	15,50%	15,50%
CPP	42%	42%	42%	42%	42%	42%
ICMS	33,5%	30,15%	26,8%	23,45%	20,10%	
IBS	0,17%	3,35%	6,7%	10,05%	13,40%	33,50%
Total	100%	100%	100%	100%	100%	100%

Fonte: Elaborada pelo autor com base no Anexo I da LC nº 123/2006.

A **alíquota efetiva** permanecerá **em 9,41%**, sem alterações imediatas. No entanto, é importante destacar que, **caso a receita bruta da empresa ultrapasse R$ 3.600.000,00 a partir de 2029**, a **alíquota nominal será modificada**, impactando também a alíquota efetiva – como será detalhado no capítulo 5.

Tabela 3.11 – DRE projetada anual – 2027-2033.

Receita Bruta de Vendas (RBV)	**R$ 1.740.000,00**
(–) Simples Nacional	R$ 163.734,00
(=) Receita Líquida de Vendas	**R$ 1.576.266,00**
(–) CMV	R$ 696.000,00
(=) Lucro Bruto	**R$ 880.266,00**
(–) Despesas Operacionais	R$ 200.000,00
(–) Despesas com Pessoal	R$ 300.000,00
(=) Lucro	**R$ 380.266,00**

Fonte: Elaborada pelo autor.

Contudo, embora **não haja impacto na lucratividade nem no valor a pagar pelo Simples Nacional**, pode haver **repercussões do ponto de vista mercadológico**. Isso porque algumas empresas podem optar por **não adquirir produtos de optantes do Simples**, já que o crédito tributário a ser aproveitado será calculado com base no valor **efetivamente recolhido** por essas empresas – e **não sobre a alíquota cheia** dos tributos aplicáveis no regime regular.

Dessa forma, **as aquisições de empresas optantes pelo Simples Nacional permitirão o aproveitamento de crédito de CBS de 15,33% nos anos de 2027 e 2028, e de 15,5% a partir de 2029**, sempre calculado sobre o valor **efetivamente pago** (conforme informações da Tabela 3.12). O mesmo critério será utilizado para a apuração dos créditos de **IBS e ICMS durante o período de transição**.

Capítulo 3 – REFORMA TRIBUTÁRIA

Assim, considerando uma **venda de R$ 1.000,00** realizada por uma empresa optante pelo regime integral do Simples Nacional, com **alíquota efetiva de 9,41%**, para uma empresa enquadrada no **Lucro Real em 2025** ou no **Regime de Apuração Regular do IBS e CBS a partir de 2027**, esta poderá apurar créditos com base na seguinte composição:

Tabela 3.12 – Créditos tributários tomado pelos compradores

Ano	PIS/COFINS	CBS	ICMS	IBS	Total
2025	9,25% **R$ 92,50**		33,5% x 9,41% R$ 31,52		**R$ 124,02**
2027 2028		15.33%x 9,41% **R$ 14,42**	33,5% x 9,41% **R$ 31,52**	0,17% x 9,41% **R$ 0,16**	**R$ 46,10**
2029		15,5% x 9,41% **R$ 14,58**	30,15% x 9,41% **R$ 28,37**	3,35% x 9,41% **R$ 3,15**	**R$ 46,10**
2030		15,5% x 9,41% **R$ 14,58**	26,8% x 9,41% **R$ 25,22**	6,7% x 9,41% **R$ 6,30**	**R$ 46,10**
2031		15,5% x 9,41% **R$ 14,58**	23,45% x 9,41% **R$ 22,06**	10,05% x 9,41% **R$ 9,46**	**R$ 46,10**
2032		15,5% x 9,41% **R$ 14,58**	20,10% x 9,41% **R$ 18,91**	13,4% x 9,41% **R$ 12,61**	**R$ 46,10**
2033		15,5% x 9,41% **R$ 14,58**		33,5% x 9,41% **R$ 31,52**	**R$ 46,10**

Fonte: Elaborada pelo autor.

Obs. Os valores em R$ foram obtidos aplicando as alíquotas sobre a receita de R$ 1.000,00

166   CONTABILIDADE TRIBUTÁRIA

Caso a aquisição seja realizada junto a empresa enquadrada no **Regime Regular** ou que apure o **Simples Nacional pelo regime híbrido** – com recolhimento do IBS e da CBS **fora do DAS**, substituindo ICMS, ISS, PIS e COFINS – o valor a ser aproveitado como **crédito tributário pelo comprador** será com base nas **alíquotas aplicadas na operação**.

No exemplo analisado, seriam aproveitados **26,5% sobre R$ 1.000,00**, ou seja, **R$ 265,00**. Fica evidente, portanto, que empresas compradoras tendem a **preferir fornecedores que apuram o IBS e CBS em separado**, em razão da possibilidade de geração integral de **créditos tributários**, o que **torna efetiva a neutralidade fiscal**. Esse aspecto **afeta diretamente empresas que operam no modelo B2B**.

Diante disso, **as empresas optantes pelo Simples Nacional deverão analisar cuidadosamente a viabilidade de migração para o regime híbrido**. Nesse regime, após a apuração da alíquota efetiva, a empresa **deduzirá a parcela correspondente à distribuição do IBS e da CBS**.

Etapas para simulação do regime híbrido:
1º Passo – Identificar os percentuais de distribuição das alíquotas

Com base nas informações do Anexo I da LC nº 123/2006, identificamos a forma de repartição dos tributos sobre a alíquota efetiva apurada de 9,41%.

Tabela 3.13 – Percentual de repartição de tributos– 4ª faixa, Anexo I

Ano	IRPJ CSLL CPP	ICMS	IBS e CBS	% Total
2027 e 2028		33,5%	15,5%	100%
2029	51%	30,15%	18,85%	100%
2030		26,8%	22,2%	100%

Capítulo 3 – REFORMA TRIBUTÁRIA

		23,45%	25,55%	100%
2031		23,45%	25,55%	100%
2032	51%	20,10%	28,9%	100%
2033			49%	100%

Fonte: Elaborada pelo autor.

2º Passo – Retirar da alíquota efetiva a parcela correspondente ao IBS e à CBS

Aplica-se o percentual de repartição do IBS e da CBS sobre a alíquota efetiva e subtrai-se da própria alíquota. Fórmula:

Alíquota efetiva ajustada = % efetiva – (% efetiva × % IBS e CBS)

Apuração anual:

2027 e 2028   [9,41% – (9,41% X 15,5%)] = 7,95%
2029   [9,41% – (9,41% X 18,85%)] = 7,64%
2030   [9,41% – (9,41% X 22,20%)] = 7,32%
2031   [9,41% – (9,41% X 25,55%)] = 7%
2032   [9,41% – (9,41% X 28,90%)] = 6,69%
2033   [9,41% – (9,41% X 49%)] = 4,79%

3º Passo – Calcular o valor do Simples Nacional devido

(RBV × Alíquota Efetiva Ajustada)

2027 e 2028   R$ 1.740.000,00 X 7,95% = R$ 138.330,00
2029   R$ 1.740.000,00 X 7,64% = R$ 132.936,00
2030   R$ 1.740.000,00 X 7,32% = R$ 127.368,00
2031   R$ 1.740.000,00 X 7% = R$ 121.800,00
2032   R$ 1.740.000,00 X 6,69% = R$ 116.406,00
2033   R$ 1.740.000,00 X 4,79% = R$ 83.346,00

4º Passo – Apurar o valor do IBS e da CBS pelo sistema de creditamento

A empresa deverá apurar, separadamente, o saldo do IBS e da CBS, resultante da diferença entre os valores devidos no período e os créditos apropriados. Considerando que os produtos comercializados estão sujeitos à **alíquota concentrada de 26,5%**, e que a empresa poderá se creditar sobre **100% das compras** e **70% das despesas operacionais**:

Compras de Mercadorias:	R$ 696.000,00
Despesas Operacionais:	R$ 140.000,00 (70% R$ 200.000,00)
Base de Crédito Total:	**R$ 836.000,00**

IBS/CBS a recolher: R$ 1.740.000,00 × 26,5% =	**R$ 461.100,00**
IBS/CBS a recuperar: R$ 836.000,00 × 26,5% =	**R$ 221.540,00**
IBS/CBS a pagar:	**R$ 239.560,00**

IBS/CBS a Recuperar		IBS/CBS a Recolher	
D	**C**	**D**	**C**
221.54000			461.100,00
	221.540,00	221.540,00	
			239.560,00

Tabela 3.14 – DRE projetada atual a partir de 2027-2030.

	2027 e 2028	2029	2030
RBV	**R$ 1.740.000,00**	**R$ 1.740.000,00**	**R$ 1.740.000,00**
(–) Simples Nacional	R$ 138.330,00	R$ 132.936,00	R$ 127.368,00
(–) IBS/CBS	R$ 461.100,00	R$ 461.100,00	R$ 461.100,00
(=) RLV	**R$ 1.140.570,00**	**R$ 1.145.964,00**	**R$ 1.151.532,00**
(–) CMV	R$ 511.560,00	R$ 511.560,00	R$ 511.560,00

Capítulo 3 – REFORMA TRIBUTÁRIA

(=) Lucro Bruto	R$ 629.010,00	R$ 634.404,00	R$ 639.972,00
(–) Despesas Operacionais	R$ 162.900,00	R$ 162.900,00	R$ 162.900,00
(–) Despesas com Pessoal	R$ 300.000,00	R$ 300.000,00	R$ 300.000,00
(=) Lucro	R$ 166.110,00	R$ 171.504,00	R$ 177.072,00

Fonte: Elaboradoa pelo autor.

Tabela 3.15 – DRE projetada atual a partir de 2031-2033.

	2031	2032	2033
RBV	R$ 1.740.000,00	R$ 1.740.000,00	R$ 1.740.000,00
(–) Simples Nacional	R$ 121.800,00	R$ 116.406,00	R$ 83.346,00
(–) IBS/CBS	R$ 461.100,00	R$ 461.100,00	R$ 461.100,00
(=) RLV	R$ 1.157.100,00	R$ 1.162.494,00	R$ 1.195.554
(–) CMV	R$ 511.560,00	R$ 511.560,00	R$ 511.560,00
(=) Lucro Bruto	R$ 645.540,00	R$ 650.934,00	R$ 683.994,00
(–) Despesas Operacionais	R$ 162.900,00	R$ 162.900,00	R$ 162.900,00
(–) Despesas com Pessoal	R$ 300.000,00	R$ 300.000,00	R$ 300.000,00
(=) Lucro	R$ 182.640,00	R$ 188.034,00	R$ 221.094,00

Fonte: Elaborada pelo autor.

Ao comparar o **lucro apurado nos dois regimes**, identificamos que o **regime híbrido não foi financeiramente vantajoso. A diferença no lucro líquido entre os regimes corresponde ao valor a maior pago** no regime híbrido, refletindo diretamente no fluxo de caixa.

Exemplo – Composição para o ano de 2027:

Regime Híbrido (Simples Nacional + IBS/CBS) = R$ 377.890,00

R$ 138.330,00 (Simples Nacional)

(+) R$ 461.100,00 (IBS/CBS)

(–) R$ 221.540,00 (Créditos IBS/CBS)

(=) R$ 377.890,00

Regime Simples Nacional Integral = R$ 163.734,00

Diferença: R$ 377.890,00 – R$ 163.734,00 = **R$ 214.156,00**

Tabela 3.16 – Comparação do lucro apurado nos regimes do Simples Nacional.

Ano	Simples Nacional Integral	Simples Nacional Híbrido	Diferença
2027/ 2028	R$ 380.266,00	R$ 166.110,00	R$ 214.156,00
2029	R$ 380.266,00	R$ 171.504,00	R$ 208.762,00
2030	R$ 380.266,00	R$ 177.072,00	R$ 203.194,00
2031	R$ 380.266,00	R$ 182.640,00	R$ 197.626,00
2032	R$ 380.266,00	R$ 188.034,00	R$ 192.232.00
2033	R$ 380.266,00	R$ 221.094,00	R$ 159.172,00

Fonte: Elaborada pelo autor.

Diante disso, torna-se fundamental que as empresas analisem cuidadosamente seus modelos de negócio, realizando simulações comparativas entre os regimes disponíveis, a fim de identificar aquele que melhor se adapta às suas características operacionais e estrutura tributária. Contudo, antes de optar pelo regime híbrido ou integral, alguns pontos devem ser considerados, como, por exemplo:

- **Perfil dos clientes da empresa (B2B ou B2C):** empresas B2B se beneficiam mais do regime híbrido, pois os clientes podem utilizar os créditos tributários de IBS e CBS gerados. Já as empresas B2C, que atendem consumidores finais, têm menos incentivo ao regime, pois esses créditos não são transferidos aos clientes.

- **Composição de créditos tributários:** no regime híbrido, a empresa poderá se creditar do IBS e da CBS. Portanto, negócios com alto volume de insumos ou despesas operacionais relevantes podem acumular créditos significativos e reduzir a carga tributária efetiva.

- **Alíquotas e regimes aplicáveis:** as alíquotas do IBS e da CBS poderão variar conforme a atividade econômica e o produto ou serviço prestado. Para empresas enquadradas na regra geral, aplica-se a alíquota concentrada – atualmente estimada em **26,5%**. Saber com precisão qual alíquota se aplica ao seu negócio e como ela impacta no recolhimento é essencial para tomar uma decisão consciente.

- **Possibilidade de reorganização societária:** diante da complexidade e da diversidade dos perfis de operação – especialmente para empresas que atuam tanto no B2B quanto no B2C –, uma alternativa estratégica é a **reorganização societária**. A criação de uma nova pessoa jurídica pode permitir a segregação de receitas por tipo de cliente e a adoção de regimes distintos de tributação, otimizando a carga tributária global e aumentando a competitividade da empresa. Essa estratégia deve ser cuidadosamente planejada, considerando os dispositivos da **LC nº 123/2006** e com o apoio de assessoria contábil especializada.

- **Planejamento tributário e apoio contábil:** diante desse novo cenário, é imprescindível que as empresas iniciem o quanto antes o processo de

planejamento tributário, com o suporte de sua contabilidade. A preparação para o período de transição exige:

- simulações de cenários comparativos;

- acompanhamento das regras de transição e alíquotas progressivas até 2033;

- adoção de estratégias para manter a rentabilidade e a conformidade fiscal.

3.4.1.2 Formas de apuração

A **apuração do IBS e da CBS ocorre de forma consolidada**, abrangendo todas as operações realizadas pelos estabelecimentos do contribuinte. O pagamento e eventuais pedidos de ressarcimento também são centralizados em um único estabelecimento, garantindo maior controle e simplificação da gestão tributária.

Além disso, todos os débitos e créditos do contribuinte, independentemente do regime específico ou diferenciado ao qual ele possa estar submetido, são consolidados na apuração regular, salvo exceções expressamente previstas na legislação.

O **período de apuração do IBS e da CBS é mensal**, e o regulamento definirá tanto o prazo para sua conclusão quanto a data de vencimento dos tributos. Para cada período de apuração, o contribuinte deve calcular separadamente o saldo do IBS e da CBS, considerando:

- Os débitos gerados pelas operações do período.
- Os créditos apropriados, incluindo créditos presumidos e saldos a recuperar de períodos anteriores.

Capítulo 3 – REFORMA TRIBUTÁRIA

Se houver necessidade, o contribuinte poderá realizar ajustes positivos ou negativos no saldo apurado. Isso inclui o estorno de créditos indevidamente apropriados, que deverá ser corrigido com os acréscimos legais.

Ao final da apuração, o saldo pode ser positivo, resultando em um valor a recolher, ou negativo, gerando um saldo a recuperar, que poderá ser utilizado para ressarcimento ou compensação. A apuração entregue ao Comitê Gestor do IBS e à Receita Federal constitui **confissão de dívida** e formaliza o crédito tributário.

> **Atenção!**
>
> Uma empresa que possua filiais em vários municípios centralizará a apuração em apenas um deles, consolidando todos os débitos e abatendo todos os créditos e eventuais recolhimentos feitos de forma antecipada ou recolhimentos feitos por conta do adquirente.

Considere que uma empresa comercial sediada no Rio de Janeiro possui duas filiais: uma em São Paulo e outra em Belo Horizonte. Em uma determinada competência, apurou os seguintes valores de receita de vendas, aquisições que possibilitam créditos tributários e recolhimentos feitos de forma antecipada.

Tabela 3.17 – Informações por estabelecimentos – apuração IBS/CBS.

	Rio de Janeiro	São Paulo	Belo Horizonte	Total
Receita Bruta de Vendas	R$ 500.000,00	R$ 600.000,00	R$ 400.000,00	**R$ 1.500.000,00**
Total de aquisições que geram crédito	R$ 200.000,00	R$ 300.000,00	R$ 100.000,00	**R$ 600.000,00**

Split payment	IBS R$ 7.080,00 CBS R$ 3.520,00			IBS R$ 3.540,00 CBS R$ 1.760,00	**IBS R$ 10.620,00 CBS R$ 5.280,00**
Pagamentos feitos pelos adquirentes	IBS R$ 5.310,00 CBS R$ 2.640,00	IBS R$ 1.770,00 CBS R$ 880,00			**IBS R$ 7.080,00 CBS R$ 3.520,00**

Fonte: Elaborada pelo autor.

Nesse exemplo, vamos considerar que todas as receitas e aquisições foram tributadas pelo regime regular com alíquota de 26,5%, sendo 8,8% para a CBS e 17,7% para o IBS. Considere ainda que a empresa possuía saldo credor de CBS no valor de R$ 1.320,00 e IBS no valor de R$ 2.655,00 apurado na competência anterior. A empresa decidiu centralizar sua apuração no Rio de Janeiro. Para cada período de apuração, o contribuinte deverá apurar, separadamente, o saldo do IBS e da CBS, que corresponderá à diferença entre os valores:

1) CBS
Total de débitos = R$ 132.000,00 (R$ 1.500.000,00 x 8,8%)
(–)Total de créditos = R$ 52.800,00 (R$ 600.000,00 x 8,8%)
(–) Pagamentos das operações
Por meio do split payment R$ 5.280,00
Feitas pelo adquirente R$ 3.520,00
(–) Saldo credor no período anterior R$ 1.320,00
(=) **resultado final da apuração do mês R$ 69.080,00**

2) IBS
Total de débitos = R$ 265.500,00 (R$ 1.500.000,00 x 17,7%)
(–)Total de créditos = R$ 106.200,00 (R$ 600.000,00 x 17,7%)
(–) Pagamentos das operações
Por meio do split payment R$ 10.620,00

Capítulo 3 – REFORMA TRIBUTÁRIA

Feitas pelo adquirente R$ 7.080,00

(–) Saldo credor período anterior R$ 2.655,00

(=) **resultado final da apuração do mês R$ 138.945,00**

Como o resultado foi positivo (saldo devedor), a empresa deverá efetuar o recolhimento dos tributos para o Comitê Gestor. Caso o resultado seja negativo (saldo credor), a empresa poderá utilizá-lo nos períodos seguintes.

A diversidade de operações gera múltiplos sujeitos ativos do IBS estadual e do municipal, definidos pelo destino da operação. Como o recolhimento é centralizado, caberá ao Comitê Gestor efetuar o rateio entre os diversos destinos, isentando as empresas dessa responsabilidade.

Com a Reforma Tributária, foi introduzida uma inovação importante na forma de apurar os tributos IBS e CBS: a **apuração assistida**. Esse novo modelo tem como objetivo **facilitar o cumprimento das obrigações tributárias**, por meio de um processo mais automatizado e baseado em dados eletrônicos, como notas fiscais, informações prestadas pelo contribuinte e movimentações financeiras.

A apuração assistida consiste na **elaboração prévia de um cálculo do imposto devido**, feita pela Receita Federal (no caso da CBS) e pelo Comitê Gestor do IBS. Com base nas informações disponíveis nos sistemas públicos – como documentos fiscais eletrônicos – é apresentada ao contribuinte uma espécie de **declaração pré-preenchida**.

O fluxo da apuração assistida ocorre da seguinte forma:

- **Envio da apuração preliminar:** a Receita Federal e o Comitê Gestor do IBS disponibilizam ao contribuinte um cálculo antecipado do tributo, com base nos dados apurados automaticamente, por meio das notas emitidas.

- **Análise e ajustes pelo contribuinte:** o contribuinte pode confirmar os valores apresentados ou realizar correções dentro de um prazo estabelecido.
- **Confirmação ou silêncio**
  - Se o contribuinte **confirma ou ajusta** os dados, considera-se uma **confissão expressa da dívida tributária**.

  - Se o contribuinte **não se manifesta dentro do prazo**, a apuração é considerada aceita tacitamente, gerando **confissão presumida** e constituindo automaticamente o crédito tributário.

- **Constituição do crédito tributário:** a confirmação (expressa ou tácita) gera o lançamento do tributo, tornando-o exigível.
- **Resultado da apuração:** o saldo pode indicar valores a pagar ou créditos a compensar, conforme as operações realizadas e os créditos tributários reconhecidos.

Apesar das vantagens proporcionadas pela automação, esse processo traz desafios e riscos importantes que merecem atenção, como a **presunção automática de dívida e até o presente momento ausência de previsão clara para defesa administrativa**.

3.4.2 Hipóteses de incidência

O conhecimento detalhado das regras de incidência e não incidência é essencial para o correto cumprimento das obrigações

Capítulo 3 – REFORMA TRIBUTÁRIA

tributárias. O IBS e a CBS são tributos que incidem sobre **operações onerosas com bens ou serviços**. A legislação complementar estabelece as hipóteses em que esses tributos são aplicáveis, bem como situações em que há exceção à incidência, buscando garantir a uniformidade na tributação de bens e serviços, evitando lacunas e prevenindo práticas que possam resultar em evasão fiscal.

3.4.2.1 Definição de operação onerosa

Para fins de tributação pelo IBS e pela CBS, considera-se operação onerosa **qualquer fornecimento que envolva contraprestação**. Isso inclui:

- compra e venda, troca ou permuta, dação em pagamento e demais formas de alienação;
- locação;
- licenciamento, concessão e cessão;
- mútuo oneroso;
- doação com contraprestação em benefício do doador;
- instituição onerosa de direitos reais;
- arrendamento, inclusive mercantil; e
- prestação de serviços.

> **Atenção!**
>
> O IBS e a CBS também incidem sobre qualquer operação realizada pelo contribuinte, mesmo que envolva ativo não circulante ou que não seja uma atividade econômica habitual. Cabe ainda ressaltar que a incidência do IBS e da CBS não altera a base de cálculo do ITCD e do ITBI.

A legislação estabelece que alguns aspectos são **irrelevantes para definir se uma operação é tributável** pelo IBS e pela CBS, tais como:

- **O título jurídico do bem em posse do fornecedor:** não importa sob qual título jurídico o bem se encontra na posse do fornecedor, ou seja, a forma legal pela qual o fornecedor possui o bem não altera a caracterização da operação.
- **A validade ou os efeitos jurídicos do negócio:** independentemente da forma legal do contrato ou do ato praticado, a operação será caracterizada da mesma maneira.
- **A obtenção de lucro com a operação:** a obtenção ou não de lucro na operação não é um fator determinante. Mesmo que a operação não gere lucro, ela ainda será caracterizada como fornecimento de bens e serviços.
- **O cumprimento de exigências legais:** o cumprimento de exigências legais, regulamentares ou administrativas também é irrelevante para a caracterização da operação. Isso quer dizer que, independentemente de o fornecedor estar cumprindo todas as exigências, a operação será vista da mesma forma.

3.4.2.2 Norma antielisão – Incidência sobre operações específicas

Uma norma antielisão define regras com o objetivo de **limitar** estratégias utilizadas pelos contribuintes para reduzir ou evitar o pagamento de tributos. Abordamos esse tema no capítulo 12.

A LC nº 214/2025 estabeleceu que algumas operações não onerosas também estão sujeitas à tributação, incluindo:

- Fornecimento gratuito ou a preço inferior ao de mercado.

Capítulo 3 – REFORMA TRIBUTÁRIA

- Brindes e bonificações, exceto se constar do respectivo documento fiscal e que não dependam de evento posterior.
- Transmissão de bens para sócios ou acionistas em devolução de capital ou dividendos *in natura*.
- Fornecimento de bens e serviços abaixo do mercado entre partes relacionadas.

Para determinar se uma transação entre partes é passível de tributação especial, a lei define "partes relacionadas" como aquelas em que existe influência relevante, exercida direta ou indiretamente por outra parte, que possa levar ao estabelecimento de termos e de condições em suas transações que divirjam daqueles que seriam estabelecidos entre partes não relacionadas em transações comparáveis, como, por exemplo, o **controlador e as suas controladas e operações entre coligadas**.

3.4.2.3 Situações de não incidência

A não incidência tributária ocorre quando um fato ou situação **não é previsto na legislação como hipótese de ocorrência do tributo**. Isso significa que o evento em questão não gera obrigação tributária, pois não se enquadra nas situações definidas em lei como passíveis de tributação.

> **Na prática!**
>
> Ao estabelecer de forma expressa as situações de não incidência, a legislação proporciona previsibilidade e segurança jurídica para os contribuintes, que podem planejar suas atividades econômicas com maior confiança, sabendo em quais situações não haverá cobrança de tributos.

Algumas operações estão expressamente excluídas da incidência do IBS e da CBS, tais como:

- **Serviços prestados por pessoas físicas** sob relação de emprego, ou atuação como administradores ou membros de conselhos de administração e fiscal e comitês de assessoramento do conselho de administração do contribuinte previstos em lei.
- **Transferência de bens** entre estabelecimentos do mesmo contribuinte.
- **Baixa, liquidação e transmissão de participação societária**, desde que não constituam, na essência, operação onerosa, exceto na transmissão, pelo contribuinte, para sócio ou acionista que não seja contribuinte no regime regular, por devolução de capital, dividendos *in natura* ou de outra forma, de bens cuja aquisição tenha permitido a apropriação de créditos pelo contribuinte, inclusive na produção.
- **Transmissão de bens em decorrência de fusão, cisão, incorporação e integralização de capital**, desde que não constituam, na essência, operação onerosa, exceto transmissão, pelo contribuinte, para sócio ou acionista que não seja contribuinte no regime regular, por devolução de capital, dividendos *in natura* ou de outra forma, de bens cuja aquisição tenha permitido a apropriação de créditos pelo contribuinte, inclusive na produção.
- **Rendimentos financeiros**, exceto quando incluídos na base de cálculo no regime específico de serviços financeiros, desde que não constituam, na essência, operação onerosa.

Capítulo 3 – REFORMA TRIBUTÁRIA

- **Recebimento de dividendos e de juros sobre capital próprio, de juros ou remuneração ao capital pagos pelas cooperativas** e os resultados de avaliação de participações societárias, desde que não constituam, na essência, operação onerosa.
- **Operações com títulos ou valores mobiliários**, com exceção do disposto para essas operações no regime específico de serviços financeiros.
- **Doações** sem contraprestação.
- **Transferência de recursos públicos** para organizações sem fins lucrativos.
- Repasse de cooperativas para seus associados.

> **Atenção!**
>
> No caso de doações que tenham por objeto bens ou serviços que tenham permitido a apropriação de créditos pelo doador, inclusive na produção:
>
> - a doação será tributada com base no valor de mercado do bem ou serviço doado; ou
> - por opção do contribuinte, os créditos serão anulados.

3.4.2.4 Operações mistas – Segregação de bens e serviços

Quando uma operação envolve fornecimento de diferentes bens e serviços, é obrigatória a **especificação individual**, salvo se:

- todos os itens possuírem o mesmo tratamento tributário;
- houver um fornecimento principal e os demais forem acessórios.

182 CONTABILIDADE TRIBUTÁRIA

Caso essa separação não seja feita corretamente, cada fornecimento será considerado independente e a tributação será arbitrada conforme as regras legais.

3.4.3 Imunidades

A LC nº 214/25 trouxe significativas alterações em relação às imunidades de certas entidades e atividades em relação ao IBS e à CBS, sendo elas:

- **Exportações** de bens e de serviços.
- **Fornecimentos realizados:**
  - pela **União, pelos Estados, pelo Distrito Federal e pelos Municípios**, inclusive sendo extensiva às autarquias e às fundações instituídas e mantidas pelo poder público e à empresa pública prestadora de serviço postal;

  - por **entidades religiosas e templos de qualquer culto**, inclusive suas organizações assistenciais e beneficentes;

  - por **partidos políticos**, inclusive seus institutos e fundações, **entidades sindicais dos trabalhadores** e **instituições de educação e de assistência social, sem fins lucrativos**, que cumpram, de forma cumulativa, os requisitos previstos no art. 14 do CTN;

  - de **livros, jornais, periódicos e do papel** destinado à sua impressão;

  - de **fonogramas e videofonogramas musicais** produzidos no Brasil contendo obras mu-

Capítulo 3 – REFORMA TRIBUTÁRIA

sicais ou literomusicais de autores brasileiros e/ou obras em geral interpretadas por artistas brasileiros;

– de **serviço de comunicação** nas modalidades de radiodifusão sonora e de sons e imagens de **recepção livre e gratuita**; e

– de **ouro, quando definido em lei como ativo financeiro** ou instrumento cambial.

3.4.4 Momento da ocorrência do fato gerador

O fato gerador do IBS e da CBS **ocorre no momento do fornecimento de bens ou serviços**, independentemente de serem de execução continuada ou fracionada. Para a definição exata do fornecimento, a legislação estabelece critérios específicos para:

- **Prestação de serviços de transporte:**
  – O fato gerador ocorre no início do transporte quando iniciado no território nacional.

  – Para transportes de carga iniciados no exterior, o fato gerador ocorre no término do transporte.

- **Demais serviços:** o fato gerador ocorre no término do fornecimento.
- **Bens desacobertados de documentação fiscal:** caso um bem seja encontrado sem a devida documentação fiscal idônea, o fato gerador considera-se ocorrido no momento da apreensão.
- **Aquisições de bens por meio de leilões:** se um bem for adquirido por meio de licitação promovida pelo

poder público ou leilão judicial, o fato gerador ocorre no momento da aquisição.

- **Aquisições pela administração pública:** quando bens e serviços são adquiridos pela administração pública direta, autarquias e fundações, o fato gerador ocorre no momento do pagamento.
- **Serviços de execução continuada ou fracionada:** em casos em que não seja possível determinar com precisão o momento da entrega ou conclusão do fornecimento (como água, saneamento, telecomunicações e energia elétrica), considera-se ocorrido o fato gerador quando se torna devido o pagamento.

A regra em relação **às aquisições pela administração pública que estabelece o momento do pagamento como fato gerador para as aquisições de bens e serviços**, traz benefícios significativos para as empresas fornecedoras.

Na prática!

Essa regra ajuda a equilibrar o fluxo de caixa, reduz o impacto financeiro imediato, aumenta a previsibilidade e minimiza os riscos de inadimplência, proporcionando um ambiente mais favorável para o cumprimento das obrigações tributárias.

Sob o regime de competência, as empresas poderiam enfrentar dificuldades financeiras ao precisar recolher tributos antes mesmo de receber o pagamento pela venda dos bens ou prestação dos serviços.

Com a regra do regime de caixa, esse problema é mitigado, uma vez que os tributos só serão devidos quando o pagamento for efetuado, proporcionando maior estabilidade financeira para as empresas fornecedoras.

Capítulo 3 – REFORMA TRIBUTÁRIA

Considere que uma **empresa comercial** que vende tanto para o setor **privado (B2B ou B2C)** quanto para a **administração pública**, considerando os diferentes critérios para o **fato gerador** e a **forma de controle**. Em um determinado mês apresentou as seguintes informações em relação ao seu faturamento:

Tabela 3.18 – Composição do faturamento.

Cliente	Tipo de Cliente	Valor da Venda (R$)	Situação do Pagamento	Fato Gerador
Órgão Público	Adm. Pública	R$ 50.000,00	Não pago	No pagamento
Empresas Privadas	B2B	R$ 80.000,00	Pago	Na entrega do bem
		R$ 40.000,00	Não pago	
Pessoas Físicas	B2C	R$ 30.000,00	Pago	
Total		R$ 200.000,00		

Fonte: Elaboradoa pelo autor.

Total de vendas no mês: R$ 200.000,00
Base de cálculo do IBS e da CBS no mês: R$ 150.000,00 (somente as vendas que geraram fato gerador no mês)

Alíquotas-Padrão
CBS: 8,8%
IBS: 17,7%

A venda de R$ 50.000,00 para o **órgão público não será inserida na base de cálculo do período**, pois não houve recebimento. A tributação ocorrerá **somente no mês em que o valor for recebido pela empresa.**

IBS = R$ 150.000,00 X 17,7% = **R$ 26.550,00**
CBS = R$ 150.000,00 X 8,8% = **R$ 13.200,00**

Recomenda-se que as empresas controlem os fatos geradores por meio de:

- **Classificação dos clientes no sistema (ERP ou planilha):** indicar se o cliente é público ou privado. Vincular a regra de fato gerador: *competência* para o privado, *caixa* para o público.
- **Separação das receitas com e sem fato gerador:** gerar relatórios mensais que identifiquem quais notas fiscais já geraram fato gerador (pagas, no caso da administração pública). Registrar os valores pendentes de tributação para meses futuros (controle de tributos diferidos).
- **Geração do cálculo do IBS e da CBS:** automatizar (se possível) com sistemas de gestão para calcular os tributos somente sobre o que efetivamente gerou o fato gerador naquele mês.

A legislação também trata da ocorrência do fato gerador em casos de pagamentos antecipados. Se houver pagamento integral ou parcial antes do fornecimento do bem ou serviço, as **antecipações tributárias serão calculadas sobre o valor pago e consideradas como débitos na apuração.** Quando o fornecimento efetivo ocorrer, os valores definitivos serão calculados sobre a totalidade da operação, e eventuais diferenças serão ajustadas na apuração do tributo. Caso o fornecimento não ocorra devido a distrato ou outra circunstância, o fornecedor

Capítulo 3 – REFORMA TRIBUTÁRIA

poderá apropriar créditos com base nos valores das antecipações devolvidas.

3.4.5 Local da operação

A identificação precisa do local da operação é essencial para fins de determinação do sujeito ativo da obrigação tributária. **O IBS será cobrado pelo somatório das alíquotas do Estado e do Município de destino da operação.**

O local da operação é determinado com base na natureza do bem ou serviço envolvido na transação. **As regras especificam diferentes cenários para definir corretamente o local da operação**, assegurando clareza na tributação e na competência dos entes federativos.

- **Bens móveis materiais:** considera-se como local da operação **o local da entrega ou a disponibilização ao destinatário.**
- **Bens imóveis** e **móveis imateriais** (como direitos sobre imóveis) e serviços relacionados a esses bens: o local da operação é aquele **onde o imóvel estiver situado.**

Os **serviços prestados** diretamente sobre uma pessoa física ou usufruídos presencialmente por ela têm seu local de operação definido pelo **local da prestação** do serviço. Da mesma forma, a administração e a intermediação de eventos, como feiras, exposições e espetáculos, são consideradas como ocorrendo no local do evento.

O **transporte de passageiros é tributado com base no local de início do transporte**, enquanto o **transporte de carga tem como local da operação o ponto de entrega** ou disponibilização do bem ao destinatário, conforme o documento fiscal.

Para serviços de exploração de vias, como pedágios e tarifas, a tributação é proporcional à extensão da via explorada em cada município ou estado.

No caso dos **serviços de comunicação**, como telefonia fixa e transmissão de dados por cabos e fibras ópticas, o local da operação é definido **pelo local de instalação do terminal**. Já para serviços e bens móveis imateriais não especificados anteriormente, o local da operação é o domicílio principal do adquirente, se a operação for onerosa, ou do destinatário, se for não onerosa.

Existem regras adicionais para **operações realizadas de forma não presencial**, onde a localização da operação pode ser determinada pelo **destino final indicado pelo adquirente ou pela localização do bem, em casos de leilões judiciais e licitações de bens apreendidos**. Para bens imóveis situados em mais de um município, considera-se o local onde está a maior parte da área.

O conceito de domicílio principal do adquirente ou destinatário também é detalhado na lei, considerando critérios como local de habitação permanente para pessoas físicas e local de estabelecimento para pessoas jurídicas. Em casos de informações inconsistentes, a tributação pode ser ajustada pela autoridade fiscal.

Para operações com **abastecimento de água, gás canalizado e energia elétrica**, a tributação pode ocorrer no **local da entrega ou no estabelecimento principal do adquirente**, dependendo do tipo de fornecimento. No transporte dutoviário de gás natural, o local da operação é o estabelecimento do fornecedor para entrada do gás no duto e do adquirente para a saída.

Por fim, para serviços **publicitários com cessão de espaço,** aplica-se a regra do **local do domicílio** do adquirente.

3.4.6 Base de cálculo

A base de cálculo do IBS e da CBS é o **valor da operação**, compreendendo:

- O valor integral cobrado pelo fornecedor a qualquer título, inclusive os valores correspondentes a:
    - acréscimos decorrentes de ajuste do valor da operação;
    - juros, multas, acréscimos e encargos;
    - descontos concedidos sob condição;
    - valor do transporte cobrado como parte do valor da operação, no transporte efetuado pelo próprio fornecedor ou no transporte por sua conta e ordem;
    - tributos e preços públicos, inclusive tarifas, incidentes sobre a operação ou suportados pelo fornecedor, exceto aqueles estabelecidos por lei como não integrantes da base de cálculo;
    - demais importâncias cobradas ou recebidas como parte do valor da operação, inclusive seguros e taxas.

Não integram a base de cálculo do IBS e da CBS:

- o montante do IBS e da CBS incidentes sobre a operação;
- os descontos incondicionais, assim entendidos como a parcela redutora do preço da operação que conste do respectivo documento fiscal e não depen-

da de evento posterior, inclusive se realizado por meio de programa de fidelidade concedido de forma não onerosa pelo próprio fornecedor;

- os reembolsos ou ressarcimentos recebidos por valores pagos relativos a operações por conta e ordem ou em nome de terceiros, desde que a documentação fiscal relativa a essas operações seja emitida em nome do terceiro;
- o montante incidente na operação dos tributos: ICMS, ISS, COFINS e PIS sobre a receita e o faturamento;
- contribuição, na forma das respectivas leis, para o custeio, a expansão e a melhoria do serviço de iluminação pública e de sistemas de monitoramento para segurança e preservação de logradouros públicos.

Considere que uma empresa efetuou uma venda de equipamentos de informática para cliente privado composto pelos seguintes itens:

- Valor dos produtos: R$ 50.000,00
- Juros por pagamento parcelado: R$ 1.500,00
- Frete realizado pelo fornecedor: R$ 800,00
- Seguro da carga: R$ 300,00
- ICMS Destacado: R$ 7.000,00
- Desconto incondicional: R$ 2.000,00

Logo, a base de cálculo será:

Valor dos produtos	R$ 50.000,00
(+) Juros por pagamento parcelado	R$ 1.500,00
(+) Frete realizado pelo fornecedor	R$ 800,00

Capítulo 3 – REFORMA TRIBUTÁRIA

(+) Seguro da carga	R$ 300,00
(–) Desconto Incondicional	R$ 2.000,00
(=) Base de Cálculo	**R$ 50.600,00**

A base de cálculo **corresponderá ao valor de mercado dos bens ou serviços**, entendido como o valor praticado em operações comparáveis entre partes não relacionadas, nas seguintes hipóteses:

- falta do valor da operação;
- operação sem valor determinado;
- valor da operação não representado em dinheiro; e
- operação entre partes relacionadas.

Caso o valor da operação esteja expresso em moeda estrangeira, será feita sua conversão em moeda nacional por taxa de câmbio apurada pelo Banco Central do Brasil, de acordo com o disposto no regulamento.

Caso o contribuinte contrate instrumentos financeiros derivativos fora de condições de mercado e que ocultem, parcial ou integralmente, o valor da operação, o ganho no derivativo comporá a base de cálculo do IBS e da CBS.

A base de cálculo relativa à devolução ou ao cancelamento será a mesma utilizada na operação original.

No transporte internacional de passageiros, caso os trechos de ida e volta sejam vendidos em conjunto, a base de cálculo será a metade do valor cobrado.

O valor da operação **será arbitrado pela administração tributária** quando:

- **Não forem exibidos à fiscalização**, inclusive sob alegação de perda, extravio, desaparecimento ou sinistro, os elementos necessários à comprovação do valor da operação nos casos em que:

- — for realizada a operação **sem emissão de documento fiscal** ou estiver acobertada por documentação inidônea;

- — for declarado em documento fiscal **valor notoriamente inferior ao valor de mercado da operação**;

- Em qualquer outra hipótese em que forem omissos, conflitantes ou não merecerem fé as declarações, informações ou documentos apresentados pelo sujeito passivo ou por terceiro legalmente obrigado.

Para fins do arbitramento, a base de cálculo do IBS e da CBS:

- será o **valor de mercado** dos bens ou serviços fornecidos, entendido como o valor praticado em operações comparáveis entre partes não relacionadas;
- quando não estiver disponível, terá o valor apurado

    - — com base no **custo do bem ou serviço**, acrescido das despesas indispensáveis à manutenção das atividades do sujeito passivo ou do lucro bruto apurado com base na escrita contábil ou fiscal; ou

    - — pelo valor fixado por órgão competente, pelo preço final a consumidor sugerido pelo fabricante ou importador ou pelo preço divulgado ou fornecido por entidades representativas dos respectivos setores, conforme o caso.

Capítulo 3 – REFORMA TRIBUTÁRIA

3.4.7 Alíquotas

Durante o ano de 2025 o governo iniciará o debate sobre as alíquotas, contudo, a LC nº 214/2025 estabeleceu regras que devem ser observadas nesse processo.

O Secretário Extraordinário para a Reforma Tributária, Bernard Appy, informou, em 16/01/2025, que a alíquota geral dos novos tributos unificados pode girar em torno de 28%, valor ligeiramente superior à estimativa anterior de 27,97% do Ministério da Fazenda. No entanto, ele ressaltou que esse número é apenas uma projeção baseada nos dados atuais.

Caso isso ocorra até 2031, o governo será obrigado a rever benefícios fiscais que ampliam o rol de bens e serviços com isenção ou alíquota reduzida, uma vez que essas isenções levam ao aumento da alíquota aplicada aos itens fora dessas exceções. Essa redução decorre do fato de a LC nº 214/2025 ter introduzido uma regra importante no § 11 do art. 475: a definição de **um teto de 26,5%** para a soma das alíquotas de referência do IBS e da CBS.

Caso as alíquotas previstas ultrapassem esse limite, o Poder Executivo, em consulta ao Comitê Gestor do IBS, será obrigado a encaminhar ao Congresso Nacional um projeto de lei complementar com medidas para ajustar esse percentual, reduzindo-o para no máximo 26,5%. Essa "trava" foi criada para garantir maior controle sobre a carga tributária e evitar aumento excessivo nos impostos.

3.4.7.1 Alíquotas-padrão

As alíquotas da CBS e do IBS serão fixadas por lei específica do respectivo ente federativo: a União fixará a alíquota da CBS;

cada Estado fixará sua alíquota do IBS; cada Município fixará sua alíquota do IBS. O Distrito Federal exercerá as competências estadual e municipal de forma cumulativa.

Cada ente federativo poderá **vinculá-la à alíquota de referência** da respectiva esfera federativa, por meio de acréscimo ou decréscimo de pontos percentuais; ou defini-la sem vinculação à alíquota de referência da respectiva esfera federativa.

Na ausência de lei específica que estabeleça a alíquota do ente federativo, será aplicada a alíquota de referência da respectiva esfera federativa.

A **alíquota do IBS incidente sobre cada operação corresponderá à soma da alíquota do Estado de destino da operação com a alíquota do Município de destino** da operação, ou à alíquota do Distrito Federal, quando este for o destino da operação (local da ocorrência da operação).

A alíquota a ser fixada por cada ente federativo será a mesma para todas as operações com bens ou com serviços, ressalvadas as alíquotas dos regimes diferenciados. A alíquota aplicada para fins de devolução ou cancelamento da operação será a mesma cobrada na operação original.

3.4.7.2 Alíquotas de referência

Conceito introduzido na Reforma Tributária brasileira, as **alíquotas de referência** serão utilizadas para estimar a carga tributária do novo sistema de tributação sobre o consumo, servindo como um **parâmetro indicativo** para que o governo e a sociedade tenham uma ideia aproximada das alíquotas do IBS e da CBS, garantindo que a arrecadação se mantenha próxima à atual.

Com esse modelo, busca-se criar uma estimativa da alíquota necessária para substituir os tributos atuais (**PIS, COFINS,**

ICMS e ISS) sem perda de arrecadação ou aumento da carga tributária.

> **Atenção!**
>
> O governo definirá um valor aproximado com base na arrecadação atual, possibilitando **planejamento** por parte das empresas e consumidores, e servindo de **base de comparação** para ajustes futuros nos tributos.

As alíquotas de referência **serão fixadas por resolução do Senado Federal**, com base em cálculos elaborados pelo Comitê Gestor do IBS e pelo Poder Executivo da União, e **homologados pelo Tribunal de Contas da União**, observados os princípios constitucionais da anterioridade e da noventena.

3.4.8 Sujeito passivo

A LC nº 214/2025 estabelece as regras sobre a sujeição passiva do IBS e da CBS, determinando quem são os contribuintes obrigados ao recolhimento e ao cumprimento das obrigações tributárias relacionadas a esses tributos, garantindo que os principais agentes econômicos, incluindo fornecedores, adquirentes, importadores e plataformas digitais, cumpram com suas obrigações tributárias.

3.4.8.1 Contribuintes

Conforme o art. 21 da LC nº 214/2025, são contribuintes do IBS e da CBS:

- **Fornecedores que realizem operações:**
  - no desenvolvimento de atividade econômica;

– de forma habitual ou em volume que caracterize atividade econômica;

– de maneira profissional, independentemente de a profissão ser regulamentada.

- **Adquirentes**, ainda que não enquadrados como fornecedores, quando adquirirem bens:
  – apreendidos ou abandonados em licitação promovida pelo poder público;

  – em leilão judicial.
- **Importadores de bens e serviços.**
- **Demais sujeitos previstos expressamente na legislação.**

> ### Atenção!
>
> A norma estabelece que **não basta praticar uma das hipóteses de incidência para figurar como sujeito passivo, sendo necessário o exercício de atividades econômicas de forma contínua ou em escala suficiente para caracterizar uma atuação econômica,** incluindo tanto empresas quanto profissionais autônomos, ainda que a profissão não possua regulamentação específica. Já o importador de bens e serviços também é contribuinte do IBS e da CBS, independentemente de ser pessoa física ou jurídica, caracterizando-se como sujeito passivo no ato da importação.

Os contribuintes estão obrigados a se inscrever nos cadastros de IBS e CBS. Fornecedores residentes ou domiciliados no exterior também devem se cadastrar, caso realizem operações no Brasil ou sejam responsáveis por importações. Além disso, o regulamento pode exigir a inscrição de responsáveis pelo cumprimento de obrigações tributárias.

Determinados entes não são considerados contribuintes do IBS e da CBS, tais como:

- Condomínios edilícios;
- Consórcios empresariais.
- Sociedades em conta de participação.
- Nanoempreendedores (pessoas físicas com receita bruta inferior a 50% do limite para adesão ao MEI, R$ 81.000,00). A receita bruta da pessoa física prestadora de serviço de transporte privado individual de passageiros ou de entrega de bens intermediado por plataformas digitais será de 25% do valor bruto mensal recebido.
- Produtor rural.
- Transportador autônomo de carga.
- Entidade ou unidade de natureza econômico-contábil, sem fins lucrativos que presta serviços de planos de assistência à saúde sob a modalidade de autogestão.
- Entidades de previdência complementar fechada.

Condomínios edilícios, consórcios empresariais, sociedades em conta de participação, produtor rural, transportador autônomo de carga e nanoempreendedor **poderão optar pelo regime regular**, devendo observar regras específicas.

As **entidades sem fins lucrativos** que prestam serviços de planos de assistência à saúde sob a modalidade de autogestão e as entidades de previdência complementar fechada **serão contribuintes do IBS e da CBS, caso descumpram os requisitos previstos no art. 14 do CTN.**

> **Atenção!**
>
> Os condomínios edilícios, caso exerçam a opção pelo regime regular o IBS e a CBS, incidirão sobre todas as taxas e demais valores cobrados pelo condomínio dos seus condôminos e de terceiros. Caso não exerça a opção, e desde que as taxas e os demais valores condominiais cobrados de seus condôminos representem menos de 80% da receita total do condomínio, ficará sujeito à incidência do IBS e da CBS sobre as operações com bens e com serviços que realizar, e apropriará créditos na proporção da receita decorrente das operações tributadas em relação à receita total do condomínio.

3.4.8.2 Solidariedade e responsabilidade tributária

A LC nº 214/2025, sem prejuízo das demais hipóteses previstas no CTN, estabeleceu que algumas entidades e pessoas são solidariamente responsáveis pelo pagamento do IBS e da CBS, compreendendo a obrigação pelo pagamento acrescido de correção e atualização monetária, multa de mora, multas punitivas e demais encargos.

São solidariamente responsáveis pelo pagamento do IBS e da CBS:

- Quem adquire bens sem documento fiscal idôneo.
- Transportadores que movimentem bens desacobertados por documentação fiscal.
- Leiloeiros, por operações realizadas em leilão.
- Desenvolvedores de *software* que facilitem a evasão fiscal.
- Qualquer pessoa física ou jurídica que concorra por seus atos e omissões para o descumprimento de obrigações tributárias, por meio de ocultação da ocorrência ou do valor da operação, ou abuso da

personalidade jurídica, caracterizado pelo desvio de finalidade ou pela confusão patrimonial.

- Entreposto aduaneiro, o recinto alfandegado ou estabelecimento a ele equiparado, o depositário ou o despachante, em relação ao bem:
  - destinado para o exterior sem documentação fiscal correspondente;
  - recebido para exportação, e não exportado;
  - destinado a pessoa ou entidade sem personalidade jurídica diversa daquela que o tiver importado ou arrematado;
  - importado e entregue sem a devida autorização das administrações tributárias competentes.

A empresa pública prestadora de serviço postal, em que pese o reconhecimento de sua imunidade em relação aos tributos, terá responsabilidade solidária quando se movimentem bens desacobertados por documentação fiscal.

> **Atenção!**
>
> A simples existência de um **grupo econômico** não é suficiente para gerar responsabilidade solidária pelo pagamento do IBS e da CBS. Para que essa responsabilidade ocorra, é necessário que haja alguma **ação ou omissão que acarrete descumprimento de obrigações tributárias**. Isso significa que as empresas pertencentes a um mesmo grupo não podem ser automaticamente responsabilizadas pelos tributos umas das outras apenas pelo fato de estarem relacionadas.
>
> A solidariedade tributária somente **será aplicada se for demonstrado que houve conduta ilícita, fraude, abuso de personalidade jurídica, confusão patrimonial** ou qualquer outro ato que justifique a atribuição da responsabilidade.

3.4.9 Modalidades de extinção dos débitos

As modalidades de extinção dos débitos do IBS e da CBS compreendem:

- Compensação com créditos do IBS e da CBS.
- Pagamento pelo contribuinte.
- Recolhimento na liquidação financeira da operação (*split payment*).
- Recolhimento pelo adquirente.
- Pagamento por responsável atribuído pela lei. A lei poderá designar um terceiro como responsável pelo pagamento dos tributos, dependendo da operação e das condições especificadas.

3.4.9.1 Pagamento

Forma mais tradicional de extinção dos débitos ocorre quando o próprio contribuinte efetua o pagamento do tributo devido. O pagamento efetuado após a data de vencimento será acrescido de:

- **Multa de mora**, calculada à taxa de **0,33% por dia de atraso,** a partir do primeiro dia subsequente ao do vencimento do prazo previsto até o dia em que ocorrer o seu pagamento.
- **Juros de mora**, calculados à taxa referencial do Sistema Especial de Liquidação e de Custódia (Selic), a partir do primeiro dia do mês subsequente ao vencimento do prazo até o mês anterior ao do pagamento, e de 1% no mês de pagamento, limitado a 20%.

Capítulo 3 – REFORMA TRIBUTÁRIA

> **Atenção!**
>
> Em caso de pagamento indevido ou a maior, a restituição do IBS e da CBS somente será devida ao contribuinte na hipótese em que a operação não tenha gerado crédito para o adquirente dos bens ou serviços, e somente será feita a quem prove haver assumido o referido encargo, ou, no caso de tê-lo transferido a terceiro, estar por este expressamente autorizado a recebê-la.

3.4.9.2 Recolhimento na liquidação financeira (*split payment*)

Split payment é um mecanismo de pagamento em que o valor de um tributo é **automaticamente retido e direcionado ao Fisco no momento da liquidação financeira da operação**. Ou seja, em vez de o fornecedor receber o valor total da venda e posteriormente recolher o imposto, o **pagamento já é dividido entre o fornecedor e o governo no ato da transação**.

Esse sistema alterará o momento do recolhimento dos tributos, antecipando-os para o momento da liquidação financeira da operação. Atualmente, o fornecedor recebe o valor cheio, embutidos os tributos incidentes, e, no final do período de apuração, ele recolhe a diferença entre os créditos e os débitos existentes, o que possibilita atrasos e sonegações.

Considere que uma empresa optante pelo regime cumulativo de PIS e COFINS adquire um produto por R$ 5.000,00 e vende posteriormente por R$ 12.000,00, incidindo ICMS, PIS e COFINS com alíquotas de 20%, 0,65% e 3%, respectivamente.

No modelo atual a operação consideraria as seguintes informações:

Valor da compra: R$ 5.000,00
Tributos a recuperar: R$ 1.000,00 (20% R$ 5.000,00 - PIS e Cofins não serão recuperados)
Pagamento efetuado: R$ 5.000,00

Reconhecimento contábil da compra

D – Estoques (Ativo Circulante)	R$ 4.000,00
D – ICMS a Recuperar (Ativo Circulante)	R$ 1.000,00
C – Bancos (Ativo Circulante)	R$ 5.000,00

Valor da venda: R$ 12.000,00

Tributos a recolher:

ICMS: R$ 2.400,00 (R$ 12.000,00 X 20%)

PIS: R$ 62,40 [(R$ 12.000,00 - R$ 2.400,00) X 0,65%]

COFINS: R$ 288,00 [(R$ 12.000,00 - R$ 2.400,00) X 3%)

Recebimento: R$ 12.000,00

Reconhecimento contábil da venda

D – Bancos (Ativo Circulante)	R$ 12.000,00
C – Receita de Vendas (Resultado)	R$ 12.000,00
D – CMV (Resultado)	R$ 4.000,00
C – Estoques (Ativo Circulante)	R$ 4.000,00
D – ICMS (Resultado)	R$ 2.400,00
C – ICMS a Recolher (Passivo Circulante)	R$ 2.400,00
D – PIS/COFINS (Resultado)	R$ 350,40
C – PIS/COFINS a recolher (Passivo Circulante)	R$ 350,40

Pela apuração do ICMS

D – ICMS a recolher (Passivo Circulante)	R$ 1.000,00
C – ICMS a Recuperar (Ativo Circulante)	R$ 1.000,00

Pelo pagamento dos tributos devidos

D – PIS/ COFINS a recolher (Passivo Circulante)	R$ 350,40

Capítulo 3 – REFORMA TRIBUTÁRIA

D – ICMS a Recolher (Passivo Circulante)   R$ 1.400,00
(R$ 2.400,00 – R$ 1.000)
C – Bancos (Ativo Circulante)   R$ 1.750,40

Atualmente, **o vendedor recebe o valor total de R$ 12.000,00 e, posteriormente, realiza a apuração do valor a recolher, que equivale a R$ 1.750,40**, no momento que for mais conveniente financeiramente. Em casos de dificuldades financeiras, ele pode optar por não realizar o recolhimento no prazo devido e, em algumas situações, recorrer a parcelamentos.

Com o *split payment*, o **valor devido ao Fisco é automaticamente segregado e transferido ao governo no momento da liquidação financeira** da transação, antecipando o recolhimento e eliminando a possibilidade de escolha do devedor entre pagar ou não o tributo.

A LC nº 214/2025 estabelece **três modalidades** para o *split payment*: o *split* inteligente, descrito no § 3º, art. 32; o *split* inteligente *offline*, mencionado no § 4º do art. 32; e o modelo simplificado ou *offline*, regulado pelo art. 33. **Cada uma dessas modalidades possui fluxos específicos, gerando diferenças no reconhecimento contábil.**

Além disso, **enquanto o procedimento padrão descrito no art. 32 não estiver plenamente operacional**, um ato conjunto do Comitê Gestor e da Receita Federal **poderá determinar o uso do modelo simplificado para essas operações**.

- *Split* inteligente – Procedimento Padrão (§ 3º, art. 32)
    - **Responsabilidade do fornecedor:** o fornecedor deve incluir, no documento fiscal eletrônico, informações que conectem a operação comercial à transação de pagamento. Além disso, é

obrigatório identificar os valores devidos de IBS e da CBS relacionados à operação.

– **Transmissão de informações:** estas informações devem ser repassadas aos prestadores de serviço de pagamento:

a) Pelo próprio fornecedor.

b) Pelas plataformas digitais, no caso de operações realizadas por meio delas.

c) Por outra pessoa ou entidade que receba o pagamento, ainda que não tenha personalidade jurídica.

– **Consulta e segregação de valores:** antes de liberar os recursos ao fornecedor, os prestadores de serviços ou instituições de pagamento **devem consultar o sistema do Comitê Gestor do IBS e da Receita Federal**. Essa consulta verifica os valores de tributos a serem segregados e recolhidos. A segregação considera:

a) Os valores destacados de IBS e CBS na operação fiscal.

b) A dedução das parcelas já quitadas, conforme modalidades previstas na legislação.

- *Split* **inteligente** *offline* **(§ 4º do art. 32):** nos casos em que **não for possível realizar a consulta ao sistema do Comitê Gestor do IBS e da Receita Federal**, o modelo de *split payment* estabelece um **procedimento alternativo** para garantir o recolhimento adequado dos tributos:

– Responsabilidade do prestador de serviços ou instituição de pagamento: o prestador de serviços ou a operadora do sistema de pagamento **deve segregar e recolher** os valores referentes ao IBS e à CBS ao Comitê Gestor do IBS e à Receita Federal, **tomando como base as informações recebidas sobre a operação** vinculada à transação de pagamento.

– Atuação do Comitê Gestor do IBS e da RFB:

a) Cálculo dos tributos: determinar os valores devidos de IBS e CBS com a dedução das parcelas já quitadas conforme as modalidades previstas na legislação.

b) Transferência ao fornecedor: em até **três dias úteis**, devolver ao fornecedor os **valores que excederem** os montantes calculados, assegurando a correta alocação de recursos.

- *Split* **simplificado (art. 33):** oferece ao contribuinte uma alternativa para operações cujos adquirentes não sejam contribuintes do IBS ou da CBS no regime regular. Esse **procedimento é opcional para o varejo** e tem as seguintes características:

– Cálculo dos tributos: os valores de IBS e CBS são calculados **com base em um percentual predefinido** sobre o valor das operações.

a) **Definição do percentual:** o percentual será estabelecido pelo Comitê Gestor do IBS, para o IBS, e pela Receita Federal (RFB), para a CBS.

b) Pode variar conforme o setor econômico ou o perfil do contribuinte, com base em metodologia uniforme e dados como alíquota média e histórico de créditos.

c) Não possui vínculo direto com os débitos efetivos incidentes na operação.

— **Utilização dos valores recolhidos:** os tributos recolhidos pelo procedimento simplificado são destinados ao pagamento dos débitos não extintos das operações ocorridas no período de apuração, seguindo a ordem cronológica dos documentos fiscais e regulamentos aplicáveis.

— **Transferência ao fornecedor:** após calcular o saldo dos débitos e deduzir valores já quitados, o Comitê Gestor e a RFB transferem ao fornecedor, em até **três dias úteis** após a apuração, valores que excedam os débitos calculados.

— **Irretratabilidade da opção:** a escolha pelo procedimento simplificado é **irretratável durante todo o período de apuração**.

Capítulo 3 – REFORMA TRIBUTÁRIA

ANÁLISE E RECONHECIMENTO CONTÁBIL DO MODELO *SPLIT* INTELIGENTE

Para essa análise, vamos considerar a alíquota de 8,8% para a CBS e 17,7% para o IBS.

Valor da compra: R$ 5.000,00

Tributos a recuperar: R$ 1.325,00 (26,5% x R$ 5.000,00)

CBS: R$ 440,00 (8,8% R$ 5.000,00)

IBS: R$ 885,00 (17,7% R$ 5.000,00)

Pagamento efetuado: R$ 6.325,00 (Produto + CBS + IBS)

Fornecedor: Recebe R$ 5.000,00

Comitê Gestor do IBS: Recebe R$ 885,00

Receita Federal (CBS): Recebe R$ 440,00

Reconhecimento Contábil da Compra

D – Estoques (Ativo Circulante) R$ 5.000,00

D – CBS a Recuperar (Ativo Circulante) R$ 440,00

D – IBS a Recuperar (Ativo Circulante) R$ 885,00

C – Bancos (Ativo Circulante) R$ 6.325,00

Valor da venda: R$ 12.000,00

Tributos a recolher: R$ 3.180,00 (CBS/IBS – 26,5% x R$ 12.000,00)

CBS: R$ 1.056,00 (R$ 12.000,00 X 8,8%)

IBS: R$ 2.124,00 (R$ 12.000,00 X 17,7%)

Apuração IBS		Apuração CBS	
D	**C**	**D**	**C**
R$ 885,00	R$ 2.124,00	R$ 440,00	R$ 1.056,00
	R$ 1.239,00		R$ 616,00

Nesse modelo, a empresa de meios de pagamento consultará o Comitê Gestor do IBS e da Receita Federal, que informarão que a empresa possui créditos de R$ 885,00 de IBS e R$ 440,00 de CBS. Assim, o valor do repasse dos tributos será realizado de forma líquida:

Comprador paga: R$ 15.180,00 (Produto + CBS + IBS)
Comitê Gestor do IBS recebe R$ 1.239,00 (R$ 2.124,00 – R$ 885,00)
Receita Federal (CBS) recebe R$ 616,00 (R$ 1.056,00 – R$ 440,00)
Empresa recebe: R$ 13.325,00

Cumpre destacar que o direito ao crédito está condicionado à quitação dos débitos relativos às operações em que a empresa atue como adquirente, o que exigirá um controle efetivo. Em alguns casos, a própria empresa poderá optar pelo recolhimento do IBS e da CBS, ajustando os contratos para viabilizar a utilização imediata dos créditos, situação em que pagaria ao fornecedor apenas o valor do produto ou serviço, assumindo a responsabilidade pelo recolhimento dos tributos. Nos exemplos a seguir, consideraremos que os tributos incidentes sobre as compras já foram devidamente extintos.

Reconhecimento Contábil
Pelo ajuste dos créditos tributários

D – IBS a Recolher (Passivo Circulante)	R$ 885,00
C – IBS a Recuperar (Ativo Circulante)	R$ 885,00
D – CBS a Recolher (Passivo Circulante)	R$ 440,00
C – CBS a Recuperar (Ativo Circulante)	R$ 440,00

Pela venda e retenção do IBS e da CBS

D – Valores a receber (Ativo Circulante)	R$ 15.180,00
C – IBS a Recolher (Passivo Circulante)	R$ 2.124,00
C – CBS a Recolher (Passivo Circulante)	R$ 1.056,00
C – Receita de Vendas (Resultado)	R$ 12.000,00

Capítulo 3 – REFORMA TRIBUTÁRIA

D – CMV (Resultado)   R$ 5.000,00
C – Estoque (Ativo Circulante)   R$ 5.000,00

Pelo recebimento da Venda
D – Bancos (Ativo Circulante)   R$ 13.325,00
D – IBS a Recolher (Passivo Circulante)   R$ 1.239,00
D – CBS a Recolher (Passivo Circulante)   R$ 616,00
C – Valores a receber (Ativo Circulante)   R$ 15.180,00

IBS a recuperar

D	C
R$ 885,00	
	R$ 885,00
0	

IBS a recolher

D	C
R$ 885,00	R$ 2.124,00
R$ 1.239,00	
	0

CBS a recuperar

D	C
R$ 440,00	
	R$ 440,00
0	

CBS a recolher

D	C
R$ 440,00	R$ 1.056,00
R$ 616,00	
	0

Análise e reconhecimento contábil do modelo *split* inteligente *offline*

Nesse modelo, a empresa de meios de pagamento não efetuará consultas ao Comitê Gestor do IBS e da Receita Federal. Assim a retenção será realizada pelo valor da operação.

Valor da venda: R$ 12.000,00
Tributos a recolher: R$ 3.180,00 (26,5% x R$ 12.000,00)
CBS: R$ 1.056,00 (R$ 12.000,00 x 8,8%)
IBS: R$ 2.124,00 (R$ 12.000,00 x 17,7%)

Comprador paga:	**R$ 15.180,00**
Comitê Gestor do IBS: Recebe	**R$ 2.124,00**
Receita Federal (CBS): Recebe	**R$ 1.056,00**
Empresa Recebe:	**R$ 12.000,00**

Reconhecimento contábil da venda

D – Valores a receber (Ativo Circulante) R$ 15.180,00
C – IBS a Recolher (Passivo Circulante) R$ 2.124,00
C – CBS a Recolher (Passivo Circulante) R$ 1.056,00
C – Receita de Vendas (Resultado) R$ 12.000,00

D – CMV (Resultado) R$ 5.000,00
C – Estoque (Ativo Circulante) R$ 5.000,00

Pelo recebimento:
D – Bancos (Ativo Circulante) R$ 12.000,00
D – IBS a Recolher (Passivo Circulante) R$ 2.124,00
D – CBS a Recolher (Passivo Circulante) R$ 1.056,00
C – Valores a Receber (Ativo Circulante) R$ 15.180,00

Como o valor foi retido a maior, o Comitê Gestor do IBS e a Receita Federal analisarão a conta corrente e farão a transferência para a empresa em até três dias úteis, dos valores que excederem os montantes calculados, assegurando a correta alocação de recursos.

Pela devolução efetuada pelo Comitê Gestor e Receita Federal
D – Banco (Ativo Circulante) R$ 1.325,00
C – IBS a Recuperar (Ativo Circulante) R$ 885,00
C – CBS a Recuperar (Ativo Circulante) R$ 440,00

Capítulo 3 – REFORMA TRIBUTÁRIA

IBS a recuperar

D	C
R$ 885,00	
	R$ 885,00
0	

IBS a recolher

D	C
R$ 2.124,00	R$ 2.124,00
	0

CBS a recuperar

D	C
R$ 440,00	
	R$ 440,00
0	

CBS a recolher

D	C
R$ 1.056,00	R$ 1.056,00
	0

Na hipótese de o valor retido ser inferior ao devido, a empresa deverá efetuar o pagamento da diferença na data de vencimento dos tributos.

Análise e reconhecimento contábil do modelo *split* simplificado

Nesse modelo, a empresa de meios de pagamento não efetuará consultas ao Comitê Gestor do IBS e da Receita Federal, contudo, a retenção não será realizada pelo valor da operação, sendo aplicado **um percentual predefinido** sobre o valor das operações. Considere que o Comitê Gestor e a Receita Federal definiram em 5% para a CBS e 10% para o IBS.

Valor da venda: R$ 12.000,00
Tributos a recolher: R$ 3.180,00 (R$ 12.000,00 x 26,5%)
CBS: R$ 1.056,00 (R$ 12.000,00 x 8,8%)
IBS: R$ 2.124,00 (R$ 12.000,00 x 17,7%)

Para efeitos de retenção, serão considerados:
CBS: R$ 600,00 (R$ 12.000,00 x 5%)
IBS: R$ 1.200,00 (R$ 12.000,00 x 10%)

Comprador paga: **R$ 15.180,00** (CBS/IBS pagos por fora)
Comitê Gestor do IBS: Recebe R$ 1.200,00   (R$ 12.000,00 x 10%)
Receita Federal (CBS): Recebe R$ 600,00   (R$ 12.000,00 x 5%)
Empresa Recebe: **R$ 13.380,00**

Reconhecimento contábil da venda
D – Valores a receber (Ativo Circulante) R$ 15.180,00
C— IBS a Recolher (Passivo Circulante) R$ 2.124,00
C – CBS a Recolher (Passivo Circulante) R$ 1.056,00
C – Receita de Vendas (Resultado)   R$ 12.000,00

D – CMV(Resultado)   R$ 5.000,00
C – Estoque (Ativo Circulante)   R$ 5.000,00

Pelo recebimento
D – Bancos (Ativo Circulante)   R$ 13.380,00
D – CBS a Recolher (Passivo Circulante) R$ 600,00
D – IBS a Recolher (Passivo Circulante) R$ 1.200,00
C – Valores a Receber (Ativo Circulante)   R$ 15.180,00

Pelo ajuste dos créditos Tributários
D – IBS a Recolher (Passivo Circulante) R$ 885,00
C – IBS a Recuperar (Ativo Circulante)   R$ 885,00

D – CBS a Recolher (Passivo Circulante) R$ 440,00
C – CBS a Recuperar (Ativo Circulante)   R$ 440,00

Capítulo 3 – REFORMA TRIBUTÁRIA

Como o valor foi retido, foi inferior ao devido, a empresa deverá efetuar o pagamento da diferença na data de vencimento dos tributos.

Pelo pagamento da diferença devida

D – Banco (Ativo Circulante)   R$ 55,00

C – CBS a Recuperar (Ativo Circulante)   R$ 16,00 (1.056,00 – 600,00 – R$ 440,00)

C – IBS a Recuperar(Ativo Circulante) R$ 39,00 (2124,00 – 1.200,00 – 885,00)

IBS a recuperar				IBS a recolher	
D	**C**			**D**	**C**
R$ 885,00				R$ 1.800,00	R$ 2.124,00
	R$ 885,00			R$ 885,00	
				R$ 39,00	
0					0

CBS a recuperar				CBS a recolher	
D	**C**			**D**	**C**
R$ 440,00				R$ 600,00	R$ 1.056,00
	R$ 440,00			R$ 440,00	
				R$ 16,00	
0					0

Na hipótese de valor retido a maior, o Comitê Gestor do IBS e a Receita Federal analisarão a conta corrente e farão a transferência para a empresa em até três dias úteis, dos valores que excederem os montantes calculados, assegurando a correta alocação de recursos.

Esse modelo de pagamento já é utilizado no Brasil pelas plataformas digitais como Uber, iFood e Amazon para fracionar as transações direcionando as parcelas entre fornecedores e outros intermediários financeiros. Da mesma forma, países como República Tcheca, Itália, Polônia, Bulgária e Romênia adotam ou já adotaram esse modelo, apresentando diferentes níveis de sucesso, conforme destacado por Teixeira (2022).

Na República Tcheca, desde 2011, o sistema é opcional e vinculado à responsabilidade tributária do adquirente, incentivando o recolhimento segregado do IVA. Na Itália, implantado gradualmente a partir de 2015, o mecanismo tem gerado resultados positivos, apesar de desafios no processamento de créditos. Já na Polônia, o modelo eletrônico, que destina o valor do IVA a contas vinculadas, demonstrou eficácia no combate à fraude carrossel e aos benefícios como reembolsos acelerados.

Em contraste, na Bulgária e na Romênia, a experiência foi marcada por insucesso, devido à complexidade e à insuficiência na apuração do IVA, levando ao abandono do sistema. Essas experiências internacionais destacam a importância de adaptar o *split payment* às realidades locais para garantir sua efetividade.

O fornecedor é obrigado a **incluir no documento fiscal eletrônico informações que permitam a vinculação das operações** com a transação de pagamento e a identificação dos valores dos débitos do IBS e da CBS incidentes sobre as operações. Essas informações deverão ser transmitidas aos prestadores de serviço de pagamento pelo fornecedor, pela plataforma digital, em relação às operações e às importações realizadas por seu intermédio ou por outra pessoa ou entidade sem personalidade jurídica que receber o pagamento.

O contribuinte poderá optar por procedimento simplificado do *split payment* para todas as operações cujo adquirente não seja contribuinte do IBS e da CBS no regime regular.

A segregação e o recolhimento do IBS e da CBS ocorrerão na data da liquidação financeira da transação de pagamento,

Capítulo 3 – REFORMA TRIBUTÁRIA

observados os fluxos de pagamento estabelecidos entre os participantes do arranjo.

Nas operações com pagamento parcelado pelo fornecedor, a segregação e o recolhimento do IBS e da CBS deverão ser efetuados, de forma proporcional, na liquidação financeira de todas as parcelas.

3.4.9.3 Recolhimento pelo adquirente

O adquirente de bens ou de serviços que seja contribuinte do IBS e da CBS pelo regime regular poderá pagar o IBS e a CBS incidentes sobre a operação caso o pagamento ao fornecedor seja efetuado mediante a utilização de instrumento de pagamento que não permita a segregação e o recolhimento.

3.4.10 Ressarcimento

Os contribuintes do IBS e da CBS com **saldo a recuperar no final do período de apuração podem solicitar ressarcimento integral ou parcial**. O saldo não solicitado ou parcialmente solicitado torna-se crédito utilizável para compensação ou ressarcimento futuro.

A análise dos pedidos é conduzida pelo Comitê Gestor do IBS e pela Receita Federal, com prazos estabelecidos pela LC nº 214/2025:

- **30 dias** para contribuintes enquadrados em programas de conformidade fiscal;
- **60 dias** para os créditos apropriados de IBS e de CBS relativos à aquisição de bens e serviços incorporados ao ativo imobilizado do contribuinte ou cujo valor seja igual ou inferior a 150% do valor médio

mensal da diferença entre os créditos e os débitos de IBS e de CBS apurados pelo contribuinte;

- **180 dias** para os demais casos.

> **Atenção!**
>
> Caso os órgãos responsáveis não se manifestem dentro desses prazos, o crédito deverá ser **ressarcido automaticamente em até 15 dias**, o que busca evitar entraves administrativos e garantir a efetividade do direito do contribuinte.

Se a fiscalização for iniciada antes do fim dos prazos estabelecidos, eles serão suspensos até a conclusão, com limite de 360 dias para análise. Ultrapassado esse prazo, o ressarcimento deve ocorrer em até 15 dias. A legislação busca evitar fiscalizações prolongadas que prejudiquem a liquidez empresarial, embora permita verificações posteriores para validar a compensação tributária. Valores não ressarcidos no prazo terão correção pela taxa Selic acumulada mensalmente, mais 1% no mês do pagamento, protegendo os créditos contra desvalorização e desestimulando atrasos.

Ressarcimentos podem ser suspensos por até cinco anos em regimes especiais, como Simples Nacional e MEI, sem correção monetária, impactando negativamente pequenos e médios empreendedores.

3.4.11 Não cumulatividade

A não cumulatividade é um princípio fundamental do IBS e da CBS, que assegura aos contribuintes o **direito de apropriação de créditos tributários ao longo da cadeia produtiva**. Esse mecanismo garante que o imposto incida apenas sobre o valor agregado em cada etapa, evitando a chamada tributação em cascata.

Para se beneficiar desse princípio, o contribuinte sujeito ao regime regular poderá apropriar créditos de IBS e CBS desde que:

Capítulo 3 – REFORMA TRIBUTÁRIA

- tenha ocorrido a **extinção dos débitos** relativos às operações em que atue como adquirente; e
- a operação não se destine a **uso ou consumo pessoal**.

Diferentemente do que ocorre na sistemática atual, a LC nº 214/2025 estabelece que **o direito ao crédito somente surge com a efetiva extinção do débito** – por meio de pagamento, compensação, *split payment* ou recolhimento pelo adquirente ou responsável. **Não basta, portanto, apenas a emissão de documento fiscal eletrônico idôneo pelo fornecedor.**

Entretanto, há **exceções**. Nas aquisições de **combustíveis tributados sob regime específico**, bem como em operações para as quais ainda não tenham sido implementadas modalidades de extinção como o ***split payment*** ou o **recolhimento pelo adquirente**, o crédito poderá ser apropriado com base nos valores destacados no documento fiscal eletrônico da aquisição.

Também é permitido ao contribuinte creditar-se dos tributos devidos e não pagos por adquirente que tenha a **falência decretada**, desde que:

- o adquirente não tenha se creditado na operação;
- a operação tenha sido devidamente registrada na contabilidade do contribuinte no período de apuração do fato gerador; e
- o processo de pagamento aos credores tenha sido encerrado de forma definitiva.

A apropriação dos créditos deve ser respaldada por documento fiscal eletrônico idôneo e realizada separadamente para o IBS e para a CBS, sendo **vedada, em qualquer hipótese, a compensação cruzada entre esses tributos.**

Os créditos corresponderão aos valores destacados nos documentos fiscais e efetivamente extintos, além dos créditos presumidos previstos em lei – inclusive nas aquisições realizadas junto a empresas optantes pelo Simples Nacional.

O contribuinte deverá **estornar o crédito** apropriado nos casos de **perecimento, deterioração, roubo, furto ou extravio do bem adquirido**. Quando se tratar de bem do ativo imobilizado, o estorno será proporcional ao tempo de vida útil e às taxas de depreciação regulamentares.

Nas **devoluções e cancelamentos** de operações realizadas por adquirente não enquadrado no regime regular, o contribuinte **poderá se creditar** com base nos valores dos débitos incidentes sobre a operação devolvida ou cancelada.

Não será permitido o aproveitamento de créditos nas operações **imunes, isentas, com alíquota zero, sob diferimento ou suspensão**, salvo hipóteses legais específicas. No entanto, nas operações com **alíquota reduzida ou alíquota zero, os créditos anteriormente apropriados serão mantidos**. Contudo, operações **imunes ou isentas resultarão na anulação proporcional dos créditos anteriores**, com exceção das exportações e de produtos como livros, jornais, periódicos, papel para impressão e serviços de comunicação de recepção livre e gratuita.

A apuração dos créditos será feita com base em seus **valores nominais**. Eles poderão ser utilizados para **compensar débitos** vencidos e não pagos (desde que ainda não inscritos em dívida ativa), no mesmo período de apuração ou em períodos subsequentes, respeitando-se a ordem cronológica. Alternativamente, o contribuinte poderá solicitar o **ressarcimento**.

Diante da exigência de extinção do débito por qualquer das modalidades previstas no artigo 27 da Lei Complementar nº 214/2025 — como pagamento direto pelo contribuinte, compensação, split payment, recolhimento pelo adquirente ou

Capítulo 3 – REFORMA TRIBUTÁRIA

pagamento pelo responsável —, as empresas deverão adotar um rigoroso controle na gestão dos créditos.

Embora o crédito deva ser reconhecido no momento da aquisição, por constituir um direito e, portanto, um ativo da empresa, recomenda-se seu acompanhamento sistemático. Nos termos do art. 60 da Lei Complementar nº 214/2025, as informações prestadas pelo sujeito passivo possuem caráter declaratório e constituem confissão do valor devido consignados no documento fiscal.

É aconselhável, inclusive, a segregação desses créditos em contas contábeis específicas, a fim de **distinguir os valores já gerados daqueles efetivamente passíveis de compensação**, o que somente poderá ser confirmado após a extinção dos débitos correspondentes conforme, art. 60 da Lei Complementar nº 214/2025.

Quando implantada de forma adequada, a apuração assistida pode representar um importante instrumento de apoio ao contribuinte nesse processo, ao fornecer informações com base em dados eletrônicos — como notas fiscais, declarações prestadas e movimentações financeiras. Outras alternativas para mitigar riscos incluem a liquidação do tributo por meio do split payment ou o recolhimento direto pelo próprio adquirente.

A apuração dos créditos será feita com base em seus **valores nominais**. Eles poderão ser utilizados para **compensar débitos** vencidos e não pagos (desde que ainda não inscritos em dívida ativa), no mesmo período de apuração ou em períodos subsequentes, respeitando-se a ordem cronológica. Alternativamente, o contribuinte poderá solicitar o **ressarcimento**.

O direito à utilização dos créditos **extingue-se após cinco anos**, contados do primeiro dia do período subsequente ao da apropriação.

A **transferência de créditos é vedada**, exceto nos casos de fusão, cisão ou incorporação, situações em que os créditos apropriados e ainda não utilizados poderão ser transferidos à pessoa jurídica sucessora.

São considerados **bens e serviços de uso ou consumo pessoal** – e, portanto, não geram direito a crédito, **salvo se utilizados preponderantemente na atividade econômica do contribuinte**:

- joias, pedras e metais preciosos;
- obras de arte e antiguidades com valor histórico ou arqueológico;
- bebidas alcoólicas;
- derivados do tabaco;
- armas e munições (exceto por empresas de segurança);
- bens e serviços recreativos, esportivos e estéticos.

Também são considerados de uso ou consumo pessoal os bens e serviços adquiridos ou produzidos pelo contribuinte e fornecidos de **forma gratuita ou com valor inferior ao de mercado** para:

- o próprio contribuinte, se pessoa física;
- sócios, acionistas, administradores, membros dos conselhos de administração e fiscal e comitês previstos em lei;
- empregados dessas pessoas físicas;
- cônjuges, companheiros ou parentes, até o terceiro grau, das pessoas físicas mencionadas.

Em contrapartida, são admitidos como crédito os gastos com bens e serviços que, embora voltados aos empregados e dirigentes, sejam utilizados **preponderantemente na atividade econômica** da empresa, tais como:

- uniformes e equipamentos de segurança;
- alimentação (exceto bebida alcoólica), serviços de saúde e creche no local de trabalho;

Capítulo 3 – REFORMA TRIBUTÁRIA

- benefícios educacionais, vale-refeição e vale-alimentação, e assistência à saúde, quando previstos em convenção coletiva.

> **Atenção!**
>
> Caso haja apropriação indevida de créditos, o contribuinte deverá devolver os valores com acréscimos legais calculados desde a data da apropriação.

Um ponto importante que deve ser considerado pelas empresas na apuração do IBS e da CBS é a **possibilidade de um creditamento amplo e unificado entre os dois tributos**, o que representa uma mudança significativa em relação ao sistema atual. Hoje, apenas as empresas tributadas com base no lucro real podem se beneficiar do regime não cumulativo do PIS e da COFINS, e, ainda assim, com diversas limitações quanto aos tipos de gastos que geram créditos.

Com a nova sistemática prevista pela LC nº 214/2025, o direito ao crédito se torna mais abrangente e menos restritivo, permitindo que uma maior variedade de despesas vinculadas à atividade econômica do contribuinte possa ser utilizada para compensação dos débitos de IBS e CBS. Essa ampliação contribui para maior neutralidade tributária, reduz distorções econômicas e favorece a competitividade das empresass, independentemente do regime de apuração do imposto de renda ao qual estejam submetidas.

3.4.11.1 Estudo de Caso

Considere uma empresa prestadora de serviços de consultoria em gestão empresarial, atualmente optante pelo Lucro Real e apurando PIS e COFINS pelo regime não cumulativo que apurou em um determinado período as seguintes informações:

- **Receita de serviços prestados: R$ 500.000,00**
- **Total de gastos: R$ 264.800,00**, sendo divididos em:
  - Aluguel do escritório: R$ 18.000,00

  - Licenças de *software* de gestão e CRM:R$ 4.500,00

  - Assinaturas de bancos de dados e publicações: R$ 2.000,00

  - Café, lanches e água mineral para equipe: R$ 1.800,00

  - Compra de *notebooks* para os consultores: R$ 12.000,00

  - Serviços de *marketing* e redes sociais: R$ 6.000,00

  - Aquisição de livros e revistas de gestão para os sócios: R$ 2.500,00

  - Almoço fornecido no escritório durante a jornada de trabalho para colaboradores e administradores: R$ 3.200,00

  - Assinatura de plataforma de filmes para sala de espera: R$ 600,00

  - Compra de obras de arte para recepção: R$ 8.000,00

  - Serviços contábeis e jurídicos: R$ 5.000,00

  - Curso de MBA *(necessário à atividade econômica)* para consultores: R$ 4.000,00

  - Compra de vinho para coquetel de encerramento: R$ 1.200,00

  - Treinamentos externos para colaboradores: R$ 3.500,00

  - *Pró-labore* pagos a sócios: R$ 40.000,00

  - Uniforme da equipe de recepção, vigilância e limpeza: R$ 2.500,00

  - Salários de empregados: R$ 150.000,00

Capítulo 3 – REFORMA TRIBUTÁRIA

Com base nos critérios estabelecidos pela LC nº 214/2025 – especialmente no que se refere à não cumulatividade do IBS e da CBS e à possibilidade de creditamento apenas sobre bens e serviços relacionados à atividade econômica do contribuinte – **a empresa deve organizar seus gastos em dois grupos distintos**:

- **1) Os gastos que possibilitam crédito de IBS e CBS:** desde que devidamente comprovados por documentos fiscais idôneos e relacionados à atividade econômica da empresa, esses gastos totalizam **R$ 60.700,00**, sendo eles:
- Aluguel do escritório: R$ 18.000,00
- Licenças de *software* de gestão e CRM: R$ 4.500,00
- Assinaturas de bancos de dados: R$ 2.000,00
- Compra de *notebooks*: R$ 12.000,00
- Serviços de *marketing* e redes sociais: R$ 6.000,00
- Serviços contábeis e jurídicos: R$ 5.000,00
- Cursos de MBA para consultores: R$ 4.000,00
- Treinamentos: R$ 3.500,00
- Uniforme: R$ 2.500,00
- Almoço fornecido no escritório: R$ 3.200,00

Os gastos que não permitem crédito de IBS e CBS, por se tratar de uso/consumo pessoal, vedados ou não relacionados diretamente à atividade-fim totalizam **R$ 204.100,00**, sendo eles:

- Café, lanches e água mineral: R$ 1.800,00
- Aquisição de livros e revistas de gestão: R$ 2.500,00 *(entendidos como uso pessoal, salvo se demonstrado uso coletivo e profissional)*
- Assinatura de plataforma de filmes: R$ 600,00
- Compra de obras de arte para recepção: R$ 8.000,00

- Compra de vinho para coquetel: R$ 1.200,00
- *Pró-labore* pagos a sócios: R$ 40.000,00
- Salários de empregados: R$ 150.000,00

Com base na legislação vigente do PIS e da COFINS, especialmente para empresas tributadas pelo lucro real (regime não cumulativo), é permitido o aproveitamento de créditos sobre bens e serviços utilizados como insumos, bem como sobre despesas operacionais essenciais à atividade da empresa. Assim, a partir da listagem atual, a empresa poderia tomar crédito – sem possibilidade de contestação pela Receita Federal, desde que os gastos estejam vinculados à atividade empresarial e devidamente documentados – no valor total de **R$ 42.500,00**, ou seja, um montante inferior ao que poderá ser recuperado pelo IBS e pela CBS. Atualmente a empresa obtém crédito nos seguintes gastos:

- Aluguel do escritório: R$ 18.000,00
- Licenças de *software* de gestão e CRM: R$ 4.500,00
- Assinaturas de bancos de dados: R$ 2.000,00
- Compra de *notebooks*: R$ 12.000,00
- Treinamentos: R$ 3.500,00
- Uniforme: R$ 2.500,00

Com base nas informações analisadas, vamos simular o impacto tributário comparando o regime atual com o novo regime implantado pela Reforma Tributária. Para isso, consideraremos uma **alíquota de 26,5% para IBS e CBS, 5% para ISS e 9,25% para PIS e COFINS**. Por questões didáticas, assumiremos que todos os itens que geram direito a crédito estão enquadrados no **regime regular**, e a apuração será realizada de forma unificada, tendo em vista que o objetivo é apenas demonstrar o impacto no resultado.

Capítulo 3 – REFORMA TRIBUTÁRIA

Tabela 3.19 – Projeção do resultado pelo regime atual.

Receita Bruta	R$ 500.000,00
(–) Deduções	R$ 71.250,00
ISS (5%)	R$ 25.000,00
PIS e COFINS (9,25%)	R$ 46.250,00
(=) Receita Líquida	R$ 428.750,00
(–) Despesas que geram crédito tributário	R$ 42.500,00
(+) Créditos tributários	R$ 3.931.25
(–) Despesas que não geram crédito tributário	R$ 222.300,00
(=) Lucro antes do IRPJ e da CSLL	R$ 167.881,25
Total de tributos pagos pela empresa (R$ 71.250,00 – R$ 3.931,25)	R$ 67.318,75

Fonte: Elaborada pelo autor.

Tabela 3.20 – Projeção do resultado após a Reforma Tributária.

Faturamento Bruto	R$ 632.500,00
(–) IBS/CBS	R$ 132.500,00
Receita Bruta	R$ 500.000,00
(–) Despesas que geram crédito tributário	R$ 60.700,00
(–) Despesas que não geram crédito tributário	R$ 204.100,00
(=) Lucro antes do IRPJ e da CSLL	R$ 235.200,00
Total de tributos a serem pagos pela empresa R$ 132.500,00 – (R$ 60.700,00 X 26,5%)	R$ 116.414,50

Fonte: Elaborada pelo autor.

Atualmente, o resultado da empresa é de **R$ 167.881,25**. Mantendo-se a receita de prestação de serviços em R$ 500.000,00 – ou seja, sem alteração no preço praticado –, os clientes passariam a pagar **R$ 632.500,00**, devido ao fato de o IBS e a CBS serem tributos recolhidos "por fora". Embora essa situação possa aumentar a lucratividade da empresa, também pode impactar negativamente na geração de receitas, em razão do aumento do preço efetivo para o consumidor.

Uma possível solução seria a redução do preço praticado para o mesmo nível de receita líquida atual **R$ 428.750,00**. Isso significaria que o valor cobrado pelos serviços corresponderia ao montante sem a inclusão dos tributos atualmente incidentes sobre a empresa prestadora. Projetamos essa situação na Tabela 3.21:

Tabela 3.21 – Projeção do resultado após a Reforma Tributária com alteração na receita bruta.

Faturamento Bruto	**R$ 542.368.75**
(–) IBS/CBS	R$ 113.618,75
Receita Bruta	**R$ 428.750,00**
(– Despesas que geram crédito tributário	R$ 60.700,00
(–) Despesas que não geram crédito tributário	R$ 204.100,00
(=) **Lucro antes do IRPJ e da CSLL**	**R$ 163.950,00**
Total de tributos a serem pagos pela empresa R$ 113.618.75 – (R$ 60.700,00 x 26,5%)	**R$ 97.533.25**

Fonte: Elaborada pelo autor.

Repare que o resultado atualmente gerado **(R$ 167.881,25)** difere do valor projetado com o preço fixado com base na receita líquida **(R$ 163.950,00)** em **R$ 3.931,25**. Essa diferença **representa os créditos tributários de PIS e COFINS que foram deduzidos dos gastos**, uma vez que esses tributos estavam incluídos nas despesas. Caso o regime tributário do PIS/COFINS fosse o cumulativo, o resultado seria idêntico, conforme pode ser constatado na projeção da Tabela 3.22.

Capítulo 3 – REFORMA TRIBUTÁRIA

227

Assim, ao fixar o preço de venda com base em sua receita líquida atual, a empresa prestadora de serviços preserva sua lucratividade. Embora os adquirentes passem a pagar **R$ 42.368,75 a mais pelo serviço** (de R$ 500.000,00 para R$ 542.368,75), caso sejam contribuintes do IBS e da CBS, **poderão se creditar de R$ 113.618,75**.

Tabela 3.22 – Projeção do resultado pelo regime atual – Regime cumulativo.

	Regime Atual	Após Reforma
Faturamento Bruto	**R$ 500.000,00**	**R$ 511.788,75**
(–) IBS/CBS		**R$ 121.038.75**
Receita Bruta	**R$ 500.000,00**	**R$ 456.750,00**
(–) Deduções	**R$ 43.250,00**	
ISS (5%)	R$ 25.000,00	
PIS e COFINS (3,65%)	R$ 18.250.00	
(=) Receita Líquida	**R$ 456.750,00**	**R$ 456.750,00**
(–) Despesas que geram crédito tributário	R$ 42.500,00	R$ 60.700,00
(–) Despesas que não geram crédito tributário	R$ 222.300,00	R$ 204.100,00
(=) Lucro antes do IRPJ e da CSLL	**R$ 191.950,00**	**R$ 191.950,00**
Total de tributos pagos pela empresa Regime Atual: (R$ 25.000,00 + R$ 18.250,00) Após a Reforma Tributária: (R$ 121.038,75 – (R$ 60.700,00 x 26,5%)	**R$ 43.250,00**	**R$ 104.953,25**

Fonte: Elaborada pelo autor.

Atualmente, nem todas as empresas tomadoras dos serviços da empresa fictícia analisada nesse exemplo aproveitam os créditos tributários, e aquelas que que se creditam referente ao PIS/Cofins conseguem aproveitá-lo, no máximo, em **R$ 46.250,00** — valor correspondente aos tributos incidentes nas operações (R$ 500.000,00 X 9,25%).

O impacto no fluxo de caixa das empresas contratantes, considerando o pagamento do serviço e a possibilidade de dedução do crédito tributário, seria de **R$ 453.750,00** (R$ 500.000,00 – R$ 46.250,00). Com as alterações promovidas pela reforma, o impacto no fluxo passaria a ser de **R$ 428.750,00** (R$ 542.368,75 – R$ 113.618,75).

As empresas vendedoras devem explorar essa informação para justificar o aumento no valor do serviço. Contudo, é importante destacar que, caso os clientes sejam consumidores finais ou entidades imunes e isentas da CBS e do IBS, essa lógica não se aplicará.

3.4.12 IBS e CBS sobre importações

A **LC nº 214/2025** estabelece a incidência do **IBS** e da **CBS** nas operações de importação, **independentemente da natureza do importador** – pessoa física, pessoa jurídica ou entidade sem personalidade jurídica – mesmo que não estejam inscritas no regime regular.

Não incidem os tributos na importação de bens materiais que:

- Retornem ao país por motivos como consignação não concluída, defeito técnico, mudanças na sistemática de importação do país de destino, guerra, calamidade pública ou fatores alheios à vontade do exportador.
- Cheguem ao país por erro comprovado e sejam devolvidos.
- Sejam idênticos aos defeituosos já importados, destinados à reposição.
- Tenham sido objeto de pena de perdimento antes da liberação.

Capítulo 3 – REFORMA TRIBUTÁRIA

- Tenham sido devolvidos antes do registro da declaração de importação.
- Sejam pescados em águas internacionais por empresa nacional, conforme normas vigentes.
- Estejam sob regime de exportação temporária.
- Tenham sido destruídos acidentalmente em trânsito ou sob controle aduaneiro, sem custos ao poder público.

O fato gerador ocorre na **entrada dos bens no território nacional**, ou no **consumo, utilização ou fruição de serviços e bens imateriais** no Brasil.

A **apuração** deve ser feita no momento da **liberação dos bens** para consumo, na **prestação efetiva do serviço**, ou conforme as regras específicas nos casos de regimes aduaneiros especiais.

Considera-se o local de destino da mercadoria. Em caso de extravio ou falta de identificação, considera-se o domicílio do adquirente ou o local do extravio.

A base de cálculo será para **bens materiais** o **valor aduaneiro acrescido de II, do IS, taxa do Siscomex, AFRMM, Cide-Combustíveis, direitos *antidumping* e outros tributos até a liberação. São excluídos da base de cálculo o IPI, o ICMS e o ISS.**

Para **serviços e bens imateriais,** a base de cálculo será o valor da operação. Os valores em moeda estrangeira serão convertidos pela taxa de câmbio usada para o II, sem ajustes posteriores.

As **alíquotas** serão as mesmas aplicáveis à comercialização do bem ou serviço no mercado interno. Para itens genéricos ou extraviados, aplicam-se alíquotas-padrão com base na tributação aplicável ao II.

O **contribuinte principal** é o importador ou adquirente. Contudo, terceiros podem ser responsabilizados, como **transportadores**, no caso de extravio antes da descarga, **depositários**, quando o extravio ocorre após a descarga e **beneficiários de regimes aduaneiros especiais**, se descumprirem regras de ingresso ou aplicação dos bens.

O **pagamento é a única forma de extinção do crédito tributário**, devendo ser feito antes da liberação dos bens ou no momento do fato gerador, no caso de serviços. O pagamento pode ser antecipado no registro da declaração de importação. Diferenças apuradas são cobradas sem encargos adicionais.

O IBS e a CBS incidentes sobre a importação seguem o **princípio da não cumulatividade**, permitindo o **crédito dos tributos pagos nas etapas anteriores**, garantindo a tributação apenas sobre o valor agregado.

3.4.13 IBS e CBS sobre exportações

A LC nº 214/2025 garante **imunidade tributária às exportações de bens e serviços**, com o objetivo de manter a **competitividade do Brasil no comércio internacional**. Isso significa que o exportador pode **aproveitar créditos tributários das etapas anteriores** da cadeia produtiva, assegurando que os tributos não componham o custo final do produto ou serviço exportado (art. 79). Contudo, essa apropriação segue as **regras da não cumulatividade** previstas na legislação.

A exportação de serviços e bens imateriais é **isenta de IBS e CBS** quando o **fornecimento ocorre a um residente ou domiciliado no exterior**, e o **consumo também acontece fora do país**. Em situações específicas, considera-se exportação:

Capítulo 3 – REFORMA TRIBUTÁRIA

- A prestação de serviço a bem **imóvel localizado no exterior.**

- O serviço prestado a bem **móvel temporariamente no Brasil**, desde que ele retorne ao exterior após o serviço, conforme prazos regulamentares (ainda pendentes de publicação).

São considerados exportações, e por isso **gozam de imunidade tributária**, serviços diretamente ligados à entrega internacional de mercadorias:

- comissão de agente de exportação;
- seguro de cargas;
- despacho aduaneiro e armazenagem;
- transporte (rodoviário, ferroviário, aquaviário, aéreo, multimodal);
- manuseio, consolidação, pesagem e refrigeração de cargas;
- aluguel de contêineres, montagem de produtos e treinamento para uso no exterior.

Caso **não seja possível identificar o local de consumo**, presume-se que ele ocorreu no **domicílio do contratante estrangeiro**. Entretanto, se o consumo for no Brasil, a operação será tratada como **importação**, sujeita a tributação.

A **exportação de bens materiais também é imune ao IBS e à CBS** (art. 81). A imunidade inclui situações em que **não há saída física do bem do país**, como: incorporação a bens temporários no Brasil pertencentes a estrangeiros; fornecimento a órgãos públicos em contratos internacionais; e entregas a embarcações e plataformas de petróleo e gás.

É possível **suspender o pagamento de IBS e CBS** na venda de bens para empresas comerciais exportadoras, desde que elas tenham **certificação OEA (Operador Econômico Autorizado)** e comprovem **solidez financeira**. A suspensão se transforma em **alíquota zero** se a exportação ocorrer em até **180 dias**.

> **Atenção!**
>
> Se a exportação **não for concluída no prazo** ou os bens forem redirecionados ao mercado interno, a empresa exportadora **deverá pagar os tributos suspensos**, com acréscimos de **juros e multas**.

Os produtos **agropecuários in natura** adquiridos para **industrialização e exportação** também podem ter a suspensão dos tributos, desde que a empresa comprove que **mais de 50% de sua receita bruta vem de exportações**. Caso descumpra os critérios ou tenha pendências fiscais, a empresa poderá **perder a habilitação** após **processo administrativo**, com direito a **defesa e recurso**.

3.4.14 Regimes aduaneiros especiais

A **LC nº 214/2025** prevê a **suspensão do IBS e da CBS** em regimes aduaneiros especiais e operações estratégicas do comércio exterior, com o objetivo de reduzir o impacto financeiro, incentivar a competitividade e fomentar investimentos. Entre os principais regimes beneficiados estão:

- **Trânsito aduaneiro:** suspensão durante o transporte interno de bens importados.
- **Depósito aduaneiro:** suspensão enquanto as mercadorias estão armazenadas antes da nacionalização ou reexportação.
- **Permanência temporária:** entrada temporária de bens, com suspensão proporcional ao tempo de uso.

Capítulo 3 – REFORMA TRIBUTÁRIA

- **Aperfeiçoamento ativo e passivo:** como o *drawback*, permite a importação com suspensão para posterior exportação.
- **Bagagem e remessas internacionais:** isenção quando remetente e destinatário são pessoas físicas.
- **Combustível para aeronaves:** suspensão quando o abastecimento ocorre em áreas alfandegadas.
- **Zonas de Processamento de Exportação (ZPE):** suspensão para máquinas, insumos e embalagens usados em bens exportáveis.

Outra previsão importante visa incentivar setores estratégicos da economia brasileira por meio da **suspensão do IBS e da CBS na aquisição de bens de capital.** Esses regimes têm como objetivo fomentar investimentos em infraestrutura, modernização e ampliação da capacidade produtiva, garantindo maior competitividade às empresas beneficiadas.

- **Regime Tributário para Incentivo à Modernização e à Ampliação da Estrutura Portuária (Reporto):** incentivo à modernização portuária.
- **Regime Especial de Incentivos para o Desenvolvimento da Infraestrutura (Reidi):** estímulo a obras de infraestrutura (energia, transporte, saneamento, telecomunicações).
- **Regime Tributário para Incentivo à Atividade Naval (Renaval):** fomento à indústria naval.
- **Desoneração da aquisição de bens de capital:** crédito imediato ou alíquota zero na aquisição de máquinas, inclusive para produtores rurais e transportadores autônomos.

Saiba mais!

Essas medidas visam tornar a economia mais eficiente e competitiva, especialmente no cenário global. Mais informações podem ser consultadas no Título II da LC nº 214/2025, arts. 84 a 111.

3.4.15 *Cashback*

Trata-se de um mecanismo previsto na LC nº 214/2025, que devolve parte dos tributos pagos pelo consumidor, com foco nas **famílias de baixa renda**. A medida tem como principais objetivos: **reduzir o impacto dos tributos indiretos sobre os mais vulneráveis, promover justiça fiscal, estimular a formalização do consumo e combater a sonegação fiscal**.

Ao devolver uma parte dos impostos pagos, o sistema alivia a carga tributária para os mais pobres e fortalece a transparência na economia. Isso ocorre porque, para obter o reembolso, o consumidor precisa exigir **nota fiscal**, o que **incentiva as empresas a cumprirem suas obrigações tributárias** e reduz a concorrência desleal.

Poderão receber o *cashback* os **responsáveis por unidades familiares cadastradas no CadÚnico**, que atendam aos seguintes critérios:

- renda familiar mensal *per capita* de até meio salário-mínimo nacional;
- residência no Brasil; e
- CPF regularizado.

A inclusão será **automática**, mas os beneficiários podem solicitar exclusão do sistema a qualquer momento. A devolução

Capítulo 3 – REFORMA TRIBUTÁRIA

se aplica aos tributos **CBS** e **IBS**, com **percentuais variáveis** conforme o tipo de bem ou serviço:

- **100% da CBS + 20% do IBS:** gás de cozinha (até 13kg), energia elétrica domiciliar, água encanada, esgotamento sanitário, gás canalizado e serviços de telecomunicação.
- **20% da CBS + 20% do IBS:** para os demais bens e serviços.

A **Receita Federal** será responsável pela devolução da CBS, e o **Comitê Gestor, pelo IBS**. O valor será **transferido ao beneficiário em até 10 dias** após ser disponibilizado ao agente financeiro.

3.4.16 *Tax free*

O *tax free* é um sistema que permite a **restituição de impostos** pagos por turistas estrangeiros em compras realizadas durante sua estadia em um país, visando **incentivar o consumo** e tornar o destino mais atrativo economicamente. No Brasil, a **LC nº 214/2025** introduziu essa possibilidade, especificamente no art. 471, que autoriza a devolução do **IBS** e da **CBS** a turistas estrangeiros.

A devolução será detalhada por meio de um Ato Conjunto do Ministério da Fazenda e do Comitê Gestor do IBS, estabelecendo as normas específicas para sua implementação. O benefício aplica-se a **bens materiais** adquiridos por estrangeiros **não residentes** no Brasil, cuja permanência no país seja inferior a **90 dias**.

Essa iniciativa busca **estimular o turismo e o consumo** no Brasil, alinhando-se a práticas internacionais que favorecem a competitividade do mercado nacional no cenário global.

3.4.17 Regimes diferenciados

Os regimes diferenciados do IBS e da CBS são mecanismos estabelecidos pela LC nº 214/2025 para **atender às necessidades específicas de determinados setores econômicos e promover a justiça fiscal** com o objetivo de adequar a tributação às especificidades de diferentes setores econômicos e atividades, garantindo a viabilidade de suas operações.

Os regimes diferenciados serão **aplicados de maneira uniforme em todo o território nacional com a aplicação de isenções, alíquotas reduzidas ou concessão de créditos presumidos**, assegurados os respectivos ajustes nas alíquotas de referência do IBS e da CBS.

As reduções de alíquotas aplicadas sobre as alíquotas-padrão do IBS e da CBS de cada ente federativo e a apropriação dos créditos fica condicionada à emissão de documento fiscal eletrônico relativo à operação pelo adquirente, com identificação do respectivo fornecedor e o efetivo pagamento ao fornecedor.

A seguir, listamos as principais hipóteses de isenção, redução de alíquota e crédito presumido:

- **Isenções**
    - **Transporte público coletivo** de passageiros rodoviário e metroviário de caráter urbano, semiurbano e metropolitano sob regime de autorização, permissão ou concessão pública.

- **Produtor rural pessoa física ou jurídica** que auferir receita inferior a R$ 3.600.000,00 no ano-calendário e produtor rural integrado não serão considerados contribuintes do IBS e da CBS.

- **Alíquota reduzida a zero**
  - Cesta básica nacional de alimentos.
  - Dispositivos médicos.
  - Dispositivos de acessibilidade.
  - Medicamentos.
  - Produtos de cuidados básicos à saúde menstrual.
  - Produtos hortícolas, frutas e ovos.
  - Automóveis de passageiros adquiridos por pessoas com deficiência ou com transtorno do espectro autista.
  - Automóveis de passageiros adquiridos por motoristas profissionais que destinem o automóvel à utilização na categoria de aluguel (táxi).
  - Serviços prestados por instituição científica, tecnológica e de inovação sem fins lucrativos.

> **Saiba mais!**
>
> Os produtos contemplados com alíquota zero encontram-se listados nos **Anexos XII a XV da LC nº 214/2025**.

- **Redução em 30%**
  - Prestação de **serviços intelectuais de natureza científica, literária ou artística**,

submetidas à fiscalização por conselho profissional realizada por:

a) Pessoa física, desde que os serviços prestados estejam vinculados à habilitação dos profissionais.

b) Pessoa jurídica que cumpra, cumulativamente, os seguintes requisitos:

– possuam os sócios habilitações profissionais diretamente relacionadas com os objetivos da sociedade e estejam submetidos à fiscalização de conselho profissional;

– não tenha como sócio pessoa jurídica e não seja sócia de outra pessoa jurídica;

– não exerça atividade diversa das habilitações profissionais dos sócios; e

– sejam os serviços relacionados à atividade-fim prestados diretamente pelos sócios, admitido o concurso de auxiliares ou colaboradores.

Atenção!

A LC nº 214/2025 lista os serviços intelectuais contemplados com essa redução, cabendo destacar: administradores, advogados, arquitetos e urbanistas, assistentes sociais, bibliotecários, biólogos, contabilistas, economistas, economistas domésticos, profissionais de educação física, engenheiros e agrônomos, estatísticos, médicos veterinários e zootecnistas, museólogos, químicos, profissionais de relações públicas, técnicos industriais, e técnicos agrícolas.

Capítulo 3 – REFORMA TRIBUTÁRIA

- **Redução em 60%**

  – Serviços de educação.

  – Serviços de saúde.

  – Dispositivos médicos.

  – Dispositivos de acessibilidade próprios para pessoas com deficiência.

  – Medicamentos

  – Alimentos destinados ao consumo humano.

  – Produtos de higiene pessoal e limpeza majoritariamente consumidos por famílias de baixa renda.

  – Produtos agropecuários, aquícolas, pesqueiros, florestais e extrativistas vegetais *in natura*.

  – Insumos agropecuários e aquícolas.

  – Produções nacionais artísticas, culturais, de eventos, jornalísticas e audiovisuais.

  – Comunicação institucional.

  – Atividades desportivas.

  – Bens e serviços relacionados à soberania e à segurança nacional, à segurança da informação e à segurança cibernética.

  – Operações relacionadas a projetos de reabilitação urbana de zonas históricas e de áreas críticas de recuperação e reconversão urbanística dos Municípios ou do Distrito Federal, a serem delimitadas por lei municipal ou distrital.

> **Saiba mais!**
>
> Os **Anexos de II a XI da LC nº 214/2025** especificam os produtos e serviços alcançados pela redução.

A LC nº 214/2025 ainda prevê a possibilidade de **crédito presumido**, que consiste em um benefício fiscal concedido a determinados contribuintes para permitir a compensação de tributos de maneira simplificada. Na apuração do IBS e da CBS, o crédito presumido **funciona como um crédito fictício** que o contribuinte pode utilizar para compensar débitos desses tributos e varia conforme o tipo de operação. A seguir listamos as principais hipóteses de aplicação:

- **Serviço de transporte de carga por transportador autônomo (pessoa física ou MEI):**
  – Percentuais de crédito são definidos anualmente por ato conjunto do Ministério da Fazenda e do Comitê Gestor do IBS. Os **percentuais aplicados sobre o valor da aquisição serão:**

  a) **IBS:**
  – 2029: 1,3%
  – 2030: 2,6%
  – 2031: 3,9%
  – 2032: 5,2%
  – A partir de 2033: 13%

Capítulo 3 – REFORMA TRIBUTÁRIA

b) CBS: 7%

– **Exceções:** Não se aplica à aquisição de produtos como agrotóxicos, medicamentos, baterias, pneus, entre outros listados no § 3º do art. 172 da LC 214/2025.

• **Revenda de bens móveis usados adquiridos de pessoa física (não contribuinte):**
– Aplica-se apenas quando o bem foi adquirido de consumidor final e retorna à comercialização.

• **Créditos presumidos:**
– **IBS:**

a) Aquisições até 31/12/2032: alíquota vigente na data da revenda.

b) A partir de 01/01/2033: alíquota vigente na data da aquisição.

– **CBS:**

a) Aquisições até 31/12/2026: alíquota vigente na data da revenda.

b) A partir de 01/01/2027: alíquota vigente na data da aquisição.

– Os créditos só podem ser usados para compensar o IBS e a CBS devidos na revenda dos bens usados.

3.4.18 Regimes específicos do IBS e da CBS

A LC nº 214/25 criou **regimes específicos de tributação** para setores e atividades econômicas com características particulares, visando tornar a cobrança dos novos tributos IBS e CBS mais adequada à realidade de cada segmento:

- **Combustíveis e lubrificantes:** tributação **única e uniforme** em todo o país, com alíquotas **específicas por unidade de medida** e diferenciadas por produto. **Sem direito a crédito** para distribuidores, comerciantes e revendedores. Concede crédito apenas aos **sujeitos passivos do imposto**, com restrições.
- **Serviços financeiros:** abrange atividades como **crédito, câmbio, *leasing*, seguros, consórcios e ativos virtuais**. Adota **regras específicas de apuração e cobrança**, evitando o uso das regras gerais que poderiam tornar a tributação excessiva. A legislação prevê **ajustes nas alíquotas, na base de cálculo e nas regras de creditamento**.
- **Setor imobiliário:** pessoas físicas podem ser consideradas contribuintes se ultrapassarem certos limites de **receita ou número de imóveis transacionados**. O IBS e a CBS incidem sobre **vendas, locações, construções, cessões de direitos e intermediações imobiliárias**. **Exceções:** permutas de imóveis (exceto a torna), garantias reais e operações de fundos patrimoniais.
- **Planos de assistência à saúde:** abrange operadoras de planos, cooperativas, seguradoras e administradoras de benefícios. A base de cálculo inclui a **receita efetivamente recebida** (regime de caixa), **receitas financeiras dos ativos garantidores**, e permite **deduzir indenizações, cancelamentos, intermediações e taxas administrativas**.

Capítulo 3 – REFORMA TRIBUTÁRIA

- **Concursos de prognósticos (loterias e apostas):** inclui apostas físicas e virtuais, como **loterias, turfe, *sweepstakes* e apostas de quota fixa**. A base de cálculo é a **receita líquida da arrecadação**, deduzidas **premiações e destinações obrigatórias**. Apostadores **não têm direito a crédito** de IBS e CBS.
- **Sociedades cooperativas:** regime **optativo**, para garantir competitividade. Alíquotas do IBS e da CBS são **zeradas** nas operações entre cooperativa e seus associados, quando ambos estão no regime regular e atuam dentro dos objetivos sociais.
- **Missões diplomáticas e tratados internacionais:** operações com **bens e serviços destinados a entes diplomáticos** ou previstas em **tratados internacionais** podem ter os tributos **reembolsados**, mediante aprovação do Ministério das Relações Exteriores.

Para serviços de hotelaria, parques de diversão e temáticos, agências de viagens e turismo, bares e restaurantes, atividades esportivas desenvolvidas por Sociedade Anônima do Futebol, a Lei Complementar nº 214/2025 **prevê alterações nas alíquotas, nas bases de cálculo e nas regras de creditamento**:

- **Bares, restaurantes e lanchonetes:** poderão permanecer optando pelo Simples Nacional. Será necessário separar as suas receitas em dois grupos:

    1) Fornecimento de alimentação e bebidas não alcoólicas preparadas no local:

    a) Alíquota reduzida em 40% estimada em 15,9% [26,5% - (26,5% X 40%)].

b) É **vedado o crédito de IBS e CBS** para os consumidores desses produtos.

c) Base de cálculo do IBS e da CBS é o **valor das operações** de fornecimento, **excluindo-se gorjetas** repassadas integralmente aos empregados, limitada a 15% do valor total e **valores não repassados por serviços de entrega e intermediação digital**.

2) Apuração pelo regime regular:

a) Fornecimento de alimentação para pessoa jurídica, sob contrato, classificada nas posições 1.0301.31.00, 1.0301.32.00 e 1.0301.39.00 da NBS ou por empresa classificada na posição 5620-1/01 da Classificação Nacional de Atividades Econômicas (CNAE).

b) Produtos alimentícios e bebidas não alcoólicas adquiridos de terceiros, não submetidos a preparo no estabelecimento.

c) Bebidas alcoólicas, ainda que preparadas no estabelecimento.

- **Hotelaria, parques de diversão e parques temáticos**
    – A tributação recai sobre o **valor da operação**, com **alíquota reduzida em 40%**.

Capítulo 3 – REFORMA TRIBUTÁRIA

– **Fornecedores podem apropriar créditos** de IBS e CBS, mas **os clientes, não.**

- **Agências de Turismo**
  – A base de cálculo é o **valor da operação**, excluídos os valores **repassados aos fornecedores** intermediados.

  – A alíquota segue o mesmo patamar dos serviços de hotelaria e parques.

  – A operação inclui **todos os bens e serviços ofertados**, margem de lucro, comissões e incentivos de terceiros.

  – **Créditos de IBS e CBS são permitidos** tanto para as agências quanto para os clientes, **exceto** sobre valores deduzidos da base.

- **Sociedade Anônima do Futebol (SAF)**
  – Está sob o **Regime de Tributação Específica do Futebol**, que unifica tributos e exige **recolhimento mensal** com base em todas as receitas. As alíquotas aplicadas são: **4%** para tributos federais (IRPJ, CSLL, contribuições previdenciárias), **1,5%** para a CBS e **3%** para o IBS (repartido entre estados e municípios).

  – A SAF pode **usar créditos de IBS e CBS** na aquisição de **direitos desportivos de atletas**. Os compradores dos produtos e serviços da SAF **não podem usar créditos**, com exceção dos direitos desportivos. **Importações e cessões**

internacionais de direitos desportivos têm regras específicas.

3.4.18.1 Estudo de Caso

Considere um restaurante que comercializa refeições com preparo no local, sem fornecimento para pessoa jurídica, atualmente optante pelo Simples Nacional com receita bruta mensal estimada em **R$ 180.000,00** e gorjetas de 10% estimadas em R$ 18.000,00. A receita atualmente é assim dividida:

- Fornecimento de alimentos e bebidas não alcoólicas preparadas no estabelecimento com tributação normal: **R$ 108.000,00** com gorjetas de R$ 10.800,00.
- Fornecimento de bebidas alcoólicas, refrigerantes e similares adquiridas com substituição e alíquota zero de PIS e COFINS: **R$ 72.000,00** com gorjetas de R$ 7.200,00.

A empresa ainda possui um gasto com aplicativos de entrega e intermediação digital de R$ 5.400,00, sendo R$ 3.240,00 referentes ao fornecimento de alimentos e bebidas não alcoólicas preparadas no estabelecimento.

Atualmente como **optante pelo Simples Nacional** a empresa paga mensalmente R$ 15.991,20, apurados da seguinte forma:

- RBT12 estimada = **R$ 2.160.000,00**
- (R$ 180.000,00 x 12m)
- Alíquota nominal da 5ª faixa do Anexo I da LC nº 123/2006 = **14,30%**

Capítulo 3 – REFORMA TRIBUTÁRIA

- Valor a deduzir da 5ª faixa do Anexo I da LC nº 123/2006 = **R$ 87.300,00**
- Alíquota efetiva aplicada a produtos com tributação normal: **10,26%** [(R$ 2.160.000,00 x 14,3%) – R$ 87.300,00]/ R$ 2.160.000,00
- Alíquota efetiva aplicada a produtos com substituição tributária: 6,82%.

Como já houve pagamento de ICMS na aquisição de bebidas alcoólicas e refrigerantes (ICMS-ST), será necessário excluir a parcela correspondente ao ICMS da alíquota efetiva. Procedimento semelhante deve ser adotado nos casos de tributação monofásica; no entanto, esse ajuste não se aplica a produtos sujeitos à alíquota zero.

% de Distribuição do ICMS na 5ª faixa do Anexo I = 33,5%
10,26 – (10,26 x 33,5%) = **6,82%**

Simples Nacional devido:

Tributação Normal:	R$ 108.000,00 x 10,26% =	**R$ 11.080,80**
Tributação com ST:	R$ 72.000,00 x 6.82% =	**R$ 4.910,40**
Total a pagar =		**R$ 15.991,20**

NOVA SISTEMÁTICA – IBS E CBS REGIME DIFEREN-CIADO (LC Nº 214/2025)

A base de cálculo utilizada levou em consideração o valor sem as gorjetas, tendo como precedente decisão do STJ nesse sentido, tema que será abordado no capítulo 5.

Caso a empresa deseje avaliar se é vantajoso optar pelo Lucro Real ou pelo Lucro Presumido, será necessário considerar as seguintes informações:

248

CONTABILIDADE TRIBUTÁRIA

1) Regime específico para bares e restaurantes (art. 273)

Alíquota reduzida em 40% = **15,9%** [26,5% - (26,5% *40%)]

– Sendo: CBS 5,3% e IBS 10,6%

Base de cálculo: receita bruta com exclusões das gorjetas e valores retidos por serviços de entregas e intermediação digital.

Fornecimento de alimentos e bebidas não alcoólicas preparadas no estabelecimento: **R$ 108.000,00**

Taxa de apps: **R$ 3.240,00** (excluída da base)

Neste exemplo a gorjeta já se encontra destacada da Receita Bruta.

Apenas **para fins didáticos, realizaremos a apuração de forma unificada**. No entanto, ressaltamos que, na prática, a apuração deve ser feita de forma segmentada para cada tributo. Na apuração do IBS e da CBS, a empresa deverá classificar suas receitas em dois grupos, aplicando separadamente as regras da tributação diferenciada e do regime regular.

1) Fornecimento de alimentação e bebidas não alcoólicas preparadas pelo estabelecimento:

Base de cálculo = **R$ 104.760,00** (R$ 108.000,00 – R$ 3.240,00)

CBS e IBS devido = **R$ 16.656.84** (R$ 104.760,00 x 15,9%)

Nesta modalidade não há aproveitamento de créditos tributários.

2) Fornecimento de bebidas alcoólicas, refrigerantes e similares

- Fornecimento de bebidas alcoólicas, refrigerantes e similares: **R$ 72.000,00**
- Para essa apuração vamos considerar que as compras desses produtos totalizaram R$ 30.000,00 tendo gerado crédito de IBS e de CBS no valor de **R$ 7.950,00.**

Capítulo 3 – REFORMA TRIBUTÁRIA

IBS e CBS a recolher = **R$ 19.080,00 (72.000,00 x 26,5%)**

(–) IBS e CBS a recuperar = **R$ 7.950,00**

(=) IBS e CBS a recolher = **R$ 11.130,00**

Total a pagar pelo regime regular e diferenciado: R$ 27.786,84

R$ 16.656.84 + R$ 11.130,00 = R$ 27.786,84

Assim, para esse nível de receita e volume de créditos tributários, seria mais vantajoso permanecer no Simples Nacional, uma vez que a empresa pagaria **R$ 15.991,20**, enquanto, na hipótese de tributação pelo Lucro Presumido, apenas o valor do IBS e da CBS já ultrapassaria esse montante, totalizando **R$ 27.786,84**.

Para bares, restaurantes e lanchonetes optantes pelo Lucro Real ou Lucro Presumido, a análise comparativa deve considerar os valores atualmente pagos de ICMS, PIS e COFINS em relação à nova incidência do IBS e da CBS.

> **Atenção!**
>
> É importante destacar que a LC nº 214/25 **não estabeleceu regras sobre o aproveitamento de créditos tributários comuns**, como os relacionados a energia elétrica, telefonia, bens do ativo imobilizado, entre outros, ficando essa regulamentação pendente de definição posterior.

3.4.19 Regime específico da CBS

A LC nº 214/25 estabeleceu ainda a criação de regimes específicos de tributação apenas para a CBS, sendo eles:

- **Programa Universidade para Todos (PROUNI):** instituições privadas de ensino superior, **com ou sem fins lucrativos**, têm **alíquota zero da CBS** sobre serviços educacionais. O benefício é válido

durante o período de adesão ao PROUNI e **na proporção das bolsas efetivamente ocupadas.**

- **Regime Automotivo:** até **31/12/2032**, projetos habilitados, conforme o **art. 11-C da Lei nº 9.440/1997**, terão direito a **crédito presumido da CBS.**

3.4.20 Compras Governamentais – Redução e Destinação do IBS e da CBS

As compras governamentais representam uma parte significativa dos investimentos públicos, alcançando, em 2024, R$ 303,5 bilhões, segundo dados do Portal Nacional de Contratações Públicas. Por essa razão, a LC nº 214/2025 traz disposições específicas para a tributação sobre essas operações estabelecendo mecanismos de redução das alíquotas do IBS e da CBS, reequilíbrio econômico, bem como a destinação do produto da arrecadação desses tributos para o ente federativo contratante.

O reequilíbrio poderá ser solicitado pela contratada ou realizado de ofício pela administração, e deve considerar efeitos da não cumulatividade, benefícios fiscais extintos e impactos do período de transição. Os ajustes podem ocorrer por meio de revisão de valores, compensações, renegociação de prazos, entre outros mecanismos.

As compras de bens e serviços realizadas pela administração pública direta, autarquias e fundações públicas terão **redução uniforme das alíquotas do IBS e da CBS**. Esse redutor será aplicado da seguinte forma:

- **Entre 2027 e 2033**, conforme os critérios estabelecidos no art. 370 da LC nº 214/25, o qual estabelece que o cálculo do redutor das alíquotas será apurado com base na estimativa de receita desses

Capítulo 3 – REFORMA TRIBUTÁRIA

tributos entre 2024 e 2026. O redutor será ajustado anualmente para equilibrar a arrecadação esperada da União, dos Estados, do Distrito Federal e dos Municípios, garantindo uma transição fiscal gradual.

- **A partir de 2034**, a redução será fixada no mesmo nível de 2033.

A arrecadação do IBS e da CBS sobre compras governamentais será **integralmente destinada ao ente federativo contratante**. Isso significa que os demais entes federativos terão suas alíquotas reduzidas a zero, e o tributo será concentrado no ente que realizou a aquisição. Essa destinação ocorre da seguinte maneira:

- **União**: as alíquotas do IBS dos estados e dos municípios serão reduzidas a **zero**, e a CBS será ajustada para um valor equivalente à soma das alíquotas do IBS e da CBS originais.
- **Estados**: a alíquota da CBS e a municipal do IBS serão reduzidas a **zero**, enquanto a alíquota estadual do IBS será ajustada para compensar o valor total da tributação.
- **Municípios**: a alíquota da CBS e a estadual do IBS serão reduzidas a **zero**, e a alíquota municipal do IBS será elevada para manter o montante da tributação.
- **Distrito Federal**: a alíquota da CBS será reduzida a **zero**, e a alíquota distrital do IBS será ajustada para absorver o valor total da operação.

As regras de destinação dos tributos também se aplicam às **importações** realizadas por órgãos da administração pública, das autarquias e fundações públicas. Isso assegura **igualdade**

de tratamento entre aquisições feitas no Brasil e no exterior, contudo, as compras presenciais dispensadas de licitação **não** se beneficiam dessa destinação diferenciada, assim como da redução da alíquota.

3.4.21 Comitê Gestor do Imposto sobre Bens e Serviços (CGIBS)

O CGIBIS é uma entidade pública que será instituída até 31/12/2025, com sede no Distrito Federal. Dotado de independência técnica, administrativa, orçamentária e financeira, o CGIBS atuará de forma autônoma, sem subordinação a qualquer órgão da administração pública, garantindo a gestão independente do IBS.

O CGIBS será **responsável pela regulamentação e administração do IBS**, incluindo a definição de prazos para a cobrança administrativa de créditos tributários, que não poderá ultrapassar 12 meses após a constituição definitiva do crédito. Após esse período, os casos deverão ser encaminhados à procuradoria competente para cobrança judicial ou extrajudicial.

Para garantir uma gestão eficiente, o CGIBS poderá colaborar com a Secretaria Especial da Receita Federal do Brasil e a Procuradoria-Geral da Fazenda Nacional na implementação de soluções integradas para a administração e cobrança do IBS e da CBS. Além disso, as normas comuns ao IBS e à CBS serão estabelecidas por ato conjunto do CGIBS e do Poder Executivo federal.

No que diz respeito à transparência e à acessibilidade, o CGIBS seguirá o princípio da publicidade, divulgando seus atos normativos preferencialmente em meio eletrônico acessível pela internet.

Capítulo 3 – REFORMA TRIBUTÁRIA

O CGIBS terá como instância máxima de deliberação o Conselho Superior, composto por 54 membros, divididos em:

- 27 representantes dos Estados e do Distrito Federal;
- 27 representantes dos Municípios e do Distrito Federal.

Os representantes estaduais serão indicados pelos Chefes dos Poderes Executivos dos respectivos Estados e do Distrito Federal. Os representantes municipais serão eleitos conforme um critério misto, que considera tanto a igualdade entre os Municípios quanto a representação proporcional à população.

3.5 Imposto Seletivo (IS)

O IS, de competência federal, **de caráter regulatório e natureza extrafiscal, para desestimular o consumo de produtos prejudiciais à saúde e ao meio ambiente** e poderá incidir sobre bens e serviços prejudiciais à saúde e ao meio ambiente, substituirá parte da arrecadação do IPI.

Popularmente conhecida como "imposto do pecado", **entrará em vigor a partir de 2027** e acarretará **tributação adicional sobre veículos, cigarros e bebidas alcoólicas e açucaradas, produtos fumígenos** entre outros, com **incidência monofásica**, ou seja, cobrado uma única vez sobre cada produto.

A LC nº 214/25 **veda qualquer tipo de aproveitamento de crédito do imposto com operações anteriores ou geração de créditos para operações posteriores**. O período de apuração do IS será mensal. O regulamento a ser editado pelo Poder Executivo estabelecerá tanto o prazo para a conclusão da apuração quanto a data de vencimento. A apuração deverá consolidar todas as operações realizadas por todos os estabelecimentos do contribuinte, e o pagamento será

254

centralizado, podendo ser realizado durante a liquidação financeira da operação (*split payment*).

A Receita Federal do Brasil será responsável pela administração e fiscalização deste imposto seletivo, seguindo as regras do Decreto nº 70.235, de 06/03/1972, que trata do processo administrativo tributário.

3.5.1 Aspectos constitucionais

O IS está previsto no art. 153, VIII, da CF, a qual confere competência à União para instituir imposto sobre produção, extração, comercialização ou importação de bens e serviços prejudiciais à saúde ou ao meio ambiente, nos termos de lei complementar. Para o exercício dessa competência tributária, a Constituição estabeleceu as seguintes condições:

- **Não incidência sobre exportações e operações específicas**: o IS não incidirá sobre as exportações nem sobre as operações com energia elétrica e telecomunicações.
- **Incidência única**: o IS incidirá uma única vez sobre o bem ou serviço.
- **Base de cálculo**: o IS não integrará sua própria base de cálculo.
- **Integração com outros tributos**: o IS integrará a base de cálculo do ICMS, do ISS, do IBS e da CBS.
- **Fato gerador e base de cálculo**: o IS poderá ter os mesmos fato gerador e base de cálculo de outros tributos.
- **Alíquotas fixadas em lei ordinária**: as alíquotas do IS serão fixadas em lei ordinária, podendo ser espe-

Capítulo 3 – REFORMA TRIBUTÁRIA

cíficas (por unidade de medida adotada) ou *ad valorem* (percentual sobre o valor do bem ou serviço).

- **Cobrança na extração**: na extração, o IS será cobrado independentemente da destinação do produto, com uma alíquota máxima de 1% do valor de mercado do produto.

3.5.2 Hipóteses de incidência

O IS incidirá uma única vez sobre o a produção, a extração, a comercialização ou importação de bens e serviços prejudiciais à saúde ou ao meio ambiente classificados nos códigos da NCM/SH e o carvão mineral, e os serviços listados no Anexo XVII da Lei Complementar nº 214/2025, sendo eles:

- veículos;
- embarcações e aeronaves;
- bebidas alcoólicas e produtos fumígenos quando acondicionados em embalagem primária, assim entendida aquela em contato direto com o produto e destinada ao consumidor final;
- bebidas açucaradas;
- bens minerais;
- concursos de prognósticos e *fantasy sport*.

O fato gerador do IS considera-se ocorrido:

- do primeiro fornecimento a qualquer título dos bens ou serviços;
- da arrematação em leilão público;
- da transferência não onerosa de bem produzido;

256

CONTABILIDADE TRIBUTÁRIA

- da incorporação do bem ao ativo imobilizado pelo fabricante;
- da extração de bem mineral;
- do consumo do bem pelo fabricante;
- do fornecimento ou do pagamento do serviço, o que ocorrer primeiro.

3.5.3 Base de cálculo

A base de cálculo do IS é:

- O valor de venda na comercialização.
- O valor de arremate na arrematação.
- O valor de referência na:
  - transação não onerosa ou no consumo do bem;
  - extração de bem mineral; ou
  - comercialização de produtos fumígenos.
- O valor contábil de incorporação do bem produzido ao ativo imobilizado.
- A receita própria da entidade que promove a atividade de concursos de prognósticos e *fantasy sport*, correspondente ao produto da arrecadação, com a dedução de premiações pagas; e destinações obrigatórias por lei a órgão ou fundo público e aos demais beneficiários.

A metodologia de apuração da base de cálculo do IS, conforme estabelecido na LC nº 214/2025, baseia-se no **valor integral cobrado na operação, incluindo todos os acréscimos e encargos pertinentes**. O cálculo desse valor de referência

Capítulo 3 – REFORMA TRIBUTÁRIA

será definido por ato do chefe do Poder Executivo da União, utilizando parâmetros como cotações, índices e preços vigentes na data do fato gerador.

Esses valores poderão ser obtidos por meio de bolsas de mercadorias e futuros, agências de pesquisa e órgãos governamentais, garantindo que o imposto seja aplicado com base em dados atualizados e confiáveis. **No caso de produtos fumígenos, o valor de referência levará em consideração o preço de venda no varejo**, assegurando uma tributação alinhada ao mercado consumidor.

A base de cálculo do IS, quando aplicada a bens sujeitos à alíquota *ad valorem*, deverá incluir todos os valores cobrados na operação, abrangendo:

- acréscimos decorrentes de ajuste do valor da operação;
- juros, multas, acréscimos e encargos;
- descontos concedidos sob condição;
- valor do transporte cobrado como parte do valor da operação, seja o transporte efetuado pelo próprio fornecedor ou por sua conta e ordem;
- tributos e preços públicos, inclusive tarifas, incidentes sobre a operação ou suportados pelo fornecedor, exceto:

  – o montante do IBS, da CBS, do IPI, do ICMS, do PIS e da COFINS;

  – os descontos incondicionais;

  – os reembolsos ou ressarcimentos recebidos por valores pagos relativos a operações por conta e ordem ou em nome de terceiros, desde que a documentação fiscal relativa a essas operações seja emitida em nome do terceiro;

- demais importâncias cobradas ou recebidas como parte do valor da operação, inclusive seguros e taxas.

> **Atenção!**
>
> No caso de operações realizadas entre partes relacionadas, a base de cálculo não poderá ser inferior ao valor de mercado do bem, garantindo que a tributação ocorra de forma justa e evitando subavaliações artificiais. A LC nº 214/2025 definiu partes relacionadas nos §§ 2º a 5º do art. 5º.

Determinados valores **não integrarão a base de cálculo do IS**, conforme especificado na legislação. Entre esses valores, destacam-se **a CBS, o IBS e o próprio IS** incidente na operação. Além disso, **não compõem a base de cálculo: descontos incondicionais, bonificações e, até 31/12/2032, os valores correspondentes ao ICMS e ao ISS.**

As devoluções de bens vendidos conferem direito ao abatimento do valor do imposto na apuração do período em que ocorreu a devolução ou nos períodos subsequentes, assegurando que o tributo seja aplicado de forma justa e condizente com as operações efetivamente realizadas no mercado.

3.5.4 Alíquotas

As alíquotas do IS **serão estabelecidas por lei ordinária**. Para os veículos, as alíquotas serão graduadas conforme critérios como potência do veículo, eficiência energética, desempenho estrutural, tecnologias assistivas à direção, reciclabilidade de materiais, pegada de carbono, densidade tecnológica, emis-

Capítulo 3 – REFORMA TRIBUTÁRIA

são de dióxido de carbono, reciclabilidade veicular, realização de etapas fabris no país e categoria do veículo. Veículos destinados a adquirentes com direito ao regime diferenciado terão alíquota reduzida a zero, desde que o preço de venda não ultrapasse R$ 200.000,00.

Para aeronaves e embarcações, as alíquotas poderão ser graduadas conforme critérios de sustentabilidade ambiental. A lei poderá prever alíquota zero para embarcações e aeronaves de zero emissão de dióxido de carbono ou com alta eficiência energético-ambiental.

Produtos fumígenos e bebidas alcoólicas terão alíquotas *ad valorem* cumuladas com alíquotas específicas, considerando o teor alcoólico pelo volume dos produtos. **Bens minerais extraídos terão alíquota máxima de 0,25%.** As alíquotas para bebidas alcoólicas e produtos fumígenos serão escalonadas de 2029 a 2033 para incorporar o diferencial entre as alíquotas de ICMS e as alíquotas modais. Os pequenos produtores de bebidas alcoólicas poderão ter alíquotas diferenciadas e progressivas conforme o volume de produção.

Para o gás natural destinado a processos industriais e como combustível para transporte, a alíquota será zero, desde que o adquirente ou importador declare o uso específico. Caso o gás natural seja utilizado de forma diversa, o imposto será recolhido com a alíquota estabelecida, acrescida de multa e juros de mora.

3.5.5 Sujeitos passivos

O IS estabelece como contribuintes:

- **O fabricante**, na primeira comercialização, na incorporação do bem ao ativo imobilizado, na tradição do bem em transação não onerosa ou no consumo do bem.

- **O importador** na entrada do bem de procedência estrangeira no território nacional.
- **O arrematante** na arrematação.
- **O produtor-extrativista** que realiza a extração.
- **O fornecedor** do serviço de concursos de prognósticos e *fantasy sport*, ainda que residente ou domiciliado no exterior.

São responsáveis pelo pagamento do IS o transportador, o possuidor ou o detentor de produtos tributados desacompanhados de documentação fiscal válida, bem como qualquer pessoa que detenha produtos com imunidade para exportação em situação irregular no território nacional. Exceções ocorrem quando os produtos estiverem em trânsito para uso internacional, lojas francas, exportação direta por empresa comercial exportadora ou recintos alfandegados. Se o fabricante tiver contribuído para a irregularidade, será solidariamente responsável pelo imposto.

3.5.6 IS incidente nas importações

O art. 434 da LC nº 214/2025 estabelece que o IS incide na importação de bens estrangeiros, tendo como fato gerador a entrada desses bens no país. O tributo é **aplicado no momento da liberação para consumo, admissão temporária ou lançamento do crédito tributário**, conforme o tipo de importação. Seguem-se as mesmas regras de não incidência, responsabilidade e suspensão previstas para o IBS e a CBS. A alíquota será fixada por lei ordinária, e o **imposto deve ser pago no registro da declaração de importação**, salvo em casos de regimes es-

Capítulo 3 – REFORMA TRIBUTÁRIA

peciais. Bagagens e remessas internacionais simplificadas são isentas.

3.5.7 Estudo de Caso – Apuração e reconhecimento contábil do IS

Considere uma empresa que atua na fabricação e comercialização de bebidas alcoólicas e que solicitou ao seu Departamento de Contabilidade a simulação dos possíveis efeitos contábeis e tributários decorrentes da entrada em vigor do IS, prevista para 2027, com base nas disposições da LC nº 214/2025. A empresa estima a venda de 10 mil unidades de seu produto, acondicionadas em embalagens primárias de 1 litro, cada.

- **Preço de venda por unidade (sem tributos): R$ 25,00**
    - **Considere uma alíquota do IS estimada:**

        a) *ad valorem*: 10% sobre o valor da operação; e

        b) específica: R$ 1,00, por litro.

Cálculo do IS (Simulado)
1. Base de Cálculo Total: R$ 25,00 x 10.000 = R$ 250.000,00
2. IS – Parte *ad valorem*: 10% x R$ 250.000,00 = R$ 25.000,00
3. IS – Parte específica: R$ 1,00 x 10.000 litros = R$ 10.000,00
4. IS total devido: R$ 25.000,00 + R$ 10.000,00 = **R$ 35.000,00**

Reconhecimento Contábil da Venda

D – Clientes (Ativo Circulante)	R$ 285.000,00
C – Receita de Vendas (Resultado)	R$ 250.000,00
C – IS a Recolher (Passivo Circulante)	R$ 35.000,00

Pelo Pagamento do IS à Receita Federal

D – IS a Recolher (Passivo Circulante) R$ 35.000,00

C – Caixa ou bancos (Ativo Circulante) R$ 35.000,00

Cumpre ressaltar que o IS é um tributo cumulativo, logo, seu valor será reconhecido pelo comprador como parte do estoque. Assim o lançamento a ser realizado pelo comprador será:

D – Estoques (Ativo Circulante) R$ 285.000,00

C – Caixa ou bancos (Ativo Circulante) R$ 285.000,00

3.6 Contribuição estadual sobre produtos primários e semielaborados (CEPP)

Alguns Estados possuem fundos estaduais voltados ao equilíbrio de suas finanças, os quais são financiados por depósitos dos contribuintes como condição à fruição de benefícios fiscais. É o caso do Estado do Rio de Janeiro, onde, por meio da Lei Estadual nº 8.645/2019, se instituiu o fundo orçamentário temporário (FOT), estabelecendo que a fruição de incentivos fiscais e de incentivos financeiro-fiscais fica condicionada ao depósito no fundo de 10%, aplicado sobre a diferença entre o valor do imposto calculado com e sem a utilização de benefícios ou incentivos fiscais concedidos à empresa contribuinte do ICMS.

Atualmente, Estados produtores arrecadam ICMS na origem da produção. Com as alterações promovidas pela reforma, os Estados perdem a tributação sobre a origem dos produtos (observadas as regras transitórias). Essa alteração afetará especialmente aqueles que dependem da exportação de bens primários e semielaborados. Para compensar essa perda, foi criada a CEPP.

Assim, a EC nº 132 conferiu competência **aos Estados que possuíam, em 30/04/2023**, fundos destinados a investi-

Capítulo 3 – REFORMA TRIBUTÁRIA

mentos em obras de infraestrutura e habitação, e financiados por contribuições sobre produtos primários e semielaborados, para instituírem contribuições semelhantes, com vigência até 31/12/2043.

A CEPP é um tributo estadual que incide sobre **bens primários e semielaborados, como *commodities* agrícolas, minerais e bens industriais básicos**. Seu principal objetivo é garantir que os Estados produtores continuem arrecadando receitas sobre a produção local, evitando prejuízos fiscais diante do novo sistema tributário.

A alíquota será definida por cada Estado, respeitando os parâmetros da legislação federal. Para evitar aumento excessivo de custos e impactos negativos na economia, a CEPP será **não cumulativa**, permitindo a compensação de valores pagos ao longo da cadeia produtiva.

Esse tributo **não deve ser confundido com um novo ICMS**, mas sim como uma forma de ajuste fiscal para equilibrar a distribuição de recursos entre os entes federativos, promovendo justiça fiscal sem comprometer o desenvolvimento econômico.

3.7 Zona Franca de Manaus (ZFM)

Especificamente em relação à ZFM, a reforma buscou preservar seus incentivos fiscais históricos. A LC nº 214/25 **assegura que as indústrias localizadas na ZFM continuarão a usufruir de benefícios fiscais**, como a isenção do IPI, mesmo após a plena vigência da reforma. Além disso, a legislação estabelece que os benefícios da ZFM permanecerão válidos até a data estipulada no art. 92-A do Ato das Disposições Constitucionais Transitórias (ADCT).

A ZFM é uma área demarcada pela legislação específica e regulamenta a concessão de incentivos fiscais às indústrias incentivadas. Para isso, exige-se inscrição na Superintendência da Zona Franca de Manaus (Suframa) e aprovação de projeto técnico-econômico pelo Conselho de Administração da Suframa.

Há, no entanto, restrições a determinados produtos que não podem usufruir do regime favorecido da ZFM, como armas e munições, fumo e derivados, bebidas alcoólicas, automóveis de passageiros e derivados de petróleo, entre outros.

A reforma também traz novas regras sobre a suspensão e isenção do IBS e da CBS em importações realizadas por indústrias incentivadas na ZFM, convertendo a suspensão em isenção quando os bens importados forem utilizados no processo produtivo. Em caso de remessa para fora da ZFM antes da conversão em isenção, os tributos suspensos deverão ser recolhidos com acréscimos legais.

Outro ponto relevante é a concessão de créditos presumidos de IBS e CBS para indústrias incentivadas que adquirirem bens intermediários produzidos na ZFM. A alíquota do crédito presumido varia conforme a região de origem do bem industrializado, sendo maior para bens provenientes das regiões Norte, Nordeste, e Centro-Oeste, e do Espírito Santo.

Além disso, a LC nº 214/25 prevê a redução a zero das alíquotas do IBS e da CBS para operações entre indústrias incentivadas dentro da ZFM, bem como a redução para operações originadas fora dela que destinem bens a contribuintes estabelecidos na região. A incidência de IBS sobre bens que ingressam no Amazonas também foi ajustada, garantindo benefícios específicos para a indústria local.

A legislação **concede créditos presumidos de IBS e CBS** para indústrias incentivadas que destinam bens ao mercado nacional, com percentuais diferenciados dependendo do tipo

Capítulo 3 – REFORMA TRIBUTÁRIA

de produto, e reduz a zero as alíquotas da CBS para operações dentro da ZFM entre pessoas jurídicas e consumidores locais.

3.8 Período de transição

Do ponto de vista normativo a **reforma não foi concluída com a publicação da LC nº 214/2025**, isso porque, ao longo do ano de 2025, serão publicadas leis ordinárias e o decreto que regulamentará os novos tributos, contudo, já foram estabelecidas diretrizes para a transição do atual sistema tributário brasileiro para o novo modelo de tributação sobre o consumo.

A **implantação do novo sistema será gradual. Em 2026, inicia-se uma "fase de teste", na qual o IBS terá uma alíquota de 0,1%, e a CBS, de 0,9%**, mas os **valores pagos poderão ser abatidos do PIS e da COFINS, garantindo que não haja aumento de carga tributária**.

Essa fase de testes tem o objetivo de permitir a adaptação das empresas e dos sistemas de arrecadação antes da implementação efetiva dos novos tributos. **O recolhimento do IBS e da CBS de forma efetiva começa apenas em 2027, com a progressiva substituição dos tributos atuais até 2033**, quando será consolidado o novo sistema tributário com a extinção dos tributos existentes hoje.

Durante o período de transição o Poder Executivo da União e o Comitê Gestor do IBS realizarão **avaliações quinquenais** da eficiência, da eficácia e da efetividade de diversas políticas sociais, ambientais e de desenvolvimento econômico relacionadas ao IBS e à CBS. Essas avaliações incluirão regimes aduaneiros especiais, devolução personalizada de impostos, Cesta Básica Nacional de Alimentos, regimes diferenciados e específicos de tributação. A avaliação considerará impactos na igualdade de gênero e étnico-racial, bem como nas desigualdades de renda. Produtos da cesta básica devem ser saudáveis e consumidos por famílias de baixa renda. O Tribunal de Contas poderá oferecer subsídios para essas avaliações, que podem resultar em propostas de revisão dos regimes e das políticas. A primeira avaliação será baseada em dados de 2030, com possíveis mudanças a partir de 2032. Para fins de melhor entendimento, nos próximos tópicos traçaremos uma linha do tempo destacando o processo de transição em cada ano.

> **Atenção!**
>
> Durante o período de transição, mecanismos específicos serão adotados para assegurar a compensação de créditos acumulados de tributos como o ICMS com débitos de IBS.

3.8.1 Principais ações a serem desenvolvidas no ano de 2025

O ano de 2025 será um ano de **ajustes sistêmicos** e regulamentação para viabilizar a transição dos tributos, que começa de fato em 2026, sendo adotadas medidas preparatórias para a implementação da Reforma Tributária.

Empresas e Fisco começarão a se preparar para a aplicação experimental da CBS e do IBS em 2026, garantindo que a transição ocorra de forma gradual e sem prejuízos. Alguns pontos importantes desse ano incluem:

- **Definição das alíquotas de referência da CBS e do IBS:** o governo fará estudos para definir as alíquotas necessárias para manter a arrecadação equivalente aos tributos que serão extintos.
  - Se a soma das alíquotas de referência estimadas **exceder 26,5%**, o Poder Executivo da União, com o Comitê Gestor do IBS, deve propor ao Congresso Nacional medidas para

Capítulo 3 – REFORMA TRIBUTÁRIA

reduzir esse percentual. O projeto de lei complementar deve ser enviado ao Congresso em até 90 dias após a avaliação quinquenal, acompanhado dos dados e cálculos que o fundamentam, e deve alterar o escopo e a aplicação dos regimes e políticas.

- **Regulamentação da Reforma Tributária:** serão editadas leis e normas complementares para detalhar a aplicação da CBS e do IBS. Os Estados, os Municípios e a União precisarão estruturar a governança do Comitê Gestor do IBS.
- **Ajustes nos sistemas de arrecadação:** a Receita Federal e os órgãos estaduais e municipais devem começar a adaptar seus sistemas para garantir a correta cobrança e fiscalização dos novos tributos.
- **Instalação do Conselho Superior do CGIBS:** deverá ser instalado em até 120 dias após a publicação da LC nº 214/2025.

3.8.2 Principais ações a serem desenvolvidas no ano de 2026

Em 2026, **inicia-se a cobrança do IBS** com uma **alíquota de 0,1%, e a CBS, de 0,9,** mas os valores pagos poderão ser abatidos do PIS e da COFINS, garantindo que não haja aumento de carga tributária.

Caso uma empresa tenha recolhido mais IBS e CBS do que o necessário e não possua **débitos suficientes para compensar**, poderá utilizar esse valor de duas formas:

- **Compensação com outros tributos federais** – a empresa poderá abater o valor excedente de outros tributos administrados pela União, conforme as regras da legislação tributária.

- **Solicitação de ressarcimento** – caso não seja possível compensar, a empresa poderá requerer a devolução do valor, que será ressarcido no prazo de **até 60 dias**.

Além disso, as **alíquotas do IBS e da CBS** seguirão regras específicas em 2026:

- **Serão reduzidas** para operações que se enquadrem em regimes diferenciados de tributação.
- **Serão aplicadas a regimes específicos**, respeitando as bases de cálculo previstas, **exceto para combustíveis e biocombustíveis.**
- **Não serão aplicadas para empresas do Simples Nacional**, que continuam sujeitas às regras próprias desse regime.

> **Atenção!**
>
> As empresas que **cumprirem todas as obrigações acessórias** previstas na legislação estarão **dispensadas do pagamento do IBS e da CBS** durante esse período de transição. Entretanto, elas continuarão obrigadas ao pagamento do PIS e da COFINS.

3.8.3 Principais ações a serem desenvolvidas nos anos de 2027 e 2028

O IBS será cobrado à alíquota estadual de 0,05% e à alíquota municipal de 0,05%. Será iniciada a cobrança do IS com alíquotas que ainda serão definidas por Lei.

A alíquota da **CBS** será aquela fixada pela Lei, **reduzida em 0,1 ponto percentual**, exceto em relação aos combustíveis sujeitos ao regime específico. Durante esse período o montante de IBS recolhido poderá ser deduzido do montante da CBS a recolher pelos contribuintes sujeitos ao regime específico de combustíveis.

Essa redução será proporcional à respectiva redução no caso das operações sujeitas a alíquota reduzida, no âmbito de regimes diferenciados de tributação e aplicada em relação aos regimes específicos, observadas as respectivas bases de cálculo.

O **IPI terá suas alíquotas reduzidas a zero**, exceto em relação aos produtos que tenham industrialização incentivada na ZFM, conforme critérios que serão estabelecidos em lei complementar.

Serão **extintos os tributos PIS e a COFINS**, sendo totalmente substituídos pela CBS, que será cobrada pela alíquota a ser definida por meio de futura Lei.

A transição do PIS/Pasep e da COFINS para a CBS está estruturada para evitar perdas de crédito acumulado pelos contribuintes, garantindo que esses valores possam ser aproveitados. Com a extinção do PIS e da COFINS os saldos credores desses tributos ainda não utilizados continuarão válidos, desde que estejam devidamente registrados no ambiente de escrituração tributária, e poderão ser utilizados para:

- **Compensação com a CBS**: o saldo credor remanescente poderá ser utilizado para abatimento da CBS.
- **Compensação com outros tributos federais ou ressarcimento**: caso o contribuinte atenda aos requisitos legais, os créditos também poderão ser compensados com outros tributos administrados

pela Receita Federal do Brasil ou requeridos para ressarcimento em dinheiro.

A LC nº 214/2025 ainda estabelece outras hipóteses de aproveitamento de crédito do PIS e da COFINS:

- **Apropriação de créditos em operações retroativas**: bens recebidos em devolução a partir de 01/01/2027, que tenham sido vendidos antes dessa data, gerarão direito a crédito da CBS equivalente ao valor do PIS e da COFINS pagos na operação original. Esse crédito, no entanto, só poderá ser utilizado para compensação com a CBS, sendo vedada sua compensação com outros tributos ou o pedido de ressarcimento.
- **Créditos vinculados a bens imobilizados**: os créditos do PIS/Pasep e da COFINS que estavam sendo apropriados com base na depreciação, amortização ou quota mensal de valor continuarão sendo apropriados como créditos presumidos da CBS, respeitando as regras e alíquotas vigentes na data da extinção das contribuições. No entanto, se o bem for alienado antes do fim da apropriação total do crédito, as parcelas restantes serão perdidas.
- **Crédito presumido sobre estoques**: contribuintes sujeitos ao regime regular da CBS poderão apropriar crédito presumido sobre estoques existentes em 1º/01/2027, caso:
  - o estoque não tenha gerado crédito do PIS/Pasep e da COFINS devido à sujeição ao regime cumulativo;

Capítulo 3 – REFORMA TRIBUTÁRIA

— se trate de bens adquiridos sob incidência monofásica ou substituição tributária;

— o estoque tenha sido parcialmente vedado para creditamento nos termos das leis anteriores.

O **crédito presumido será de 9,25%** sobre o valor do estoque para bens adquiridos no mercado nacional e equivalente ao PIS/Pasep-Importação e COFINS-Importação pagos para bens importados. Esse crédito deverá ser apropriado até junho de 2027 e **utilizado em 12 parcelas mensais e sucessivas**, exclusivamente para compensação com a CBS.

A utilização dos créditos decorrentes da transição entre os tributos terá um prazo máximo de cinco anos a partir da data da apropriação. Após esse período, os créditos não utilizados serão extintos.

3.8.4 Principais ações a serem desenvolvidas no período de 2029 a 2033

A LC nº 214/2025 **não prevê ações específicas para o ano de 2028, mantendo as regras estabelecidas em 2027**. No entanto, o período de 2029 a 2032 possui alterações relevantes. Os percentuais para incidência ou creditamento do IBS e da CBS serão reduzidos nas seguintes proporções:

- 2029 – 90%;
- 2030 – 80%;
- 2031 – 70%; e
- 2032 – 60%.

As **alíquotas do ICMS e do ISS sofrerão reduções** em relação aos fatos geradores ocorridos de 01/01/2029 a 31/12/2032, proporcionais das alíquotas previstas nas legislações dos Municípios ou do Distrito Federal, vigentes em 31/12/2028, aplicadas a todas operações e prestações tributadas, assim como aos benefícios ou os incentivos fiscais ou financeiro. Ao mesmo tempo em que ocorrerá a **majoração das alíquotas do IBS**, garantindo uma transição equilibrada e minimizando impactos para empresas e consumidores.

Assim, **de 2027 a 2032**, as alíquotas do **ICMS e do ISS serão reduzidas gradativamente**, enquanto as alíquotas do **IBS serão elevadas** na mesma proporção, garantindo que a arrecadação total se mantenha estável. Esse processo será ajustado anualmente para evitar distorções e garantir previsibilidade.

Tabela 3.23 – Alíquotas IBS e CBS ICMS e ISS – período de 2027 a 2032.

Ano	ICMS e ISS		IBS
	% de redução	% Alíquota original	Alíquota
2029	10%	90%	10%
2030	20%	80%	20%
2031	30%	70%	30%
2032	40%	60%	40%
2033	60%	Extinto	100%

Fonte: Elaborada pelo autor.

O cálculo das alíquotas de referência estadual e municipal do IBS para cada ano de vigência será realizado com base na receita de referência da respectiva esfera federativa em anos-base anteriores, e em uma estimativa de qual seria a receita de IBS caso fosse aplicada, em cada um dos anos-base, a alíquota de

Capítulo 3 – REFORMA TRIBUTÁRIA

referência, as alíquotas dos regimes específicos e a legislação do IBS do ano de vigência.

As pessoas físicas ou jurídicas titulares de benefícios onerosos relativos ao ICMS, devido à redução desses benefícios entre 2029 e 2032, serão compensadas pelo Fundo de Compensação de Benefícios Fiscais ou Financeiro-Fiscais. A compensação aplica-se a benefícios concedidos até 31/05/2023 e a programas migrados devido a mudanças na legislação estadual até a promulgação da EC nº 132, de 20/12/2023.

A compensação considera a dedução de valores tributários renunciados e obrigações assumidas, como créditos de ICMS não aproveitados ou contribuições a fundos. Custos, despesas e investimentos realizados como condição para fruição dos benefícios não são considerados no cálculo da repercussão econômica. A Receita Federal do Brasil pode identificar outras hipóteses de repercussões econômicas equivalentes.

Em 2033, tem início a vigência integral do novo sistema, sendo extintos o ICMS e o ISS, devendo ser a alíquota do IBS para que não haja perda de receita por parte dos Estados e dos Municípios. A Tabela a seguir resume as principais modificações ocorridas no período:

Tabela 3.24 – Alterações introduzidas pela Reforma Tributária – 2026-2033.

	2026	2027	2028	2029	2030	2031	2032	2033
IPI	Sem alteração	Alíquota zero Exceto produtos com incentivos da ZFM						
IOF	Sem alteração	Extinção IOF-Seguros						
PIS	Sem alteração	Extinto						
CO-FINS	Redução de 1%							

ICMS	Sem alteração	% das alíquotas originais				Extinto
ISS		90%	80%	70%	60%	
Novos Tributos						
IBS	0,1% Estadual	0,05% Estadual 0,05% Municipal	% das alíquotas originais			
			10%	20%	30%	40%	100%
CBS	0,9%	Cobrança com alíquota a ser definida em lei				
IS	Sem alteração					

Fonte: Elaborada pelo autor.

3.8.5 Principais ações a serem desenvolvidas entre 2033 e 2078

Haverá uma **modificação gradual, ao longo de 50 anos, na cobrança de tributos, passando do local de produção para o de consumo**, no período de 2029 a 2078. Essa mudança visa deslocar a arrecadação dos estados e dos municípios produtores para os estados e os municípios consumidores, de forma progressiva e equilibrada.

A **transição começará em 2029 e terminará em 2078**. Durante os primeiros 50 anos, haverá um sistema de compensação para os estados e os municípios que perderão arrecadação, evitando grandes impactos financeiros para os entes federativos que atualmente dependem do modelo de tributação na origem.

Inicialmente, a arrecadação do IBS continuará baseada na origem (onde o bem ou serviço é produzido). Ao longo dos 50 anos, o percentual da arrecadação no local de origem será gradualmente reduzido, enquanto esse valor será transferido para o destino (onde ocorre o consumo).

Os percentuais de arrecadação do IBS no local de origem serão reduzidos gradualmente, conforme estabelecido no Anexo XVI da LC nº 214. Este anexo especifica os limites inferiores para a fixação da alíquota própria em proporção à alíquota de

Capítulo 3 – REFORMA TRIBUTÁRIA

referência ao longo dos anos. Por exemplo, de 2029 a 2032, o limite inferior é de 81%.

Esse cronograma faz parte do processo de transição para a cobrança do IBS no destino, conforme detalhado nos arts. 124 a 133 do ADCT.

Um **Fundo de Desenvolvimento Regional** será criado para mitigar as perdas dos estados que atualmente arrecadam mais devido à tributação na origem. Esse fundo ajudará a equilibrar as receitas estaduais, garantindo uma adaptação menos abrupta.

Os estados produtores, que dependem fortemente da arrecadação na origem, sofreriam perdas abruptas de receita sem uma transição gradual. Em contrapartida, os estados consumidores tendem a se beneficiar, pois passarão a arrecadar mais com o novo modelo. Assim, os estados que hoje concentram a produção terão de buscar novas formas de arrecadação e incentivos para manter sua competitividade econômica. O novo modelo deve reduzir a guerra fiscal, já que os incentivos estaduais perdem efeito quando a arrecadação passa a ser feita no destino.

3.9 Exercícios de Fixação

1) A recente Reforma Tributária no Brasil trouxe mudanças significativas, incluindo a criação do IVA-Dual, composto pelo IBS e pela CBS. Uma das principais características desse novo modelo de tributação é:

A) A incidência dos tributos sobre cada etapa da cadeia produtiva, sem possibilidade de compensação de créditos.

B) A cobrança de impostos exclusivamente na origem da operação, beneficiando estados mais industrializados.

C) A tributação sobre o valor agregado em cada etapa, garantindo a não cumulatividade e permitindo a compensação de créditos.

D) A manutenção da estrutura tributária anterior, com a coexistência do ICMS, do ISS, do PIS e da COFINS.

2) Um dos objetivos centrais da Reforma Tributária é a simplificação do sistema tributário brasileiro. Nesse contexto, qual das seguintes medidas contribui diretamente para essa simplificação?

A) A criação do IS, que substitui integralmente todos os tributos sobre o consumo.

B) A substituição de diversos tributos indiretos, como ICMS, ISS, PIS e COFINS, pelo IBS e pela CBS.

C) A concessão de incentivos fiscais ilimitados para diferentes setores da economia.

D) A manutenção das regras tributárias atuais, permitindo maior autonomia para estados e municípios definirem tributos próprios.

3) A apuração do IBS e da CBS ocorre de forma consolidada e segue um modelo que:

A) Permite que cada estabelecimento do contribuinte realize o pagamento separadamente, evitando a centralização.

B) Autoriza a compensação automática de créditos presumidos, independentemente de regras específicas.

C) Exige que todos os débitos e créditos sejam centralizados, salvo exceções expressamente previstas na legislação.

D) Dispensa a necessidade de ajuste caso sejam identificados créditos indevidamente apropriados.

4) De acordo com a LC nº 214/2025, as seguintes operações estão expressamente excluídas da incidência do IBS e da CBS, exceto:

Capítulo 3 – REFORMA TRIBUTÁRIA

A) Transferência de bens entre estabelecimentos do mesmo contribuinte.

B) Recebimento de dividendos e juros sobre capital próprio, desde que não constituam, na essência, operação onerosa.

C) Fornecimento gratuito de bens e serviços entre partes relacionadas.

D) Repasse de cooperativas para seus associados.

5) De acordo com a LC nº 214, qual das seguintes situações configura o momento de ocorrência do fato gerador do IBS e da CBS?

A) No caso de prestação de serviços de transporte, o fato gerador ocorre sempre no término do transporte, independentemente da origem.

B) A aquisição de bens por meio de leilões promove a ocorrência do fato gerador no momento do pagamento pelo arrematante.

C) Quando se trata de serviços de execução continuada, o fato gerador ocorre no início da prestação do serviço.

D) Para bens desacobertados de documentação fiscal idônea, considera-se ocorrido o fato gerador no momento da apreensão.

6) Segundo a LC nº 214/2025, qual critério define o local da operação no caso de bens móveis materiais?

A) O local do estabelecimento do vendedor, independentemente do local de entrega do bem.

B) O local de origem da mercadoria, considerando a localização do fornecedor.

C) O local de entrega ou disponibilização ao destinatário.

D) O local do domicílio do adquirente, independentemente da forma de aquisição.

7) Sobre a base de cálculo do IBS e da CBS, qual dos seguintes elementos NÃO integra a base de cálculo do tributo?

A) Juros, multas e acréscimos cobrados como parte do valor da operação.

B) Descontos incondicionais concedidos pelo fornecedor e informados no documento fiscal.

C) Tributos e preços públicos suportados pelo fornecedor, exceto aqueles excluídos por lei.

D) O valor do transporte cobrado como parte do valor da operação.

8) Sobre as alíquotas do IBS e da CBS, é correto afirmar que:

A) A alíquota do IBS será fixada exclusivamente pela União, sem participação dos estados e dos municípios.

B) A alíquota do IBS incidente sobre uma operação será a soma da alíquota do estado e do município de destino da operação.

C) O Senado Federal não tem competência para estabelecer alíquotas de referência do IBS e da CBS.

D) A alíquota padrão do novo sistema tributário já está fixada em 27%, conforme regulamentação vigente.

9) De acordo com a LC nº 214/2025, são contribuintes do IBS e da CBS, exceto:

A) Fornecedores que realizem operações econômicas de forma habitual.

B) Importadores de bens e serviços, independentemente de serem pessoas físicas ou jurídicas.

C) Sociedades em conta de participação e consórcios empresariais.

Capítulo 3 – REFORMA TRIBUTÁRIA

D) Adquirentes de bens apreendidos ou abandonados em leilão público.

10) A responsabilidade tributária ocorre quando:
A) Apenas o contribuinte direto é obrigado ao pagamento do tributo.
B) Uma pessoa física ou jurídica, mesmo não sendo contribuinte direto, é obrigada ao pagamento do tributo.
C) Apenas empresas do mesmo grupo econômico são automaticamente responsáveis pelos tributos umas das outras.
D) O descumprimento de obrigações tributárias nunca pode levar à responsabilização solidária.

11) Entre as modalidades de extinção dos débitos do IBS e da CBS previstas na LC nº 214/2025, encontra-se:
A) Perdão total da dívida concedido pelo governo federal a pedido do contribuinte.
B) Redução automática da multa e dos juros para qualquer pagamento atrasado.
C) Transferência da dívida a terceiros sem consentimento do Fisco.
D) Recolhimento na liquidação financeira da operação, conhecido como *split payment*.

12) O IBS e a CBS incidem na importação de bens e serviços. Entretanto, alguns bens materiais não constituem fato gerador desses tributos. De acordo com a legislação vigente, qual das opções abaixo não se enquadra nas hipóteses de não incidência do IBS e da CBS sobre a importação?
A) Bens que sejam considerados como pescado capturado fora das águas territoriais do Brasil por empresa localizada

no território nacional, desde que atendidas as exigências da atividade pesqueira.

B) Bens importados que tenham sido devolvidos ao exterior antes do registro da declaração de importação.

C) Bens que tenham sido adquiridos no exterior por uma empresa nacional para utilização em sua linha de produção.

D) Bens que tenham sido destruídos sob controle aduaneiro, sem ônus para o poder público, antes de sua liberação pela autoridade aduaneira.

13) Com relação à base de cálculo do IBS e da CBS na importação de bens materiais, qual dos tributos não compõe essa base de cálculo?

A) I I.

B) IPI.

C) IS.

D) Adicional ao Frete para a Renovação da Marinha Mercante (AFRMM).

14) No que se refere à responsabilidade pelo recolhimento do IBS e da CBS na importação, em quais situações terceiros podem ser responsabilizados pelo pagamento desses tributos?

A) O depositário pode ser responsável pelo recolhimento quando houver extravio de bens sob sua custódia após a conclusão da descarga no local alfandegado.

B) O importador é sempre o único responsável pelo recolhimento do IBS e da CBS na importação, sem exceções.

C) O transportador não pode ser responsabilizado pelo pagamento do IBS e da CBS, pois sua função se limita ao deslocamento da mercadoria.

Capítulo 3 – REFORMA TRIBUTÁRIA

D) O representante do importador no Brasil não pode ser responsabilizado solidariamente pelos tributos de importação.

15) Sobre os regimes diferenciados do IBS e da CBS, assinale a alternativa correta:

A) O crédito presumido é um benefício fiscal que pode ser utilizado para compensar débitos do IBS e da CBS, sendo aplicado uniformemente a todos os setores econômicos.

B) A redução de alíquota em 30% se aplica exclusivamente aos serviços de educação e saúde.

C) A alíquota reduzida a zero é aplicada a itens como medicamentos, produtos de higiene pessoal, serviços de educação e serviços prestados por instituições científicas sem fins lucrativos.

D) A isenção total do IBS e da CBS se aplica ao transporte público coletivo rodoviário e metroviário, bem como a pequenos produtores rurais que tenham receita inferior a R$ 3.600.000,00 no ano-calendário.

16) Com relação aos regimes específicos do IBS e da CBS, analise as afirmativas abaixo e escolha a alternativa correta:

A) No setor de combustíveis e lubrificantes, a incidência do IBS e da CBS ocorrerá múltiplas vezes ao longo da cadeia produtiva, permitindo o aproveitamento de créditos tributários.

B) As sociedades cooperativas podem optar por um regime especial de tributação, onde as alíquotas do IBS e da CBS são reduzidas a 50% para operações entre cooperados e cooperativas.

C) A tributação dos concursos de prognósticos (loterias e apostas) incide sobre a arrecadação total, sem dedução de premiações pagas e destinações obrigatórias.

D) Os serviços financeiros possuem regras específicas de tributação para evitar onerações excessivas, permitindo ajustes na base de cálculo, creditamento e alíquotas.

17) Sobre as características e hipóteses de incidência do IS, assinale a alternativa correta:

A) O IS incidirá em todas as fases da cadeia produtiva, sendo cumulativo.

B) O IS poderá ter os mesmos fato gerador e base de cálculo de outros tributos, como o ICMS e o ISS.

C) O IS será cobrado exclusivamente sobre produtos importados.

D) O IS incidirá sobre todas as operações de fornecimento de energia elétrica e serviços de telecomunicações.

18) Com relação à base de cálculo e às alíquotas do IS, assinale a alternativa correta:

A) A base de cálculo do IS sempre incluirá tributos como CBS e IBS, independentemente da operação.

B) As alíquotas do IS serão fixadas por decreto presidencial, podendo ser alteradas a qualquer momento.

C) O IS sobre veículos será graduado conforme critérios como eficiência energética e emissão de carbono.

D) A alíquota do IS sobre bens minerais extraídos poderá ultrapassar 10% do valor de mercado do produto.

19) Durante a transição para o novo sistema tributário brasileiro, um dos principais objetivos da fase de testes do IBS e da CBS em 2026 é:

Capítulo 3 – REFORMA TRIBUTÁRIA

A) Garantir a arrecadação máxima para os cofres públicos antes da substituição definitiva dos tributos extintos.

B) Permitir a adaptação das empresas e dos sistemas de arrecadação antes da implementação efetiva dos novos tributos.

C) Reduzir imediatamente a carga tributária das empresas para incentivar a economia.

D) Isentar todas as empresas do Simples Nacional do pagamento de qualquer tributo durante esse período.

20) Sobre a transição dos tributos PIS e COFINS para a CBS, é correto afirmar que:

A) Os créditos acumulados de PIS e COFINS serão automaticamente anulados com a substituição desses tributos pela CBS, em 2027.

B) Os créditos remanescentes de PIS e COFINS poderão ser utilizados para compensação com a CBS ou outros tributos federais, desde que estejam devidamente registrados.

C) A extinção do PIS e da COFINS ocorrerá simultaneamente com a criação da CBS, sem período de transição.

D) As empresas deverão recolher simultaneamente PIS, COFINS e CBS durante toda a transição até 2033.

Respostas:

1 – C	6 – C	11 – D	16 – D
2 – B	7 – B	12 – C	17 – B
3 – C	8 – B	13 – B	18 – C
4 – C	9 – C	14 – A	19 – B
5 – D	10 – B	15 – D	20 – B

Capítulo 4 – TRIBUTAÇÃO DO MICROEMPREENDEDOR INDIVIDUAL

*É importante a gente lembrar que tem uma parte
da sociedade que não quer ter carteira profissional assinada. As pessoas querem trabalhar
por conta própria, querem ser empreendedoras,
montar um comércio.*
Luiz Inácio Lula da Silva (18/10/2024)

O programa do Microempreendedor Individual (MEI) foi instituído por meio da LC nº 128/2008, que alterou a LC nº 123/2006,
responsável pela criação do Simples Nacional. O **objetivo do
MEI é formalizar pequenos empreendedores que trabalham
por conta própria**, garantindo-lhes um regime diferenciado e
simplificado.

Os microempreendedores individuais desempenham um
papel essencial na economia brasileira, onde grande parte das
atividades empresariais é composta por pequenos negócios.
Ao fomentar a formalização, o programa busca reduzir a informalidade e impulsionar a geração de empregos, promovendo
inclusão econômica e social, especialmente em comunidades
vulneráveis. Além disso, os MEI fortalecem as economias locais,
impulsionam mercados regionais e contribuem para o desenvolvimento de áreas menos favorecidas.

A importância do MEI para a economia pode ser constatada pelos dados do Mapa de Empresas, ferramenta do Ministério do Empreendedorismo, da ME e da EPP. **De acordo com as estatísticas divulgadas em janeiro de 2025, das 22.004.843 empresas ativas no Brasil, 11.670.355 são microempreendedores individuais, representando mais de 53% do total.**

Entretanto, apesar de sua intenção de reduzir a informalidade e incentivar a regularização dos negócios, o programa exige monitoramento contínuo para evitar distorções. Nunca é demais lembrar que a diferença entre o antídoto e o veneno é a dose. Um dos **riscos observados é o uso indevido da categoria MEI para mascarar relações de emprego, precarizando direitos trabalhistas**. Assim, é essencial equilibrar os benefícios do programa com mecanismos de controle, garantindo que sua finalidade seja cumprida sem comprometer conquistas sociais.

4.1 Requisitos legais

O MEI é uma **modalidade de microempresa composta por um empresário individual que exerce, de forma independente e exclusiva, atividade econômica organizada para a produção ou circulação de bens e serviços**. Para se enquadrar nessa categoria, o empreendedor deve ter uma receita bruta anual de **até R$ 81.000,00**. No caso de início das atividades ao longo do ano, o limite é proporcional, calculado como R$ 6.750,00, que representa 1/12 do limite, multiplicados pelo número de meses entre o início das atividades e o final do respectivo ano-calendário.

No caso de **transportador autônomo de cargas inscrito como MEI**, há um regime diferenciado, com **limite de receita bruta anual de R$ 251.600,00**. No caso de início de atividade o limite será de R$ 20.966,67 multiplicados pelo número de meses compreendidos entre o início da atividade e o final do respectivo ano-calendário, consideradas as frações de meses como um mês inteiro, no caso de início de atividades.

A Lei Complementar nº 123/2006 estabelece as condições para o enquadramento como MEI, sendo elas:

- Exercer tão somente as atividades permitidas. A lista completa de atividades consta do Anexo XI da Resolução CGSN nº 140/2018.
- Possuir um único estabelecimento.
- Não realizar cessão ou locação de mão de obra.
- Constituir-se sob a forma de *startup*.
- Não participar de outra empresa como titular, sócio ou administrador.
- Não contratar mais de um empregado.

Saiba mais!

Acesse a lista completa de atividades permitidas ao MEI, que consta do Anexo XI da Resolução CGSN nº 140/2018. Disponível em: https://www8.receita.fazenda.gov.br/simplesnacional/arquivos/manual/anexo_xi.pdf

Além dessas restrições, **o MEI não pode guardar, cumulativamente, com o contratante do serviço, relação de pessoalidade, subordinação e habitualidade, sob pena de exclusão do regime**, perdendo dessa forma o tratamento diferenciado previsto na legislação. Essa restrição foi incluída com o objetivo de evitar fraudes em relações empregatícias por meio da "pejotização", artifício utilizado por organizações para reduzir encargos sociais e tributários, transformando empregados em pessoas jurídicas.

Cumpre esclarecer que não há impedimento na contratação de serviços prestados pelo MEI como pessoa jurídica, desde que não estejam presentes os requisitos de relação de emprego. O que é vedado são simulações, nas quais temos a contratação de pessoas jurídicas, contudo na essência trata-se de vínculo empregatício.

Para se constituir como MEI e optante pelo Sistema de Recolhimento em Valores Fixos Mensais dos Tributos Abrangidos pelo Simples Nacional (Simei), deve-se acessar o Portal do Empreendedor.

> **Não esqueça!**
>
> As empresas não estão impedidas de contratar serviços do MEI, contudo, devem observar a ausência de subordinação, combinada com pessoalidade e habitualidade, situação que leva à exclusão do MEI do regime e ao reconhecimento da existência de vínculo empregatício para fins de recolhimento de contribuições previdenciárias por parte da empresa contratante.

4.2 Benefícios e vantagens do MEI

A opção pelo MEI possibilita a formalização do trabalhador por conta própria, o qual será inscrito no Cadastro Nacional de Pessoas Jurídicas (CNPJ) da Receita Federal, além de receber inscrição municipal ou estadual, transformando-se, assim, em um empresário. O programa estabelece rito simplificado e gratuito, possibilitando a regularização da atividade em todas as esferas de governo por meio do acesso ao sítio do portal do empreendedor. Os principais benefícios do MEI incluem:

- Formalização facilitada e gratuita com CNPJ, dispensa de alvará e licença para suas atividades.

Capítulo 4 – TRIBUTAÇÃO DO MICROEMPREENDEDOR INDIVIDUAL 289

- Regime tributário simplificado, com pagamento mensal fixo via Documento de Arrecadação do Simples Nacional (DAS).
- Possibilidade de emitir nota fiscal.
- Possibilidade de participar de licitações.
- Facilidade para obter crédito bancário e financiamentos com condições especiais e ter acesso a produtos e serviços bancários;.
- Apoio técnico de entidades, como o Sebrae.
- Acesso a benefícios previdenciários, para o empreendedor e seu empregado, como aposentadoria, auxílio por incapacidade temporária e salário-maternidade.
- Dispensa de escrituração contábil e fiscal, além de se tornarem isentas de uma série de obrigações acessórias.

4.3 Opção pelo Simei

A opção pelo MEI deve ser manifestada no Portal do Simples Nacional e será **irretratável para todo o ano-calendário**, e deverá ser realizada pelo empresário individual, já inscrito no CNPJ, até o último dia útil de janeiro. No caso de início de atividade, a realização da opção pelo Simples Nacional e o enquadramento no Sistema de Recolhimento em Valores Fixos Mensais dos Tributos Abrangidos pelo Simples Nacional (Simei) serão simultâneos à inscrição no CNPJ.

O optante pelo SIMEI é **isento dos seguintes tributos: IRPJ, CSLL, contribuição para o PIS/Pasep, COFINS, IPI** (exceto se incidentes na importação) e da contribuição previdenciária patronal.

A opção pelo SIMEI não exclui a incidência de outros tributos, como por exemplo: Imposto sobre Operações Financeiras – IOF, Impostos sobre a Importação e Exportação, Contribuição para o PIS/Pasep, COFINS e IPI incidentes na importação, ITR, IR relativo aos rendimentos ou ganhos líquidos auferidos em aplicações de renda fixa ou variável, bem como relativo aos ganhos de capital auferidos na alienação de bens do ativo permanente, ou relativo aos pagamentos ou créditos efetuados pela pessoa jurídica a pessoas físicas, FGTS, contribuição previdenciária relativa ao empregado.

4.4 Contribuição

A contribuição do MEI será apurada pelo Simei, sendo recolhida por meio do DAS, **independentemente da receita bruta por ele auferida no mês**, constituindo um valor fixo mensal correspondente à soma das seguintes parcelas:

- 11% do salário-mínimo;
- R$ 1,00, caso seja contribuinte do ICMS; e/ou
- R$ 5,00, caso seja contribuinte do ISS.

A contribuição do **transportador autônomo de cargas** corresponderá ao valor resultante da aplicação da alíquota de **12% sobre o salário-mínimo** mensal com acréscimo de R$ 1,00, caso seja contribuinte do ICMS; e/ou R$ 5,00, caso seja contribuinte do ISS.

A receita bruta do MEI **será comprovada mediante apresentação do relatório mensal de receitas brutas**, o qual deverá ser preenchido **até o dia 20 do mês subsequente** àquele em que houver sido auferida a receita bruta.

Para o contribuinte optante pelo Simei, o Programa Gerador do DAS para o MEI (PGMEI) possibilitará a emissão simultânea dos DAS, para todos os meses do ano-calendário.

Capítulo 4 – TRIBUTAÇÃO DO MICROEMPREENDEDOR INDIVIDUAL

É facultado ao MEI solicitar o parcelamento das contribuições não recolhidas. O pedido de parcelamento é feito no Portal do Simples Nacional ou no Portal e-CAC da Receita Federal do Brasil (RFB).

O saldo devedor é atualizado com os devidos acréscimos legais até a data da consolidação, sendo aplicada multa de 20%, mesmo que algum débito esteja vencido há menos de 60 dias. As parcelas são limitadas a 60, e o valor é obtido mediante a divisão do valor da dívida pela quantidade de parcelas, observado o valor mínimo de R$ 50,00.

O MEI pode desistir do parcelamento a qualquer tempo, importando destacar que o parcelamento pode ser rescindido quando houver:

- falta de pagamento de três parcelas, consecutivas ou não;
- a existência de saldo devedor, após a data de vencimento da última parcela do parcelamento.

> **Não esqueça!**
>
> O MEI inativo ou que apurar receita zero **não está desobrigado de pagar o valor fixo mensal**. A contribuição do MEI deve ser recolhida mensalmente, enquanto estiver inscrito no regime, porque esse valor é fixo e independe do exercício de atividade e do volume de receita.

A LC nº 214/2025, no contexto da Reforma Tributária, alterou a LC nº 123/2006 para estabelecer que, a partir de 1º/01/2027, o recolhimento da contribuição do MEI incluirá o IBS e a CBS, além do ICMS e do ISS.

Tabela 4.1 – Valores fixos do MEI a partir de 2027.

Ano	ICMS	ISS	CBS	IBS	Total
2027 a 2028	R$ 1,00	R$ 5,00	R$ 0,994	R$ 0.006	**R$ 7,00**
2029	R$ 0,90	R$ 4,50	R$ 1,00	R$ 0.20	**R$ 6,60**
2030	R$ 0,80	R$ 4,00	R$ 1,00	R$ 0.40	**R$ 6,20**
2031	R$ 0,70	R$ 3,50	R$ 1,00	R$ 0.60	**R$ 5,80**
2032	R$ 0,60	R$ 3,00	R$ 1,00	R$ 0,80	**R$ 5,40**
A partir de 2033	–	–	R$ 1,00	R$ 2,00	**R$ 3,00**

Fonte: Elaborada pelo autor a partir das informações do Anexo XXIII da LC nº 214/2025.

4.5 Contratação de empregado pelo MEI

O MEI **poderá contratar um único empregado** para auxiliá-lo em suas atividades, que receba exclusivamente um salário-mínimo previsto em lei federal ou estadual ou o piso salarial da categoria profissional.

Ao contratar um empregado, o MEI assume algumas responsabilidades tributárias e trabalhistas. Entre elas, estão:

- **Recolhimento da contribuição previdenciária**
  - reter e recolher a contribuição previdenciária do empregado;

  - recolher a Contribuição Patronal Previdenciária (CPP) de 3% sobre o salário pago ao empregado; e

  - cumprir as obrigações acessórias previstas na legislação previdenciária.

Capítulo 4 – TRIBUTAÇÃO DO MICROEMPREENDEDOR INDIVIDUAL

293

- **Obrigações com o FGTS**
  - O MEI deve depositar mensalmente 8% do salário do empregado na conta do FGTS.

  - No caso de rescisão contratual, o pagamento dos valores rescisórios deve ocorrer até o 10º dia subsequente à data da rescisão.

- **Prestar informações via eSocial**
  - Todas as informações trabalhistas e previdenciárias do empregado devem ser prestadas por meio do eSocial. O sistema gera um Documento de Arrecadação do eSocial (DAE), que unifica o recolhimento das obrigações e deve ser pago até o dia 20 do mês seguinte ao vencimento.

Nos casos de afastamento do empregado por motivos legais, como licença-maternidade ou auxílio por incapacidade, o empreendedor pode contratar temporariamente outro empregado até que o titular retorne ao trabalho.

Convém ainda destacar que o salário-maternidade será pago diretamente pelo INSS à empregada do MEI, não existindo a obrigação de ser pago pelo empregador e deduzido no valor a recolher, como ocorre com as demais empresas.

Os valores pagos ao empregado por horas extras, adicional noturno, insalubridade e periculosidade não são considerados como descumprimento do limite salarial. No entanto, pagamentos variáveis como gorjetas, gratificações e abonos são considerados irregulares e podem levar ao desenquadramento do MEI.

4.6 Obrigações Acessórias

Em relação às obrigações acessórias o MEI deve apresentar **até o último dia de maio de cada ano, à RFB, a Declaração Anual Simplificada para o Microempreendedor Individual (DASN-Simei),** a qual conterá informações sobre a receita bruta total de contratação de empregado, quando houver.

O MEI deve comprovar sua receita bruta mensal por meio do Relatório Mensal de Receitas Brutas até o dia 20 do mês seguinte ao da movimentação e ser anexado aos documentos fiscais das compras e serviços contratados.

Com relação a emissão de Notas Fiscais, o MEI tem regras específicas:

- **Dispensa de emissão:** nas vendas para consumidor final pessoa física e nas vendas para empresas que emitam nota fiscal de entrada.
- **Obrigatoriedade de emissão:** nas prestações de serviços para empresas (CNPJ) e nas vendas para empresas que não emitam nota fiscal de entrada.

A emissão da Nota Fiscal de Serviço Eletrônica (NFS-e) é facultativa para serviços prestados à pessoa física. Para serviços que não envolvem ICMS, o MEI deve emitir a NFS-e de padrão nacional. Essa nota pode ser gerada via:

- Emissor web no Portal do Simples Nacional;
- Aplicativo para dispositivos móveis;
- Interface de Programação de Aplicativos integrada aos sistemas empresariais.

Capítulo 4 – TRIBUTAÇÃO DO MICROEMPREENDEDOR INDIVIDUAL 295

O MEI está dispensado das seguintes obrigações acessórias:

- **Obrigações Contábeis:** o MEI está dispensado da escrituração de livros fiscais e contábeis, da Declaração Eletrônica de Serviços e de outros documentos fiscais municipais quando já emitir a NFS-e padrão nacional.
- **Obrigações Trabalhistas:** Caso o MEI não tenha empregados, ele está dispensado de apresentar informações sobre sua própria remuneração no eSocial, salvo outras exigências fiscais.

4.7 Desenquadramento do Regime

O MEI poderá ser desenquadrado do regime por iniciativa própria ou por determinação da Receita Federal.

- **Desenquadramento por Opção do Contribuinte:** O próprio MEI pode optar pelo desenquadramento, realizando a comunicação no Portal do Simples Nacional. Os efeitos dessa decisão variam conforme o momento da solicitação:

  – Se feita em janeiro, o desenquadramento ocorre a partir de 1º de janeiro do mesmo ano-calendário.

  – Se feita em outros meses, o desenquadramento passa a valer a partir de 1º de janeiro do ano seguinte.

  – Se a empresa foi aberta em janeiro e o desenquadramento solicitado no mesmo mês, os efeitos valem desde a data de abertura do CNPJ.

- **Desenquadramento Obrigatório**: o MEI é obrigado a se desenquadrar do regime, nas seguintes situações:

  – **Excesso de Receita Bruta**: quando o faturamento anual do MEI ultrapassar o limite de R$ 81.000,00 estabelecido pela legislação. A comunicação deverá ser feita até o último dia útil do mês subsequente àquele em que verificado o excesso, e o desenquadramento produzirá efeitos:

  a) em 1º de janeiro do ano seguinte, caso o excesso seja de **até 20%** do limite de R$ 81.000,00, ou seja R$ 16.200,00;

  b) 1º de janeiro do ano em que o excesso ocorreu, caso o excesso **ultrapasse 20%** do limite;

  c) ao início da atividade, se o excesso verificado tiver sido superior a 20% do limite e se o excesso **ocorrer logo no primeiro ano de atividade.**

- **Descumprimento de Requisitos do MEI:** a comunicação de desenquadramento deve ser feita até o último dia útil do mês subsequente ao ocorrido. **O desenquadramento retroage a abertura do CNPJ** no caso de descumprimento de requisitos ou o empreendedor deixar de atender a qualquer critério do MEI, como:

  a) Contratar mais de um funcionário;

  b) Exercer atividade econômica não permitida para o MEI;

Capítulo 4 – TRIBUTAÇÃO DO MICROEMPREENDEDOR INDIVIDUAL

c) Alterar a natureza jurídica da empresa; e

d) Abrir uma filial.

- **Desenquadramento de Ofício**: a Receita Federal pode desenquadrar o MEI automaticamente nas seguintes situações:
  - Falta de comunicação do MEI quando ocorrer alguma das hipóteses obrigatórias de desenquadramento; e
  - Constatação de que o MEI prestou informações inverídicas ao ingressar no regime.

Ultrapassando o limite de faturamento de R$ 81.000,00, o MEI é obrigado a comunicar o excesso de faturamento e solicitar o desenquadramento do Simei. Ao ser desenquadrado do MEI, o empreendedor passa a recolher impostos conforme as regras gerais do Simples Nacional ou do regime de Lucro Presumido ou Real. Isso implica, entre outras consequências:

- Necessidade de protocolar processo de transformação de empresário para outra natureza jurídica na Junta Comercial;
- Necessidade de apurar tributos conforme as alíquotas vigentes para microempresas e empresas de pequeno porte pelas regras do Simples Nacional;
- Obrigatoriedade de emitir notas fiscais; e
- Cumprimento de mais obrigações acessórias, como entrega de declarações e registros contábeis.

Ao ultrapassar o limite podem ocorrer duas situações:

- **Excesso do limite MEI em até 20% do limite**
  – Essa hipótese aplica-se ao MEI com faturamento maior de R$ 81.000,00, porém, menor ou igual a R$ 97.200,00.

  – Embora seja obrigado a comunicar seu desenquadramento no Simei, **permanecerá no regime até o último dia do ano**, migrando automaticamente para a condição de microempresa a partir do primeiro dia do ano seguinte.

  – Deverá recolher o DAS complementar sobre o valor excedido do limite de faturamento, recolhendo a diferença por meio de um "DAS de excesso de receita", no vencimento estipulado para o pagamento dos tributos abrangidos pelo Simples Nacional relativos ao mês de janeiro do ano-calendário subsequente.

  – Aplica-se as alíquotas efetivas calculadas a partir das alíquotas nominais previstas nos Anexos da Lei Complementar nº 123/2006, observando-se, com relação à inclusão dos percentuais relativos ao ICMS e ao ISS, as tabelas constantes do Anexo XI da Resolução CGSN nº 140, de 2018.

- **Excesso do limite MEI acima de 20%**
  – Esta hipótese aplica-se ao MEI com faturamento superior a R$ 97.200,00.

  – Empresa passa para a condição de microempresa **a partir do ano em que extrapolou o faturamento.**

– Será preciso recolher os impostos e cumprir as obrigações como optante pelo Simples Nacional, ou outro regime (Lucro Real ou Lucro Presumido) desde o início do ano em que ocorreu o excesso do faturamento.

– Se o **limite for excedido no primeiro ano**, a empresa será desenquadrada desde a data de abertura do CNPJ.

A seguir, exemplificamos as possíveis situações envolvendo a ultrapassagem do limite e os efeitos do desenquadramento.

Para tanto, é importante atentarmos aos limites e o acréscimo estabelecido pela Legislação:

Limite ano-calendário	R$ 81.000,00
Limite Mensal	R$ 6.750,00
Acréscimo 20%	R$ 16.200,00
Acréscimo 20% Mensal	R$ 1.350,00
Limite Máximo	**R$ 97.200,00**
Limite Máximo Mensal	**R$ 8.100,00**

Tabela 4.2 – Desenquadramento por ultrapassagem do limite de faturamento

Início atividade	Opção Simei	Receita Bruta no ano calendário	Situação	Efeitos
02/12/2024	12/2024	12/2024 R$ 12.000,00	**RB > R$ 8.100,00** Limite proporcional em mais de 20% no ano-calendário de início de atividade	02/12/2024

02/07/2024	07/2024	12/2024 R$ 70.000,00	**RB > R$ 48.600,00** (R$ 8.100,00 X 6m) Limite proporcional em mais de 20% no ano-calendário de início de atividade	02/07/2024
02/12/2024	12/2024	12/2024 R$ 7.000,00	**RB < R$ 8.100,00** Limite proporcional menor que 20% no ano-calendário de início de atividade	01/01/2025
02/07/2024	07/2024	12/2024 R$ 45.000,00	**RB < R$ 48.600,00** (R$ 8.100,00 X 6m) Limite proporcional menor que 20% no ano-calendário de início de atividade	01/01/2025
02/07/2021	07/2022	06/2024 R$ 99.000,00	**RB > R$ 48.600,00** (R$ 8.100,00 X 6m) Limite proporcional em mais de 20% em ano-calendário diverso de início de atividade	01/01/2024
02/07/2021	07/2022	06/2024 R$ 95.000,00	**RB > R$ 48.600,00** (R$ 8.100,00 X 6m) Limite proporcional menor que 20% em ano-calendário diverso de início de atividade	01/01/2025

Fonte: Elaborada pelo autor.

> **Atenção!**
>
> **O MEI será excluído e, automaticamente, desenquadrado do Simei caso possua débitos.** A RFB encaminha a mensagem de exclusão unicamente via Domicílio Tributário Eletrônico do Simples Nacional (DTE-SN). Ao ser notificado, será informado sobre o Relatório de Pendências, documento em que são listados todos os débitos exigíveis do contribuinte com a Fazenda Pública Federal.

Capítulo 4 – TRIBUTAÇÃO DO MICROEMPREENDEDOR INDIVIDUAL

Na prática!

1) Considere que um MEI que exerce atividade comercial, optante desde 05/2022, apurou em 12/2024 faturamento bruto de R$ 90.000,00, portanto acima do limite de R$ 81.000,00, contudo não tendo ultrapassado o limite adicional de 20%.
Nessa situação, em 01/2025 deverá emitir um DAS de excesso de receita complementar e recolher no prazo de vencimento da competência 01/2025.
A base de cálculo será a diferença entre o faturamento e o limite de R$ 81.000,00.
A alíquota a ser aplicada será a alíquota nominal prevista no Anexo I da Lei Complementar 123/2006, por tratar-se de uma atividade comercial, ou seja, 4%.
Base de Cálculo = R$ 90.000,00 – R$ 81.000,00 = R$ 11.000,00

DAS a pagar = R$ 11.000,00 X 4% = R$ 440,00
2) Considere que um MEI que exerce atividade de prestação de serviços, e no primeiro ano de atividade apurou, em 12/2024, faturamento bruto de R$ 110.000,00, portanto acima do limite adicional de R$ 97.200,00.
Nessa situação, os efeitos do desenquadramento retroagem ao início da atividade, devendo apurar as obrigações como optante pelo Simples Nacional (ou outro regime) em cada competência.

O empreendedor deve acompanhar seu faturamento e sua situação tributária para evitar problemas futuros com a Receita Federal e garantir que sua empresa continue regularizada. Se houver necessidade de transição para outro regime, o planejamento tributário é essencial para minimizar impactos financeiros e administrativos.

4.8 Complementação das Contribuições Previdenciárias

O MEI contribui para o INSS com uma alíquota reduzida (5% do salário-mínimo), garantindo benefícios previdenciários. No entanto, **para ter direito à aposentadoria por tempo de contribuição ou aumentar o valor do benefício**, o MEI pode complementar a contribuição para atingir os 20%, que é a alíquota de contribuição dos segurados contribuintes individual e facultativo, conforme estabelece o § 3º do art. 21 da Lei nº 8.212/91.

O cálculo da complementação **poderá ser realizado a qualquer tempo**, sendo feito aplicando a diferença de alíquotas (20% – 5%). Importante destacar que **a legislação previdenciária só prevê a possibilidade de complementação até o salário-mínimo.**

O pagamento é realizado por meio da Guia da Previdência Social (GPS), utilizando o código 1910, devendo ser paga até o dia 15 do mês seguinte à competência. O pagamento fora do prazo de vencimento incidirá os acréscimos legais.

Para emitir a guia, o MEI pode acessar o site/aplicativo de um banco conveniado e buscar a opção "GPS" ou "Guia da Previdência Social", uma vez que atualmente o sistema de acréscimos legais não está permitindo a emissão dessa guia com o código 1910.

> **Na prática!**
>
> Considere que um MEI contribui normalmente com 5% do salário-mínimo através do DAS-MEI, contudo, deseja complementar sua contribuição para ter acesso a aposentadoria por tempo de contribuição.
>
> Assim, ele deverá complementar a contribuição aplicando a alíquota de 15% sobre o salário-mínimo vigente (R$ 1.518.00 em 2025).
>
> 15% X R$ 1.518,00 = R$ 303.60
>
> Esse valor será recolhido por meio de uma GPS com o código 1910 até o dia 15 do mês subsequente.

4.9 Nanoempreendedor

A Lei Complementar nº 214/25, no contexto da Reforma Tributária, criou a figura do nanoempreendedor, definida como a **pessoa física cuja receita bruta anual seja inferior a 50% do**

Capítulo 4 – TRIBUTAÇÃO DO MICROEMPREENDEDOR INDIVIDUAL

limite estabelecido para adesão ao regime do MEI, ou seja, R$ 40.500,00, e que não tenha optado pelo regime de Microempreendedor Individual (MEI). Esse novo enquadramento isenta o nanoempreendedor do pagamento do IBS e da CBS.

Além disso, a lei estabelece que a receita bruta da pessoa física que presta serviços de transporte privado individual de passageiros ou de entrega de bens intermediada por plataformas digitais corresponderá a 25% do valor bruto mensal recebido, ou seja, apenas essa fração da receita será considerada para fins tributários.

O objetivo do Governo com a criação do regime dos nanoempreendedores é reduzir a burocracia, tornando a tributação mais simplificada e acessível. Para isso, o modelo se baseia na autodeclaração de rendimentos, dispensando a emissão obrigatória de notas fiscais em todas as transações e não exigindo o registro de personalidade jurídica. Dessa forma, o nanoempreendedor atua exclusivamente como pessoa física, facilitando sua formalização e incentivando a regularização de pequenos prestadores de serviços.

4.10 Exercícios de Fixação

1) Qual foi o principal objetivo da criação do MEI pela Lei Complementar 128/2008?

A) Reduzir a carga tributária das grandes empresas.

B) Criar um regime para empresas de médio porte.

C) Formalizar trabalhadores autônomos e pequenos empreendedores.

D) Facilitar o acesso ao mercado internacional.

2) Qual das opções abaixo representa um requisito obrigatório para que um empreendedor possa se registrar como MEI?

A) Possuir mais de um estabelecimento comercial.

B) Ter um faturamento anual de até R$ 100.000,00.

C) Não ser sócio ou administrador de outra empresa.

D) Exercer qualquer atividade econômica, sem restrições.

3) Sobre os benefícios do MEI, assinale a alternativa incorreta:

A) O MEI tem acesso a benefícios previdenciários como aposentadoria por idade e auxílio por incapacidade.

B) O MEI está isento de contribuições previdenciárias.

C) O MEI pode emitir nota fiscal e participar de licitações públicas.

D) O MEI pode contratar um único empregado.

4) Um empreendedor iniciou suas atividades como MEI em julho de um determinado ano. Considerando que o limite anual de faturamento é de R$ 81.000,00, qual será o limite de faturamento proporcional para esse empreendedor até o final do ano?

A) R$ 40.500,00.

B) R$ 54.000,00.

C) R$ 47.250,00.

D) R$ 33.750,00.

5) Um transportador autônomo de cargas se formalizou como MEI em abril. Qual será o limite de faturamento permitido para ele até o final do ano-calendário?

A) R$ 167.733,36.

B) R$ 188.700,00.

C) R$ 209.666,70.

D) R$ 230.633,37.

Capítulo 5 – TRIBUTAÇÃO DAS MICROEMPRESAS E EMPRESAS DE PEQUENO PORTE

6) Qual dos seguintes tributos não está incluído na isenção concedida ao MEI?

A) IRPJ.

B) Contribuição para o PIS/PASEP.

C) IOF.

D) CSLL.

7) Sobre a contribuição previdenciária do MEI, assinale a alternativa correta:

A) O MEI recolhe um percentual fixo de 20% sobre seus rendimentos mensais.

B) O MEI contribui com 11% sobre o salário-mínimo, além de valores adicionais para ICMS e ISS, se aplicável.

C) O MEI contribui com um valor fixo correspondente a 5% do salário-mínimo.

D) O MEI não precisa contribuir para o INSS.

8) Qual das situações abaixo obriga o desenquadramento do MEI?

A) Ultrapassar 20% do limite de faturamento permitido.

B) Abrir uma filial da empresa.

C) Contratar dois funcionários.

D) Todas as alternativas acima.

9) Um MEI deseja complementar sua contribuição previdenciária para alcançar 20% do salário-mínimo. Sabendo que o salário-mínimo vigente em 2024 era de R$ 1.412,00, qual será o valor mensal dessa complementação?

A) R$ 141,20.

B) R$ 211,80.

C) R$ 98,84.

D) R$ 169,44.

10) Um MEI que não é transportador autônomo e contri-buinte do ICMS, sendo apenas contribuinte do ISS, deve recolher mensalmente quanto, considerando o salário--mínimo vigente em 2025, de R$ 1.518,00?

A) R$ 75,90.
B) R$ 80,90.
C) R$ 182,16.
D) R$ 187,16.

Respostas:

1 – C	6 – C
2 – C	7 – C
3 – B	8 – D
4 – A	9 – B
5 – B	10 – B

Capítulo 5 – TRIBUTAÇÃO DAS MICROEMPRESAS E EMPRESAS DE PEQUENO PORTE

"Uma sociedade mais justa se faz com igualdade de oportunidades."
Antônio Florencio de Queiroz Junior
Presidente da Fecomércio RJ

As micro e pequenas empresas desempenham um papel crucial na economia brasileira. De acordo com o SEBRAE, em 2023, elas foram responsáveis por aproximadamente **30% do Produto Interno Bruto e geraram 70% dos empregos formais no país.** Além de contribuírem significativamente para a geração de renda e desenvolvimento local, essas empresas desempenham um papel fundamental na inovação e na diversificação do mercado. No entanto, devido a suas limitações de capital, estrutura e capacidade administrativa, enfrentam desafios específicos para manter sua competitividade e sustentabilidade.

Reconhecendo essa importância e os obstáculos enfrentados por esses negócios, o Estado brasileiro desenvolveu mecanismos para oferecer um tratamento diferenciado às micro e pequenas empresas. Um dos principais instrumentos nesse sentido é o **Simples Nacional**, **um regime compartilhado de arrecadação, cobrança e fiscalização de tributos** devidos por

308

essas empresas, simplificando suas obrigações fiscais, trabalhistas e previdenciárias.

O Simples Nacional engloba tributos da União, dos Estados, do Distrito Federal e dos municípios, sendo administrado por um Comitê Gestor composto por quatro representantes da União, dois dos Estados e do Distrito Federal, dois dos municípios, um do Serviço Brasileiro de Apoio às Micro e Pequenas Empresas (SEBRAE) e um representante das confederações nacionais de representação do segmento de microempresas e empresas de pequeno porte.

A base legal para esse regime especial foi estabelecida pela **Lei Complementar nº 123/2006**, que instituiu o Estatuto Nacional da Microempresa e da Empresa de Pequeno Porte. Essa legislação não apenas regulamenta a forma de apuração e recolhimento dos impostos e contribuições, mas, também, **busca reduzir a burocracia e facilitar o cumprimento das obrigações acessórias**. Dessa forma, o Simples Nacional representa um avanço na promoção do empreendedorismo ao permitir que micro e pequenas empresas tenham um ambiente mais favorável para crescer e gerar empregos, impulsionando a economia do país.

5.1 Tratamento Jurídico Diferenciado

A Constituição Federal do Brasil, em seu artigo 170, inciso IX, confere **tratamento diferenciado às microempresas e empresas de pequeno porte com objetivo de incentivar a formalização,** reconhecendo sua importância para o desenvolvimento econômico e social do país. Esse princípio é reforçado no artigo 179, que determina que a União, os Estados, o Distrito Federal e os municípios devem dispensar às micro e pequenas empresas, inclusive às enquadradas no Simples Nacional, tratamento

Capítulo 5 – TRIBUTAÇÃO DAS MICROEMPRESAS E EMPRESAS DE PEQUENO PORTE

jurídico diferenciado, simplificando suas obrigações administrativas, tributárias e creditícias.

Tais dispositivos constitucionais asseguram a criação de **condições mais adequadas para a competitividade e sustentabilidade** desses negócios, fundamentais para a geração de emprego, distribuição de renda e fortalecimento das economias locais. Dentre outras vantagens das empresas optantes pelo Simples Nacional, podemos citar:

- Maior facilidade no atendimento da legislação tributária, previdenciária e trabalhista, sendo vedada a exigência de obrigações tributárias acessórias relativas aos tributos apurados na forma do Simples Nacional além daquelas estipuladas pelo Comitê Gestor do Simples Nacional (CGSN) e atendidas por meio do Portal do Simples Nacional, bem como o estabelecimento de exigências adicionais e unilaterais pelos entes federativos, exceto os programas de cidadania fiscal.
- Simplificação no pagamento de diversos tributos abrangidos pelo sistema, mediante uma única guia.
- Possibilidade de tributar as receitas à medida do recebimento das vendas ("regime de caixa").
- Preferência de contratação como critério de desempate nas licitações, permitindo que propostas de até 10% superiores ao melhor preço, ou 5% no caso de pregão, possam ser reconsideradas. Além disso, possibilita que essas empresas apresentem novas ofertas para superar a proposta vencedora inicial.
- Possibilidade de formar Sociedade de Propósito Específico (SPE) e participar de Consórcios Simples, para compras e vendas de produtos e serviços.

CONTABILIDADE TRIBUTÁRIA

- Possibilidade do empregador de microempresa ou de empresa de pequeno porte fazer-se substituir ou representar junto à justiça do trabalho por terceiros que conheçam dos fatos, ainda que não possuam vínculo trabalhista ou societário.
- Regras especiais para protesto de títulos, com redução de taxas e possibilidade de pagamento com cheque.
- Possibilidade de serem admitidas como proponentes de ação perante os Juizados Especiais.
- As microempresas e as empresas de pequeno porte que se encontrem sem movimento há mais de três anos poderão dar baixa nos registros dos órgãos públicos federais, estaduais e municipais, independentemente do pagamento de débitos tributários, taxas ou multas devidas pelo atraso na entrega das respectivas declarações nesses períodos.

Com relação a carga tributária em algumas situações, poderá ser uma vantagem a opção pelo Simples Nacional, contudo, essa hipótese deve sempre ser testada por meio de comparações com outras formas de tributação.

5.2 Momento da Opção

Antes de optar pelo Simples Nacional, as microempresas (ME) e empresas de pequeno porte (EPP) devem elaborar um **plano orçamentário** e considerar seu **plano de crescimento**. Se a empresa tem projetos de expansão e prevê um faturamento que ultrapasse os limites permitidos para esse regime, pode não ser vantajoso aderir ao Simples Nacional, pois a migração para

Capítulo 5 – TRIBUTAÇÃO DAS MICROEMPRESAS E EMPRESAS DE PEQUENO PORTE

outro regime tributário no futuro pode gerar custos e desafios operacionais.

A opção pelo Simples Nacional é **irretratável para todo o ano-calendário**, podendo a empresa optante solicitar sua exclusão, por opção, com efeitos para o ano-calendário subsequente.

A adesão ao Simples Nacional deve ser feita exclusivamente pelo **Portal do Simples Nacional**, até o **último dia útil de janeiro**. A opção passa a valer a partir do **primeiro dia do ano--calendário da solicitação** e é **irretratável** durante todo o ano.

Durante o período de adesão, o contribuinte pode:

- **Regularizar pendências** que impeçam a entrada no regime. Caso não resolva essas questões dentro do prazo, a solicitação será negada.
- **Cancelar a solicitação de adesão**, desde que ainda não tenha sido aprovada.

Essa flexibilidade permite que os interessados ajustem sua situação antes de confirmar a opção pelo Simples Nacional.

Empresas recém-criadas têm um prazo específico para aderir ao Simples Nacional. Após a **inscrição no CNPJ**, a opção deve ser formalizada em até **30 dias** contados a partir do **último deferimento da inscrição municipal ou estadual** (se exigível). Esse prazo não pode ultrapassar **60 dias** da data de abertura da empresa no CNPJ.

Após a solicitação, a Receita Federal do Brasil (RFB) disponibiliza aos entes federados (Estados, municípios e Distrito Federal) uma lista com as empresas optantes para análise da regularidade cadastral. Esses entes devem informar a situação cadastral à RFB nos prazos estabelecidos: dias 5, 15 e 25 de cada mês.

Se a regularidade das inscrições for confirmada, ou se não houver resposta dos entes federados dentro do prazo, a adesão ao Simples Nacional será automaticamente aprovada. Caso contrário, a solicitação poderá ser indeferida, e a empresa permanecerá no regime tributário padrão.

Atenção!

A ME ou a EPP, já regularmente optante pelo Simples Nacional em determinado ano-calendário, **não precisa fazer nova opção em janeiro do ano-calendário seguinte.** Uma vez optante, somente sairá do regime quando excluída, por opção, por comunicação obrigatória, ou de ofício. Apesar da solicitação de opção pelo Simples Nacional não ser realizada anualmente, a **opção pelo regime de apuração de receitas (caixa ou competência) deve ser realizada anualmente**, sendo também irretratável para todo o ano-calendário.

Quando um contribuinte tem sua opção ao Simples Nacional indeferida, é importante entender os passos necessários para contestar essa decisão. A seguir, elencamos os principais pontos que devem ser observados:

- **Expedição do Termo de Indeferimento**

    – O indeferimento será formalizado por meio de um Termo de Indeferimento, emitido pela autoridade fiscal responsável do respectivo ente federado que identificou irregularidades.

    – Esse termo será conduzido de acordo com a legislação administrativa própria do ente, que estabelecerá os prazos e as formas de notificação do resultado.

    – Caso as pendências sejam relacionadas a mais de um ente federativo, será necessário emitir ter-

Capítulo 5 – TRIBUTAÇÃO DAS MICROEMPRESAS E EMPRESAS DE PEQUENO PORTE

mos distintos, correspondentes a cada ente que impediu o ingresso no regime do Simples Nacional.

- **Acesso ao Termo**
  - Para pendências detectadas pela RFB ou pela Procuradoria-Geral da Fazenda Nacional (PGFN), o Termo de Indeferimento estará disponível no Portal do Simples Nacional e no Domicílio Tributário Eletrônico do Simples Nacional (DTE-SN).

  - Os termos emitidos por outros entes federados seguirão as formas de notificação previstas em suas legislações processuais.

- **Contestação do Indeferimento**
  - A contestação ao indeferimento deve ser apresentada diretamente à administração tributária do ente responsável pelas irregularidades apontadas (RFB, Estado, Distrito Federal ou município), observando os prazos e procedimentos estabelecidos na legislação específica daquele ente.

  - A apresentação da contestação não suspende os efeitos do indeferimento. Isso significa que, enquanto o processo estiver em tramitação, a empresa não será considerada optante pelo Simples Nacional.

5.3 Limites da Receita Bruta para Fins de Enquadramento

A classificação das microempresas (ME) e empresas de pequeno porte (EPP) é definida pelo art. 3º da Lei Complementar nº 123/2006, tendo como critério a **receita bruta anual**.

- **Microempresa:** receita bruta anual **igual ou inferior a R$ 360.000,00**.
- **Empresa de Pequeno Porte:** receita bruta anual **superior a R$ 360.000,00 e igual ou inferior a R$ 4.800.000,00**.

Além desse limite para operações no mercado interno, as empresas que exportam **mercadorias ou serviços** também podem somar **até R$ 4.800.000,00** em receitas provenientes do exterior. Isso inclui vendas feitas diretamente ou por meio de uma empresa comercial exportadora ou sociedade de propósito específico.

Assim, uma empresa pode alcançar **uma receita bruta total de até R$ 9.600.000,00 por ano**, sendo R$ 4.800.000,00 no mercado interno, e R$ 4.800.000,00 em exportações. Para que isso aconteça, a ME ou EPP precisa separar as receitas de exportação, pois **não serão considerados no cálculo do Simples Nacional** os tributos COFINS, PIS/PASEP, IPI, ICMS e ISS, conforme previsto nos Anexos I a V da Lei Complementar nº 123/2006. Abordaremos o processo de apuração de empresas com receitas decorrentes de exportação no tópico 5.8.4.

5.3.1 Ultrapassagem do Limite

Se a empresa ultrapassar o limite de faturamento (R$ 4.800.000,00), ela será **excluída do Simples Nacional**; contudo, os efeitos financeiros poderão ocorrer em momentos distintos, conforme o excesso de receita:

- **Exclusão imediata (mês seguinte)** se o faturamento ultrapassar em mais de **20% o limite de**

R$ 4.800.000,00 (R$ 960.000,00), em qualquer momento do ano.

- **Exclusão no ano seguinte** se o excesso for de até R$ 960.000,00.

O parâmetro para ultrapassagem do limite do Simples Nacional é a receita bruta acumulada no ano-calendário anterior ou a receita bruta acumulada no ano-calendário corrente, incluindo o do mês de apuração.

Na Prática!

Exemplo 1 – Empresa que ultrapassa até 20% o limite
Considere que uma empresa é optante pelo Simples Nacional desde 01/2022, e que em 08/2024 apurou receita bruta acumulada no ano no valor de R$ 5.000.000,00.

Nesse caso, o limite foi ultrapassado em R$ 200.000,00. Assim, os **efeitos da exclusão do Simples Nacional ocorreriam em 2025**, ou seja, permaneceria recolhendo os tributos com base no Simples Nacional até o final do exercício de 2024, pois o excesso foi menor que R$ 960.000,00, que corresponde a 20% do limite previsto (20% de R$ 4.800.000,00). Contudo, em cada um dos meses seguintes de 2024 deverá ser verificado se o excesso de receita permanecerá inferior ao limite de 20%.

Exemplo 2 – Empresa que ultrapassa em mais de 20% o limite
Considere que uma empresa é optante pelo Simples nacional desde 01/2022, e que em 08/2024 apurou receita bruta acumulada no ano no valor de R$ 6.000.000,00.

Nesse caso, o limite foi ultrapassado em R$ 1.200.000,00, ou seja, superior a R$ 960.000,00 (20% de R$ 4.800.000,00). Assim, **os efeitos da exclusão do Simples Nacional ocorreriam no mês subsequente**, e a partir da competência 09/2024 a empresa deverá recolher os tributos em conformidade com as normas gerais de incidência. **Destaca-se que a nova forma de apuração não será retroativa**, alcançando apenas os fatos geradores a partir de 09/2024, **exceto se for o primeiro ano de funcionamento da empresa.**

No **ano-calendário de início de atividade** o cálculo do limite será realizado **multiplicando R$ 400.000,00 pelo número de meses compreendidos entre o início de atividade e o final do respectivo ano-calendário**, considerada a fração de mês como mês completo. Os efeitos da exclusão serão:

- **Retroativos ao início de atividade** se o excesso verificado em relação à receita bruta acumulada **for superior a 20%** do limite.
- A partir do **ano-calendário subsequente** se o excesso verificado em relação à receita bruta acumulada não for superior a 20%.

Na Prática!

Considere que uma empresa iniciou suas atividades em 02/2024, optando pelo Simples Nacional, apurando as seguintes receitas brutas acumuladas no período de 08/2024 a 11/2024:

- **Em 08/2024** – R$ 2.500.000,00.
- **Em 09/2024** – R$ 3.500.000,00.
- **Em 10/2024** – R$ 4.000.000,00.
- **Em 11/2024** – R$ 4.900.000,00.

Nesse caso, os limites a serem aplicados serão proporcionais:

- **Em 08/2024** – R$ 2.800.000,00 (R$ 400.000,00 X 7m)
- **Em 09/2024** – R$ 3.200.000,00 (R$ 400.000,00 X 8m)
- **Em 10/2024** – R$ 3.600.000,00 (R$ 400.000,00 X 9m)
- **Em 11/2024** – R$ 4.000.000,00 (R$ 400.000,00 X 10m)

Analisando o comportamento da receita bruta acumulada, identificamos que:

- **Em 08/2024** – A receita bruta acumulada no ano-calendário se encontra dentro do limite proporcional estabelecido, assim, **nenhuma consequência incidirá sobre a empresa.**

Capítulo 5 – TRIBUTAÇÃO DAS MICROEMPRESAS E EMPRESAS DE PEQUENO PORTE

- **Em 09/2024** – Embora a receita tenha superado o limite em R$ 300.000,00 (R$ 3.500.000,00 – R$ 3.200.000,00), esta foi inferior a R$ 640.000,00, que corresponde a 20% do limite proporcional de R$ 3.200.000,00. Assim, a empresa **será excluída do Simples Nacional, contudo, os efeitos da exclusão ocorrerão a partir do ano-calendário subsequente.**
- **Em 10/2024** - Embora a receita tenha superado o limite em R$ 400.000,00, esta não superou o limite proporcional de R$ 720.000,00 (R$ 3.600.000,00 X 20%). Assim, os **efeitos da exclusão permanecem no ano-calendário subsequente.**
- **Em 11/2024** – A receita ultrapassou o limite em mais de 20%, uma vez que o valor que excede, R$ 900.000,00, é superior ao limite proporcional de R$ 800.000,00 (20% X R$ 4.000.000,00). Assim, os **efeitos da exclusão serão retroativos ao início de atividade**, ou seja, a empresa deverá recalcular e recolher os tributos em outro regime de tributação.

5.3.2 Sublimites para Efeitos de ICMS e ISS

Com a alteração promovida pela **Lei Complementar nº 155/2016**, o **limite de faturamento para permanência no Simples Nacional** passou de **R$ 3.600.000,00** para **R$ 4.800.000,00**. No entanto, para compensar a possível perda de arrecadação dos **Estados e municípios**, foram criados **sublimites** específicos para a inclusão do **ICMS** e do **ISS** dentro do Simples Nacional.

Os **sublimites** são valores diferenciados de **receita bruta anual** aplicáveis **exclusivamente** para o recolhimento do **ICMS e do ISS** dentro do Simples Nacional. A definição desses sublimites depende da participação do Estado ou do Distrito Federal no **Produto Interno Bruto (PIB) nacional**.

Desde 2018, os sublimites são definidos da seguinte forma:

- **R$ 1.800.000,00:** Estados com participação no PIB de até 1%; e
- **R$ 3.600.000,00:** para os demais Estados.

Se uma empresa ultrapassar o **sublimite do seu Estado**, ela **deverá calcular e recolher o ICMS e o ISS separadamente**, como se **não fosse optante pelo Simples Nacional**. Assim, esses tributos serão apurados seguindo as regras gerais de incidência dos respectivos Estados e municípios, sendo o recolhimento efetuado por meio de guias próprias de cada um deles.

Anualmente, o **CGSN** estabelecerá a relação dos Estados com participação no PIB de 1%, os quais será aplicado o **sublimite de R$ 1.800.000,00**. Para **2025**, **vigora apenas o sublimite de R$ 3.600.000,00**, conforme a Portaria CGSN nº 49, de 25 de novembro de 2024.

Ultrapassado o sublimite, o contribuinte não faz nenhum ajuste ao preencher o PGDAS-D. O próprio aplicativo identifica que foi ultrapassado um dos sublimites e apresenta uma mensagem, mostrando que não se recolherá no Simples Nacional o ICMS e o ISS.

Para apurar e recolher o ICMS separadamente, é necessário aplicar a norma geral de incidência estabelecida pelos Estados e pelo Distrito Federal. Já no caso do ISS, o recolhimento fora do Simples Nacional requer a verificação da tributação específica aplicada pelo município ao serviço prestado, considerando que a alíquota pode variar entre 2% e 5%.

Os efeitos financeiros da ultrapassagem do sublimite ocorrerão:

- No **ano-calendário subsequente** ao que tiver ocorrido o excesso de receita, caso **não seja superior a R$ 720.000,00, que corresponde a 20%** do sublimite de R$ 3.600.000,00; e
- No **mês subsequente** do ano-calendário ao que tiver ocorrido o excesso de receita, caso seja **superior a R$ 720.000,00.**

Capítulo 5 – TRIBUTAÇÃO DAS MICROEMPRESAS E EMPRESAS DE PEQUENO PORTE

Atenção!

Quando a receita da empresa ultrapassa o valor de R$ 3.600.000,00, mas não ultrapassa R$ 4.320.000,00 (R$ 3.600.000,00 + R$ 720.000,00), o ICMS/ISS continuará sendo recolhido em conjunto com os demais tributos abrangidos pelo Simples nacional. Porém, no ano seguinte, será recolhido fora do Simples Nacional.
Caso ultrapasse o valor de R$ 4.320.000,00, o ICMS/ISS deixará de ser recolhido no Simples Nacional a partir do mês seguinte ao mês em que ocorreu o excesso.

O parâmetro para ultrapassagem do sublimite será a receita bruta acumulada no ano-calendário anterior ou a receita bruta acumulada no ano-calendário corrente, incluindo o mês de apuração.

Na Prática!

Ultrapassagem do sublimite

1) Até o limite de 20%

Considere que uma empresa iniciou suas atividades em 01/2023, optando pelo Simples Nacional. Em 06/2024 apurou receita bruta acumulada no ano de R$ 1.900.000,00.

Nesse caso, o valor do sublimite em 06/2024 será R$ 1.800.000,00 (R$ 300.000,00 X 6m). Embora tenha ultrapassado o sublimite proporcional em R$ 100.000,00 (R$ 1.900.000,00 – R$ 1.800.000,00), o excesso foi inferior a 20% do sublimite, R$ 360.000,00 (20% de R$ 1.800.000,00). Assim, permanecerá recolhendo o ICMS/ISS incluso no Simples Nacional no ano-calendário de 2024, devendo refazer essa análise nos meses subsequentes, com o objetivo de verificar se o excesso ultrapassará o limite de 20%. Destaca-se que a partir do ano-calendário subsequente, ou seja, 01/2025, estará impedida de recolher o ICMS/ISS na forma do Simples Nacional.

2) Em mais de 20%

Considere que uma empresa iniciou suas atividades em 01/2023, optando pelo Simples Nacional. Em 09/2024 apurou receita bruta no ano de R$ 3.700.000,00.

> Nesse caso, o valor do sublimite em 09/2024 será R$ 2.700.000,00 (R$ 300.000,00 X 9m). Como foi ultrapassado o sublimite proporcional em R$ 1.000.000,00, o excesso foi superior a 20% do sublimite, R$ 540.000,00 (20% de R$ 2.700.000,00). Assim, a partir do mês subsequente, a empresa recolherá o ICMS/ISS fora do Simples Nacional não retroagindo ao início do ano-calendário.

No ano-calendário de **início de atividade, os sublimites devem ser proporcionalizados** pelo número de meses compreendidos entre a data de abertura do CNPJ e o final do respectivo ano.

O cálculo do sublimite será realizado multiplicando R$ 300.000,00 (R$ 3.600.000,00/12m) pelo número de meses compreendidos entre o início da atividade e o final do respectivo ano-calendário, considerada a fração de mês como mês completo. **Os efeitos da exclusão serão a partir do mês subsequente, contudo, terá efeitos retroativos ao início de atividade,** quando ultrapasse o limite proporcional de R$ 300.000,00 multiplicado pelo número de meses do período em mais de 20%.

Na Prática!

Ultrapassagem do sublimite proporcional no primeiro ano de funcionamento

1) Até o limite de 20%

Considere que uma empresa iniciou suas atividades em 02/2024, optando pelo Simples Nacional. Em 09/2024 apurou receita bruta acumulada de R$ 2.500.000,00.

Nesse caso, o valor do sublimite em 09/2024 será R$ 2.400.000,00 (R$ 300.000,00 X 8m). Embora tenha ultrapassado o sublimite proporcional em R$ 100.000,00, o excesso foi inferior a 20% do sublimite, R$ 480.000,00 (20% de R$ 2.400.000,00). Assim, permanecerá recolhendo o ICMS/ISS incluso no Simples Nacional no ano-calendário de 2024, devendo refazer essa análise nos meses subsequentes.

Capítulo 5 – TRIBUTAÇÃO DAS MICROEMPRESAS E EMPRESAS DE PEQUENO PORTE

2) Em mais de 20%

Considere que uma empresa iniciou suas atividades em 02/2024, optando pelo Simples Nacional. Em 09/2024 apurou receita bruta acumulada de R$ 2.900.000,00.

Nesse caso, o valor do sublimite em 09/2024 será R$ 2.400.000,00. Como foi ultrapassado o sublimite proporcional em R$ 500.000,00, o excesso foi superior a 20% do sublimite, R$ 480.000,00. Assim, recolherá o ICMS/ISS fora do Simples Nacional retroagindo ao início das atividades 02/2024.

5.4 Vedações ao Ingresso

A opção pelo Simples Nacional pode ser uma excelente alternativa para ME e EPP, proporcionando simplificação tributária e, em certas situações, redução da carga tributária. No entanto, a Lei Complementar nº 123/2006 estabeleceu nos arts. 3º e 17 restrições ao ingresso no regime, com o objetivo de garantir que apenas empresas adequadas ao regime possam usufruir de seus benefícios.

Dessa forma, é fundamental que os empreendedores e contadores analisem a situação das ME e EPP antes de optar, evitando problemas futuros decorrentes da exclusão do regime.

Como **regra geral, não poderá optar pelo Simples Nacional** as empresas, a pessoa jurídica ou a entidade equiparada que **tenha auferido, no ano-calendário imediatamente anterior ou no ano-calendário em curso, receita bruta superior a R$ 4.800.000,00** no mercado interno ou superior ao mesmo limite em exportação para o exterior.

Da mesma forma, não poderá optar pelo Simples Nacional a empresa que tenha **auferido, no ano-calendário de início de atividade, receita bruta no mercado interno superior ao limi-**

te proporcional de **R$ 400.000,00 multiplicados pelo número de meses** em funcionamento no período, inclusive as frações de meses, ou ao limite adicional de igual valor para exportação de mercadorias e serviços.

Além das hipóteses de ultrapassagem do limite de receita bruta, a Lei Complementar nº 123/2006 estabelece ainda outras hipóteses de vedação ao ingresso de pessoas jurídicas, relacionadas a:

- Atividades Exercidas;
- Estrutura Jurídica da Empresa;
- Quadro societário; e
- Situação Fiscal.

Na hipótese de a ME ou EPP incorrer em alguma das situações vedadas, será excluída do Simples Nacional com efeitos a partir do **mês seguinte** em que se configurou a situação impeditiva.

5.4.1 Vedações Relacionadas às Atividades Exercidas

Determinadas atividades econômicas são incompatíveis com o Simples Nacional devido à complexidade tributária ou ao impacto econômico dessas atividades. As empresas que atuam nos seguintes segmentos não podem optar por esse regime:

- **Serviços financeiros**: empresas que prestam assessoria creditícia, gestão de crédito, *factoring*, administração de ativos, entre outros.
- **Transporte intermunicipal e interestadual de passageiros**, exceto em situações específicas (fluvial, urbano ou fretamento contínuo para estudantes e trabalhadores).

Capítulo 5 – TRIBUTAÇÃO DAS MICROEMPRESAS E EMPRESAS DE PEQUENO PORTE

- **Setor de energia**: geração, transmissão, distribuição ou comercialização de energia elétrica.
- **Indústria automotiva**: importação ou fabricação de automóveis e motocicletas.
- **Importação de combustíveis.**
- **Comércio atacadista de produtos específicos**, como cigarros, cigarrilhas, charutos, armas de fogo, munições, pólvora, explosivos, cerveja sem álcool, bebidas alcoólicas (exceto micro e pequenas cervejarias, vinícolas, produtores de licores e destilarias registradas no MAPA).
- **Cessão ou locação de mão de obra**.
- **Loteamento e incorporação de imóveis**.
- **Locação de imóveis próprios,** salvo se sujeita ao ISS.

5.4.2. Vedações Relacionadas à Estrutura Jurídica da Empresa

Algumas formas jurídicas de empresas também são impedidas de optar pelo Simples Nacional:

- Empresas constituídas sob a forma de sociedade por ações (S/A).
- Empresas que não tenham natureza jurídica de sociedade empresária, sociedade simples, empresa individual de responsabilidade limitada ou empresário individual.
- Empresas resultantes ou remanescentes de cisão ou desmembramento ocorrido nos últimos cinco anos.
- Empresas estrangeiras que tenham filiais, sucursais ou representações no Brasil.

- Constituída sob a forma de Cooperativas, exceto as de consumo.

5.4.3. Vedações Relacionadas ao Quadro Societário

O Simples Nacional também impõe restrições relacionadas à composição societária da empresa. Não podem aderir ao regime:

- empresas cujo titular ou sócio seja domiciliado no exterior;
- empresas de cujo capital participe pessoa física que seja inscrita como **empresário ou seja sócia de outra empresa optante pelo Simples Nacional**, desde que a receita bruta global ultrapasse o limite de R$ 4.800.000,00;
- empresas cujo titular ou sócio participe **com mais de 10% do capital de outra empresa não optante pelo Simples Nacional**, desde que a receita bruta global ultrapasse o limite de R$ 4.800.000,00;
- cujo sócio ou titular exerça cargo de **administrador** ou equivalente em outra pessoa jurídica com fins lucrativos, desde que a receita bruta global ultrapasse o limite de R$ 4.800.000,00;
- empresas com participação societária em outras pessoas jurídicas;
- empresas de cujo capital participe outra pessoa jurídica;
- empresas com participação societária de entidade da administração pública, direta ou indireta.
- cujos titulares ou sócios guardem, cumulativamente, com o contratante do serviço, relação de **pessoalidade, subordinação e habitualidade.**

Capítulo 5 – TRIBUTAÇÃO DAS MICROEMPRESAS E EMPRESAS DE PEQUENO PORTE

É importante destacar que muitas empresas têm adotado a prática conhecida como "pejotização" ao terceirizarem parte de suas operações. Contudo, em diversos casos, embora a contratação se dê formalmente entre pessoas jurídicas, na essência, estão presentes elementos característicos da relação de emprego, como pessoalidade, subordinação e habitualidade. Essa situação pode expor a empresa contratante ao risco de ter a operação desconsiderada, resultando na incidência de contribuições previdenciárias, além de ensejar a exclusão do contratado do regime do Simples Nacional.

Na Prática!

Situação 1 – Considere que Juquinha é sócio da Empresa XYZ, e pretende ingressar como sócio na empresa ABC. Considere que **as empresas são optantes pelo Simples Nacional**, sendo que a receita bruta acumulada da empresa XYZ é de R$ 2.000.000,00 e da ABC é de R$ 1.500.000,00.

Na hipótese, o ingresso do Juquinha no quadro societário da ABC não implicaria em qualquer alteração em relação a forma de tributação, permanecendo as empresas no Simples Nacional, uma vez que a receita bruta global não ultrapassou o limite de R$ 4.800.000,00. Caso a receita bruta global ultrapasse R$ 4.800.000,00, as duas empresas seriam excluídas do Simples nacional no mês subsequente à alteração contratual. O mesmo raciocínio é válido para mais de duas empresas, ou no caso de constituição de outra pessoa jurídica optante pelo Simples.

Na Prática!

Situação 2 – Considere que Juquinha é sócio da **Empresa XYZ, não optante pelo Simples nacional,** possuindo 20% das cotas, e pretende ingressar como sócio na empresa ABC, optante pelo Simples Nacional. Considere que a receita bruta acumulada da empresa XYZ é de R$ 2.000.000,00 e da ABC é de R$ 2.500.000,00.

Na hipótese, o ingresso de Juquinha no quadro societário da ABC não implicaria em qualquer mudança em relação à opção pelo Simples Nacional da empresa ABC, uma vez que a receita bruta global não ultrapassou o limite de R$ 4.800.000,00. Caso a receita bruta global ultrapasse R$ 4.800.000,00, a ABC seria excluída do Simples Nacional no mês subsequente à alteração contratual.

Situação 3 – Considere que Juquinha é sócio da **Empresa XYZ, não optante pelo Simples Nacional,** possuindo 20% das cotas, e pretende ingressar como sócio na empresa ABC, optante pelo Simples Nacional. Considere que a receita bruta acumulada da empresa XYZ é de R$ 2.000.000,00 e da ABC é de R$ 3.500.000,00.

Na hipótese, o ingresso do Juquinha no quadro societário da ABC implicaria na exclusão do Simples Nacional, uma vez que a participação de Juquinha na empresa XYZ é **maior que 10% e a receita bruta global ultrapassou o limite de R$ 4.800.000,00.** Cumpre destacar que a soma das receitas brutas só será realizada na hipótese de participação societária na empresa não optante pelo Simples superior a 10%.

Situação 4 – Considere que Juquinha é sócio da **Empresa XYZ, não optante pelo Simples Nacional,** possuindo 8% das cotas, e pretende ingressar como sócio na empresa ABC, optante pelo Simples Nacional. Considere que a receita bruta acumulada da empresa XYZ é de R$ 2.000.000,00 e da ABC é de R$ 3.500.000,00.

Na hipótese, **mesmo com a receita bruta global ultrapassando o limite de R$ 4.800.000,00**, o ingresso do Juquinha no quadro societário da ABC não implicaria na exclusão do Simples Nacional, uma vez que a **participação de Juquinha na empresa XYZ é menor que 10%.**

5.4.4. Vedações Relacionadas à Situação Fiscal

Para aderir ao Simples Nacional, a empresa deve estar em dia com suas obrigações fiscais. Assim, **são impedidas de ingressar** nesse regime as empresas que:

Capítulo 5 – TRIBUTAÇÃO DAS MICROEMPRESAS E EMPRESAS DE PEQUENO PORTE

- Possuem débitos com o INSS ou com as Fazendas Públicas Federal, Estadual ou Municipal, salvo se a exigibilidade estiver suspensa.
- Não possuem inscrição ou apresentam irregularidade em cadastro fiscal (federal, municipal ou estadual, quando exigível).

Atenção!

As **empresas com débitos não podem optar pelo Simples Nacional, exceto na hipótese de esses valores estarem com a exigibilidade suspensa**. A exigibilidade do crédito tributário pode ser suspensa por meio de mecanismos previstos no Código Tributário Nacional, garantindo ao contribuinte a possibilidade de postergar o pagamento sem sofrer penalidades.

As principais formas de suspensão incluem a moratória, o depósito do montante integral, as reclamações e os recursos administrativos, a concessão de medida liminar em mandado de segurança, a concessão de tutela antecipada em outras ações judiciais e o **parcelamento do débito**. Enquanto a exigibilidade estiver suspensa, a administração tributária fica impedida de cobrar o crédito por meio de execução fiscal. Essas hipóteses foram abordadas no Capítulo 2. **Uma boa opção nessas hipóteses é aderir a algum programa de parcelamento;** contudo, é preciso tomar alguns cuidados.

5.5 Tributos Abrangidos

O Simples Nacional implica o recolhimento mensal, mediante **documento único de arrecadação**, dos seguintes impostos e contribuições:

- Imposto sobre a Renda da Pessoa Jurídica (IRPJ);
- Imposto sobre Produtos Industrializados (IPI), exceto o IPI pago na importação;
- Contribuição Social sobre o Lucro Líquido (CSLL);

- Contribuição para o Financiamento da Seguridade Social (COFINS), exceto a paga na importação;
- Contribuição para o PIS/PASEP, exceto o pago na importação;
- Contribuição para a Seguridade Social, a cargo da pessoa jurídica, (exceto para as empresas optantes pelo Anexo IV);
- Imposto sobre Operações Relativas à Circulação de Mercadorias e Sobre Prestações de Serviços de Transporte Interestadual e Intermunicipal e de Comunicação (ICMS);
- Imposto sobre Serviços de Qualquer Natureza (ISS);
- Imposto sobre Bens e Serviços (IBS);
- Contribuição Social sobre Bens e Serviços (CBS).

Conforme art. 13 da Lei Complementar nº 123/2006 e art. 5 da Resolução CGSN 94/2011, **o recolhimento unificado não exclui a incidência do FGTS e dos seguintes impostos ou contribuições**, devidos na qualidade de contribuinte ou responsável:

- IOF, II e IE;
- Contribuição para manutenção da Seguridade Social, relativa ao trabalhador empregado ou contribuinte individual contratado;
- Contribuição para a Seguridade Social, relativa à pessoa do empresário, na qualidade de contribuinte individual;
- Imposto de Renda relativo aos pagamentos ou créditos efetuados pela pessoa jurídica a pessoas físicas;
- Contribuição para o PIS/PASEP, COFINS e IPI incidentes na importação de bens e serviços;
- ICMS devido:

Capítulo 5 – TRIBUTAÇÃO DAS MICROEMPRESAS E EMPRESAS DE PEQUENO PORTE

– nas operações ou prestações sujeitas ao regime de substituição tributária, tributação concentrada em uma única etapa (monofásica) e sujeitas ao regime de antecipação do recolhimento do imposto com encerramento de tributação nas operações sujeitas ao regime de substituição tributária pelas operações anteriores; e nas prestações de serviços sujeitas aos regimes de substituição tributária e de antecipação de recolhimento do imposto com encerramento de tributação;

– por terceiro, a que o contribuinte se ache obrigado, por força da legislação estadual ou distrital vigente;

– na entrada, no território do Estado ou do Distrito Federal, de petróleo, inclusive lubrificantes e combustíveis líquidos e gasosos dele derivados, bem como energia elétrica, quando não destinados à comercialização ou industrialização;

– por ocasião do desembaraço aduaneiro;

– na aquisição ou manutenção em estoque de mercadoria desacobertada de documento fiscal;

– na operação ou prestação desacobertada de documento fiscal;

– nas operações com mercadorias sujeitas ao regime de antecipação do recolhimento do imposto, bem como do valor relativo à diferença entre a alíquota interna e a interestadual, nas aquisições em outros Estados e Distrito Federal, nos termos da legislação estadual ou distrital;

– nas aquisições em outros Estados e no Distrito Federal de bens ou mercadorias, não sujeitas ao regime de antecipação do recolhimento do imposto, relativo à diferença entre a alíquota interna e a interestadual;

- ISS devido em relação aos serviços sujeitos à substituição tributária ou retenção na fonte e na importação de serviços.

> **Atenção!**
>
> A Lei complementar nº 214/2025 facultou ao optante pelo Simples Nacional **apurar e recolher o IBS e a CBS de acordo com o regime regular** aplicável a esses tributos, hipótese em que as parcelas a eles relativas não serão cobradas pelo regime único. Essa opção será exercida para os semestres iniciados em janeiro e julho de cada ano, sendo irretratável para cada um desses períodos, devendo ser exercida nos meses de setembro e abril imediatamente anteriores a cada semestre.

5.6 Base de Cálculo

A base de cálculo para a determinação do valor devido mensalmente pela ME ou pela EPP optante pelo Simples Nacional será a **receita bruta total** mensal **auferida** (Regime de Competência) ou **recebida** (Regime de Caixa), conforme opção feita pelo contribuinte, sendo **irretratável** para todo o ano-calendário e considerado o somatório das receitas brutas de todos os estabelecimentos.

Entende-se como receita bruta o produto da venda de bens e serviços nas operações de conta própria, o preço dos serviços prestados, o resultado nas operações em conta alheia e as demais receitas da atividade ou objeto principal das microempre-

Capítulo 5 – TRIBUTAÇÃO DAS MICROEMPRESAS E EMPRESAS DE PEQUENO PORTE

sas ou das empresas de pequeno porte, não incluídas as vendas canceladas e os descontos incondicionais concedidos, sendo ainda acrescidos os seguintes valores:

- o custo do financiamento nas vendas a prazo, contido no valor dos bens ou serviços ou destacado no documento fiscal;
- as gorjetas sejam elas compulsórias ou não;
- os *royalties*, aluguéis e demais receitas decorrentes de cessão de direito de uso ou gozo; e
- as verbas de patrocínio.

> **Atenção!**
>
> A Resolução CGSN n° 140/2018 estabelece que as **gorjetas** integram a receita bruta para fins de tributação no Simples nacional. Contudo, o Superior Tribunal de Justiça decidiu que esses valores não compõem o preço do serviço nem o faturamento da empresa, devendo, portanto, ser excluídos da base de cálculo do Simples Nacional e de tributos como PIS, COFINS, IRPJ e CSLL (AREsp 2.381.899). Importante ainda destacar que a Lei Complementar nº 123/2006 não insere as Gorjetas na Base de cálculo do Simples Nacional. Várias decisões de tribunais regionais e da Justiça Federal têm afastado a inclusão das gorjetas na base do Simples Nacional, seguindo a lógica do STJ. Porém, a Receita Federal ainda não formalizou esse entendimento em norma vinculante, o que pode gerar autuações.

Ainda pela redação dada pela Resolução CGSN n° 140/2018, não irão computar a receita bruta:

- A venda de bens do ativo imobilizado;
- Os juros moratórios, as multas e quaisquer outros encargos auferidos em decorrência do atraso no pagamento de operações ou prestações;

- A remessa de mercadorias a título de bonificação, doação ou brinde, desde que seja incondicional e não haja contraprestação por parte do destinatário;
- A remessa de amostra grátis;
- Os valores recebidos a título de multa ou indenização por rescisão contratual, desde que não corresponda à parte executada do contrato;
- Para o salão-parceiro de que trata a Lei nº 12.592, de 18 de janeiro de 2012, os valores repassados ao profissional-parceiro, desde que este esteja devidamente inscrito no CNPJ;
- Os rendimentos ou ganhos líquidos auferidos em aplicações de renda fixa ou variável.

As empresas que desejarem auferir novas receitas devem, inicialmente, **alterar o objeto social** do contrato de constituição para incluir as novas atividades econômicas, além do cadastro CNPJ da RFB e demais órgãos envolvidos. Isto é, a partir do momento em que a empresa passa a exercer com habitualidade determinada atividade, essa será classificada como receita bruta, devendo a empresa se regularizar.

A Lei Complementar nº 214/2025, que regulamentou a Reforma Tributária, acrescentou ao conceito de receita bruta **"demais receitas da atividade ou objeto principal das microempresas ou das empresas de pequeno porte"**. Essa definição era aplicada antes apenas para as empresas que contribuem fora do Simples Nacional. Assim, a partir de 2025, as empresas do Simples Nacional deverão acrescer a base de cálculo essas receitas, desde que exista vinculação em relação à atividade empresarial desenvolvida pela pessoa jurídica, nos termos de seus atos constitutivos ou de sua prática econômica.

Capítulo 5 – TRIBUTAÇÃO DAS MICROEMPRESAS E EMPRESAS DE PEQUENO PORTE

5.7 Metodologia de Cálculo

O valor devido mensalmente pelas pessoas jurídicas optantes pelo Simples Nacional será determinado mediante a **aplicação das alíquotas efetivas sobre a receita bruta total mensal.**

A alíquota efetiva resulta do cálculo envolvendo a receita bruta acumulada nos 12 meses anteriores ao período de apuração, a alíquota nominal e a parcela a deduzir.

A receita bruta acumulada nos 12 meses anteriores ao do período de apuração definirá a alíquota nominal a ser utilizada no cálculo da alíquota efetiva mediante a aplicação da seguinte fórmula:

$$\underline{RBT12 \times Aliq - PD}$$
$$RBT12$$

Em que:

RBT12 = Receita bruta acumulada nos doze meses anteriores ao período de apuração.

Aliq = Alíquota nominal constante dos Anexos I a V da Lei Complementar nº 123/2006.

PD = Parcela a deduzir constante dos Anexos I a V da Lei Complementar nº 123/2006.

> **Atenção!**
>
> **A RBT12 aplica-se somente para determinação de faixa de alíquotas e repartições dos tributos**, não se aplicando para aplicação de regras de exclusão por ultrapassagem dos limites, bem como para exclusão do ICMS/ISS quando ultrapassado o sublimite vigente. Nessa hipótese, aplica-se o conceito de receita bruta no ano calendário.

O cálculo da RBT12 consiste na **soma da receita bruta total obtida nos 12 meses anteriores ao período de apuração**, proveniente da venda de produtos e/ou da prestação de serviços. Assim, para apurar a alíquota efetiva da competência de março de 2025, devem ser consideradas as receitas do período de março de 2024 a fevereiro de 2025.

No caso de início de atividade no próprio ano-calendário da opção pelo Simples Nacional, para efeito de determinação da alíquota no primeiro mês de atividade, o sujeito passivo utilizará, como receita bruta total acumulada:

- **No mês de início de atividade** – A receita auferida no primeiro mês de apuração multiplicada por doze.
- **Nos onze meses posteriores ao do início de atividade** – A média aritmética da receita bruta total auferida nos meses anteriores ao do período de apuração, multiplicada por doze.

Na Prática!

Considere que determinada empresa comercial iniciou sua atividade em 01/2024. A receita bruta total será apurada da seguinte forma:

Mês	Receita Bruta	Forma de Apuração	RBT12 Estimada
Janeiro	R$ 100.000,00	100.000 X 12	**R$ 1.200.000,00**
Fevereiro	R$ 150.000,00	100.000 X 12	**R$ 1.200.000,00**
Março	R$ 50.000,00	(100.000+150.000) / 2 X 12	**R$ 1.500.000,00**
Abril	R$ 70.000,00	(100.000+150.000+50.000) / 3 X 12	**R$ 1.200.000,00**

Para o cálculo da alíquota efetiva, o contribuinte deverá considerar, destacadamente, para fim de pagamento:

Capítulo 5 – TRIBUTAÇÃO DAS MICROEMPRESAS E EMPRESAS DE PEQUENO PORTE

- As receitas decorrentes da **revenda de mercadorias** (Anexo I da LC nº 123/2006);
- As receitas decorrentes da **venda de mercadorias industrializadas** pelo contribuinte (Anexo II da LC nº 123/2006);
- As receitas decorrentes da **prestação de serviços**, bem como a de locação de bens móveis de acordo com o critério de tributação (Anexos III, IV ou V da LC nº 123/2006);
- As receitas decorrentes da **venda de mercadorias sujeitas à substituição tributária e tributação concentrada** em uma única etapa (monofásica), bem como, em relação ao ICMS, antecipação tributária com encerramento de tributação (Substituição Tributária);
- As **receitas decorrentes da exportação de mercadorias** para o exterior, inclusive as vendas realizadas por meio de comercial exportadora ou da sociedade de propósito específico prevista no Art. 56 da Lei Complementar nº 123/2006, as quais não serão objeto de tributação.

Na metodologia de cálculo, o contribuinte utilizará as informações constantes nos Anexos I a V da Lei Complementar nº 123/2006 de acordo com o tipo de receita da empresa, podendo no caso de diversidade de receitas aplicarem mais de um Anexo.

- Anexo I – Comércio;
- Anexo II – Indústria;
- Anexo III – Locação de bens móveis, e de prestação de serviços não relacionados no § 5º-C do Art. 18 da Lei Complementar nº 123/20006;

- Anexo IV – Prestação de serviços relacionados no § 5º-C do Art. 18 da Lei Complementar nº 123/2006;
- Anexo V – Prestação de serviços relacionados no § 5º-I do Art. 18 da Lei Complementar nº 123/2006.

A lista dos serviços atividades tributadas nos Anexos III, IV e V constam descritas no Art. 25 da Resolução CGSN 140/2018, mas, de uma forma geral, o Anexo III comportará os serviços em geral não previstos para serem tributados de acordo com os Anexos IV e V.

O Anexo IV contempla:

- construção de imóveis e obras de engenharia em geral, inclusive sob a forma de subempreitada, execução de projetos e serviços de paisagismo, bem como decoração de interiores;
- serviço de vigilância, limpeza ou conservação; e
- serviços advocatícios.

O Anexo V contempla empresas que **prestam serviços considerados de cunho intelectual** como engenharia, arquitetura, medicina, auditoria, jornalismo, tecnologia e publicidade, por exemplo. Contudo, a partir da alteração da Lei Complementar nº 155 em 2018, entrou em vigor o chamado "fator R": um método de cálculo baseado na comparação da folha de pagamento e receita bruta que determina se a empresa de serviços será enquadrada no **Anexo III ou no Anexo V.** As atividades serão tributadas na forma do **Anexo III** quando a folha de salários for **igual ou superior a 28%** da receita bruta acumulada nos 12 meses anteriores ao período de apuração. Caso essa relação seja **inferior a 28%, aplica-se o Anexo V.**

Capítulo 5 – TRIBUTAÇÃO DAS MICROEMPRESAS E EMPRESAS DE PEQUENO PORTE

Folha de Salários	Igual ou superior 28% = Anexo III
Receita Bruta	Abaixo de 28% = Anexo V

Compõe a folha de salário o montante pago a título de remunerações a pessoas físicas decorrentes do trabalho, além do montante efetivamente recolhido a título de contribuição patronal previdenciária e FGTS, incluídas as retiradas de pró-labore, devendo ser considerados os valores correspondentes aos últimos doze meses anteriores ao mês de apuração. **Dessa forma, quanto maior for a folha de pagamento da empresa prestadora de serviços, menor será a alíquota efetiva a ser aplicada.**

As vendas de mercadorias industrializadas pelo contribuinte serão tributadas na forma do **Anexo II desde que exista previsão de tributação na TIPI**. Quando uma empresa fabrica e comercializa produtos com **a notação NT constante da TIPI**, não é considerada industrial quanto a esses produtos e, sendo optante do Simples Nacional, **não deve tributar a receita na forma do Anexo II,** pois este é de uso exclusivo dos estabelecimentos com atividade industrial. Nesse caso, deverá ser aplicado o Anexo I para apuração da alíquota efetiva.

Nos casos em que o contribuinte industrialize e comercialize produtos com **alíquota zero de IPI,** ele deverá tributar a receita auferida na operação na forma do **Anexo II** da Lei Complementar 123/2006, visto que o Art. 23 veda a utilização de incentivos fiscais pelas microempresas e as empresas de pequeno porte optantes pelo Simples Nacional.

5.8. Casos práticos

A seguir, detalharemos os principais processos de apuração do Simples nacional de forma prática.

5.8.1 Tributação normal

Considere uma empresa comercial com receita bruta acumulada nos 12 meses anteriores (Jan/24 a Dez/24) de R$ 400.000,00 e faturamento em Jan/2025 no valor de R$ 35.000,00. Por ser uma empresa comercial, utilizaremos as informações constantes do Anexo I para o Cálculo da Alíquota efetiva.

Tabela 5.1 - Anexo I Simples Nacional

	Receita Bruta em 12 meses (em R$)	Alíquota	Valor a Deduzir (em R$)
1ª Faixa	Até 180.000,00	4,00%	-
2ª Faixa	De 180.000,01 a 360.000,00	7,30%	5.940,00
3ª Faixa	De 360.000,01 a 720.000,00	9,50%	13.860,00
4ª Faixa	De 720.000,01 a 1.800.000,00	10,70%	22.500,00
5ª Faixa	De 1.800.000,01 a 3.600.000,00	14,30%	87.300,00
6ª Faixa	De 3.600.000,01 a 4.800.000,00	19,00%	378.000,00

Fonte: Anexo I - Lei Complementar 123/2006.

A RBT 12 no valor de R$ 400.000,00 enquadra-se na **3ª faixa** do Anexo I. Assim, para o cálculo da alíquota efetiva utilizaremos: **alíquota nominal 9,50% e parcela a deduzir no valor de R$ 13.860,00.**

Cálculo da Alíquota efetiva

**[(RBT12 X Alíquota nominal) – parcela a deduzir] / RBT12
(400.000,00 × 9,5% - R$ 13.860,00) /400.000,00
Alíquota efetiva = 0,06035 (6,035%)**
Valor a recolher: R$ 35.00.000,00 x 6,035% = **R$ 2.112,25**

5.8.2 Empresa com opção pelo Simples Nacional no início de sua atividade

Considere que uma empresa comercial iniciou seu funcionamento em Jan/24 e apurou receita bruta mensal nos meses de Jan/24 a Abr/24 de R$ 80.000,00, R$ 120.000,00, R$ 100.000,00 e R$ 120.000,00, respectivamente. Nesse caso, a empresa utilizará a RBT12 proporcional ao período de atividade da empresa:

- No primeiro mês, a RBT12 proporcional será a **receita do próprio mês de apuração multiplicada por doze**; e
- Nos onze meses posteriores ao do início de atividade, a RBT12 proporcional será a **média aritmética da receita bruta acumulada dos meses anteriores ao do período de apuração, multiplicada por doze**.

Importante observar que a partir do 13º mês de atividade, passa-se a utilizar a RBT12 da regra geral somando as receitas dos meses anteriores ao do período de apuração. Assim, teríamos o seguinte processo de apuração:

Tabela 5.2 - Projeção de RBT12 no primeiro ano de atividade

Mês	Receita Bruta	Forma de apuração	RBT12 Estimada
Janeiro	R$ 80.000,00	80.000 X12	R$ 960.000,00
Fevereiro	R$ 120.000,00	80.000 X12	R$ 960.000,00
Março	R$ 100.000,00	(80.000+120.000)/2X12	R$ 1.200.000,00
Abril	R$ 120.000,00	(80.000+120.000+100.000)/ 3X12	R$ 1.200.000,00

Fonte: Elaborada pelo autor, 2025.

Tabela 5.3 - Cálculo da alíquota efetiva

Mês	Receita Bruta 12 m	Alíquota Efetiva	
Janeiro	R$ 960.000,00	[(960.000x10,7%)-22.500]/960.000	8,35625%
Fevereiro	R$ 960.000,00	[(960.000x10,7%)-22.500]/960.000	8,35625%
Março	R$ 1.200.000,00	[(1.200.000x10,7%)-22.500]/1.200.000	8,825%
Abril	R$ 1.200.000,00	[(1.200.000x10,7%)-22.500]/1.200.000	8,825%

Fonte: Elaborada pelo autor, 2025.

Tabela 5.4 - Cálculo do tributo devido

Mês	Receita Bruta	Alíquota	Valor a Recolher
Janeiro	R$ 80.000,00	8,35625%	80.000,00 x 8,35625%= **R$ 6.685,00**
Fevereiro	R$ 120.000,00	8,35625%	120.000,00 x 8,35625% = **R$ 10.027,50**
Março	R$ 100.000,00	8,825%	100.000,00 x 8.825%= **R$ 8.825,00**
Abril	R$ 120.000,00	8,825%	120.000,00 x 8.825%= **R$ 10.590,00**

Fonte: Elaborada pelo autor, 2025.

5.8.3 Vendas com substituição tributária

Caso o contribuinte possua a condição de substituído tributário em relação à parte da receita auferida no mês, deverá realizar a segregação dessa receita, para que ela não seja submetida à nova tributação de ICMS, já que por ocasião da compra, já foi realizado o pagamento do ICMS-ST. Considere que uma empresa comercial apurou em 10/2024 receita bruta acumulada nos últimos 12 meses de R$ 1.780.000,00. A receita bruta de vendas em 10/2024 foi no valor de R$ 80.000,00, assim distribuída:

Capítulo 5 – TRIBUTAÇÃO DAS MICROEMPRESAS E EMPRESAS DE PEQUENO PORTE

341

Venda de mercadorias sem Substituição Tributária de ICMS R$ 50.000,00
Venda de mercadorias com Substituição Tributária de ICMS R$ 30.000,00
Considerando a RBT12 de R$ 1.780.000,00, o contribuinte deverá verificar a alíquota nominal e a parcela a deduzir da 4° faixa de tributação do Anexo I, que são respectivamente 10,70% e R$ 22.500,00. Aplicando a fórmula (RBT12 × Aliq - PD) / RBT12, temos a seguinte alíquota efetiva:

$$(R\$\ 1.780.000,00 \times 10,70\% - R\$\ 22.500,00) /$$
$$R\$\ 1.780.000,00 = 0,943595506$$

A alíquota efetiva de **9,4359%** encontrada acima deverá ser aplicada sobre a parcela da **receita que não sofreu retenção de ICMS substituição tributária** por ocasião das compras: **9,4359% X R$ 50.000,00 = R$ 4.717,95.**

A seguir, para que seja realizado o cálculo sobre a parcela sem Substituição Tributária, se faz necessário **deduzir da alíquota efetiva o percentual de distribuição do ICMS da correspondente faixa de receita bruta acumulada** da empresa, conforme o quadro II do Anexo I da Lei Complementar nº 123/2006:

Tabela 5.5 – Percentual de Repartição dos Tributos - Anexo I

Faixas	Percentual de Repartição dos Tributos					
	IRPJ	CSLL	COFINS	PIS/ Pasep	CPP	ICMS
1ª Faixa	5,50%	3,50%	12,74%	2,76%	41,50%	34,00%
2ª Faixa	5,50%	3,50%	12,74%	2,76%	41,50%	34,00%
3ª Faixa	5,50%	3,50%	12,74%	2,76%	42,00%	33,50%
4ª Faixa	5,50%	3,50%	12,74%	2,76%	42,00%	**33,50%**
5ª Faixa	5,50%	3,50%	12,74%	2,76%	42,00%	33,50%
6ª Faixa	13,50%	10,00%	28,27%	6,13%	42,10%	—

Fonte: Anexo I – Lei Complementar nº 123/2006.

Assim, no cálculo da parcela com retenção do ICMS, o contribuinte deverá **aplicar a alíquota efetiva, subtraindo o percentual de ICMS, que na 4ª faixa é de 33,5%.** Dessa forma, será apurada a parcela do ICMS presente na alíquota efetiva.

Para que **não ocorra bitributação** — uma vez que, na aquisição dos produtos, já houve o recolhimento antecipado do ICMS relativo a fatos geradores futuros —, deve-se retirar da alíquota efetiva a parcela correspondente ao ICMS. Essa nova alíquota será aplicada sobre a receita sujeita à retenção do ICMS por substituição tributária.

$$9,4359 \text{ X } 33,5\% = 3,1610\%$$
$$9,4359 - 3,1610\% = 6,2749\%$$
$$6,2749\% \text{ X R\$ } 30.000,00 = \text{R\$ } 1.882,47$$

Valor a ser recolhido:

- Parcela sem retenção de ICMS = R$ 4.717,95
- Parcela com retenção de ICMS = R$ 1.882,47
- Valor total a ser recolhido =   **R$ 6.600,42**

5.8.4 Empresas com parcela de sua receita decorrente de exportação

No caso de empresas com receitas decorrentes de exportação, a Lei Complementar nº 123/2006, prevê expressamente **a segregação de receita e a correspondente dedução dos percentuais de IPI, ICMS, PIS/Pasep e COFINS para as exportações de mercadorias.**

Considere uma empresa comercial com receita bruta acumulada nos últimos 12 meses de R$ 700.000,00 que apurou em 07/2024 receita bruta de vendas de R$ 150.000,00, sendo R$ 100.000,00 provenientes de vendas para o mercado inter-

Capítulo 5 – TRIBUTAÇÃO DAS MICROEMPRESAS E EMPRESAS DE PEQUENO PORTE

no e R$ 50.00,00 decorrente de exportações. Com RBT12 de R$ 700.000,00, o contribuinte deverá verificar a alíquota nominal e a parcela a deduzir da 3° faixa de tributação do Anexo I, que são respectivamente 9,5% e R$ 13.860,00. Aplicando a fórmula para encontrarmos a alíquota efetiva:

$$(RBT12 \times Aliq - PD) / RBT12$$
$$(R\$\ 700.000,00 \times 9,5\% - R\$\ 13.860) / R\$\ 700.000,00 =$$
$$0,0752 = 7,52\%$$

A alíquota efetiva apurada será aplicada nas vendas realizadas para o mercado interno.

$$R\$\ 100.000,00 \ X \ 7,52\% = R\$\ 7.520,00$$

No cálculo das receitas de exportação, devemos ajustar a alíquota efetiva desconsiderando, conforme o caso, os percentuais relativos à COFINS, à Contribuição para o PIS/Pasep, ao IPI, ao ICMS e ao ISS constantes dos Anexos I a V da Lei Complementar nº 123/2006.

No caso em análise, os percentuais de distribuição na faixa de receita bruta correspondente da COFINS, do PIS e do ICMS (Tabela 5.5) são respectivamente: 12,74%, 2,76%, e 33,5%; logo, deverão ser deduzidos da alíquota efetiva para aplicação do valor a recolher sobre as receitas de exportação.

$$12,74\% + 2,76\% + 33,5\% = 49\%$$
$$7,52\% \ X \ 49\% = 3,6848$$
$$7,52 - 3,6848 = 3,8352\%$$

Assim, sobre as receitas decorrentes de exportação a alíquota efetiva a ser aplicada será de **3,8352%:**

R$ 50.000,00 X 3,8352% =	**1.917,60**
Vendas no mercado Interno	R$ 7.520,00
Exportações	R$ 1.917,60
Total a ser pago	**R$ 9.437,60**

5.8.5 Empresa com diversidade de atividades

Nesses casos, a tributação ocorrerá com base nos Anexos correspondentes de cada atividade. Considere uma empresa com receita bruta acumulada nos últimos 12 meses de R$ 2.100.000,00 e que em Out/2024 apurou receita bruta de R$ 150.000,00, sendo R$ 100.000,00 decorrente de vendas tributadas com base no Anexo I e R$ 50.000,00 decorrente de prestação de serviços tributadas como base no Anexo III. As informações para apuração da alíquota efetiva do Anexo III são:

Tabela 5.6 - Anexo III Simples Nacional

	Receita Bruta em 12 meses (em R$)	Alíquota	Valor a Deduzir (em R$)
1ª Faixa	Até 180.000,00	6,00%	-
2ª Faixa	De 180.000,01 a 360.000,00	11,20%	9.360,00
3ª Faixa	De 360.000,01 a 720.000,00	13,50%	17.640,00
4ª Faixa	De 720.000,01 a 1.800.000,00	16,00%	35.640,00
5ª Faixa	De 1.800.000,01 a 3.600.000,00	21,00%	125.640,00
6ª Faixa	De 3.600.000,01 a 4.800.000,00	33,00%	648.000,00

Fonte: Anexo I - Lei Complementar 123/2006.

Nesse caso, teremos que **calcular duas alíquotas efetivas**: uma que será aplicada as receitas de vendas com base no Anexo I e outra a ser aplicada sobre a prestação de serviços com base no Anexo III, ambas com base na receita bruta global, assim teremos:

Capítulo 5 – TRIBUTAÇÃO DAS MICROEMPRESAS E EMPRESAS DE PEQUENO PORTE

Anexo I

[(R$ 2.100.000,00 X 14,3%) – R$ 87.300] /R$ 2.100.000,00 X100 = **10,1428%**

Anexo III

[(R$ 2.100.000,00 X 21%) – R$ 125.640] /R$ 2.100.000,00 X 100 = **15,0171%**

Valor a recolher:

Vendas R$ 100.000,00 x 10,1428% =   R$ 10.142,85

Prestação de Serviços
R$ 50.000,00 x 15,0171% =   R$ 7.508,57

Total a recolher   **R$ 17.651,42**

5.8.6 Receita bruta total maior que R$ 3.600.000,00

Considere uma empresa comercial que apurou em 10/2024 receita bruta total nos últimos 12 meses de R$ 3.800.000,00 e receita de vendas no mês de R$ 100.000,00.

Quando o valor da receita bruta total nos últimos 12 meses for superior ao limite da 5ª faixa de receita bruta anual prevista nos Anexos I a V da Lei Complementar nº 123/2006, nas situações em que o sublimite de R$ 3.600.000,00 não for excedido, o percentual efetivo do ICMS e do ISS será calculado com a seguinte fórmula:

{[(RBT12 x alíquota nominal da 6ª faixa) - Parcela a Deduzir da 6ª faixa] /RBT12}

+

{[(RBT12 x alíquota nominal da 5ª faixa) - Parcela a Deduzir da 5ª faixa] /RBT12} x Percentual de Distribuição do ICMS e do ISS da 5ª faixa.

Identificamos no Anexo I que a Alíquota nominal e a parcela a deduzir na 6ª faixa, a qual corresponde à receita bruta total da empresa (R$ 3.800.000,00) são respectivamente: 19,00% e R$ 378.000,00.

Cálculo da alíquota efetiva:

[(3.800.000 x 19%) -378.000] /3.800.000 X 100 = 9,05263%
Total devido de tributos federais: 9,05263% X
R$ 100.000,00 = R$ 9.052,63

Ajuste do ICMS na 5ª faixa: Identificamos no Anexo I que a Alíquota nominal e a parcela a deduzir na 5ª faixa, são respectivamente: 14,30% e R$ 87.300,00.

Alíquota efetiva para fins da parcela do ICMS:

[(3.800.000 x 14,3%) - 87.300] /3.800.000 = 12,0026%

Percentual de distribuição do ICMS na 5° faixa: 33,50%

Assim 12,0026% x 33,5% = 4,02088%

Total devido de complemento do ICMS: 4,02088% X R$ 100.000,00 = **R$ 4.020,88**

Total devido de tributos federais	R$ 9.052,63
(+) Complemento do ICMS	R$ 4.020,88
(=) Total a recolher	**R$ 13.073,51**

Capítulo 5 – TRIBUTAÇÃO DAS MICROEMPRESAS E EMPRESAS DE PEQUENO PORTE

347

5.9 Obrigações acessórias

As ME e EPP optantes pelo Simples Nacional embora estejam dispensadas de várias obrigações acessórias, devem cumprir uma série de obrigações acessórias, estabelecidas pelo CGSN para garantir a regularidade fiscal e tributária do negócio. Dentre essas obrigações, destacam-se a Declaração de Informações Socioeconômicas e Fiscais e outras declarações exigidas pelos entes federativos.

5.9.1 Declaração de Informações Socioeconômicas e Fiscais (Defis)

A Defis é uma declaração obrigatória para todas as ME e EPP optantes pelo Simples Nacional. Ela deve ser **entregue até o dia 31 de março do ano seguinte** ao da ocorrência dos fatos geradores dos tributos. A transmissão é realizada por meio do aplicativo PGDAS-D, disponibilizado pela Receita Federal do Brasil.

Caso a empresa tenha passado por situações especiais, como incorporação, cisão, fusão ou extinção, a Defis correspondente deve ser entregue até:

- **O último dia de junho**, se o evento ocorrer nos primeiros quatro meses do ano;
- **O último dia do mês seguinte** ao do evento, nos demais casos.

Se a empresa for excluída do Simples Nacional, deve entregar a Defis abrangendo os fatos geradores ocorridos até a data da exclusão, respeitando o prazo normal de entrega.

A Defis também pode ser retificada sem necessidade de prévia autorização da administração tributária, desde que observadas as normas vigentes. Além disso, as informações declaradas

348

CONTABILIDADE TRIBUTÁRIA

são compartilhadas entre os órgãos de fiscalização federal, estadual e municipal. O direito de retificar a Defis prescreve em cinco anos, contados a partir do primeiro dia do exercício seguinte ao da declaração original.

> **Atenção!**
>
> Caso a **empresa não tenha realizado nenhuma operação no ano-calendário**, ela deve informar essa condição na Defis. Uma empresa é considerada inativa quando não registra mutação patrimonial ou atividade operacional durante todo o ano.

5.9.2 Outras obrigações acessórias

Além da Defis, as empresas do Simples Nacional devem cumprir outras obrigações acessórias conforme a legislação vigente:

- **Tributos não abrangidos pelo simples nacional**: a empresa deve seguir as regras estabelecidas pelos entes federativos (União, Estados, Distrito Federal e Municípios) para a prestação de informações e entrega de declarações relacionadas a tributos que não fazem parte do regime simplificado.
- **Declaração Eletrônica de Serviços (DES)**: caso exigida pelo Município ou Distrito Federal, essa declaração deve ser enviada regularmente para a escrituração dos documentos fiscais emitidos e recebidos relativos aos serviços prestados, tomados ou intermediados.
- **Declaração Relativa ao ICMS**: quando a empresa for responsável pelo recolhimento do ICMS por

Capítulo 5 – TRIBUTAÇÃO DAS MICROEMPRESAS E EMPRESAS DE PEQUENO PORTE

substituição tributária, diferencial de alíquotas ou recolhimento antecipado, poderá ser exigida a entrega de uma declaração eletrônica ao Estado ou ao Distrito Federal, por meio de um aplicativo disponibilizado no Portal do Simples Nacional.

5.10 Regime de caixa ou de competência

De acordo com o art. 18, § 3º, da LC nº 123/2006, e o art. 16 da Resolução CGSN nº 140/2018, a base de cálculo para a determinação do valor devido mensalmente pela ME ou EPP optante pelo Simples Nacional será a receita bruta total mensal auferida (Regime de Competência) ou recebida (Regime de Caixa), conforme opção feita pelo contribuinte.

Para isso, **devem manter um controle detalhado dos valores a receber**, conforme determina a Resolução CGSN nº 140/2018. Esse registro é fundamental para garantir a correta apuração dos tributos e a transparência na movimentação financeira do negócio.

O **regime de reconhecimento da receita bruta será irretratável para todo o ano-calendário** e na hipótese de a ME ou EPP possuir filiais, deverá ser considerado o somatório das receitas brutas de todos os estabelecimentos.

- **Informações Obrigatórias no Registro**: o registro dos valores a receber deve conter, no mínimo, os seguintes dados para cada prestação de serviço ou operação a prazo:
    - Número e data de emissão do documento fiscal;

    - Valor da operação ou prestação;

- Quantidade e valor de cada parcela, além das respectivas datas de vencimento;

- Data de recebimento e valor recebido;

- Saldo a receber;

- Créditos considerados incobráveis.

Caso uma mesma prestação ou operação possua mais de um documento fiscal, todos devem ser registrados conjuntamente.

A adoção do regime de caixa não exime a empresa da obrigação de manter em ordem seus documentos fiscais e contábeis, incluindo o Livro Caixa.

As operações realizadas por meio de administradoras de cartões de crédito e débito estão dispensadas desse registro, desde que a empresa mantenha os extratos emitidos pelas administradoras. Vendas realizadas com cheques devem ser registradas nos casos de pagamento futuro, cheques devolvidos ou não compensados no próprio mês.

Caso a empresa registre **créditos como incobráveis**, deverá manter documentos que comprovem a tentativa de cobrança, como: notificação extrajudicial; protesto; cobrança judicial; e registro do débito em cadastros de proteção ao crédito. O não cumprimento das exigências do registro pode levar à desconsideração da opção pelo regime de caixa. Nesse caso, os tributos serão recalculados pelo regime de competência, com a aplicação de acréscimos legais correspondentes.

Manter um controle organizado e atualizado dos valores a receber é essencial para garantir a conformidade tributária e evitar penalidades. Dessa forma, a empresa assegura uma gestão financeira mais eficiente e transparente dentro do Simples Nacional.

Capítulo 5 – TRIBUTAÇÃO DAS MICROEMPRESAS E EMPRESAS DE PEQUENO PORTE

A opção pelo regime de reconhecimento de receita bruta **deverá ser registrada em aplicativo disponibilizado no Portal do Simples Nacional**, quando da apuração dos valores devidos relativos ao mês de:

- **Novembro de cada ano-calendário**, com efeitos para o ano-calendário subsequente, na hipótese de ME ou EPP já optante pelo Simples Nacional;
- **Dezembro**, com efeitos para o ano-calendário subsequente, na hipótese de ME ou EPP em início de atividade, com efeitos da opção pelo Simples Nacional no mês de dezembro;
- **Início dos efeitos da opção pelo Simples Nacional**, nas demais hipóteses, com efeitos para o próprio ano-calendário.

A opção pelo Regime de Caixa servirá **exclusivamente para a apuração da base de cálculo mensal**, aplicando-se o regime de competência para as demais finalidades, especialmente, para determinação dos limites e sublimites, bem como da alíquota a ser aplicada sobre a receita bruta recebida no mês.

Para a ME ou EPP optante pelo regime de caixa:

- Nas prestações de serviços ou operações com mercadorias com valores a receber a prazo, a parcela não vencida deverá obrigatoriamente integrar a base de cálculo dos tributos abrangidos pelo Simples Nacional até o último mês do ano-calendário subsequente àquele em que tenha ocorrido a respectiva prestação de serviço ou operação com mercadorias;

- A receita auferida e ainda não recebida deverá integrar a base de cálculo dos tributos abrangidos pelo Simples Nacional, na hipótese de:

  - encerramento de atividade, no mês em que ocorrer o evento;
  - retorno ao regime de competência, no último mês de vigência do regime de caixa;
  - exclusão do Simples Nacional, no mês anterior ao dos efeitos da exclusão.

5.11 Exclusão do Simples Nacional

A permanência no Simples Nacional está condicionada ao cumprimento de uma série de requisitos legais. Caso esses requisitos não sejam atendidos, a empresa pode ser excluída do Simples Nacional. A exclusão pode ocorrer de forma obrigatória ou por opção do contribuinte, sendo as principais hipóteses:

- Receita bruta superior ao limite estabelecido de R$ 4,8 milhões;
- Alteração do objeto social para incluir atividades vedadas;
- Irregularidade Fiscal;
- Omissão de declarações obrigatórias ao fisco;
- Irregularidade cadastral;
- Natureza jurídica incompatível;
- Existência de sócios não permitidos pela Legislação; e
- Descumprimento de obrigações trabalhistas.

5.11.1 Procedimentos para exclusão

A exclusão do Simples Nacional pode ser feita de ofício (pela Receita Federal, Estados ou Municípios) ou por opção do contribuinte. Nos casos de exclusão obrigatória:

> – O contribuinte será notificado;
> – Haverá um prazo para regularização da situação, quando aplicável;
> – Caso não haja regularização, a exclusão será efetivada.

Quando a exclusão ocorre, a empresa deverá se adequar a outro regime tributário, como o Lucro Presumido ou Lucro Real, e arcar com as consequências fiscais decorrentes.

5.11.2 Exclusão por comunicação

As Microempresas ou as Empresas de Pequeno Porte podem **solicitar a exclusão do regime do Simples Nacional** por meio de comunicação à Receita Federal do Brasil, utilizando o aplicativo disponibilizado no Portal do Simples Nacional. A exclusão poderá ser:

- **Por opção**: a qualquer tempo, com efeitos a partir de:
  - 1º de janeiro do ano-calendário, se comunicada em janeiro;
  - 1º de janeiro do ano seguinte, se comunicada em outros meses.

- **Obrigatória**, quando:
  - A receita bruta acumulada ultrapassar os limites estabelecidos:
  - Se a ultrapassagem for superior a 20%, a comunicação deve ser feita até o último dia útil do mês subsequente, com efeitos imediatos;
  - Se não ultrapassar 20%, a comunicação deve ser feita até o último dia útil de janeiro do ano seguinte, com efeitos a partir desse ano;
  - Ter incorrido em alguma das hipóteses de vedação ao Regime;
  - Existir débitos com o INSS ou com as Fazendas Públicas Federal, Estadual ou Municipal sem exigibilidade suspensa.

5.11.3 Exclusão automática por alteração no CNPJ

Determinadas alterações cadastrais comunicadas pela ME ou EPP à RFB acarretam a exclusão automática do Simples Nacional, como:

- Mudança na natureza jurídica para sociedade anônima ou outras formas vedadas;
- Inclusão de atividade econômica não permitida;
- Inclusão de sócio pessoa jurídica ou domiciliado no exterior; e
- Cisão parcial ou extinção da empresa.

Os efeitos da exclusão ocorrerão a partir do mês seguinte à ocorrência da situação impeditiva, exceto no caso de extinção da empresa, em que os efeitos são imediatos.

5.11.4 Exclusão de ofício

A exclusão de ofício pode ser realizada pela RFB, Secretarias da Fazenda Estaduais e Municipais, conforme a localização do estabelecimento. O processo ocorre da seguinte forma:

- Expedição de Termo de Exclusão pelo ente federado que iniciou o processo;
- Notificação da ME ou EPP sobre a decisão de exclusão;
- Possibilidade de impugnação, dentro do prazo estabelecido pela legislação do ente federado;
- Registro no Portal do Simples Nacional, caso a impugnação seja rejeitada ou não seja apresentada.

A exclusão produzirá efeitos:

- A partir das datas previstas para exclusão obrigatória, se não houver comunicação espontânea;
- A partir do mês subsequente ao descumprimento de obrigação fiscal, no caso de escritórios contábeis;
- Retroativamente à data da opção pelo Simples Nacional, se constatada alguma vedação anterior ao ingresso;
- No próprio mês da infração, caso a empresa tenha cometido irregularidades graves, como embaraço à fiscalização ou sonegação fiscal.
- Após a exclusão, a empresa **ficará impedida de optar novamente pelo Simples Nacional por um período de três anos**, nos casos de irregularidade grave.

> **Não esqueça!**
>
> A exclusão do Simples Nacional implica na necessidade de a empresa cumprir com **novas obrigações acessórias e regimes tributários mais complexos**. É fundamental que os contribuintes acompanhem regularmente sua situação fiscal para evitar exclusão inesperada e prejuízos financeiros.

5.12 Créditos Tributários

De acordo com as regras da Lei Complementar nº 123/2006, os optantes pelo Simples Nacional **não farão jus à apropriação nem transferirão créditos relativos a impostos ou contribuições abrangidos pelo Simples Nacional**.

Contudo, as pessoas jurídicas não optantes pelo Simples Nacional terão direito a **crédito correspondente ao ICMS** incidente sobre as suas aquisições de mercadorias de microempresa ou empresa de pequeno porte optante pelo Simples Nacional, desde que destinadas à comercialização ou industrialização e observado, como limite, o ICMS efetivamente devido pelas optantes pelo Simples Nacional em relação a essas aquisições.

A alíquota aplicável ao cálculo do crédito **deverá ser informada** no documento fiscal e corresponderá ao percentual de ICMS previsto nos Anexos I ou II da Lei Complementar nº 123/2006, conforme a faixa de receita bruta à qual a microempresa ou a empresa de pequeno porte esteve sujeita no mês anterior ao da operação.

Caso a operação ocorra no mês de início das atividades da empresa optante pelo Simples Nacional, a alíquota aplicável ao cálculo do crédito corresponderá ao percentual de ICMS referente à menor alíquota prevista nos referidos anexos.

A Resolução CGSN nº 140, de 22 de maio de 2018 estabelece que a ME ou a EPP optante pelo Simples Nacional que emitir

Capítulo 5 – TRIBUTAÇÃO DAS MICROEMPRESAS E EMPRESAS DE PEQUENO PORTE

nota fiscal com direito ao crédito consignará no campo destinado às informações complementares ou, em sua falta, no corpo da nota fiscal, a expressão "PERMITE O APROVEITAMENTO DO CRÉDITO DE ICMS NO VALOR DE R$...; CORRESPONDENTE À ALÍQUOTA DE...%, NOS TERMOS DO ART. 23 DA LEI COMPLEMENTAR Nº 123, DE 2006".

A alíquota aplicável ao cálculo do crédito será apurada da seguinte forma:

$$\{[(\text{RBT12} \times \text{alíquota nominal}) \text{ -Parcela a Deduzir}] / \text{RBT12}\} \times \% \text{ Distribuição do ICMS}$$

No caso de a empresa ter iniciado suas atividades há menos de 13 meses da operação, será considerada a média aritmética da receita bruta total dos meses que antecederem o mês anterior ao da operação multiplicada por 12.

O percentual de crédito de ICMS corresponderá a 1,36% para revenda de mercadorias e 1,44% para venda de produtos industrializados pelo contribuinte, na hipótese de a operação ocorrer nos **2 primeiros meses de início de atividade** da ME ou da EPP optante pelo Simples Nacional.

A ME ou a EPP optante pelo Simples Nacional não poderá consignar as informações sobre aproveitamento de crédito no documento fiscal, ou caso já consignada, deverá inutilizá-la, quando:

- Estiver sujeita à tributação do ICMS no Simples Nacional por valores fixos mensais;
- Tratar-se de operação de venda ou revenda de mercadorias em que o ICMS não é devido na forma do Simples Nacional;

- Houver isenção estabelecida pelo Estado ou Distrito Federal, que abranja a faixa de receita bruta a que a ME ou EPP estiver sujeita no mês da operação;
- A operação for imune ao ICMS;
- Considerar, por opção, que a base de cálculo sobre a qual serão calculados os valores devidos na forma do Simples Nacional será representada pela receita recebida no mês (Regime de Caixa); ou
- Tratar-se de prestação de serviço de comunicação, de transporte interestadual ou de transporte intermunicipal.

O adquirente da mercadoria **não poderá se creditar do ICMS** consignado em nota fiscal emitida por ME ou EPP optante pelo Simples Nacional, quando:

- A alíquota estabelecida não for informada na nota fiscal;
- A mercadoria adquirida não se destinar à comercialização ou à industrialização; ou
- A operação enquadrar-se em situações de vedação de aproveitamento de créditos detalhadas anteriormente.

Na hipótese de utilização de crédito de forma indevida ou maior, o destinatário da operação estornará o crédito respectivo conforme a legislação de cada ente, sem prejuízo de eventuais sanções ao emitente, nos termos da legislação do Simples Nacional.

Capítulo 5 – TRIBUTAÇÃO DAS MICROEMPRESAS E EMPRESAS DE PEQUENO PORTE

5.13 Impactos da reforma tributária no Simples Nacional

A Reforma Tributária **manteve o Simples Nacional no novo sistema tributário**, garantindo a continuidade desse regime simplificado para micro e pequenas empresas. No entanto, **apesar de sua preservação, algumas regras sofrerão ajustes para se adequar ao novo modelo**, exigindo atenção especial dos empresários, principalmente aqueles que atuam no mercado B2B (*Business-to-Business*), que se refere às transações comerciais entre empresas, como por exemplo, um fornecedor de matérias-primas vendendo para uma indústria, ou uma indústria vendendo para um atacadista ou varejista.

Entre os principais pontos de impacto, destacam-se a **não cumulatividade plena**, a **nova forma de concessão de créditos tributários** e a **possibilidade de aumento da carga tributária** para empresas que optarem pelo recolhimento dos novos tributos separadamente ou migrarem para o regime normal de tributação.

5.13.1. Crédito de impostos e a não cumulatividade no novo sistema

As empresas optantes pelo Simples Nacional, tributadas conforme o Anexo I da Lei Complementar nº 123/2006, atualmente **podem conceder créditos de ICMS aos clientes que adquirirem mercadorias para revenda, na mesma proporção do imposto efetivamente pago.** Além disso, esses clientes podem obter créditos de **PIS e COFINS** com base na alíquota cheia do regime normal de tributação (1,65% e 7,6% respectivamente), e não apenas no valor efetivamente pago pelo vendedor no Simples Nacional. Já no setor de serviços, não há possibilidade de concessão de créditos de **ISS**, uma vez que esse tributo é apurado de forma cumulativa.

Com a reforma, o novo sistema prevê que **empresas de comércio e serviços do Simples Nacional passarão a conceder créditos de IBS e CBS a todas as empresas compradoras** (pessoa jurídica). No entanto, a forma de cálculo desses créditos muda:

- O crédito será calculado **com base no valor efetivamente apurado pelo Simples Nacional** e não mais pela alíquota cheia dos tributos no regime normal.
- O **ISS, que antes não gerava créditos para os clientes no Simples Nacional, agora será incorporado ao IBS**, passando a gerar créditos para os compradores.
- O **PIS e a COFINS, que serão unificados na CBS, transferirão créditos apenas com base no valor apurado dentro do Simples**, reduzindo o volume de créditos concedidos às empresas compradoras.

Essa mudança **pode afetar a competitividade das empresas do Simples que vendem para outras empresas**, pois os compradores que antes aproveitavam créditos maiores podem optar por fornecedores que recolhem impostos pelo regime normal. Para ilustrar a mudança, vejamos um exemplo.

A empresa Comercial ABC optante pelo Simples Nacional efetuou em 02/2025 uma única venda para a Comercial CDE, optante pelo Lucro Real, a qual comercializará os produtos adquiridos. O valor da operação foi de R$ 100.000,00. Considere RBT 12 de R$ 1.500.000,00.

Capítulo 5 – TRIBUTAÇÃO DAS MICROEMPRESAS E EMPRESAS DE PEQUENO PORTE

- **Empresa Vendedora - Comercial ABC**
  - Informações necessárias para apuração do Simples Nacional:

    Empresa Comercial optante pelo Simples Nacional tributado com base no Anexo I da Lei Complementar nº 123/2016. De acordo com a RBT 12m do mês anterior, a empresa encontra-se na 4ª faixa onde extraímos as seguintes informações para o cálculo da alíquota efetiva e informações da alíquota aplicável ao cálculo do crédito do ICMS.

Alíquota nominal	10,7%
Valor a deduzir	R$ 22.500,00
% de distribuição do ICMS	33,5%
% de distribuição do PIS	2,76%
% de distribuição do Confis	12,74%

- **Cálculo da Alíquota Efetiva**

$$[(R\$ \ 1.500.000,00 \ x \ 10,7\%) -R\$ \ 22.500,00) / R\$ \ 1.500.000,00] = 9,2\%$$

- **Cálculo da Alíquota do ICMS para fins de Crédito**

9,2% x 33,5% = 3,082%

Essa será a alíquota aplicável ao cálculo do crédito do ICMS que deverá ser informada no documento fiscal.

- **Simples Nacional a ser pago:**
  R$ 100.000,00 X 9,2% = R$ 9.200,00

- **Crédito Tributário de ICMS:**
  R$ 100.000,00 X 3,082% = R$ 3.082,00

Na nota fiscal e empresa vendedora consignará no campo destinado às informações complementares, a expressão "PERMITE O APROVEITAMENTO DO CRÉDITO DE ICMS NO VALOR DE R$ 3.082,00; CORRESPONDENTE À ALÍQUOTA DE.3,082%%, NOS TERMOS DO ART. 23 DA LEI COMPLEMENTAR Nº 123, DE 2006".

- **Empresa Compradora** - Comercial CDE
- Terá direito a crédito correspondente ao ICMS incidente sobre as suas aquisições de mercadorias de optante pelo Simples Nacional, desde que destinadas à comercialização ou industrialização, considerando:

  – **ICMS** – O valor efetivamente devido pelas optantes pelo Simples Nacional em relação a essas aquisições.

  – **PIS e COFINS** – Aplicação das alíquotas de 1,65% e 7,6% sobre o valor da operação.

- **Créditos a serem aproveitados:**

  – **ICMS** = R$ 3.082.00 (R$ 100.000,00 x 3,082%)

  – **PIS** = R$ 1.650,00 (R$ 100.000,00 x 1,65%)

  – **COFINS** = R$ 7.600,00 (R$ 100.000,00 x 7,60%)

Capítulo 5 – TRIBUTAÇÃO DAS MICROEMPRESAS E EMPRESAS DE PEQUENO PORTE

Repare que, de acordo com as regras em vigor, em relação ao PIS e a COFINS a empresa vendedora recolheu um valor menor do que fora aproveitado pela empresa compradora como crédito. Do Valor total pago, R$ 9.200,00, R$ 253,92 refere-se ao PIS (R$ 9.200,00 X 2,76%) e R$ 1.172,08 a COFINS (R$ 9.200,00 X 12,74%).

Com as modificações propostas pela reforma tributária, essa situação se altera, o crédito será calculado com base no valor efetivamente apurado pelo Simples Nacional e não mais pela alíquota cheia dos tributos no regime normal, tal como ocorre como o ICMS hoje. Essa alteração traz como consequência para o mercado:

- Redução dos créditos tributários para empresas do Lucro Real ao comprar de empresas do Simples Nacional;
- Possível aumento da carga tributária para empresas do Simples Nacional que atuam no B2B, pois seus clientes podem buscar fornecedores que gerem mais créditos fiscais;
- A necessidade de um planejamento tributário mais rigoroso, tanto para fornecedores quanto para compradores.

5.13.2. Simples Nacional Híbrido: uma nova opção de tributação

A EC nº 123/2023, **facultou ao optante pelo Simples Nacional apurar e recolher o IBS e a CBS**, hipótese em que as parcelas a eles relativas não serão cobradas pelo Simples Nacional. No tópico 3.4.1.1 deste livro, abordamos o impacto dessa alteração.

Dessa forma, a reforma tributária cria uma possibilidade: o **Simples Nacional híbrido**. Nesse modelo, as empresas do Simples podem optar por recolher **CBS e IBS separadamente do DAS**, aplicando as alíquotas padrão. Esse novo modelo pode reduzir as perdas de competitividade no segmento **B2B**.

As vantagens dessa opção incluem:

- Possibilidade de **gerar créditos integrais de IBS e CBS** para si e para seus clientes;
- Maior atratividade para empresas que vendem para outras empresas (B2B), já que os clientes poderão aproveitar **100% dos créditos tributários**.

Por outro lado, essa escolha pode resultar em uma **carga tributária maior**, o que exige uma análise detalhada do impacto financeiro para cada empresa. Diante da não divulgação oficial das alíquotas do IBS e da CBS, até o fechamento desta obra, não temos razoável segurança para proceder com as estimativas.

> **Atenção!**
>
> O **planejamento tributário será essencial** para que micro e pequenas empresas tomem decisões estratégicas, garantindo sua competitividade no mercado pós-reforma.

5.13.3 Alteração no conceito de receita bruta e risco de exclusão do simples

A Reforma Tributária também trouxe mudanças na definição de **Receita Bruta**, critério essencial para o enquadramento no Simples Nacional. O **limite máximo de R$ 4.800.000,00 anuais** foi mantido, mas o conceito de Receita Bruta foi ampliado.

Capítulo 5 – TRIBUTAÇÃO DAS MICROEMPRESAS E EMPRESAS DE PEQUENO PORTE

A partir de 2025, passam a ser incluídas na Receita Bruta **todas as receitas relacionadas à atividade principal da empresa**, independentemente de sua natureza. Isso significa que rendimentos que antes poderiam ser tratados como receitas acessórias agora serão considerados para fins de enquadramento no Simples.

Esse novo critério **aumenta o risco de exclusão do Simples Nacional**, pois empresas que ultrapassarem o limite de faturamento precisarão migrar para regimes mais complexos, como **Lucro Presumido ou Lucro Real**.

> **Atenção!**
>
> Embora o discurso oficial afirme que a **"Reforma tributária não atinge as empresas do Simples Nacional"**, a realidade mostra que **as mudanças exigem atenção**.
> - O Simples Nacional **continua existindo** e mantém sua estrutura unificada de recolhimento de impostos.
> - As novas regras de **crédito tributário** impactam diretamente empresas que operam no mercado **B2B**.
> - A **ampliação do conceito de Receita Bruta** poderá impactar as empresas.
> - A opção pelo **Simples Nacional híbrido** pode ajudar algumas empresas, mas **aumenta a carga tributária** e pode não ser vantajosa para todos os negócios.
> - Assim, empresários devem analisar cuidadosamente os impactos da reforma e, **se necessário, revisar seu planejamento tributário** para garantir que sua empresa continue competitiva e dentro do melhor regime de tributação possível.

5.14 Parcelamento

O parcelamento de débitos no Simples Nacional, previsto na Lei Complementar nº 123/2006, proporciona às ME e EPP mecanismos eficientes para a regularização de suas obrigações fiscais, possibilitando permanecer no regime, mesmo no caso de débitos tributários.

Os débitos tributários em atraso podem ser parcelados em até **60 prestações** mensais, conforme critérios estabelecidos

366

CONTABILIDADE TRIBUTÁRIA

pelo CGSN, com parcelas acrescidas de juros baseados na taxa Selic e 1% no mês do pagamento. É possível ainda o reparcelamento de débitos já incluídos em acordos anteriores, bem como a redução de multas em lançamentos de ofício, ampliando as possibilidades de regularização.

Uma vantagem adicional relevante ocorre no contexto de licitações públicas: caso sejam identificadas restrições na comprovação da regularidade fiscal e trabalhista, o proponente declarado vencedor terá prazo de cinco dias úteis, prorrogável por igual período, para regularizar sua documentação, efetuar o pagamento ou parcelamento do débito e obter certidões negativas ou positivas com efeito de certidão negativa.

A legislação ainda prevê, para o ingresso no Simples Nacional, o parcelamento em até 100 parcelas mensais e sucessivas de débitos vencidos até 30 de junho de 2008, envolvendo dívidas com o Instituto Nacional do Seguro Social (INSS) ou com as Fazendas Públicas federal, estadual ou municipal. O valor mínimo de cada parcela será de R$ 100,00 e o pedido de parcelamento deverá ser requerido junto à respectiva Fazenda responsável, incluindo débitos inscritos em dívida ativa. Entretanto, essa modalidade de parcelamento não se aplica na hipótese de reingresso ao Simples Nacional.

5.15 Obrigações dos escritórios de serviços contábeis

Os **escritórios de serviços contábeis**, individualmente ou por meio de suas entidades representativas, desempenham um papel fundamental garantindo que as micro e pequenas empresas aproveitem os benefícios do Simples Nacional, cumpram suas obrigações e cresçam de forma sustentável.

Ao optar pelo Simples Nacional, os escritórios de serviços contábeis **assumem responsabilidades** importantes, seja in-

Capítulo 5 – TRIBUTAÇÃO DAS MICROEMPRESAS E EMPRESAS DE PEQUENO PORTE

dividualmente ou através de suas entidades representativas de classe. Entre essas obrigações, destacam-se os deveres:

- **Atendimento gratuito:**
  – Oferecer atendimento gratuito para inscrição e opção do MEI;

  – Auxiliar na elaboração da primeira declaração anual simplificada do MEI;

  – Organizar eventos que ofereçam orientações fiscais, contábeis e tributárias.

- **Fornecimento de informações ao CGSN:**
  – Disponibilizar resultados de pesquisas quantitativas e qualitativas sobre as ME e EPP atendidas pelos escritórios ou entidades representativas de classe, quando solicitado pelo CGSN.

- **Promoção de eventos:**
  – Organizar eventos que ofereçam orientações fiscais, contábeis e tributárias;

  – Direcionar essas orientações para as ME e EPP optantes pelo Simples Nacional, atendidas pelo escritório ou entidade representativa.

5.16 Reconhecimento Contábil

A escrituração contábil para micro e pequenas empresas não é apenas um requisito formal, mas uma ferramenta essencial para a boa gestão do negócio. **Mesmo as empresas optan-**

tes pelo Simples Nacional devem manter sua contabilidade regularizada para garantir conformidade com a legislação e facilitar a tomada de decisões financeiras.

A obrigatoriedade da escrituração contábil está prevista no Código Civil Brasileiro (Lei nº 10.406/2002), que, em seu artigo 1.179, estabelece que o empresário e a sociedade empresária devem manter um sistema de contabilidade com escrituração uniforme, além de levantar anualmente o balanço patrimonial e o resultado econômico. Além disso, a Lei Complementar nº 123/2006, no artigo 27, prevê a possibilidade de adoção de uma contabilidade simplificada para as ME e EPP optantes pelo Simples Nacional.

A Interpretação Técnica Geral (ITG) 2000 (R1) - Escrituração Contábil, emitida pelo Conselho Federal de Contabilidade (CFC), determina que **todas as entidades, independentemente do porte e da natureza, devem elaborar sua escrituração contábil de acordo com as normas vigentes.** Essa norma impõe aos profissionais da contabilidade a obrigação de aplicar a escrituração contábil para todas as empresas, incluindo ME e EPP.

Diante desse cenário, as micro e pequenas empresas devem manter sua contabilidade regularizada, seguindo as disposições do Código Civil e das Normas Brasileiras de Contabilidade. Essa exigência se aplica independentemente do regime tributário adotado, incluindo as empresas optantes pelo Simples Nacional.

O reconhecimento contábil dos valores a recolher do Simples Nacional é realizado debitando uma conta de resultado (dedução da receita bruta) e creditando uma conta de passivo circulante. Utilizando o modelo de plano de contas previsto na ITG 1000, temos:

Capítulo 5 – TRIBUTAÇÃO DAS MICROEMPRESAS E EMPRESAS DE PEQUENO PORTE

Pelo Reconhecimento do valor a pagar.

D - Simples Nacional (Resultado)

C – Simples Nacional a pagar (Passivo Circulante)

Pelo pagamento:

D – Simples Nacional a pagar (Passivo Circulante)

C – BANCOS (Ativo Circulante)

5.17 Exercícios de Fixação

1) De acordo com a Lei Complementar nº 123/2006, qual é o limite máximo de receita bruta para uma empresa ser classificada como Microempresa?

A) R$ 180.000,00.

B) R$ 360.000,00.

C) R$ 4.800.000,00.

D) R$ 9.600.000,00.

2) Empresas que prestam serviços considerados de cunho intelectual podem ser tributadas nos Anexos III ou V da LC 123/2006. O que determina a alíquota aplicável?

A) O número de funcionários da empresa.

B) O faturamento anual da empresa.

C) A relação entre folha de salários e receita bruta.

D) O valor do capital social da empresa.

3) Caso uma empresa ultrapasse em mais de 20% o limite de receita bruta do Simples Nacional, não sendo o seu primeiro ano de funcionamento, em que momento ela será excluída desse regime?

A) No mesmo mês em que ultrapassar o limite.

B) No mês subsequente ao excesso de receita.

C) No início do próximo ano-calendário.

D) Somente se ultrapassar o limite por dois anos consecutivos.

4) Caso uma empresa ultrapasse em menos de 20% o limite de receita bruta do Simples Nacional, não sendo o seu primeiro ano de funcionamento, em que momento ela será excluída desse regime?

A) No mesmo mês em que ultrapassar o limite.

B) No mês subsequente ao excesso de receita.

C) No início do próximo ano-calendário.

D) Somente se ultrapassar o limite por dois anos consecutivos.

5)Qual das seguintes atividades NÃO pode optar pelo Simples Nacional?

A) Microcervejaria registrada no MAPA.

B) Escritório de advocacia.

C) Empresa de vigilância e segurança.

D) Banco comercial.

6) Um contribuinte que fabrica produtos com alíquota zero de IPI deve tributar suas receitas em qual Anexo do Simples Nacional?

A) Anexo I – Comércio.

B) Anexo II – Indústria.

C) Anexo III – Serviços gerais.

D) Anexo IV – Construção civil.

7) Qual das alternativas abaixo representa um critério para que uma empresa prestadora de serviços seja tributada pelo Anexo III ao invés do Anexo V?

A) Se a folha de salários for igual ou superior a 28% da receita bruta.

B) Se o faturamento anual for superior a R$ 1.000.000,00.

C) Se possuir mais de 10 funcionários registrados.

D) Se prestar serviços para órgãos públicos.

8) Uma empresa que atua no comércio e presta serviços deverá calcular o Simples Nacional considerando:

A) Apenas a atividade que representar maior receita.

B) Apenas a atividade que for menos tributada.

C) Os Anexos específicos para cada tipo de receita.

D) O Anexo que abrange todas as atividades da empresa.

9) No ano de início de atividade, como é calculado o limite de receita bruta para enquadramento no Simples Nacional?

A) Considera-se o limite anual de R$ 4.800.000,00 independentemente do número de meses.

B) Multiplica-se R$ 400.000,00 pelo número de meses do ano-calendário, incluindo frações de meses.

C) O limite é proporcional ao capital social da empresa.

D) O limite é fixo em R$ 2.400.000,00 para o primeiro ano.

10) Uma empresa comercial possui um faturamento acumulado nos últimos 12 meses de R$ 1.500.000,00 e faturamento em janeiro de 2025 de R$ 90.000,00. Considerando que a empresa está no Anexo I do Simples Nacional, qual será o valor do imposto devido em janeiro de 2025?

A) R$ 5.400,00.

B) R$ 7.200,00.

C) R$ 8.280,00.
D) R$ 9.000,00.

11) Uma empresa de serviços (Anexo III) tem receita bruta dos últimos 12 meses de R$ 1.800.000,00 e faturamento em janeiro de 2025 de R$ 210.000,00. Qual o valor devido ao Simples Nacional?
A) R$ 15.120,00.
B) R$ 12.800,00.
C) R$ 14.700,00.
D) R$ 29.442.00.

12) Uma empresa comercial iniciou suas atividades em janeiro de 2024 e teve as seguintes receitas no primeiro quadrimestre: R$ 80.000,00 em Jan/2024, R$ 120.000,00 em Fev/2024, R$ 40.000,00 em Mar/2024 e R$ 70.000,00 em Abr/2024. Qual o imposto devido em Abr/2024?
A) R$ 5.849.37.
B) R$ 6.750,00.
C) R$ 4.950,00.
D) R$ 7.200,00.

13) Determinada empresa optante pelo Simples Nacional faturou R$ 200.000,00 em janeiro de 2025, sendo R$ 80.000,00 de industrialização e comércio (Anexo II) e R$ 120.000,00 de prestação de serviços (Anexo III). Sabendo que a Receita Bruta acumulada nos 12 meses anteriores era de R$ 2.000.000,00 qual o valor deverá ser recolhido do simples nacional?
A) R$ 20.850,00.
B) R$ 26.001,60.
C) R$ 29.436,00.
D) R$ 29.900,00.

Capítulo 5 – TRIBUTAÇÃO DAS MICROEMPRESAS E EMPRESAS DE PEQUENO PORTE

14) Uma empresa de prestação de serviços de fisioterapia possui RBT12 de R$ 2.220.000,00 e folha de salários anual de R$ 360.000,00. Qual o valor devido ao Simples Nacional para um faturamento mensal de R$ 200.000,00?

A) R$ 23.500,00.

B) R$ 40.405,40.

C) R$ 30.681.08.

D) R$ 36.000,00.

15) Uma empresa de prestação de serviços de fisioterapia possui RBT12 de R$ 2.220.000,00 e folha de salários anual de R$ 670.000,00. Qual o valor devido ao Simples Nacional para um faturamento mensal de R$ 200.000,00?

A) R$ 11.250,00.

B) R$ 40.405,00.

C) R$ 30.681.08.

D) R$ 14.000,00.

16) Uma empresa de prestação de serviços do Anexo V teve faturamento mensal de R$ 100.000,00 e RBT12 de R$ 2.000.000,00. Qual o imposto devido?

A) R$ 7.500,00.

B) R$ 9.200,00.

C) R$ 19.895,00.

D) R$ 10.000,00.

17) Uma empresa comercial com receita bruta acumulada de R$ 4.000.000,00 e mensal de R$ 320.000,00. Qual o imposto devido?

A) R$ 30.560,00.

B) R$ 43.623,00.

C) R$ 30.750,00.

D) R$ 43.549,96.

18) Juquinha é sócio da empresa CDE Ltda., participando com 50% do capital social que é de R$ 500.000,00. A Receita Bruta desta empresa nos últimos 12 meses foi de R$ 2.000.000,00. Pretendendo ingressar no quadro societário da empresa ABC Ltda. adquirindo quotas de outro sócio que representam 20% do capital social de R$ 800.000,00 e que apurou nos últimos 12 meses receita bruta de R$ 1.500.000,00. Sabe-se que as duas empresas são optantes pelo Simples Nacional. Caso Juquinha ingresse como sócio da ABC Ltda., ambas as empresas (CDE Ltda. e ABC Ltda.) seriam excluídas do Simples Nacional?

A) Sim, pois a soma das receitas ultrapassaria o limite de R$ 4,8 milhões.

B) Não, pois a regra de exclusão não se aplicaria em relação aos sócios.

C) Sim, pois um mesmo sócio não pode ter participação em duas empresas optantes pelo Simples Nacional em nenhuma hipótese.

D) Não, pois ambas faturam menos de R$ 4,8 milhões.

19) Caso uma empresa possua débitos com o INSS ou com a Fazenda Pública, poderá permanecer no Simples Nacional?

A) Sim, pois o Simples Nacional não exige regularidade fiscal.

B) Não, pois a existência de débitos impede em todas as hipóteses a permanência no regime.

C) Sim, desde que o débito seja inferior a R$ 15.000,00.

Capítulo 5 – TRIBUTAÇÃO DAS MICROEMPRESAS E EMPRESAS DE PEQUENO PORTE

D) Não, salvo se a empresa tiver parcelado a dívida antes da exclusão.

20) Considere as seguintes informações obtidas em uma empresa comercial optante pelo Simples Nacional em que o contribuinte possua a condição de Substituído Tributário em relação a parte da receita auferida no mês de 08/2024:

Venda de mercadoria sem ST	**150.000,00**
Venda com ST	**100.000,00**
Total da receita	**250.000,00**

Receita bruta nos últimos 12 meses 1.200.000,00

Considerando as informações o valor do Simples Nacional a ser recolhido será:

A) R$ 30.887,50

B) R$ 8.825,00

C) R$ 14.671.56

D) R$ 19.106,13

Resposta:

1 – B	11 – D
2 – C	12 – A
3 – B	13 – B
4 – C	14 – B
5 – D	15 - C
6 – B	16 - C
7 – A	17 – D
8 – C	18 – D
9 – B	19 – D
10 – C	20 – D

D) Não, salvo se a empresa tiver parcelado a dívida antes
da extinção.

20) Considere as seguintes informações obtidas em uma
empresa comercial optante pelo Simples Nacional em
que o contribuinte possua a condição de Substituído Tributário em relação a parte da receita auferida no mês de
05/2024:

Venda de mercadoria sem ST   150.000,00
Venda com ST   100.000,00
Total da receita   250.000,00

Receita bruta nos últimos 12 meses 1.200.000,00
Considerando as informações o valor do Simples Nacional a ser recolhido será:

A) R$ 30.587,50
B) R$ 9.825,00
C) R$ 14.671,59
D) R$ 18.106,13

Resposta:

Capítulo 6 – TRIBUTOS SOBRE A RECEITA OU FATURAMENTO

ISS, ICMS
PIS e COFINS, pra nada...
Integração social, aonde?
Só se for no carnaval.

Djavan (Imposto – 2007)

Atualmente, diversos tributos incidentes sobre o faturamento das empresas no Brasil, como o IPI, ICMS, ISS, PIS e COFINS, com a Reforma Tributária, serão substituídos por um modelo mais simples e transparente. O ICMS e o ISS darão lugar ao Imposto sobre Bens e Serviços (IBS), de competência estadual e municipal, enquanto PIS e COFINS serão unificados na Contribuição sobre Bens e Serviços (CBS), de competência federal. O IPI, embora não tenha sido extinto, teve suas alíquotas zeradas para a maior parte das transações.

No entanto, esses tributos **permanecerão vigentes até 2026 (Pis e Cofins) e 2032 (ICMS e ISS),** período em que coexistirão com o novo sistema tributário. **Esse cenário de transição exige estudo e planejamento por parte das empresas, que precisarão compreender as regras atuais e acompanhar as mudanças gradativas para evitar riscos fiscais e aproveitar as oportunidades de otimização tributária**. Neste capítulo, abordaremos as principais características desses tributos.

6.1 Imposto sobre Produtos Industrializados (IPI)

Imposto de competência da União que incide **sobre produtos industrializados, nacionais e estrangeiros**, sendo regulamentado no Decreto nº 7.212/2010 – RIPI e no Decreto nº 11.158/2022, o qual aprova a Tabela de Incidência do Imposto sobre Produtos Industrializados – TIPI.

Embora inicialmente previsto para integrar o **IVA Dual**, criado pela Reforma Tributária, o **IPI** foi excluído da unificação dos tributos e **não foi substituído pelo Imposto Seletivo**. Isso significa que o imposto continuará existindo, ainda que a **Lei Complementar nº 214/2025** tenha reduzido suas alíquotas a zero, com exceção dos produtos fabricados na **Zona Franca de Manaus**. No entanto, essa redução não representou a extinção, podendo a **União restabelecer suas alíquotas**, desde que respeitada a **regra da noventena**.

Além da insegurança jurídica causada pela possibilidade de reativação do imposto, a **LC nº 214/2025** estabelece que, caso o **IPI volte a ser cobrado**, ele será incluído na **base de cálculo do IBS**. Isso pode resultar em aumento da carga tributária e impactos nos preços finais ao consumidor.

O conceito de industrialização abrange qualquer operação que modifique a natureza, o funcionamento, o acabamento, a apresentação ou a finalidade do produto, ou o aperfeiçoe para consumo, tais como:

Quadro 6.1 – Conceito de industrialização

Ação	Descrição
Transformação	Exercida sobre matéria-prima ou produto intermediário que importe na obtenção de espécie nova.

Capítulo 6 – TRIBUTOS SOBRE A RECEITA OU FATURAMENTO

Beneficiamento	Modifica, aperfeiçoa ou, de qualquer forma, altera o funcionamento, a utilização, o acabamento ou a aparência do produto.
Montagem	Reunião de produtos, peças ou partes que resultam em um novo produto ou unidade autônoma, ainda que sob a mesma classificação fiscal.
Acondicionamento ou Reacondicionamento	Altera a apresentação do produto, pela colocação da embalagem, ainda que em substituição da original, salvo quando a embalagem colocada se destine apenas ao transporte da mercadoria.
Renovação ou Recondicionamento	Exercida sobre produto usado ou parte remanescente de produto deteriorado ou inutilizado, renovando ou restaurando o produto para utilização.

Fonte: Elaborado pelo autor a partir das informações do Art. 4º do DECRETO Nº 7.212/2010, 2025.

O campo de incidência do imposto **abrange todos os produtos com alíquota, ainda que zero, relacionados na TIPI**, observadas as disposições contidas nas respectivas notas complementares, excluídos aqueles correspondentes à notação "NT" (não tributado).

6.1.1 Fato Gerador

São duas as hipóteses de ocorrência do fato gerador do IPI:

- **Na importação**: o desembaraço aduaneiro de produtos de procedência estrangeira;
- **Na operação interna:** a saída de produto do estabelecimento industrial, ou equiparado a industrial.

6.1.2 Contribuintes

São obrigados ao pagamento do imposto como contribuinte:

- **O importador**, em relação ao fato gerador decorrente do desembaraço aduaneiro de produto de procedência estrangeira;
- **O industrial**, em relação ao fato gerador decorrente da saída de produto que industrializar em seu estabelecimento, bem como os demais fatos geradores decorrentes de atos que praticar;
- **O estabelecimento equiparado a industrial**, quanto ao fato gerador relativo aos produtos que dele saírem, como quanto aos demais fatos geradores decorrentes de atos que praticar;
- **Os que consumirem ou utilizarem em outra finalidade**, ou remeterem a pessoas que não sejam empresas jornalísticas ou editoras, o papel destinado à impressão de livros, jornais e periódicos, quando alcançado pela imunidade prevista na Constituição Federal.

6.1.3 Base de Cálculo

A base de cálculo do IPI, nas operações internas, será o **valor total da operação** da qual decorrer a saída de produtos do estabelecimento industrial ou equiparado a industrial.

O valor da operação compreende o preço do produto, acrescido do valor do frete e das demais despesas acessórias, como por exemplo, seguros e outros encargos cobrados ou debitados pelo contribuinte ao comprador ou destinatário. Não compõem a base de cálculo os descontos incondicionais e o próprio valor do IPI.

Na importação será o valor que servir ou que serviria de **base para o cálculo dos tributos aduaneiros,** por ocasião do despacho de importação, acrescido do montante desses tributos e dos encargos cambiais efetivamente pagos pelo importador ou destes exigíveis.

6.1.4 Alíquotas e Período de Apuração

As alíquotas **são definidas na TIPI**, aprovada pelo Decreto nº 11.158/2022, onde os produtos estão distribuídos por Seções, Capítulos, Subcapítulos, Posições, Subposições, Itens e Subitens, sendo classificados em conformidade com as Regras Gerais para Interpretação (RGI), Regras Gerais Complementares (RGC) e Notas Complementares (NC), todas da Nomenclatura Comum do Mercosul (NCM), integrantes do seu texto.

O período de apuração do IPI, incidente nas saídas dos produtos dos estabelecimentos industriais ou equiparados a industrial, é **mensal**, exceto para os produtos de procedência estrangeira, na importação.

O IPI deve ser recolhido até o 25º (vigésimo quinto) dia do mês subsequente ao mês de ocorrência dos fatos geradores, para os produtos em geral, exceto para os cigarros, que devem ser recolhidos até o 10º (décimo) dia.

6.1.5 Imunidades

São imunes da incidência do IPI:

- Os livros, jornais, periódicos e o papel destinado à sua impressão;
- Os produtos industrializados destinados ao exterior;

- O ouro, quando definido em lei como ativo financeiro ou instrumento cambial;
- A energia elétrica, derivados de petróleo, combustíveis e minerais do país.

Se a imunidade estiver condicionada à destinação do produto, e a este for dado destino diverso, **deverá o responsável pelo fato recolher o imposto como se a imunidade não existisse**.

6.1.6 Não Cumulatividade

A não cumulatividade é efetivada pelo sistema de crédito do imposto relativo a produtos e insumos que ingressam no estabelecimento do contribuinte, para ser abatido do que deve ser pago pelos produtos que saem deste estabelecimento num mesmo período.

Os estabelecimentos industriais e os que lhes são equiparados poderão creditar-se:

- O imposto relativo à **matéria-prima, produto intermediário e material de embalagem**, adquiridos para emprego na industrialização de produtos tributados, incluindo-se, entre as matérias-primas e os produtos intermediários, aqueles que, embora não se integrando ao novo produto, forem consumidos no processo de industrialização, salvo se compreendidos entre os bens do ativo permanente;
- Do imposto relativo à matéria-prima, produto intermediário e material de embalagem, **quando remetidos a terceiros para industrialização sob**

Capítulo 6 – TRIBUTOS SOBRE A RECEITA OU FATURAMENTO

encomenda, sem transitar pelo estabelecimento adquirente;

- Do imposto relativo à matéria-prima, produto intermediário e material de embalagem, **recebidos de terceiros para industrialização de produtos** por encomenda, quando estiver destacado ou indicado na nota fiscal;
- Do imposto destacado em nota fiscal relativa a produtos **industrializados por encomenda**, recebidos do estabelecimento que os industrializou, em operação que dê direito ao crédito;
- Do imposto pago no **desembaraço aduaneiro**;
- Do imposto mencionado na nota fiscal que acompanhar produtos de procedência estrangeira, diretamente da repartição que os liberou para o estabelecimento, mesmo exclusivamente varejista, do próprio importador;
- Do imposto relativo a bens de produção recebidos por comerciantes equiparados a industrial;
- Do imposto relativo aos produtos recebidos pelos estabelecimentos equiparados a industrial que, na saída destes, estejam sujeitos ao imposto nos demais casos não compreendidos nas hipóteses anteriores;
- Do imposto pago sobre produtos adquiridos com imunidade, isenção ou suspensão quando descumprida a condição, em operação que dê direito ao crédito; e
- Do imposto destacado nas notas fiscais relativas a entregas ou transferências simbólicas do produto, permitidas no Regulamento do IPI.

6.1.7 Caso Prático

Considere que a WXZ Industrial produz dois tipos de produtos, o produto "A", tributados com alíquota de IPI de 15%, e o Produto "B", tributados com alíquota de IPI de 10%. Em 10/2024 apurou receita de vendas no valor R$ 400.000,00, tendo ainda sido cobrado frete no valor de R$ 1.500,00.

Receita de Vendas
Produto "A"   R$ 100.000,00
Produto "B"   R$ 300.000,00

Dados do Frete
Total do frete cobrado – R$ 1.500,00
Peso dos produtos:
Produto "A" - 100 kg
Produto "B" - 150 kg
Peso Total - 250 kg

Sabe-se ainda que a empresa adquiriu na competência 10/2021 matérias-primas, insumos e embalagens no valor total de R$ 80.000,00, incidindo IPI nas operações de compra no valor de **R$ 7.590,00.**

O **valor tributável dos produtos será o valor da operação de que decorrer a saída da mercadoria (preço do produto), incluídas as despesas acessórias e o valor do frete, seguros e outros encargos cobrados do comprador.**

Cabe ainda ressaltar que será também considerado como cobrado ou debitado pelo contribuinte, ao comprador ou destinatário, para efeitos de inclusão na base de cálculo do IPI, o valor do frete quando o transporte for realizado ou cobrado por firma controladora ou controlada, coligadas ou interligada,

Capítulo 6 – TRIBUTOS SOBRE A RECEITA OU FATURAMENTO

do estabelecimento contribuinte ou por firma com a qual este tenha relação de interdependência, mesmo quando o frete seja subcontratado.

As despesas de transporte referentes a produtos sujeitos a diferentes alíquotas, com não incidência ou isentos do IPI, devem ser **rateadas proporcionalmente ao peso de cada produto, quando for impossível determinar o valor que efetivamente deveria ser atribuído a cada um dos itens.**O rateio tem como objetivo determinar o valor do frete que deve ser atribuído a cada um dos itens que compõe a operação mercantil para efeito de aplicação da alíquota ou de não tributação, no caso de produtos isentos.

Rateio do frete
Produtos sujeitos à alíquota de 15% (100 kg):
(100Kg/250 Kg) = 40% do valor do frete
R$ 1.500,00 x 40% = R$ 600,00

Produtos sujeito à alíquota de 10% (150kg):
(150Kg/250 Kg) = 60% do valor do frete
R$ 1.500,00 x 60% = R$ 900,00

Cálculo do IPI
Produto "A"
Produtos e frete proporcional sujeitos à alíquota de 15%
R$ 100.000,00 + R$ 600,00 = R$ 100.600,00
R$ 100.600,00 x 15%   = **R$ 15.090,00**

Produto "B"
Produtos e frete proporcional sujeitos à alíquota de 10%
R$ 300.000,00 + R$ 900,00 = R$ 300.900,00
R$ 300.900,00 x 10% = **R$ 30.090,00**
IPI a recolher =R$ 15.090,00 + R$ 30.090 = R$ 45.180,00.

Considerando que a empresa possui IPI a recuperar incidente sobre as compras no valor de R$ 7.590,00, esse valor deverá ser deduzido do valor a recolher. Assim, a empresa terá que recolher o valor de R$ 37.590,00.

R$ 45.180,00 – R$ 7.590,00 = **R$ 37.590,00**

6.1.8 Reconhecimento Contábil

Quando uma indústria adquire matérias-primas sujeitas ao IPI, o pagamento do imposto pode ser registrado como um crédito a recuperar, uma vez que será compensado futuramente na apuração do tributo devido na venda de produtos industrializados.

Considere que a Industrial XYZ S/A adquiriu matérias-primas no valor de R$ 150.000,00, pagando ainda IPI com alíquota de 10%. Posteriormente processa todo o estoque fabricando o produto "A", o qual vende pelo preço de R$ 300.000,00, incidindo IPI apurado com alíquota de 10%. O lançamento contábil pela aquisição será:

D – Estoques de Matérias-Primas (Ativo Circulante)	R$ 150.000,00
D – IPI a recuperar (Ativo Circulante)	R$ 15.000,00
C – Fornecedores (Passivo Circulante)	R$ 165.000,00

Caso a empresa não seja contribuinte do IPI ou a operação não permita o crédito do imposto, o IPI será considerado custo da mercadoria adquirida, sendo incorporado ao valor do estoque.

Na venda, o IPI deve ser destacado na nota fiscal e recolhido ao fisco. O imposto incidente sobre a venda não faz parte da receita da empresa e deve ser registrado separadamente. O lançamento contábil será:

Capítulo 6 – TRIBUTOS SOBRE A RECEITA OU FATURAMENTO

D – Clientes (Ativo Circulante)   R$ 330.000,00
C – Receita de Vendas (Resultado)   R$ 300.000,00
C – IPI a recolher (Passivo Circulante)   R$ 30.000,00

D – CMV (Resultado)   R$ 150.000,00
C – Estoques de Matérias-Primas (Ativo Circulante)   R$ 150.000,00

Compensação do IPI a recolher com o Crédito Acumulado:

D – IPI a recolher (Passivo Circulante)   R$ 15.000,00
C – IPI a recuperar (Ativo Circulante)   R$ 15.000,00

IPI a recuperar		IPI a recolher	
D	**C**	**D**	**C**
R$ 15.000,00		R$ 15.000,00	R$ 30.000,00
	R$ 15.000,00		
0			R$ 15.000,00

Pelo Pagamento:

D – IPI a recolher (Passivo Circulante)   R$ 15.000,00
C – Bancos (Ativo Circulante)   R$ 15.000,00

6.2 ICMS

A Constituição Federal estabelece no art. 155, II a competência para que Estados e Distrito Federal instituam imposto sobre operações relativas à circulação de mercadorias e sobre prestações de serviços de transporte interestadual e intermunicipal e de comunicação, ainda que as operações e as prestações se iniciem no exterior.

O ICMS foi regulamentado pela Lei Complementar 87/1996, sendo apurado de forma não cumulativa, compensando-se o que

388

for devido em cada operação relativa à circulação de mercadorias ou prestação de serviços com o montante cobrado nas operações anteriores pelo mesmo ou outro Estado, ou pelo Distrito Federal.

6.2.1 Fato Gerador

O imposto incide sobre as seguintes operações e prestações:

- **Circulação de mercadorias** – inclui o fornecimento de alimentação e bebidas em bares, restaurantes e estabelecimentos similares.
- **Serviços de transporte interestadual e intermunicipal** – abrange o transporte de pessoas, bens, mercadorias ou valores, independentemente do meio utilizado.
- **Serviços de comunicação** – compreende todas as formas de comunicação, incluindo geração, emissão, recepção, transmissão, retransmissão, repetição e ampliação de sinal.
- **Fornecimento de mercadorias com prestação de serviços** – quando os serviços não estiverem sob a competência tributária dos municípios.
- **Fornecimento de mercadorias com serviços sujeitos ao ISS** – ocorre quando a legislação complementar determina expressamente a incidência do ICMS.
- **Circulação de petróleo bruto** – desde a extração até a empresa concessionária.
- **Serviço prestado no exterior ou iniciado no exterior**.
- **Importação de bens ou mercadorias** – incide sobre a entrada de bens importados por pessoas físicas ou

Capítulo 6 – TRIBUTOS SOBRE A RECEITA OU FATURAMENTO

389

jurídicas, independentemente de sua habitualidade como contribuintes ou da finalidade da importação.

- **Entrada interestadual de petróleo e derivados** – inclui lubrificantes, combustíveis líquidos e gasosos, além de energia elétrica, quando não destinados à comercialização ou industrialização.
- **Saída de mercadoria para consumidor final não contribuinte em outro estado** – quando o estabelecimento do remetente estiver localizado em outra unidade da Federação.
- **Prestação de serviço por contribuinte de outro estado para consumidor final não contribuinte neste Estado.**

Importante destacar a **Incidência Excludente do ISS e do ICMS.** Em alguns casos, a Lei Complementar nº 116/2003 estabelece critérios para definir se a tributação ocorre pelo ICMS ou pelo ISS. Essa regra evita a dupla tributação, garantindo que a operação esteja sujeita a apenas um dos impostos.

- Exemplos de serviços sujeitos ao ISS (não sujeitos ao ICMS):
    - **Colocação e instalação de materiais (item 7.06 da LC 116/2003)** – inclui tapetes, carpetes, pisos, cortinas, vidros, divisórias, placas de gesso, entre outros, quando o material for fornecido pelo tomador do serviço.

    - **Hospedagem (item 9.01 da LC 116/2003)** – inclui hotéis, flats, motéis e similares. O valor da alimentação e gorjeta, quando embutido no preço da diária, fica sujeito ao ISS.

Em alguns casos, o fornecimento de mercadorias combinado com a prestação de serviços pode estar sujeito ao ICMS, conforme previsto na legislação complementar.

- Exemplos de serviços que podem ter incidência do ICMS:
- **Obras de construção civil, hidráulica ou elétrica (item 7.02 da LC 116/2003)** – inclui sondagem, perfuração de poços, escavação, drenagem, terraplanagem, pavimentação e montagem de equipamentos. Se houver fornecimento de mercadorias produzidas fora do local da prestação do serviço, a operação estará sujeita ao ICMS.
- **Reparação e reforma de edifícios, estradas e pontes (item 7.05 da LC 116/2003)** – quando houver fornecimento de mercadorias produzidas fora do local da prestação do serviço, ocorre a incidência do ICMS.
- **Manutenção de máquinas e veículos (item 14.01 da LC 116/2003)** – lubrificação, limpeza, conserto e restauração. As peças e partes empregadas na manutenção são tributadas pelo ICMS.
- **Recondicionamento de motores (item 14.03 da LC 116/2003)** – peças e partes utilizadas no serviço estão sujeitas ao ICMS.
- **Organização de eventos e bufê (item 17.11 da LC 116/2003)** – a prestação do serviço em si é tributada pelo ISS, mas o fornecimento de alimentos e bebidas está sujeito ao ICMS.

Essa distinção entre ICMS e ISS é fundamental para evitar bitributação e garantir a correta aplicação da legislação tributária.

Capítulo 6 – TRIBUTOS SOBRE A RECEITA OU FATURAMENTO

A Lei Complementar nº 87/1996 dispõe que **a caracterização do fato gerador do ICMS independe da natureza jurídica da operação** que o constitui. No entanto, é importante destacar que, conforme preceito constitucional, para que ocorra a tributação pelo ICMS, deve haver circulação de mercadorias. Isso exige a existência de uma operação mercantil, ou seja, um negócio jurídico que efetivamente promova a transferência de titularidade da mercadoria.

> **Atenção!**
>
> Fato gerador do ICMS **não ocorre com o mero deslocamento ou transporte físico da mercadoria**, assim como a operação fiscal, contábil ou financeira para constituir a exigência tributária. É necessário **existir natureza negocial, intenção de passá-la à disposição de outra pessoa, transferindo a titularidade**. Assim, qualquer ato que não satisfaça essas condições, não constituirá fato gerador do ICMS, por exemplo, venda para entrega futura, deslocamento ou transferência da mercadoria entre a mesma pessoa jurídica, furto e roubo. Esse é o entendimento do Superior Tribunal de Justiça constante **na súmula 166: "Não constitui fato gerador do ICMS o simples deslocamento de mercadoria de um para outro estabelecimento do mesmo contribuinte".**

6.2.2 Contribuintes

Contribuinte é qualquer **pessoa, física ou jurídica, que realize, com habitualidade ou em volume que caracterize intuito comercial**, operações de circulação de mercadoria ou prestações de serviços de transporte interestadual e intermunicipal e de comunicação, ainda que as operações e as prestações se iniciem no exterior.

É também contribuinte a pessoa física ou jurídica que, mesmo sem habitualidade:

- importe mercadorias do exterior, ainda que as destine a consumo ou ao ativo permanente do estabelecimento;
- seja destinatária de serviço prestado no exterior ou cuja prestação se tenha iniciado no exterior;
- adquira em licitação de mercadorias apreendidas ou abandonadas; e
- adquira lubrificantes e combustíveis líquidos e gasosos derivados de petróleo e energia elétrica oriundos de outro Estado, quando não destinados à comercialização ou à industrialização.

6.2.3 Base de Cálculo

A base de cálculo do ICMS é constituída pelo **valor da operação** incluindo o preço da mercadoria e do serviço, e, no caso de mercadorias importadas, incluí o valor da mercadoria ou bem constante dos documentos de importação acrescido do imposto de importação, do imposto sobre produtos industrializados, do imposto sobre operações de câmbio e quaisquer outros impostos, taxas, contribuições e despesas aduaneiras.

O valor da operação **inclui valores pagos a título de seguro, juros e demais importâncias pagas, recebidas ou debitadas, bem como descontos concedidos** sob condição e frete, caso o transporte seja efetuado pelo próprio remetente ou por sua conta e ordem, e seja cobrado em separado.

O **IPI não integrará a base de cálculo do ICMS** quando a operação for realizada entre contribuintes e relativa a produto

Capítulo 6 – TRIBUTOS SOBRE A RECEITA OU FATURAMENTO

393

destinado à industrialização ou à comercialização, que configure fato gerador dos dois impostos (ICMS e IPI).

> **Na prática!**
>
> A empresa ABC vendeu 500 unidades do produto "A" para uma empresa varejista por R$ 10,00 cada, com frete de R$ 250,00 e seguro de R$ 50,00, cobrados na nota fiscal. Além disso, foi concedido um desconto comercial (incondicional) de R$ 500,00. Considere a alíquota do ICMS de 18%.
>
> | | |
> |---|---|
> | Valor da mercadoria sem IPI | R$ 5.000,00 |
> | (+) Frete cobrado pelo Vendedor | R$ 250,00 |
> | (+) Seguro cobrado pelo Vendedor | R$ 50,00 |
> | (-) Descontos Incondicionais | R$ 500,00 |
> | (=) Base de Cálculo | R$ 4.800,00 |
> | ICMS destacado na Nota | R$ 864,00 (18% de 4.800,00) |

6.2.4 Imunidades

A Constituição Federal estabelece as seguintes imunidades:

- Sobre operações que destinem **mercadorias para o exterior** e sobre serviços prestados a destinatários no exterior, assegurada a manutenção e o aproveitamento do montante do imposto cobrado nas operações e prestações anteriores;
- Sobre operações que destinem a outro Estado o petróleo, inclusive lubrificantes, combustíveis líquidos e gasosos dele derivados, e energia elétrica;
- Sobre o ouro, nas hipóteses definidas como ativo financeiro;
- Nas prestações de serviço de comunicação nas modalidades de radiodifusão sonora e de sons e imagens de recepção livre e gratuita.

6.2.5 Alíquotas

Em operação ou prestação interna entre contribuintes localizados no próprio Estado, serão aplicadas as alíquotas estabelecidas pela Lei do respectivo Estado.

A Lei Complementar nº 214/25 estabelece que os fatos geradores ocorridos de 1 de janeiro de 2019 a 31 de dezembro de 2032 terão as alíquotas do imposto reduzidas em:

- 10% em 2029;
- 20% em 2030;
- 30% em 2031;
- 40% em 2032; e
- A partir de 2033, o ICMS será extinto sendo incorporado ao IBS.
- À medida que as alíquotas do ICMS forem sendo gradualmente reduzidas, a alíquota do IBS será ampliada em 10% ao ano, a partir de 2029, acompanhando a redução do ICMS.

Nas operações interestaduais as alíquotas serão definidas tendo como base o estado destinatário dos produtos ou serviços. Assim, são aplicadas as seguintes alíquotas:

- **7%** caso o destinatário da mercadoria esteja localizado nas regiões Norte, Nordeste, Centro-Oeste e no Estado do Espírito Santo, e quando o vendedor estiver localizado nos Estados do Rio de Janeiro, São Paulo, Minas Gerais, Paraná, Santa Catarina e Rio Grande do Sul;
- **12%** nas demais regiões.

Capítulo 6 – TRIBUTOS SOBRE A RECEITA OU FATURAMENTO

Tabela 6.1 – Alíquotas interestaduais ICMS

	AC	AL	AM	AP	BA	CE	DF	ES	GO	MA	MT	MS	MG	PA	PB	PR	PE	PI	RN	RS	RJ	RO	RR	SC	SP	SE	TO
AC		12	12	12	12	12	12	12	12	12	12	12	12	12	12	12	12	12	12	12	12	12	12	12	12	12	12
AL	12		12	12	12	12	12	12	12	12	12	12	12	12	12	12	12	12	12	12	12	12	12	12	12	12	12
AM	12	12		12	12	12	12	12	12	12	12	12	12	12	12	12	12	12	12	12	12	12	12	12	12	12	12
AP	12	12	12		12	12	12	12	12	12	12	12	12	12	12	12	12	12	12	12	12	12	12	12	12	12	12
BA	12	12	12	12		12	12	12	12	12	12	12	12	12	12	12	12	12	12	12	12	12	12	12	12	12	12
CE	12	12	12	12	12		12	12	12	12	12	12	12	12	12	12	12	12	12	12	12	12	12	12	12	12	12
DF	12	12	12	12	12	12		12	12	12	12	12	12	12	12	12	12	12	12	12	12	12	12	12	12	12	12
ES	12	12	12	12	12	12	12		12	12	12	12	12	12	12	12	12	12	12	12	12	12	12	12	12	12	12
GO	12	12	12	12	12	12	12	12		12	12	12	12	12	12	12	12	12	12	12	12	12	12	12	12	12	12
MA	12	12	12	12	12	12	12	12	12		12	12	12	12	12	12	12	12	12	12	12	12	12	12	12	12	12
MT	12	12	12	12	12	12	12	12	12	12		12	12	12	12	12	12	12	12	12	12	12	12	12	12	12	12
MS	12	12	12	12	12	12	12	12	12	12	12		12	12	12	12	12	12	12	12	12	12	12	12	12	12	12
MG	7	7	7	7	7	7	7	7	7	7	7	7		7	7	12	7	7	7	12	12	7	7	12	12	7	7
PA	12	12	12	12	12	12	12	12	12	12	12	12	12		12	12	12	12	12	12	12	12	12	12	12	12	12
PB	12	12	12	12	12	12	12	12	12	12	12	12	12	12		12	12	12	12	12	12	12	12	12	12	12	12
PR	7	7	7	7	7	7	7	7	7	7	7	7	12	7	7		7	7	7	12	12	7	7	12	12	7	7
PE	12	12	12	12	12	12	12	12	12	12	12	12	12	12	12	12		12	12	12	12	12	12	12	12	12	12
PI	12	12	12	12	12	12	12	12	12	12	12	12	12	12	12	12	12		12	12	12	12	12	12	12	12	12
RN	12	12	12	12	12	12	12	12	12	12	12	12	12	12	12	12	12	12		12	12	12	12	12	12	12	12
RS	7	7	7	7	7	7	7	7	7	7	7	7	12	7	7	12	7	7	7		12	7	7	12	12	7	7
RJ	7	7	7	7	7	7	7	7	7	7	7	7	12	7	7	12	7	7	7	12		7	7	12	12	7	7
RO	12	12	12	12	12	12	12	12	12	12	12	12	12	12	12	12	12	12	12	12	12		12	12	12	12	12
RR	12	12	12	12	12	12	12	12	12	12	12	12	12	12	12	12	12	12	12	12	12	12		12	12	12	12
SC	7	7	7	7	7	7	7	7	7	7	7	7	12	7	7	12	7	7	7	12	12	7	7		12	7	7
SP	7	7	7	7	7	7	7	7	7	7	7	7	12	7	7	12	7	7	7	12	12	7	7	12		7	7
SE	12	12	12	12	12	12	12	12	12	12	12	12	12	12	12	12	12	12	12	12	12	12	12	12	12		12
TO	12	12	12	12	12	12	12	12	12	12	12	12	12	12	12	12	12	12	12	12	12	12	12	12	12	12	

Fonte: https://www.idinheiro.com.br/negocios/
tabela-icms-2021-como-impacta-seu-negocio/

6.2.6 Não Cumulatividade

O ICMS é um imposto **não cumulativo**, ou seja, o valor a ser pago é compensado com o imposto já recolhido em operações anteriores, seja pelo mesmo Estado ou por outro.

O cálculo do imposto devido é feito com base na diferença entre:

- O **ICMS incidente sobre as vendas ou prestações de serviços** realizadas no período;
- Os **créditos tributários** acumulados com o imposto pago na aquisição de mercadorias ou serviços.

Os créditos podem ser originados de:

- **Compras de mercadorias para revenda ou uso no estabelecimento** (inclusive consumo e ativo imobilizado);
- **Serviços de transporte interestadual e intermunicipal contratados;**
- **Serviços de comunicação utilizados pelo estabelecimento.**

Nem todas as operações geram direito ao crédito de ICMS. O imposto pago na entrada de mercadorias ou na contratação de serviços não pode ser utilizado como crédito quando:

- **A operação for isenta ou não tributada** – se a mercadoria ou o serviço adquirido estiverem desonerados do ICMS, o imposto pago anteriormente não poderá ser abatido.
- **A mercadoria ou o serviço não estiverem relacionados à atividade do estabelecimento** – compras ou contratações que não tenham relação com a atividade econômica da empresa não geram direito a crédito.
- **Mercadorias adquiridas para industrialização ou produção rural, quando o produto final for isento ou não tributado** – exceto quando a mercadoria for destinada à exportação.
- **Mercadorias compradas para revenda ou prestação de serviço, quando a venda ou o serviço subsequente forem isentos ou não tributados** – também há exceção para produtos exportados.

6.2.7 Substituição Tributária

A Lei estadual pode determinar que um contribuinte do ICMS ou um **depositário** (independentemente do título da posse) seja responsável pelo pagamento do imposto. Nesse caso, esse contribuinte assume a função de **substituto tributário**.

A substituição tributária pode abranger o ICMS de operações ou prestações de serviços que ocorram em diferentes momentos da cadeia comercial:

- **Operações antecedentes** (antes da venda final);
- **Operações concomitantes** (no momento da venda);
- **Operações subsequentes** (quando a mercadoria for revendida).

Além disso, a substituição tributária também pode ser aplicada na cobrança da **diferença entre a alíquota interna e a interestadual** nas vendas para **consumidores finais contribuintes do imposto localizados em outro Estado**.

Se o fato gerador presumido **não se concretizar**, o contribuinte substituído tem direito à **restituição do ICMS pago** antecipadamente por meio da substituição tributária.

O cálculo do ICMS devido na substituição tributária (ICMS-ST) é feito com base no **preço do produto**, acrescido dos seguintes valores:

- **Imposto sobre Produtos Industrializados (IPI)**, quando aplicável;
- **Margem de Valor Agregado (MVA)**, que reflete os preços praticados no mercado.

A **MVA** corresponde a um percentual definido com base nos preços de mercado, que podem ser determinados por meio de:

- **Pesquisas de preços**, mesmo que amostrais;
- **Informações fornecidas por entidades representativas do setor.**

Do total apurado, é deduzido o ICMS já incidente na **operação própria do contribuinte substituto**.

A título de exemplificação, considere que uma Indústria localizada no Rio de Janeiro vende 100 unidades de um produto tributado com substituição tributária para uma distribuidora localizada também no Rio de Janeiro. Na operação, há incidência de IPI com alíquota de 4%, e a Margem de Valor Agregado é de 20%. A Nota Fiscal da indústria tem os seguintes dados:

Preço unitário do produto	R$ 20,00
Valor total das mercadorias (100 X R$ 20,00)	R$ 2.000,00
Alíquota interna do ICMS no RJ	20%
ICMS devido pela indústria (20% R$ 2.000,00)	R$ 400,00
– IPI incidente na operação (4% X R$ 2.000,00)	R$ 80,00

A Base de cálculo da retenção corresponde à aplicação da Margem de Valor Agregado (MVA) relativa ao produto sobre o resultado da soma dos valores relativos à mercadoria, IPI e outros valores cobrados do adquirente.

Cálculo da Substituição Tributária

Valor total das mercadorias	R$ 2.000,00
(+) IPI	R$ 80,00

Capítulo 6 – TRIBUTOS SOBRE A RECEITA OU FATURAMENTO

(=) total	R$ 2.080,00
(+) MVA (20% de R$ 2.080,00)	R$ 416,00
(=) Base de cálculo da retenção	R$ 2.496,00

O ICMS-ST a ser retido será calculado mediante a **aplicação da alíquota interna do produto no RJ (20%) sobre a base de cálculo da retenção** (R$ 2.496,00).Caso a operação seja interestadual, deve ser aplicada a alíquota prevista nesse tipo de operação (12% ou 7%). Do resultado **deverá ser deduzido o ICMS da própria operação do industrial** (R$ 400,00), ou seja:

R$ 2.496,00 X 20% = R$ 499,20
R$ 499,20 – R$ 400,00 = R**$ 99,20**

A NF a ser emitida pelo substituto terá um valor total de R$ 2.179,20, que é o resultado da seguinte soma:

R$ 2.000,00 (Valor total das mercadorias) + R$ 80,00 (IPI) + R$ 99,20 (ICMS)

6.2.8 Diferencial de Alíquota (DIFAL)

O **Diferencial de Alíquota do ICMS** é um mecanismo utilizado para equilibrar a arrecadação do ICMS entre os Estados, garantindo que o imposto seja parcialmente direcionado ao Estado onde o bem ou o serviço será consumido. Ele representa a diferença entre a **alíquota interna do Estado de destino** e a **alíquota interestadual aplicada na operação**.

O DIFAL deve ser pago ao Estado destinatário nos casos em que o comprador não for **contribuinte do ICMS**, ou seja, quando o consumidor final adquire produtos de outro Estado sem a obrigação de recolher o imposto.

Até a **Lei Complementar nº 190/2022**, o DIFAL era regulamentado pelo **Convênio 93/2015 do CONFAZ**. No entanto, esse convênio foi considerado **inconstitucional** pelo STF em fevereiro de 2021, no julgamento da ADI 5460, por violar o princípio da **legalidade tributária**. A decisão do STF levou à necessidade de uma **lei complementar federal**, que foi sancionada em 2022, trazendo maior segurança jurídica para a cobrança do DIFAL.

Quando uma empresa vende um produto para um **consumidor final não contribuinte do ICMS** localizado em outro Estado, a responsabilidade pelo pagamento do diferencial de alíquota é da **empresa vendedora**. O imposto devido ao Estado de destino é calculado da seguinte forma:

- A empresa vendedora recolhe ao **Estado de origem** a **alíquota interestadual** aplicável (7% ou 12%, dependendo da região).
- Para o **Estado de destino**, a empresa paga a diferença entre a **alíquota interna** desse Estado e a **alíquota interestadual** utilizada na venda.

Na prática!

Imagine que uma empresa localizada no **Ceará** vende um produto para um **consumidor final** localizado no **Rio de Janeiro**, que não é contribuinte do ICMS.
- A **alíquota interestadual** aplicada nessa operação é de **12%**.
- No Rio de Janeiro, a **alíquota interna** do ICMS sobre esse produto é de **20%**.
- O **DIFAL** será a diferença entre essas duas alíquotas: **20% – 12% = 8%** (valor a ser recolhido para o Estado do Rio de Janeiro).

Saiba Mais!

Embora tenha sido criada para regulamentar a cobrança do DI-FAL, a **Lei Complementar nº 190/2022** gerou novas controvérsias jurídicas. O principal questionamento foi a **violação do princípio da anterioridade tributária**.

Esse princípio estabelece que uma lei que cria ou aumenta tributos **só pode produzir efeitos no exercício seguinte à sua publicação,** observando ainda o princípio da noventena. Como a LC 190/2022 foi publicada em **4 de janeiro de 2022**, muitos contribuintes argumentaram que sua aplicação só poderia ocorrer a partir de **2023**.

O STF analisou a questão e, em **29 de março de 2023**, decidiu que a cobrança do DIFAL só poderia valer a partir de **1º de janeiro de 2023**, pois a exigência do tributo em 2022 violaria o princípio da anterioridade. Com isso, os Estados tiveram que suspender a cobrança do DIFAL em 2022, impactando a arrecadação naquele ano.

Essa decisão reforçou a necessidade de segurança jurídica para os contribuintes e demonstrou a importância do respeito às regras constitucionais na criação de tributos.

O DIFAL incide no momento da emissão da nota fiscal e o recolhimento poderá ser de responsabilidade do vendedor ou da **empresa que está adquirindo** o produto ou serviço.

- **Quando o comprador NÃO for contribuinte do ICMS**: a responsabilidade pelo recolhimento do DIFAL é da **empresa vendedora**, que deve pagar o imposto ao Estado de destino.
- **Quando o comprador FOR contribuinte do ICMS**: o DIFAL deve ser recolhido pelo próprio comprador (destinatário da mercadoria), ou seja, a responsabilidade passa a ser da empresa adquirente.

O DIFAL deve ser pago **no momento da emissão da nota fiscal** da operação interestadual. Esse recolhimento ocorre sepa-

402

CONTABILIDADE TRIBUTÁRIA

radamente do ICMS normal da venda, garantindo que o Estado destinatário receba sua parcela do imposto.

6.2.9 Reconhecimento Contábil

A contabilização do ICMS nas operações de compra e venda deve seguir normas específicas para refletir corretamente os impactos financeiros e tributários nas demonstrações contábeis da empresa.

Para fins de exemplificação, considere que a Comercial XYZ adquiriu mercadorias de uma empresa Atacadista no valor de R$ 150.000,00. Posteriormente vende todo o estoque pelo preço de R$ 300.000,00. Considere todas as operações ocorridas no mercado interno e 20% a alíquota do ICMS.

Nas operações de compra, o ICMS normalmente é destacado na nota fiscal e, quando a empresa for contribuinte do imposto, pode ser registrado como um tributo a recuperar. Esse valor será posteriormente compensado com o ICMS devido sobre as vendas.

O reconhecimento contábil da compra ocorre da seguinte forma:

D – Estoques (Ativo Circulante) R$ 120.000,00
D – ICMS a recuperar (Ativo Circulante) R$ 30.000,00
C – Fornecedores (Passivo Circulante) R$ 150.000,00

Caso a empresa não seja contribuinte do ICMS ou a operação não permita o crédito do imposto, o ICMS será considerado

Capítulo 6 – TRIBUTOS SOBRE A RECEITA OU FATURAMENTO

custo da mercadoria adquirida, sendo incorporado ao valor do estoque.

Nas operações de venda, o ICMS incide sobre o valor da receita bruta e deve ser destacado na nota fiscal. O reconhecimento contábil ocorre da seguinte forma:

D – Clientes (Ativo Circulante) R$ 300.000,00
C – Receita de Vendas (Resultado) R$ 300.000,00

D – CMV (Resultado) R$ 120.000,00
C – Estoques (Ativo Circulante) R$ 120.000,00

D – ICMS (Resultado) R$ 60.000,00
C – ICMS a recolher (Passivo Circulante) R$ 60.000,00

Mensalmente, a empresa deve apurar o saldo do ICMS, confrontando os valores de ICMS a recuperar (R$ 30.000,00) e ICMS a recolher (R$ 60.000,00). Caso o saldo seja positivo, a empresa tem um imposto a pagar; se for negativo, há um crédito a ser compensado em períodos futuros.

D – ICMS a recolher (Passivo Circulante) R$ 30.000,00
C – ICMS a recuperar (Ativo Circulante) R$ 30.000,00

Nas aquisições de produtos sujeitos à Substituição Tributária do ICMS (ICMS-ST), o reconhecimento contábil será diferenciado. Nesse regime, a responsabilidade pelo recolhimento do imposto é atribuída a um único contribuinte da cadeia produtiva, geralmente o fabricante ou o importador. Assim, quando o adquirente realizar a venda do produto, não haverá incidência de

ICMS na operação, uma vez que o imposto já foi recolhido de forma antecipada.

Dessa forma, o ICMS-ST não gera direito a crédito e deve ser contabilizado como parte do custo da mercadoria adquirida. O valor total da nota fiscal, incluindo o ICMS-ST, deverá ser reconhecido no estoque.

D – Estoques (Ativo Circulante)
C – Fornecedores (Passivo Circulante)

Quando a empresa revende mercadorias adquiridas sob o regime de substituição tributária, não há incidência adicional de ICMS, pois o imposto já foi recolhido antecipadamente. O reconhecimento contábil da venda será:

D – Clientes (Ativo Circulante)
C – Receita de Vendas (Resultado)

Se a empresa for responsável pelo recolhimento do ICMS--ST, por exemplo, na condição de substituto tributário, o imposto deve ser destacado e recolhido ao fisco:

D – ICMS a recolher (Passivo Circulante)
C – Caixa/Bancos (Ativo Circulante)

O reconhecimento contábil do ICMS deve ser realizado de maneira correta para garantir a precisão das demonstrações financeiras e evitar problemas fiscais. As empresas devem estar atentas às particularidades das operações normais e das sujeitas ao regime de substituição tributária para assegurar o correto cumprimento das obrigações tributárias e a correta apropriação dos créditos fiscais disponíveis.

Capítulo 6 – TRIBUTOS SOBRE A RECEITA OU FATURAMENTO

6.2.10 Casos Práticos

Estudo de Caso nº 1 – Considere que uma Empresa Industrial não optante pelo Simples efetuou uma operação de venda no mercado interno para uma empresa Comercial. A Nota Fiscal da indústria tem os seguintes dados:

- 100 latas de tinta por R$ 120,00 cada;
- 50 latas de verniz para couro por R$ 100,00 cada.

Sabe-se que a alíquota interna do ICMS é de 20%.

- A MVA dos produtos é de 35%.
- Na operação ainda foi cobrado adicionalmente o frete no valor de R$ 2.500,00, sendo que o peso das tintas corresponde a 2.000 kg e das latas de verniz representam 750 kg.
- A alíquota do IPI incidente na operação com alíquota de 5% para tintas e 10% para vernizes.
- Considere como custo do produto vendido R$ 8.500,00.

Com base nas informações, vamos apurar o IPI e o ICMS incidente na operação. O primeiro passo é definir o valor da operação.

Tinta	100 X R$ 120,00 =	R$ 12.000,00
Verniz	50 X R$ 100,00 =	R$ 5.000,00
Valor Total dos produtos		**R$ 17.000,00**

Adicionalmente, foi cobrado frete no valor de R$ 2.500,00, sendo que este valor integra a base de cálculo do IPI e do ICMS.

Contudo, como as alíquotas do IPI são diferentes, será necessário realizar o rateio proporcional ao peso.

Tinta:	2.000 kg (2.000 / 2.750) = 72,73%
Verniz:	750 kg (750 / 2.750) = 27,27%

O valor do frete a ser incorporado na base de cálculo do IPI será:

Tinta	R$ 2.500,00 X 72,73% = R$ 1.818,25
Verniz	R$ 2.500,00 X 27,27% = R$ 681,75

Após a realização do rateio, podemos apurar a base de cálculo do IPI que corresponderá ao preço de venda dos produtos acrescido do frete.

Tinta	R$ 12.000,00 + R$ 1.818,25 = R$ 13.818,25
Verniz	R$ 5.000,00 + R$ 681,75 = R$ 5.681,75
Total	**R$ 17.000,00 + R$ 2.500,00 = R$ 19.500,00**

A alíquota do IPI incidente na operação será de 5% para tintas e 10% para vernizes. Assim o valor devido do IPI será:

Tinta	R$ 13.818,25 X 5% = R$ 690,91
Verniz	R$ 5.681,75 X 10% = R$ 568,17
Total	**R$ 19.500,00 = R$ 1.259,08**

Apurado o valor do IPI, iniciaremos a apuração do ICMS na operação própria e na condição de substituto tributário.

- **ICMS da operação própria**

A base de cálculo contemplará o preço dos produtos e o valor do frete. A alíquota informada no problema é de 20%. Logo, o valor a recolher será:

Capítulo 6 – TRIBUTOS SOBRE A RECEITA OU FATURAMENTO

R$ 17.000 + R$ 2.500 = R$ 19.500
R$ 19.500,00 X 20% = **R$ 3.900,00**

- **ICMS-ST**

Apuração da base de cálculo

Valor total das mercadorias	R$ 17.000,00
(+) Frete	R$ 2.500,00
(+) IPI	R$ 1.259,08
(=) **Base de cálculo MVA**	**R$ 20.759,08**
(+) MVA (35% de R$ 20.759,08)	R$ 7.265,68
(=) **Base de cálculo da retenção**	**R$ 28.024,76**
ICMS-ST (20% 28.024,76)	R$ 5.604,95
(-) ICMS Operação Própria	R$ 3.900,00
(=) **ICMS-ST a ser retido**	**R$ 1.704,95**

Assim, o valor a ser faturado pela empresa será **R$ 22.464,03.**

- Mercadorias   R$ 17.000,00
- (+) Frete   R$ 2.500,00
- (+) IPI   R$ 1.259,08
- (+) ICMS-ST   R$ 1.704,95
- **(=) Total**   **R$ 22.464,03**

Reconhecimento contábil pela empresa Vendedora

D – Clientes (Ativo Circulante)	R$ 22.464,03
C – Receita de Vendas (Resultado)	R$ 17.000,00
C – Receita de Frete (Resultado)	R$ 2.500,00
C – IPI a recolher (Passivo Circulante)	R$ 1.259.08
C – ICMS a recolher (Passivo Circulante)	R$ 1.704,95

| **D** – CMV (Resultado) | R$ 8.500,00 |
| **C** – Estoques (Ativo Circulante) | R$ 8.500,00 |

| **D** – ICMS (Resultado) | R$ 3.900,00 |
| **C** – ICMS a recolher (Passivo Circulante) | R$ 3.900,00 |

Reconhecimento contábil pela Empresa Compradora

Como se trata de uma empresa Comercial, o IPI será acrescido ao custo do produto, uma vez que nesse caso será classificado como um imposto não recuperável, da mesma forma que o ICMS, que como já foi tributado por meio de substituição tributária, será acrescido ao Estoque.

| **D** – Estoques (Ativo Circulante) | R$ 22.464,03 |
| **C** – Fornecedores (Passivo Circulante) | R$ 22.464,03 |

Estudo de Caso nº 2 – Considere que uma empresa comercial localizada no Rio de Janeiro praticou os seguintes fatos:

1)Compra de 100 unidades do produto "A" de uma indústria localizada em São Paulo por R$ 10,00 cada, sendo ainda cobrado frete no valor de R$ 50,00. Na operação incidiu IPI com alíquota de 5%.

2) Compra de 10 unidades do produto "B" de uma indústria localizada no Rio de Janeiro por R$ 30,00 cada, sendo cobrado frete de R$ 10,00 e IPI de 10%, sendo que este produto será utilizado pela empresa nas suas atividades administrativas. A alíquota do ICMS nesta operação foi de 18%.

3) Compra de 100 unidades do produto "A" de uma indústria localizada no Rio Grande do Sul por R$ 9,00 cada. Na operação incidiu IPI com alíquota de 5%.

Capítulo 6 – TRIBUTOS SOBRE A RECEITA OU FATURAMENTO

4) Consumo total do produto "B" nas atividades administrativas da empresa.

5) Compra de 100 unidades do produto "D" de uma indústria localizada em Minas Gerais por R$ 10,00 cada, sendo ainda cobrado frete no valor de R$ 50,00. Na operação incidiu IPI com alíquota de 10%. O produto consta na lista de tributação de ICMS por substituição tributária. No Rio de Janeiro a MVA para este produto é de 20% e sua alíquota é de, também, 20%.

6) Venda de todo o estoque adquirido do produto "A" por R$ 3.000,00 e todo o estoque adquirido do produto "D" por R$ 3.000,00. Na operação incidiu ICMS com alíquota de 18%, exceto para o produto "D", sendo todas as vendas realizadas para o consumidor final.

Com base nas informações, vamos apurar o valor a pagar ou recuperar de ICMS e realizar o reconhecimento contábil.

1) Compra de 100 unidades do produto "A" de uma indústria localizada em São Paulo por R$ 10,00 cada, sendo ainda cobrado frete no valor de R$ 50,00. Na operação incidiu IPI com alíquota de 5%.

Para o cálculo do valor do ICMS a recuperar, vamos considerar a base de cálculo composta pelo preço do produto acrescido do frete, sendo aplicada a alíquota interestadual de 12%.

R$ 1.000,00 + R$ 50,00 = R$ 1.050,00 X 12% = R$ 126,00

Como se trata de empresa comercial, o valor do IPI integrará o custo.

R$ 1.000,00 + R$ 50,00 = 1.050 X 5% = R$ 52,50

Valor a ser reconhecido como estoque será de R$ 976,50.

Produto	R$ 1.000,00
(+) Frete	R$ 50,00

(-) ICMS	R$ 126,00 (recuperável)
(+) IPI	R$ 52,50 (não recuperável)
(=) Estoque	**R$ 976,50**

Reconhecimento Contábil

D – Estoque (Ativo Circulante)	R$ 976,50
D – ICMS a recuperar (Ativo Circulante)	R$ 126,00
C – Fornecedores (Passivo Circulante)	R$ 1.102,50 (Produto + frete + IPI)

2) Compra de 10 unidades do produto "B" de uma indústria localizada no Rio de Janeiro por R$ 30,00 cada, sendo cobrado frete de R$ 10,00 e IPI de 10%, sendo que este produto será utilizado pela empresa nas suas atividades administrativas. A alíquota do ICMS nesta operação foi de 18%.

Nessa situação, o ICMS não será recuperado, pois o produto não será comercializado. Além disso, como o produto não será comercializado ou industrializado, o IPI será incluído na base de cálculo do ICMS.

IPI = R$ 300,00 + R$ 10,00 = R$ 310,00 X 10% = 31,00
ICMS = R$ 300,00 + R$ 10,00 + R$ 31,00 = R$ 341,00
R$ 341,00 X 18% = R$ 61,38
Valor do Estoque = R$ 300,00 + R$ 10,00 + R$ 31,00 = R$ 341,00

Reconhecimento Contábil

D – Estoques (Ativo Circulante)	R$ 341,00
C – Fornecedores (Passivo Circulante)	R$ 341,00

Capítulo 6 – TRIBUTOS SOBRE A RECEITA OU FATURAMENTO

3) Compra de 100 unidades do produto "A" de uma indústria localizada no Rio Grande do Sul por R$ 9,00 cada. Na operação incidiu IPI com alíquota de 5%.

ICMS = R$ 900,00 X 12% = R$ 108,00

IPI = R$ 900,00 X 5% = R$ 45,00

Valor do Estoque = R$ 900,00 – R$ 108,00 + R$ 45,00 = R$ 837,00

Reconhecimento Contábil

D – Estoque (Ativo Circulante)   R$ 837,00

D – ICMS a recuperar (Ativo Circulante) R$ 108,00

C – Fornecedores (Passivo Circulante)   R$ 945,00

4) Consumo total do produto "B" nas atividades administrativas da empresa.

Será reconhecido como despesa administrativa no valor de R$ 341,00, que fora reconhecido como Estoque na operação de compra.

Reconhecimento Contábil

D – Material de Consumo (Resultado)   R$ 341,00

C – Estoque (Ativo Circulante)   R$ 341,00

5) Compra de 100 unidades do produto "D" de uma indústria localizada em Minas Gerais por R$ 10,00 cada, sendo ainda cobrado frete no valor de R$ 50,00. Na operação incidiu IPI com alíquota de 10%. O produto consta na lista de tributação de ICMS por substituição tributária. No Rio de Janeiro a MVA para este produto é de 20% e sua alíquota é de, também, 20%.

ICMS operação própria

R$ 1.000,00 + R$ 50,00 = R$ 1.050,00 X 12% = R$ 126,00

IPI

R$ 1.000,00 + R$ 50,00 = R$ 1.050,00 X 10% = R$ 105,00

ICMS-ST

Valor total das mercadorias	R$ 1.000,00
(+) Frete	R$ 50,00
(+) IPI	R$ 105,00
(=) **Base de cálculo MVA**	**R$ 1.155,00**
(+) MVA (20% de R$ 1.155,00)	R$ 231,00
(=) **Base de cálculo da retenção**	**R$ 1.386,00**
ICMS-ST (20% de R$ 1.386,00)	R$ 277,20
(-) ICMS Operação Própria	R$ 126,00
(=) **ICMS-ST retido**	**R$ 151,20**

Como houve incidência de ICMS-ST, a empresa não poderá tomar crédito de ICMS.

Valor do Estoque

Produto	R$ 1.000,00
(+) Frete	R$ 50,00
(+) ICMS-ST	R$ 151,20 (Não recuperável)
(+) IPI	R$ 105,00 (Não recuperável)
(=) **Estoque**	**R$ 1.306,20**

D – Estoque (Ativo Circulante)	R$ 1.306,20
C – Fornecedores (Passivo Circulante)	R$ 1.306,20

6) Venda de todo o estoque adquirido do produto "A" por R$ 3.000,00 e todo o estoque adquirido do produto "D" por R$ 3.000,00. Na operação incidiu ICMS com alíquota de 18%,

Capítulo 6 – TRIBUTOS SOBRE A RECEITA OU FATURAMENTO

exceto para o produto "D", sendo todas as vendas realizadas para consumidor final.

ICMS incidente na operação

Produto "A" = R$ 3.000,00 X 18% = R$ 540,00

Produto "D" = Já foi tributado na compra por meio de Substituição tributária

Cálculo do Custo de Mercadoria Vendidas:

Produto A = R$ 976,50 + R$ 837,00 = R$ 1.813,50

Produto D = R$ 1.306,20

R$ 3.119,70

Saldo de ICMS a recuperar do produto "A" = R$ 126,00 + R$ 108,00 = R$ 234,00

D – Clientes (Ativo Circulante)	R$ 6.000,00
C – Receita de Vendas (Resultado)	R$ 6.000,00
D – CMV (Resultado)	R$ 3.119,70
C – Estoques (Ativo Circulante)	R$ 3.119,70
D – ICMS (Resultado)	R$ 540,00
C – ICMS a recolher (Passivo Circulante)	R$ 540,00

Pela apuração do valor a pagar do ICMS

D – ICMS a recolher (Passivo Circulante)	R$ 234,00
C – ICMS a recuperar (Ativo Circulante)	R$ 234,00

Pelo pagamento do ICMS

R$ 540,00 – R$ 234,00 = **R$ 306,00**

D – ICMS a recolher (Passivo Circulante)	R$ 306,00
C – Bancos (Ativo Circulante)	R$ 306,00

6.3 Imposto Sobre Serviços de Qualquer Natureza (ISS)

O Imposto sobre Serviços é um imposto de competência municipal e do Distrito Federal que **incide sobre a prestação de serviços listados na Lei Complementar nº 116/2003.** Esse imposto é essencial para a arrecadação dos municípios e impacta diretamente empresas e profissionais que atuam na prestação de serviços no Brasil.

A Reforma Tributária substituirá o ISS e o ICMS pelo Imposto sobre Bens e Serviços (IBS), que será compartilhado entre os Estados e os Municípios. Essa alteração tem por objetivo uniformizar a tributação de bens e serviços, redistribuir a arrecadação municipal e evitar a guerra fiscal entre os municípios.

6.3.1 Fato Gerador

A tributação ocorre quando um serviço é prestado com **conteúdo econômico e em caráter negocial**. Entende-se por prestação de serviços o **esforço executado, ou seja, o fornecimento de trabalho para satisfazer a necessidade de terceiros, com conteúdo econômico, em caráter negocial, aperfeiçoando ou gerando um bem, material ou imaterial.**

O imposto incide também sobre o serviço proveniente do exterior do país ou cuja prestação se tenha iniciado no exterior, assim como serviços prestados mediante a utilização de bens e serviços públicos explorados economicamente mediante autorização, permissão ou concessão, com o pagamento de tarifa, preço ou pedágio pelo usuário final do serviço.

Capítulo 6 – TRIBUTOS SOBRE A RECEITA OU FATURAMENTO

6.3.2 Contribuintes

O contribuinte é o **prestador de serviços** definido pela Lei Complementar nº 116/2003, como **pessoa física ou jurídica**, com ou sem estabelecimento físico.

O artigo 6° da LC 116/03 possibilitou que os municípios e o Distrito Federal atribuíssem a responsabilidade pelo recolhimento do ISS às fontes pagadoras do serviço ou intermediário. Assim, o **tomador do serviço passa a ser responsável por reter o imposto** nas seguintes situações:

- Serviço proveniente do exterior do país ou cuja prestação se tenha iniciado no exterior do país;
- A pessoa jurídica, ainda que imune ou isenta, tomadora ou intermediária dos serviços descritos nos subitens 3.05, 7.02, 7.04, 7.05, 7.09, 7.10, 7.12, 7.16, 7.17, 7.19, 11.02, 17.05 e 17.10 da lista anexa a Lei Complementar nº 116/03.

6.3.3 Base de Cálculo e Alíquotas

A base de cálculo do ISS é o **preço do serviço prestado**, como tal considerada a receita bruta a ele correspondente, sem nenhuma dedução, excetuados os descontos ou abatimentos concedidos independentemente de qualquer condição. **Não se incluem na base de cálculo do ISS o valor dos materiais fornecidos pelo prestador dos serviços** previstos nos itens 7.02 e 7.05 da lista de serviços anexa à LC 116/03.

A alíquota a ser aplicada será aquela definida na legislação municipal, observando a alíquota mínima de 2% e a máxima de 5%.

A Lei Complementar nº 214/25 estabelece que os fatos geradores ocorridos de 1 de janeiro de 2019 a 31 de dezembro de 2032 terão as alíquotas do imposto reduzidas em:

- 10% em 2029;
- 20% em 2030;
- 30% em 2031;
- 40% em 2032;
- A partir de 2033, o ISS será extinto sendo incorporado ao IBS.
- À medida que as alíquotas do ISS forem sendo gradualmente reduzidas, a alíquota do IBS será ampliada em 10% ao ano, a partir de 2029, acompanhando a redução do ISS.

> **Atenção!**
>
> O ISS **não será objeto de concessão de isenções, incentivos ou benefícios tributários ou financeiros**, inclusive de redução de base de cálculo ou de crédito presumido ou outorgado, ou sob qualquer outra forma **que resulte, direta ou indiretamente, em carga tributária menor que a decorrente da aplicação da alíquota mínima** estabelecida, exceto para os serviços a que se referem os subitens 7.02, 7.05 e 16.01, sendo nula a lei ou o ato do município ou do Distrito Federal que não respeite as disposições relativas à alíquota mínima.

6.3.4 Local de Prestação dos Serviços e Sujeito Ativo

Em regra, o ISS é **devido no local do estabelecimento prestador** ou, na falta do estabelecimento, no local do domicílio do prestador. No entanto, em algumas situações, será devido no local da prestação do serviço.

Considera-se estabelecimento prestador o local onde o contribuinte desenvolva a atividade de prestar serviços, de modo

Capítulo 6 – TRIBUTOS SOBRE A RECEITA OU FATURAMENTO

permanente ou temporário, e que configure **unidade econômica ou profissional**.

A definição de unidade econômica pressupõe a existência de uma organização de fatores de produção, fisicamente localizada e capaz de prestar serviços, tais como: máquinas, equipamentos, capital, materiais e funcionários.

> **Atenção!**
>
> São irrelevantes para caracterizar o local de prestação do serviço as denominações de **sede, filial, agências, posto de atendimento, sucursal, escritório de representação ou contato**, ou quaisquer outras que venham a ser utilizadas.

O município competente para exigir o ISS é **aquele onde o contribuinte desenvolva a atividade de prestar serviços**, caracterizando o estabelecimento prestador. No entanto, a legislação prevê exceções em que o tributo é devido no local da prestação do serviço. Essas situações estão estabelecidas nos itens I a XXII do art. 3º da Lei Complementar nº 116/2003. A seguir, são apresentadas as principais hipóteses:

- Serviços vinculados ao estabelecimento do tomador ou intermediário.
- Serviços de montagem e instalação de estruturas.
- Serviços de construção civil.
- Serviços de saneamento e gestão de resíduos.
- Serviços especializados em infraestrutura.
- Serviços de transporte e armazenamento.
- Serviços de segurança e vigilância.
- Serviços de entretenimento e eventos.
- Serviços em terminais de transporte.
- Serviços financeiros e administração de cartões.

Na prática!

Considere que uma empresa de vigilância, situada no município do Rio de Janeiro, é contratada por uma rede de supermercados cuja sede administrativa está localizada na cidade de São Paulo. A rede possui lojas em diversos municípios do Brasil, incluindo São Paulo, Campinas, Belo Horizonte, Salvador e Porto Alegre.

De acordo com a legislação do ISS, nessa hipótese de incidência, o imposto deve ser recolhido no local onde o serviço é prestado. Como o serviço será prestado em diferentes municípios para atender às necessidades da rede de supermercados, é essencial separar os valores correspondentes a cada município onde o serviço foi executado. Por exemplo: serviço prestado em uma loja de Campinas, o ISS será devido ao município de Campinas.

Dependendo da legislação municipal, pode haver a obrigação de retenção do ISS pelo tomador do serviço. Dessa forma, uma empresa prestadora de serviços precisa estar atenta às regras de retenção do ISS em cada município onde atua, garantindo que a tributação ocorra corretamente e evitando prejuízos fiscais.

6.3.5 Reconhecimento Contábil

Uma empresa prestadora de serviços de consultoria emitiu uma nota fiscal no valor de R$ 10.000,00 referentes a um serviço realizado. A alíquota de ISS para essa atividade, no município em questão, é de 5%.

O ISS é calculado aplicando a alíquota sobre o valor bruto da nota fiscal:

R$ 10.000,00 X 5% = **R$ 500,00**

D – Clientes (Ativo Circulante)　　　　　　　　　R$ 10.000,00
C – Receita de prestação de Serviços (Resultado)　　R$ 10.000,00

Capítulo 6 – TRIBUTOS SOBRE A RECEITA OU FATURAMENTO

D – ISS (Resultado)   R$ 500,00

C – ISS a recolher (Passivo Circulante)   R$ 500,00

Quando uma empresa prestadora de serviço emite uma nota fiscal e o tomador realiza a retenção do ISS, o registro contábil deve refletir essa retenção corretamente. Considere que uma empresa prestadora de serviços de limpeza emitiu uma nota fiscal no valor de R$ 10.000,00, sofrendo retenção de ISS no valor de R$ 500,00.

D – Clientes (Ativo Circulante)   R$ 9.500,00

D – ISS (Resultado)   R$ 500,00

C – Receita de prestação de Serviços (Resultado)   R$ 10.000,00

6.4 PIS e COFINS

A contribuição para o Programa de Integração Social e de Formação do Patrimônio do Servidor Público (PIS/PASEP), de que tratam o art. 239 da Constituição Federal e as Leis Complementares nºs 7/1970 e 08/1970, assim como a Contribuição para Financiamento da Seguridade Social (COFINS), instituída pela Lei Complementar nº 70/1991, incidem sobre o faturamento e receita das pessoas jurídicas de direito privado e as que lhes são equiparadas pela legislação do Imposto de Renda.

Com a Reforma Tributária, esses tributos sofrerão impactos significativos. A partir de 2026, as alíquotas do PIS/PASEP e da COFINS serão reduzidas, e, em 2027, ambos os tributos serão extintos, sendo substituídos pela Contribuição sobre Bens e Serviços (CBS).

O PIS e a COFINS são apurados com base em duas regras gerais de incidência: não cumulativa e cumulativa. Contudo, alguns setores, produtos ou serviços possuem regimes especiais de apuração, os quais são aplicados de forma subsidiária aos regimes cumulativos e não cumulativos, caracterizados por apresentarem:

- base de cálculo e/ou alíquotas diferenciadas;
- substituição tributária;
- alíquotas concentradas (tributação monofásica); e
- alíquotas reduzidas.

6.4.1 Regime Cumulativo

As pessoas jurídicas de direito privado, e as que lhe são equiparadas pela legislação do Imposto de Renda, que apuram o **IRPJ com base no Lucro Presumido ou arbitrado estão sujeitas à incidência cumulativa**. Também são submetidas a essa forma de apuração as **receitas excluídas do regime de apuração não cumulativo**, conforme elencado no art. 10, VII a XXV da Lei nº 10.833, de 2003.

As alíquotas nesse regime são:

- 0,65% para o PIS; e
- 3% para a COFINS.

A apuração e o pagamento da Contribuição para o PIS/PASEP e da COFINS serão efetuados **mensalmente, de forma centralizada**, pelo estabelecimento matriz da pessoa jurídica. O pagamento deverá ser efetuado até o último dia útil do segundo decêndio subsequente ao mês de ocorrência dos fatos geradores.

Capítulo 6 – TRIBUTOS SOBRE A RECEITA OU FATURAMENTO

6.4.2 Regime Não Cumulativo

Estão sujeitas a esta modalidade de apuração as pessoas jurídicas de direito privado, e as que lhe são equiparadas pela legislação do Imposto de Renda, que **apuram o IRPJ com base no Lucro Real.**

A Lei nº 10.833, de 2003, **excluiu da apuração pelo regime não cumulativo algumas receitas,** as quais estão elencadas no art. 10, VII a XXV, como: instituições financeiras, as cooperativas de crédito, as pessoas jurídicas que tenham por objeto a securitização de créditos imobiliários e financeiros, as operadoras de planos de assistência à saúde, as empresas particulares que exploram serviços de vigilância e de transporte de valores de que trata a Lei nº 7.102, de 1983, e as sociedades cooperativas (exceto as sociedades cooperativas de produção agropecuária e as sociedades cooperativas de consumo).

As alíquotas aplicadas são:

- PIS: 1,65%; e
- COFINS: 7,6%.

A principal característica do regime não cumulativo é a **possibilidade de desconto de créditos tributários** com base em custos, despesas e encargos da empresa. Dos valores de contribuição para o PIS/PASEP e COFINS apurados, a pessoa jurídica submetida à incidência não cumulativa **poderá descontar créditos** calculados mediante a aplicação das alíquotas de 7,6% (COFINS) e de 1,65% (PIS/PASEP), sobre os valores:

- das aquisições de **bens para revenda** efetuadas no mês;

- das aquisições, efetuadas no mês, de bens e serviços utilizados como **insumos** na fabricação de produtos destinados à venda ou na prestação de serviços, inclusive combustíveis e lubrificantes;
- dos **bens recebidos em devolução**, no mês, cuja receita de venda tenha integrado o faturamento do mês ou do mês anterior, e tenha sido tributada no regime de incidência não cumulativa;
- das despesas e custos incorridos no mês, relativos:

  – **Energia elétrica** consumida nos estabelecimentos da pessoa jurídica;

  – **Aluguéis** de prédios, máquinas e equipamentos pagos a pessoas jurídicas, utilizados nas atividades da empresa, sendo vedado o crédito relativo a aluguel de bens que já tenham integrado o patrimônio da entidade;

  – Contraprestação de operações **de arrendamento mercantil** paga a pessoa jurídica, exceto quando esta for optante pelo Simples, sendo vedado o crédito relacionado a contraprestação de arrendamento mercantil de bens que já tenham integrado o patrimônio da pessoa jurídica;

  – **Armazenagem de mercadoria e frete** na operação de venda, quando o ônus for suportado pelo vendedor;

  – dos encargos de **depreciação e amortização**, incorridos no mês, relativos a **máquinas, equipamentos e outros bens incorporados ao ativo imobilizado** adquiridos a partir de maio de 2004, para utilização na produção de bens destinados à venda ou na prestação de serviços; e

Capítulo 6 – TRIBUTOS SOBRE A RECEITA OU FATURAMENTO

– dos encargos de **depreciação e amortização**, incorridos no mês, relativos a **edificações e benfeitorias em imóveis próprios ou de terceiros**, adquiridas ou realizadas a partir de maio de 2004, utilizados nas atividades da empresa – não se aplicando ao valor decorrente da reavaliação de bens e direitos do ativo permanente.

O IPI e o ICMS não integram o valor de aquisição de bens e serviços para efeito de cálculo dos créditos básicos da Contribuição para o PIS/PASEP e da COFINS.

Na prática!

Exclusão do ICMS da Base de Cálculo do PIS e da COFINS
Considere que a Comercial ABC adquiriu um lote de mercadorias no valor de R$ 120.000,00. Na nota de compra consta destaque do ICMS no valor de R$ 24.000,00.
A aquisição da mercadoria para revenda permite à empresa tomar crédito tributário, devendo ser excluído da base de cálculo o ICMS destacado na nota.
Base de cálculo do Crédito Tributário = R$ 120.000,00 – R$ 24.000,00 = R$ 96.000,00
Crédito tributário
PIS= R$ 96.000,00 x 1,65% = R$ 1.584,00
COFINS= R$ 96.000,00 x 7,6%= R$ 7.296,00

O crédito não compensado integralmente em um período poderá ser utilizado posteriormente, contudo, não ensejará atualização monetária ou incidência de juros sobre os respectivos valores.

No caso de empresas com **tributação mista** – empresas que optantes pelo regime não cumulativo que possuem receitas excluídas desse regime, portanto tributadas com base no regime cumulativo – os custos, despesas e encargos vinculados às receitas sujeitas à incidência não cumulativa e àquelas submetidas ao regime de incidência cumulativa não serão integralmente aproveitados, sendo determinados, a critério da pessoa jurídica, pelo método de:

- **apropriação direta**, aplicando-se ao valor dos bens utilizados como insumos, aos custos, às despesas e aos encargos comuns, adquiridos no mês, a relação percentual entre os custos vinculados à receita sujeita à incidência não cumulativa e os custos totais incorridos no mês, apurados por meio de sistema de contabilidade de custos integrada e coordenada com a escrituração; ou
- **rateio proporcional**, aplicando-se ao valor dos bens utilizados como insumos, aos custos, às despesas e aos encargos comuns, adquiridos no mês, a relação percentual existente entre a receita bruta sujeita à incidência não cumulativa e a receita bruta total, auferidas no mês.

Na prática!

Considere as seguintes informações apuradas por uma empresa em 01/2025:
Receita de Vendas
R$ 500.000,00 sendo:
R$ 350.000,00 (Tributação normal)
R$ 150.000,00 (Receitas Excluídas do regime não cumulativo)
Aluguéis pagos a pessoas jurídicas R$ 50.000,00
Para fins de desconto dos créditos tributários a empresa adotará o critério de rateio proporcional a Receita total:
Tributação normal R$ 350.000,00 = 70% (R$ 350.000,00 / R$ 500.000,00)
Receitas Excluídas R$ 150.000,00 = 30% (R$ 150.000,00 / R$ 500.000,00)
Desta forma, a empresa poderá aproveitar tão somente 70% do total dos créditos.
70% x R$ 50.000,00 = R$ 35.000,00
Crédito tributário PIS= R$ 35.000,00 X 1,65% = R$ 577,50
Crédito tributário COFINS = R$ 35.000,00 X 7,6%= R$ 2.660,00

Capítulo 6 – TRIBUTOS SOBRE A RECEITA OU FATURAMENTO

425

> **Atenção!**
>
> Os créditos só podem ser utilizados para desconto dos valores da contribuição para o PIS/PASEP e da COFINS apurados sobre as receitas sujeitas à incidência não cumulativa, ou seja, o contribuinte que tem parte das receitas sujeitas à incidência não cumulativa e parte sujeita à incidência cumulativa, não pode utilizar a totalidade do crédito para diminuir o valor da Contribuição para o PIS/PASEP e da COFINS.

6.4.3 Base de Cálculo

A base de cálculo da Contribuição para o PIS/PASEP e da COFINS será apurada de acordo com a opção de tributação:

- **Regime de apuração não cumulativo**
    - **Totalidade das receitas** auferidas no mês, independentemente de sua denominação ou classificação contábil, que compreende a receita bruta e todas as demais receitas auferidas pela pessoa jurídica, com os seus respectivos valores decorrentes do ajuste a valor presente.

- **Regime de apuração cumulativo**
    - **Faturamento mensal**, que compreende a receita bruta. A definição de receita bruta é prevista no art. 12 do Decreto-Lei nº 1.598, de 1977, compreendendo:

        a. o produto da venda de bens nas operações de conta própria;

        b. o preço da prestação de serviços em geral;

        c. o resultado auferido nas operações de conta alheia; e

d. as receitas da atividade ou objeto principal da pessoa jurídica não compreendidas nas hipóteses anteriores.

Não integram a base de cálculo das contribuições os valores referentes:

- ao IPI destacado em nota fiscal;
- ao ICMS, quando cobrado pelo vendedor dos bens ou prestador dos serviços na condição de substituto tributário;
- a receitas imunes, isentas e não alcançadas pela incidência das contribuições;

Ao determinar a base de cálculo, alguns valores serão excluídos:

- ICMS destacado no documento fiscal;
- valores referentes a vendas canceladas;
- descontos incondicionais concedidos;
- reversões de provisões;
- recuperações de créditos anteriormente baixados como perdas, desde que não representem novas receitas;
- receita decorrente da venda de bens do ativo não circulante, classificado como investimento, imobilizado ou intangível;
- receita auferida pela pessoa jurídica revendedora, na revenda de mercadorias em relação às quais a contribuição seja exigida da empresa vendedora, na condição de substituta tributária;

Capítulo 6 – TRIBUTOS SOBRE A RECEITA OU FATURAMENTO

- receita reconhecida pela construção, recuperação, ampliação ou melhoramento da infraestrutura, cuja contrapartida seja ativo intangível representativo de direito de exploração, no caso de contratos de concessão de serviços públicos;
- resultados positivos da avaliação de investimentos com base no valor do patrimônio líquido;
- receita financeira decorrente do ajuste a valor presente referente a receitas excluídas da base de cálculo da Contribuição para o PIS/PASEP e da COFINS;
- receita obtida pelo devedor, derivada de reconhecimento, nas demonstrações financeiras das sociedades, dos efeitos da renegociação de dívidas no âmbito de processo de recuperação judicial, estejam as dívidas a ela sujeitas ou não.

> **Atenção!**
>
> Não poderão ser excluídos os montantes de ICMS destacados em documentos fiscais referentes a receitas de vendas efetuadas com suspensão, isenção, alíquota zero ou não sujeitas à incidência das contribuições.

A legislação ainda trata de outras exclusões específicas as quais encontram-se detalhadas nos arts. 27 a 38 da Instrução Normativa RFB nº 2121, de 15 de dezembro de 2022.

6.4.4 Contribuintes

São contribuintes da Contribuição para o PIS/PASEP e da COFINS as pessoas jurídicas de direito privado e aquelas equiparadas a elas pela legislação do Imposto sobre a Renda da Pessoa Jurídica (IRPJ). Isso inclui:

- Empresas públicas e sociedades de economia mista, bem como suas subsidiárias;
- Sociedades civis que exercem profissões legalmente regulamentadas;
- Sociedades cooperativas;
- Empresas comerciais exportadoras, em relação a operações específicas;
- Entidades em processo de liquidação extrajudicial ou falência, enquanto realizam a venda de seus ativos para pagamento de dívidas;
- Sociedades em conta de participação, sendo que o sócio ostensivo é responsável pelo pagamento das contribuições incidentes sobre a receita bruta.

Algumas entidades não são contribuintes do PIS/PASEP sobre a receita ou faturamento, pois possuem caráter social, educacional ou institucional. Entre elas, destacam-se:

- Templos religiosos de qualquer crença;
- Partidos políticos;
- Instituições de educação e assistência social sem fins lucrativos, desde que atendam aos requisitos legais;
- Entidades filantrópicas, recreativas, culturais e científicas, bem como associações sem fins lucrativos;
- Sindicatos, federações e confederações;
- Serviços sociais autônomos (SESI, SENAI, SESC etc.);
- Conselhos de fiscalização de profissões regulamentadas;

Capítulo 6 – TRIBUTOS SOBRE A RECEITA OU FATURAMENTO

- Fundações de direito privado e fundações públicas criadas ou mantidas pelo Poder Público;
- Condomínios de proprietários de imóveis residenciais ou comerciais;
- A Organização das Cooperativas Brasileiras (OCB);
- As Organizações Estaduais de Cooperativas.

Embora essas entidades sejam isentas do PIS/PASEP sobre a receita, elas ainda são sujeitas a essa contribuição sobre a folha de salários. A Contribuição para o **PIS/PASEP incidente sobre a folha de salários** será calculada aplicando a **alíquota de 1%.**

> **Atenção!**
>
> **A contribuição do PIS sobre a folha de pagamento será extinta a partir de 01/01/2027, conforme art. 542, XII da Lei Complementar 214/25.**

A base de cálculo da Contribuição para o PIS/PASEP incidente sobre a folha de salários mensal corresponde ao **total das remunerações pagas, devidas ou creditadas a qualquer título, durante o mês, aos empregados e trabalhadores avulsos, destinadas a retribuir o trabalho**, qualquer que seja a sua forma.

Além dos contribuintes diretos, algumas entidades têm a **obrigação de reter e recolher o PIS/PASEP e a COFINS ao realizar pagamentos** a outras pessoas jurídicas. São elas:

- Órgãos da administração pública federal direta;
- Autarquias, fundações, empresas públicas e sociedades de economia mista federais;
- Entidades em que a União detenha a maioria do capital social e receba recursos do Tesouro Nacional;

- Órgãos, autarquias e fundações estaduais, distritais e municipais que tenham celebrado convênio;
- Pessoas jurídicas de direito privado, quando efetuam pagamentos a outras empresas privadas conforme estabelecido no art. 30 da Lei nº 10.833/2003, pela prestação de serviços de:
  - limpeza, conservação, manutenção, segurança, vigilância, transporte de valores e locação de mão de obra, prestação de serviços de assessoria creditícia, mercadológica, gestão de crédito, seleção e riscos, administração de contas a pagar e a receber, bem como pela remuneração de serviços profissionais.
- Empresas adquirentes de autopeças, conforme regras específicas.

6.4.5 Regime Monofásico

No regime monofásico, a **tributação ocorre de forma concentrada** em uma etapa da cadeia produtiva. Ou seja, a responsabilidade pelo recolhimento do PIS e da COFINS recai sobre o fabricante ou importador, que arca com **alíquotas mais elevadas**, enquanto os demais integrantes da cadeia comercial (atacadistas e varejistas) não recolhem essas contribuições sobre a receita de venda dos produtos, estando sujeitas à alíquota zero.

A tributação monofásica diferencia-se da substituição tributária pelo fato de incidir apenas na etapa inicial, enquanto, na substituição tributária, o recolhimento pode ser antecipado para um elo específico da cadeia.

São sujeitos à tributação concentrada da Contribuição para o PIS/PASEP e da COFINS os seguintes produtos:

Capítulo 6 – TRIBUTOS SOBRE A RECEITA OU FATURAMENTO

- gasolinas e suas correntes, exceto gasolina de aviação;
- óleo diesel e suas correntes;
- gás liquefeito de petróleo (GLP), derivado de petróleo e de gás natural;
- querosene de aviação;
- biodiesel;
- nafta petroquímica destinada à produção ou formulação de óleo diesel e gasolina ou exclusivamente de gasolina;
- nafta petroquímica destinada à produção ou formulação exclusivamente de óleo diesel;
- produtos farmacêuticos de perfumaria, de toucador ou de higiene pessoal de que trata o art. 1º, I, a, da Lei nº 10.147/2000;
- máquinas e veículos de que trata o art. 1º da Lei nº 10.485/2002;
- pneus novos de borracha e câmaras de ar de borracha; e
- autopeças relacionadas nos Anexos I e II da Lei nº 10.485/2002.

As Principais características do regime monofásico são:

- A alíquota é significativamente maior na etapa inicial da cadeia produtiva.
- As empresas que comercializam os produtos sujeitos à tributação monofásica **não têm direito ao aproveitamento de créditos** sobre essas aquisições, exceto em situações específicas previstas em legislação.

6.4.6 Regime de Substituição Tributária

A substituição tributária no PIS e na COFINS ocorre quando um contribuinte é designado responsável pelo recolhimento do tributo devido em toda a cadeia de comercialização. Essa técnica visa simplificar a fiscalização e garantir o recolhimento dos tributos.

São responsáveis, na condição de substitutos, pelo recolhimento da Contribuição para o PIS/PASEP e da COFINS devidas pelos comerciantes varejistas:

- fabricante e o importador dos veículos classificados na posição 87.11 da Tipi (Motocicletas – incluindo os ciclomotores) e outros ciclos equipados com motor auxiliar, mesmo com carro lateral (carros laterais);
- fabricante e o importador de cigarros e de cigarrilhas.

Atenção!

Assim como no regime monofásico, os adquirentes de mercadorias sujeitas à substituição tributária não podem aproveitar créditos sobre essas operações.

6.4.7 Receitas Financeiras

As empresas submetidas ao **regime cumulativo não estão sujeitas à incidência** da Contribuição para o PIS/PASEP e da COFINS **sobre as receitas financeiras**, exceto quando estas forem oriundas do exercício da atividade empresarial.

Já as empresas sujeitas ao **regime não cumulativo devem recolher PIS e COFINS sobre as receitas financeiras.** As alí-

Capítulo 6 – TRIBUTOS SOBRE A RECEITA OU FATURAMENTO

quotas aplicáveis são de **0,65% para o PIS/PASEP e 4,00% para a COFINS.** No caso de receitas provenientes de juros sobre o capital próprio e de ajuste a valor presente (AVP), aplicam-se alíquotas maiores: 1,65% para o PIS/PASEP e 7,6% para a COFINS.

Estão sujeitas à alíquota zero da Contribuição para o PIS/PASEP e da COFINS, as receitas financeiras decorrentes:

- de variações monetárias em função da taxa de câmbio de:
  - operações de exportação de bens e serviços para o exterior; e

  - obrigações contraídas pela pessoa jurídica, inclusive empréstimos e financiamentos.

- Das operações de cobertura (*hedge*) realizadas em bolsa de valores, de mercadorias e de futuros, ou no mercado de balcão organizado, destinadas exclusivamente à proteção contra riscos inerentes às oscilações de preço ou de taxas quando, cumulativamente, o objeto do contrato negociado:
  - estiver relacionado com as atividades operacionais da pessoa jurídica; e

  - destinar-se à proteção de direitos ou obrigações da pessoa jurídica.

6.4.8 Caso Prático

Considere os seguintes dados extraídos de uma empresa na competência 02/2025:

Receita de Vendas de Mercadorias   R$ 350.000,00

Tributação Normal   R$ 245.000,00
Excluídas do Regime não Cumulativo R$ 105.000,00
Devolução de Vendas   R$ 10.000,00
Descontos incondicionais Concedidos R$ 20.000,00

Gastos realizados na competência (já deduzido o ICMS)
Energia Elétrica   R$ 45.000,00
Compras de mercadorias   R$ 50.000,00
Compras de insumos com ST   R$ 10.000,00

Receitas Financeiras   R$ 10.000,00

Sabe-se que as devoluções e descontos incondicionais referem-se a produtos sujeitos à tributação normal. Nas operações de venda, incide ICMS com alíquota de 20%. Com base nessas informações, vamos apurar o PIS e COFINS devidos na competência, segundo o regime cumulativo e no regime não cumulativo.

- **Apuração com Base no Regime Cumulativo**

Caso a empresa seja tributada com base no regime cumulativo, não haverá tributação sobre as receitas financeiras, assim como deduções de créditos tributários. As alíquotas aplicadas sobre a base de cálculo será de 0,65% para o PIS e 3% para a COFINS. Assim, a base de cálculo será:

Vendas de Mercadorias   R$ 350.000,00
(-)Devolução de Vendas   R$ 10.000,00
(-)Descontos incondicionais Concedidos   R$ 20.000,00
(=) Base de cálculo ICMS   R$ 320.000,00

Capítulo 6 – TRIBUTOS SOBRE A RECEITA OU FATURAMENTO

(-) ICMS (320.000,00 X 20%)   R$ 64.000,00

(=) Base de cálculo PIS e COFINS   **R$ 256.000,00**

Valor a recolher:

PIS   R$ 256.000 X 0,65% =R$ 1.664,00

COFINS   R$ 256.0000 X 3% = R$ 7.680,00

- **Regime Não Cumulativo**

Caso a empresa seja tributada pelo regime não cumulativo, as alíquotas aplicadas sobre a base de cálculo serão de 1,65% para o PIS e 7,6% para a COFINS, sendo deduzidos os créditos tributários. Contudo, haverá tributação sobre a receita financeira, considerando como tal os juros, os descontos condicionais obtidos, o lucro na operação de reporte e os rendimentos de aplicações financeiras de renda fixa, ganhos pelo contribuinte, incidindo sobre esses valores as alíquotas de 0,65% para o PIS e 4% para a COFINS.

O primeiro passo será apurar os valores que a empresa poderá recuperar:

PIS COFINS a recuperar

Gastos que geram Créditos Tributários

Energia Elétrica   R$ 45.000,00

Compras de mercadorias   R$ 50.000,00

                              R$ 95.000,00

Destaca-se que as compras com incidência de substituição tributária não possibilitam o aproveitamento de crédito tributário. Assim, a compra de insumos efetuada pela empresa não gera crédito tributário.

Os valores informados de gastos que possibilitam créditos tributários já se encontravam deduzidos da parcela do ICMS destacada na nota, conforme informado pelo problema.

Como a empresa possui receitas excluídas do regime não cumulativo, ela poderá aproveitar apenas parcela do crédito tributário, sendo necessário decidir o critério de apuração, apuração direta ou rateio proporcional, o qual deverá ser aplicado de maneira uniforme durante todo o ano-calendário.

Nesse exemplo, vamos utilizar o rateio proporcional, identificando a parcela da receita tributada com base no regime não cumulativo, ou seja, a receita sujeita à tributação normal, a qual corresponde a 70% do faturamento total (R$ 245.000,00/ R$ 350.000,00). Assim, a empresa poderá compensar apenas 70% dos gastos que geram créditos tributários.

Dessa forma, o valor do PIS e COFINS a recuperar será:

PIS=R$ 95.000,00 X 70% X 1,65% = **R$ 1.097,25**
COFINS =R$ 95.000,00 X 70% X 7,6%= **R$ 5.054,00**

Após a apuração dos créditos tributários, deverão ser apurados os valores que incidem sobre a receita, considerando as duas modalidades, uma vez que a empresa, embora sujeita ao regime não cumulativo, gerou receitas excluídas desse regime, as quais serão tributadas com base no regime cumulativo.

PIS e COFINS a recolher – Regime Não cumulativo

Vendas de Mercadorias	R$ 245.000,00
(-)Devolução de Vendas	R$ 10.000,00

Capítulo 6 – TRIBUTOS SOBRE A RECEITA OU FATURAMENTO

(-)Descontos incondicionais Concedidos	R$ 20.000,00
(=) Base de cálculo	R$ 215.000,00
(-) ICMS (215.000,00 X 20%)	R$ 43.000,00
(=) Base de cálculo PIS e COFINS	**R$ 172.000,00**

PIS= R$ 172.000,00X 1,65% =**R$ 2.838,00**
COFINS= R$ 172.000,00 X 7,6%=**R$ 13.072,00**

Valor a pagar das receitas com tributação normal
PIS= R$ 2.838,00 – R$ 1.097,25 = **R$ 1.740.75**
COFINS = R$ 13.072,00 – R$ 5.054,00 = **R$ 8.018,00**

As receitas excluídas da tributação não cumulativa serão tributadas com alíquotas de 0,65% para o PIS e 3% para a COFINS:

Vendas de Mercadorias	R$ 105.000,00
(-) ICMS (105.000,00 X 20%)	R$ 21.000,00
(=) Base de cálculo PIS e COFINS	**R$ 84.000,00**

PIS= R$ 84.000,00X 0,65%=**R$ 546.00**
COFINS = R$ 84.000,00X 3%=**R$ 2.520,00**

No regime não cumulativo, as receitas financeiras deverão ser tributadas:

Receitas Financeiras   R$ 10.000,00
PIS = R$ 10.000 X 0,65% = **R$ 65,00**
COFINS = R$ 10.000 X 4%= **R$ 400,00**

6.4.9 Reconhecimento Contábil

O reconhecimento contábil do PIS e da COFINS varia conforme o regime tributário adotado pela empresa e a natureza das operações realizadas.

Nos regimes **cumulativos e não cumulativos**, no momento da **emissão da nota fiscal de venda**, a empresa reconhece a receita e, simultaneamente, lança a despesa com PIS e COFINS.

D – Despesa com PIS (Resultado)

C – PIS a recolher (Passivo Circulante)

D – Despesa com COFINS (Resultado)

C – COFINS a recolher (Passivo Circulante)

No regime cumulativo não há direito a créditos, o PIS e a COFINS são embutidos no custo das mercadorias adquiridas e em outros gastos. Assim, nas operações, os valores do PIS e da COFINS são reconhecidos como parte do custo de aquisição.

No regime **não cumulativo** a empresa pode utilizar créditos de PIS e COFINS sobre compras e outras despesas. Assim, deverá reconhecer a parcela do crédito tributário como um ativo circulante.

D – Estoques (Ativo circulante)

D – PIS a recuperar (Ativo Circulante)

D – COFINS a recuperar (Ativo Circulante)

C – Fornecedores (Passivo Circulante)

Os valores acumulados de créditos são utilizados para abater as contribuições devidas nas vendas futuras.

Os produtos adquiridos tributados por substituição tributária não geram créditos tributários. Assim, o valor do PIS e COFINS pagos pelo fornecedor será incluído no custo da mercadoria adquirida. Nas operações de venda, como o valor será pago pelo comprador, a parcela deve ser reconhecida como passivo circulante.

D – Clientes (Ativo Circulante)
C – PIS a recolher (Passivo Circulante)
C – COFINS a recolher (Passivo Circulante)
C – Receita de Vendas (Resultado)

6.5 Contribuição Previdenciária sobre a Receita Bruta (CPRB)

A Contribuição Previdenciária sobre a Receita Bruta foi instituída em agosto de 2011, por intermédio da Medida Provisória 540, de 2 de agosto de 2011, convertida na Lei nº 12.546, de 14 de dezembro de 2011, com o intuito de estimular o crescimento econômico do país por meio da desoneração da folha de pagamentos de salários e remunerações de determinadas pessoas jurídicas, reduzindo os custos dos fatores de produção e **substituindo a contribuição patronal previdenciária equivalente a 20% da folha de pagamento das empresas por uma alíquota a ser aplicada sobre a receita bruta.**

Trata-se de um benefício tributário criado no contexto do "Plano Brasil Maior", inicialmente estabelecido com vigência de 1º de dezembro de 2011 a 31 de dezembro de 2014, alcançando determinados setores de forma obrigatória. No entanto, ao longo do tempo, foram realizadas sucessivas prorrogações, houve a inclusão de novos setores e passou a ser permitida a opção por essa forma de apuração. A cada novo prazo de vigência, surgiam incertezas quanto à sua prorrogação, o que gerava insegurança jurídica para as empresas. A Lei nº 14.784/2023 prorrogou o benefício até 31 de dezembro de 2027. A regulamentação da Contribuição Previdenciária sobre a Receita Bruta (CPRB) foi estabelecida pelo Decreto nº 7.828/2012.

A base de cálculo é a receita bruta, e, no caso de empresas que se dediquem a atividades ou fabriquem produtos sujeitos a diferentes alíquotas da CPRB, o valor da contribuição será calculado mediante aplicação da respectiva alíquota sobre a receita bruta correspondente a cada atividade ou produto.

Na determinação da base de cálculo da CPRB, serão excluídas da receita bruta as parcelas decorrentes de:

- exportações por intermédio de empresa comercial exportadora, caso a exportação seja efetivada em até cento e oitenta dias contados da data da emissão da nota fiscal de venda pela empresa produtora;
- transporte internacional de cargas;
- as vendas canceladas e os descontos incondicionais concedidos;
- o IPI, se incluído na receita bruta;
- o ICMS, quando cobrado pelo vendedor dos bens ou prestador dos serviços na condição de substituto tributário;
- a receita bruta reconhecida pela construção, recuperação, reforma, ampliação ou melhoramento da infraestrutura, cuja contrapartida seja ativo intangível representativo de direito de exploração, no caso de contratos de concessão de serviços públicos;

Capítulo 6 – TRIBUTOS SOBRE A RECEITA OU FATURAMENTO

- o valor do aporte de recursos recebido em função da contraprestação da Administração Pública nos contratos de parceria público-privada;
- a receita auferida com a venda de ativos imobilizados utilizados nas atividades da pessoa jurídica, desde que a venda não constitua objeto social da empresa.

A CPRB deverá ser apurada e paga de forma centralizada pelo estabelecimento matriz da pessoa jurídica, informada na Declaração de Débitos e Créditos Tributários Federais (DCTF) ou na Declaração de Débitos e Créditos Tributários Federais Previdenciários e de Outras Entidades e Fundos (DCTFWeb) e recolhida mediante utilização de Documento de Arrecadação de Receitas Federais (DARF) até o dia vinte do mês subsequente ao da competência em que se tornar devida.

A forma de cálculo **foi alterada a partir de 2025**. Até 2024, em geral, a empresa optante pela desoneração recolhia a CPRB aplicando as alíquotas de 1% a 4,5%, dependendo da atividade da empresa, sobre a receita bruta.

Como a ideia do Governo é extinguir a CPRB em 31/12/2027, a partir de 2025 as empresas contribuirão com alíquotas da CPRB reduzidas a cada ano, tributando adicionalmente a folha de pagamento com alíquotas progressivas.

Tabela 6.2 – Alíquotas CPRB e CPP período 2025 a 2028

Ano	% de redução da Alíquota da CPRB	Alíquota da CPP a ser aplicada sobre a Folha de Pagamento
2025	20%	5%

2026	40%	10%
2027	60%	15%
2028	Extinção	20%

Fonte: Elaborada pelo autor, 2025.

A partir de 2025, as alíquotas da Contribuição Previdenciária sobre a Receita Bruta (CPRB) serão progressivamente reduzidas até sua extinção, prevista para 2028. No primeiro ano da transição, a redução será de 20%, fazendo com que as alíquotas passem a variar de 0,8% no caso da alíquota original de 1% [1% X (1 – 0,2)], a 3,6%, para alíquota original de 4,5% [4,5% X (1 – 0,2)], conforme a atividade exercida. Além disso, a empresa deverá recolher a Contribuição Patronal Previdenciária (CPP) sobre a folha de pagamento, com alíquota de 5%.

Na prática!

Considere que a Empresa XYZ exerce uma atividade que possibilita a opção pela CPRB tributada ao longo de 2024 com alíquota de 4,5%.
Em Jan/2025 apurou as seguintes informações:
Receita Bruta= R$ 500.000,00
Total da folha de pagamento= R$ 200.000,00
Para o cálculo da CPRB em 2025, a alíquota a ser aplicada será de 3,6%, tendo em vista a redução de 20% da alíquota aplicada ao longo do ano de 2024. [4,5% X (1 – 0,2)].
3,6% X R$ 500.000,00 =   R$ 18.000,00
5%X R$ 200.000,00 =   R$ 10.000,00
Valor a recolher =   **R$ 28.000,00**
Para 2026, a alíquota da CPRB será de 2,7% [4,5% X (1 – 0,4)] e, em 2027, de 1,8% [4,5% X (1- 0,6)].
Em 2026, será aplicada sobre a folha de pagamento a alíquota de 10%.

Capítulo 6 – TRIBUTOS SOBRE A RECEITA OU FATURAMENTO

> **Saiba Mais!**
>
> A relação de atividades sujeitas à CPRB consta, publicada, na IN RFB nº 2.053/2021, onde também são definidas as alíquotas. Disponível em: http://normas.receita.fazenda.gov.br/sijut2consulta/link.action?idAto=122005

Empresas que se dedicam a outras atividades, ou que produzam outros itens não contemplados pela desoneração, poderão, conforme o caso, ter tributação mista, aplicando as regras estabelecidas pela CPRB para as receitas decorrentes das atividades relacionadas nos Anexos I e IV e da produção dos itens listados nos Anexos II e V da IN RFB nº 2.053/2021, apurando, de forma proporcional, a contribuição patronal previdenciária incidente sobre a folha de pagamentos, com redução do valor das contribuições resultante da razão entre a receita bruta de atividades não relacionadas nos Anexos I e IV, ou da produção de itens não listados nos Anexos II e V, e a receita bruta total.

A CPRB substituirá apenas a contribuição patronal previdenciária de 20% sobre o total das remunerações pagas, devidas ou creditadas a qualquer título, durante o mês, aos segurados empregados, trabalhadores avulsos e contribuintes individuais que lhe prestem serviços, destinadas a retribuir o trabalho.

O percentual da retenção da contribuição patronal previdenciária das empresas optantes pela CPRB será de 3,5%.

A partir de 2025, a empresa que optar por contribuir à CPRB compromete-se a manter, em seus quadros funcionais, no decorrer de cada ano-calendário para o qual fez a opção, quantitativo médio de empregados igual ou superior a 75% da média verificada no ano-calendário imediatamente anterior. Em caso de inobservância dessa regra, a empresa não poderá fazer essa opção a partir do ano-calendário subsequente ao descumprimento.

6.6 Exercícios de Fixação

1) No contexto da não cumulatividade do IPI, os estabelecimentos industriais podem se credores do imposto relacionado a:
A) Matéria-prima, produto intermediário e material de embalagem, adquiridos para emprego na industrialização de produtos tributados.
B) Apenas matérias-primas que se tornem parte do produto final.
C) Produtos de consumo pessoal.
D) Produtos isentos de IPI.

2) Ao calcular o IPI, como deve ser considerado o valor do frete na base de cálculo?
A) O frete deve ser somado, apenas, ao valor dos produtos.
B) O frete deve ser somado ao valor dos produtos apenas se o transporte for realizado pela empresa.
C) O frete deve ser taxado proporcionalmente ao peso dos produtos quando for impossível determinar o valor que deveria ser atribuído a cada um dos itens.
D) O frete deve ser adicionado ao valor total da operação, independentemente do peso.

3) Qual é o lançamento contábil correto ao registrar a venda de um produto que inclui IPI, considerando um valor de venda de R$ 300.000,00 e IPI a ser recolhido de R$ 30.000,00?
A) **D** – Clientes (Ativo Circulante) R$ 330.000,00;
   C – Receita de Vendas (Resultado) R$ 300.000,00;

C – IPI a recolher (Passivo Circulante) R$ 30.000,00.

B) **D** – Receita de Vendas (Resultado) R$ 300.000,00;

    D – IPI a recolher (Passivo Circulante) R$ 30.000,00;

    C – Clientes (Ativo Circulante) R$ 300.000,00.

C) **D** – IPI a recuperar (Ativo Circulante) R$ 30.000,00;

    C – Clientes (Ativo Circulante) R$ 330.000,00.

D) **D** – Clientes (Ativo Circulante) R$ 300.000,00;

    C – Receita de Vendas (Resultado) R$ 330.000,00;

    C – IPI a recolher (Passivo Circulante) R$ 30.000,00.

4) Sobre o fato gerador do ICMS, é correto afirmar que:

A) A mera transferência de mercadorias entre estabelecimentos do mesmo contribuinte configura fato gerador.

B) O fato gerador ocorre apenas quando há circulação jurídica da mercadoria.

C) O furto ou roubo de mercadorias configura fato gerador do ICMS.

D) O deslocamento físico da mercadoria entre filiais da mesma empresa sempre gera ICMS.

5) A base de cálculo do ICMS em operações internas inclui:

A) Apenas o valor da mercadoria.

B) Apenas o valor da mercadoria e tributos estaduais.

C) Apenas tributos federais.

D) O valor da mercadoria, frete e seguro cobrado pelo vendedor.

6) Quanto à alíquota interestadual do ICMS, um produto enviado de São Paulo para o Ceará será tributado com:

A) 18%.

B) 12%.

C) 7%.

D) 25%.

7) Sobre a não cumulatividade do ICMS, é correto afirmar que:

A) O imposto devido é compensado com o valor pago nas operações anteriores.

B) O ICMS não permite compensação de créditos tributários.

C) Compras para uso do estabelecimento sempre geram crédito de ICMS.

D) A empresa sempre pode utilizar qualquer imposto pago como crédito.

8) Uma Sociedade Empresária iniciou suas atividades em fevereiro de 2018. Nesse mês, realizou as seguintes transações:
Aquisição de mercadorias por R$ 30.000,00. Nesse valor está incluído **ICMS recuperável no valor de R$ 5.100,00.**
Venda, por R$ 36.000,00, de 50% das mercadorias adquiridas. Sobre a receita obtida na operação, há incidência apenas do **ICMS na alíquota de 12%.**
Considerando-se que essas foram as únicas transações efetuadas no mês, após o registro contábil de apuração do ICMS, a Sociedade Empresária apresentará:
A) um saldo de ICMS a recuperar no valor de R$ 780,00.

B) um saldo de ICMS a recolher no valor de R$ 1.800,00.

C) um saldo de ICMS a recolher no valor de R$ 4.320,00.

D) um saldo de ICMS a recuperar no valor de R$ 5.100,00.

9) Uma Sociedade Empresária que possui um único estabelecimento apresentava, em 31/3/2024, após a apuração do ICMS, um saldo de ICMS a recuperar de R$ 3.000,00. Durante o mês de abril, a empresa efetuou registros que totalizaram R$ 35.000,00 a crédito de ICMS

Capítulo 6 – TRIBUTOS SOBRE A RECEITA OU FATURAMENTO

a recolher pelas vendas de mercadorias e R$ 28.500,00 a débito de ICMS a recuperar pela compra de mercadorias. Considerando-se apenas essas informações, o registro contábil relativo à apuração do ICMS no mês de abril será:

A) R$ 28.500,00 a débito da conta de ICMS a recuperar e a crédito de ICMS a recolher.

B) R$ 31.500,00 a débito da conta de ICMS a recolher e a crédito de ICMS a recuperar.

C) R$ 31.500,00 a débito da conta de ICMS a recuperar e a crédito de ICMS a recolher.

D) R$ 35.000,00 a débito da conta de ICMS a recolher e a crédito de ICMS a recuperar.

10) Em 20/10/2024, uma Sociedade Empresária comprou mercadorias para revenda no valor de R$ 180.000,00, para pagamento em 05/11/2024. No valor, está incluído o ICMS recuperável calculado à alíquota de 18%. A empresa adota o Regime de Incidência Cumulativo de PIS e COFINS, com as alíquotas de 0,65% e 3%, respectivamente. Considerando-se as informações apresentadas, assinale a opção que apresenta o lançamento contábil CORRETO dessa operação.

A) **D** – Estoques   R$ 147.600,00
   D – ICMS a recuperar   R$ 32.400,00
   C – Fornecedores   R$ 180.000,00

B) **D** – Estoques   R$ 173.088,00
   C – PIS a recuperar   R$ 1.170,00
   D – COFINS a recuperar   R$ 5.400,00
   C – Fornecedores Nacionais R$ 180.000,00

C) **D** – Estoques   R$ 144.540,00
   D – PIS a recuperar   R$ 1.170,00

C – ICMS a recuperar	R$ 32.400,00
C – Fornecedores Nacionais	R$ 180.000,00
D) **D** – Estoques	R$ 139.770,00
D – PIS a recuperar	R$ 1.170,00
D – COFINS a recuperar	R$ 5.400,00
D – ICMS a recuperar	R$ 32.400,00
C – Fornecedores	R$ 180.000,00

11) Considere que determinada mercadoria sujeita ao ICMS no regime de substituição tributária (ICMS-ST) foi vendida por uma empresa industrial para uma empresa varejista, localizada no mesmo estado. Os dados são:
Valor da venda: R$ 1.500,00.
Valor do frete e seguro: R$ 250,00.
Alíquota interna do ICMS: 12%.
Alíquota do IPI: 5%.
MVA: 45%.
O valor do ICMS a ser recolhido por substituição tributária será de:
A) R$ 66,00.
B) R$ 90,72.
C) R$ 273,24.
D) R$ 109,72.

12) O Imposto sobre Serviços é um tributo de competência municipal e do Distrito Federal, incidente sobre a prestação de serviços listados na Lei Complementar nº 116/2003. Sobre a base de cálculo do ISS, assinale a alternativa correta:
A) O ISS incide sobre o faturamento bruto da empresa, incluindo tributos federais e estaduais.

Capítulo 6 – TRIBUTOS SOBRE A RECEITA OU FATURAMENTO

B) A base de cálculo do ISS é o preço do serviço prestado, sendo permitida a dedução de qualquer especificação operacional.

C) O ISS incide apenas sobre os serviços prestados às empresas, não sendo aplicável a exceções suplementares.

D) A base de cálculo do ISS é a receita bruta do serviço prestado, sem deduções, salvo nos casos previstos na legislação.

13) De acordo com a Lei Complementar nº 116/2003, em regra geral, o ISS é devido ao município onde:

A) Está localizada a sede administrativa do tomador do serviço.

B) O prestador do serviço está previsto ou, na falta deste, onde está o seu domicílio.

C) O serviço é contratado, independentemente do local de sua efetiva prestação.

D) O prestador de serviço desejar cobrar o imposto, garantindo menor carga tributária.

14) Sobre a retenção do ISS, assinale a alternativa correta:

A) A retenção do ISS deve sempre ser feita pelo prestador do serviço, independentemente da legislação municipal.

B) O tomador do serviço nunca é responsável pela retenção do ISS, sendo essa uma obrigação exclusiva do prestador.

C) Em alguns casos previstos na LC 116/2003, o tomador do serviço pode ser responsável por reter e recolher o ISS, conforme definido na legislação municipal.

D) O ISS retido pelo tomador do serviço deve ser devolvido ao prestador, pois este é o único responsável pelo recolhimento do tributo.

CONTABILIDADE TRIBUTÁRIA

15) Sobre a incidência da contribuição para o PIS/PASEP e da COFINS, analise as afirmativas a seguir:
I. Ambos os tributos incidem sobre o faturamento das pessoas jurídicas de direito privado e aquelas equiparadas pela legislação do Imposto de Renda.
II. A partir de 2027, esses tributos serão extintos e substituídos pela Contribuição sobre Bens e Serviços (CBS).
III. A incidência do PIS e COFINS é sempre cumulativa, independentemente do regime de tributação da empresa.
Está correto o que se afirma em:
A) I, apenas.
B) I e II, apenas.
C) II e III, apenas.
D) I, II e III.

16) No regime não cumulativo do PIS e COFINS, um dos aspectos fundamentais é a possibilidade de abatimento de créditos tributários. Considerando as regras gerais, qual das opções abaixo NÃO se enquadra como um custo ou despesa passível de geração de crédito?
A) Energia elétrica consumida nos estabelecimentos da empresa.
B) Aluguel de máquinas e equipamentos utilizados na atividade da empresa.
C) Pagamento de salário a funcionários administrativos.
D) Aquisição de insumos para fabricação de produtos destinados à venda.

17) Considere que uma empresa do setor industrial adquiriu mercadorias para revenda no valor de R$ 200.000,00. O ICMS destacado na nota fiscal foi de R$ 40.000,00. Sabendo

Capítulo 6 – TRIBUTOS SOBRE A RECEITA OU FATURAMENTO

que a empresa está no regime não cumulativo, qual será a base de cálculo para o crédito tributário do PIS e COFINS?

A) R$ 200.000,00

B) R$ 160.000,00

C) R$ 120.000,00

D) R$ 96.000,00

18) Sobre o método de apuração do crédito tributário em empresas com tributação mista (regimes cumulativo e não cumulativo), assinale a alternativa correta:

A) O crédito pode ser integralmente utilizado para compensação de PIS e COFINS, independentemente da origem da receita.

B) A empresa deve adotar obrigatoriamente o critério de apropriação direta para segregar os créditos.

C) O método de rateio proporcional considera a relação entre a receita sujeita à incidência não cumulativa e a receita total da empresa.

D) A legislação permite que a empresa escolha livremente entre utilizar integralmente os créditos ou não os aproveitar.

19) No cálculo da base de cálculo do PIS e da COFINS, alguns valores podem ser excluídos. Qual dos itens a seguir NÃO pode ser excluído da base de cálculo?

A) ICMS destacado no documento fiscal.

B) Receitas de vendas canceladas.

C) Receita financeira decorrente do ajuste a valor presente.

D) Receita de prestação de serviços sujeitos à alíquota zero.

20) Em 2025, uma empresa com Receita Bruta de R$ 1.000.000,00 e folha de pagamento de R$ 300.000,00, com alíquota de CPRB de 4,5% vigente até 31/12/2024, pagará de CPRB e CPP, respectivamente:

A) R$ 36.000,00 e R$ 15.000,00
B) R$ 28.000,00 e R$ 10.000,00
C) R$ 30.000,00 e R$ 20.000,00
D) R$ 40.000,00 e R$ 25.000,00

Respostas

1 – A	6 – C	11 – D	16 – C
2 – C	7 – A	12 – D	17 – B
3 – A	8 – A	13 – B	18 – C
4 – B	9 – B	14 – C	19 – D
5 – D	10 – A	15 – B	20 – A

Capítulo 7 – CONTRIBUIÇÕES PREVIDENCIÁRIAS, FGTS E PIS SOBRE A FOLHA

O Senhor Deus disse a Moisés:
A lei a respeito dos levitas é esta:

Com a idade de 25 anos, cada levita começará o
seu trabalho na Tenda Sagrada e aos cinquenta
anos deixará de trabalhar.

Números 8.23-25

A remuneração de trabalhadores é fato gerador de diversas contribuições sociais, como as **previdenciárias, a contribuição do PIS/PASEP das entidades sem fins lucrativos, contribuições interventivas integrantes do "Sistema S", salário-educação e encargos como o fundo de garantia por tempo de serviço**, todas constituindo custos indiretos do trabalho.

A Constituição estabelece no art. 195 que a Previdência Social é financiada por toda a sociedade, de forma direta e indireta, mediante recursos provenientes dos orçamentos da União e de contribuições sociais de trabalhadores e empregadores, possuindo uma **diversidade de fatos geradores**, sendo eles:

- em relação ao **segurado** empregado, empregado doméstico, trabalhador avulso e contribuinte individual, o **exercício de atividade remunerada**;

- em relação ao **empregador doméstico**, a prestação de serviços pelo segurado empregado doméstico, a título oneroso, o **exercício de atividade remunerada**;
- em relação à **empresa** ou equiparado à empresa:
  - **prestação de serviços remunerados** pelos segurados empregados, trabalhador avulso, contribuinte individual;

  - a **comercialização da produção rural** própria, se produtor rural pessoa jurídica, ou a comercialização da produção própria ou da produção própria e da adquirida de terceiros, se agroindústria. A contribuição do Produtor rural PJ (constituído em empresa) é de 2,05%, sobre o valor total da comercialização realizada, sem qualquer dedução;

  - a realização de **espetáculo desportivo** gerador de receita, no território nacional, se associação desportiva que mantém equipe de futebol profissional, sendo aplicada a alíquota de 5%;

  - o **licenciamento de uso de marcas e símbolos, patrocínio, publicidade, propaganda e transmissão de espetáculos desportivos**, a título oneroso, se associação desportiva que mantém equipe de futebol profissional, inclusive para participar do concurso de prognóstico, sendo aplicada a alíquota de 5%;

  - em relação ao segurado especial e ao produtor rural pessoa física, a **comercialização da sua produção rural**, sendo aplicada a alíquota de 1,5%;

Capítulo 7 – CONTRIBUIÇÕES PREVIDENCIÁRIAS, FGTS E PIS SOBRE A FOLHA

– em relação à **obra de construção civil** de responsabilidade de pessoa física, a prestação de serviços remunerados por segurados que edificam a obra.

7.1 Contribuição Patronal Previdenciária (CPP)

A contribuição previdenciária a cargo dos empregadores alcança todas as pessoas jurídicas que **contratam pessoas físicas e as remuneram pelo trabalho**, sendo classificado como empresa o empresário ou a sociedade que assume o risco da atividade econômica urbana ou rural, com fins lucrativos ou não, bem como os órgãos e entidades da administração pública direta ou indireta.

A **alíquota da CPP é de 20%** incidente sobre **o total das remunerações pagas, devidas ou creditadas**, a qualquer título, durante o mês, aos segurados empregados, trabalhadores avulsos e contribuintes individuais que prestam serviços a pessoas jurídicas não imunes.

No caso de bancos comerciais, bancos de investimentos, bancos de desenvolvimento, caixas econômicas, sociedades de crédito, de financiamento ou de investimento, sociedades de crédito imobiliário, sociedades corretoras, distribuidoras de títulos ou de valores mobiliários, empresas de arrendamento mercantil, cooperativas de crédito, empresas de seguros privados ou de capitalização, agentes autônomos de seguros privados ou de crédito e entidades de previdência privada abertas ou fechadas, será aplicado uma alíquota adicional de **2,5%** incidente sobre a remuneração dos segurados empregados, trabalhadores avulsos e contribuintes individuais.

A base de cálculo da contribuição social previdenciária é **o salário de contribuição** definido para os segurados empregados e trabalhadores avulsos como a remuneração auferida em uma ou mais empresas, assim entendida a totalidade dos rendimentos que lhe são pagos, devidos ou creditados a qualquer título, durante o mês, **destinados a retribuir o trabalho, qualquer que seja a sua forma**, inclusive as gorjetas, os ganhos habituais sob a forma de utilidades e os adiantamentos decorrentes de reajuste salarial, quer pelos serviços efetivamente prestados, quer pelo tempo à disposição do empregador ou tomador de serviços, nos termos da lei ou do contrato ou, ainda, de convenção ou de acordo coletivo de trabalho ou de sentença normativa, observado o limite mínimo e máximo.

No caso dos contribuintes individuais o salário de contribuição compreende a remuneração auferida em uma ou mais empresas ou pelo exercício de sua atividade por conta própria, durante o mês, observado o limite mínimo e máximo do salário de contribuição.

> ### Saiba Mais!
>
> O § 9º do art. 28 da Lei nº 8.212/1991 estabelece as parcelas que não integrarão o salário de contribuição.

As empresas enquadradas na condição de microempresa ou de empresa de pequeno porte, optantes pelo Simples Nacional, que apuram seus tributos com base nos Anexos I, II, III e V, estão dispensadas do recolhimento em separado desta contribuição, a qual será integrada na alíquota efetiva apurada mensalmente, destacando que **haverá incidência normal para as empresas enquadradas no Anexo IV da Lei Complementar 123/2006.**

Capítulo 7 – CONTRIBUIÇÕES PREVIDENCIÁRIAS, FGTS E PIS SOBRE A FOLHA   457

O 13º salário integra a base de cálculo da CPP, sendo devidas as contribuições sociais quando do pagamento ou crédito da última parcela ou na rescisão de contrato de trabalho, sobre o valor total pago, devido ou creditado ao segurado empregado e ao trabalhador avulso.

7.2 Risco Ambiental do Trabalho (RAT)

Contribuição destinada ao financiamento dos benefícios concedidos em razão do **grau de incidência de incapacidade laborativa decorrente dos riscos ambientais do trabalho**, incidentes sobre o total das remunerações pagas, devidas ou creditadas, a qualquer título, durante o mês, aos segurados empregados e trabalhadores avulsos que lhes prestam serviços correspondentes à aplicação dos seguintes percentuais:

a) **1%** para as empresas cuja atividade preponderante exponha seus colaboradores a **risco leve** de acidentes do trabalho;

b) **2%** para as empresas cuja atividade preponderante exponha seus colaboradores a **risco médio** de acidentes do trabalho;

c) **3%** para as empresas cuja atividade preponderante exponha seus colaboradores a **risco grave** de acidentes do trabalho.

A contribuição será calculada com base no grau de risco da atividade. O enquadramento nos correspondentes graus de risco é de responsabilidade da empresa e deve ser feito mensalmente, com base em sua atividade econômica preponderante. Devem ser observados o código CNAE da atividade e a alíquota correspondente ao grau de risco, constantes do Anexo I da Instrução Normativa nº 2.110/2022.

> **Atenção!**
>
> Considera-se preponderante a atividade econômica que ocupa, no estabelecimento, o **maior número de segurados empregados e trabalhadores avulsos**, observado que na ocorrência de mesmo número de segurados empregados e trabalhadores avulsos em atividades econômicas distintas, será considerada como preponderante aquela que corresponder ao maior grau de risco.

As alíquotas das contribuições para apuração do risco ambiental do trabalho **podem ser reduzidas em até 50% ou aumentadas em até 100%**, em razão do desempenho da empresa em relação à sua respectiva atividade, aferido pelo **Fator Acidentário de Prevenção** (FAP) atribuído às empresas, o qual poderá ser contestado perante o órgão competente no Ministério do Trabalho e Previdência no prazo de trinta dias contados da data de sua divulgação oficial. Trata-se de um incentivo tributário concedido com o objetivo de reduzir as doenças e acidentes decorrentes das atividades laborais.

7.3 Contribuição Adicional para o Financiamento da Aposentadoria Especial

As pessoas jurídicas que submetem trabalhadores ao exercício de atividade em condições especiais sob exposição a agentes nocivos prejudiciais à sua saúde e integridade física e que ensejam aposentadoria especial devem recolher contribuição adicional destinada ao financiamento das aposentadorias especiais, sendo aplicados os percentuais de **12%, 9% e 6%**, conforme o tempo exigido **para a aposentadoria especial seja de 15, 20 ou 25 anos, respectivamente**, incidentes sobre o total das remune-

Capítulo 7 – CONTRIBUIÇÕES PREVIDENCIÁRIAS, FGTS E PIS SOBRE A FOLHA

rações pagas, devidas ou creditadas, a qualquer título, durante o mês, aos segurados empregados sujeitos a essa exposição.

7.4 Terceiros

Compete à Secretaria da Receita Federal do Brasil, nos termos do art. 3º da Lei nº 11.457, de 16 de março de 2007, as atividades relativas à tributação, fiscalização, arrecadação e cobrança da contribuição devida por lei a terceiros. Essa **contribuição interventiva** se sujeita aos mesmos prazos, condições, sanções e privilégios das contribuições sociais destinadas ao financiamento da seguridade social, inclusive no que diz respeito à cobrança judicial. Trata-se de contribuições parafiscais destinadas às seguintes entidades:

- As entidades privadas de **serviço social e de formação profissional** a que se refere o art. 240, da Constituição Federal de 1988, criadas por lei federal e vinculadas ao sistema sindical (Senai, Sesi, Senac, Sesc, Sebrae, Senar, Sest, Senat, Sescoop);
- O **Fundo Aeroviário**;
- O **Fundo de Desenvolvimento do Ensino Profissional Marítimo**;
- O **Instituto Nacional de Colonização e Reforma Agrária** (INCRA);
- O **Fundo Nacional de Desenvolvimento da Educação** (FNDE).

A alíquota é definida de acordo com o enquadramento da pessoa jurídica no Fundo da Previdência e Assistência Social

(FPAS), código que identifica a atividade econômica que a empresa ou o trabalhador individual exerce.

> **Na prática!**
>
> O enquadramento na tabela de alíquotas por códigos FPAS é efetuado pelo sujeito passivo de acordo com cada atividade econômica por ele exercida, e aplica-se, exclusivamente, à contribuição cuja base de cálculo será a mesma das que incidem sobre a remuneração paga, devida ou creditada aos segurados do RGPS ou instituídas sobre outras bases a título de substituição, sendo calculada sobre o total da remuneração paga, devida ou creditada a empregados e trabalhadores avulsos, não alcançando a remuneração dos contribuintes individuais.
> As alíquotas e códigos FPAS constam do Anexo II da Instrução Normativa 2110/2022.

7.5 Contribuições Previdenciárias do Trabalhador

As contribuições previdenciárias dos trabalhadores terão sua forma de apuração, alíquotas e responsabilidade pelo recolhimento definidas **de acordo com a forma de filiação do segurado à Previdência Social**. Denominam-se segurados as pessoas que se filiam ao RGPS e que contribuem para o financiamento do sistema previdenciário, sendo divididos em segurados obrigatórios e segurados facultativos.

Os segurados obrigatórios são as pessoas físicas, que desempenham atividade remunerada, com ou sem vínculo empregatício, que faz com que sua filiação ao RGPS seja compulsória, sem a possibilidade de exclusão voluntária. **São divididos em cinco espécies: empregado, empregado doméstico, avulso, contribuinte individual e segurado especial.** O segurado facultativo é o maior de dezesseis anos de idade que é filiado de forma voluntária ao RGPS, mediante contribuição, desde que não

Capítulo 7 – CONTRIBUIÇÕES PREVIDENCIÁRIAS, FGTS E PIS SOBRE A FOLHA

esteja exercendo atividade remunerada que o enquadre como segurado obrigatório da previdência social.

7.5.1 Contribuição dos Segurados Empregado, Avulso e Doméstico

A contribuição do segurado empregado, inclusive o doméstico, empregado contratado para trabalho intermitente e do trabalhador avulso é calculada por meio **da aplicação da alíquota correspondente, de forma progressiva, sobre o seu salário de contribuição mensal**, de acordo com a tabela de contribuição atualizada anualmente. A seguir, publicamos a tabela válida para o exercício de 2025, nos termos da Portaria interministerial MPS/MF nº 6, de 10 de janeiro de 2025.

Tabela 7.1 – Contribuição dos segurados empregado, empregado doméstico e trabalhador avulso a partir de 01/01/2025

Salário de Contribuição (R$)	Alíquota
até R$ 1.518,00	7,5%
de R$ 1.518,01 até R$ 2.793,88	9%
de R$ 2.793,89 até R$ 4.190,83	12%
de R$ 4.190,84 até R$ 8.157,41	14%

Fonte: Portaria interministerial MPS/MF nº 6, de 10 de janeiro de 2025.

Os valores dos salários de contribuição serão reajustados na mesma data e com o mesmo índice em que se der o reajuste dos benefícios do Regime Geral de Previdência Social, ressalvados aqueles vinculados ao salário mínimo, aos quais se aplica a legislação específica.

As alíquotas previstas na tabela 7.1 serão aplicadas de forma progressiva sobre o salário de contribuição do segurado, incidindo cada alíquota sobre a faixa de valores compreendida nos respectivos limites.

> ### Na prática!
>
> **Exemplo 1: Salário de contribuição igual a um salário mínimo R$ 1.518,00**
> 1ª Faixa = R$ 1.518,00 x 7,5% **= R$ 113,85**
> **Exemplo 2: Salário de contribuição de R$ 2.500,00**
> 1ª Faixa = (R$ 1.518,00 x 7,5%) = R$ 113,85
> 2ª Faixa = (R$ 2.500,00 – R$ 1.518,00) x 9% = R$ 88,38
> **Total (R$ 113,85 + R$ 88,38) = R$ 202,23**
> **Exemplo 3: Salário de contribuição de R$ 9.000,00**
> 1ª Faixa = (R$ 1.518,00 x 7,5%) = R$ 113,85
> 2ª Faixa = (R$ 2.793,88 – R$ 1.518,00) X 9% = R$ 114,83
> 3ª Faixa = (R$ 4.190,83 – R$ 2.793,88) x 12% = R$ 167,63
> 4ª Faixa = (R$ 8.157,41 – R$ 4.190,83) x 14% = R$ 555,32
> **Total (R$ 113,85 + R$ 114,83 + R$ 167.63 + R$ 555,32)**
> **= R$ 951,63**

Importante destacar **que a contribuição do trabalhador é limitada ao teto do salário de contribuição (R$ 8.157,41)**, sendo esse o valor máximo da base de cálculo da contribuição. Destaca-se que **essa limitação não se aplica a Contribuição Patronal Previdenciária**, onde, no caso do Exemplo 3, a base de cálculo será de R$ 9.000,00, valor sobre o qual incidirá a alíquota de 20%.

Caso o trabalhador exerça concomitantemente mais de uma atividade remunerada sujeita ao RGPS, ele é obrigatoriamente filiado no referido regime em relação a cada uma dessas atividades, **devendo comunicar a todos os seus empregadores, mensalmente, a remuneração recebida** até o limite máximo do salário de contribuição, envolvendo todos os vínculos, a fim de que o empregador possa apurar corretamente o salário de contribuição sobre o qual deverá incidir a contribuição social previdenciária do segurado, bem como a

Capítulo 7 – CONTRIBUIÇÕES PREVIDENCIÁRIAS, FGTS E PIS SOBRE A FOLHA

alíquota a ser aplicada, além de evitar retenções além do valor máximo permitido.

7.5.2 Contribuição dos Contribuintes Individuais

A expressão contribuinte individual foi criada pela Lei nº 9.876/1999, que reuniu três categorias distintas de segurados obrigatórios existentes, empresário, autônomo e o equiparado a autônomo, em uma única. Nessa categoria estão as **pessoas que trabalham por conta própria (autônomos), os empresários e os trabalhadores que prestam serviços de natureza eventual a empresas, sem vínculo empregatício.** São considerados contribuintes individuais, entre outros, os sacerdotes, o sócio gerente e o sócio cotista que recebem remuneração decorrente de atividade em empresa urbana ou rural, os síndicos remunerados, os motoristas de táxi, os vendedores ambulantes, as diaristas, os pintores, os eletricistas, os associados de cooperativas de trabalho e outros.

A **contribuição do segurado contribuinte individual é de 20% aplicada sobre o respectivo salário de contribuição**, observado o limite mínimo (R$ 1.518,00) e máximo (R$ 8.157,41); contudo, existem outras alíquotas a serem aplicadas na hipótese de prestação de serviços à pessoa jurídica não imune, microempreendedor individual e para aqueles que optarem pelo plano simplificado de previdência social.

A **alíquota será de 20%,** incidente sobre:

- A remuneração auferida em decorrência da prestação de serviços a pessoas físicas;
- A remuneração que lhe for paga ou creditada, no decorrer do mês, pelos serviços prestados a entidade

beneficente de assistência social isenta das contribuições sociais;

- O valor recebido pelo cooperado, pela prestação de serviços por intermédio de cooperativa de trabalho;
- O valor declarado pelo ministro de confissão religiosa ou membro de instituto de vida consagrada, de congregação ou de ordem religiosa; e
- A remuneração que lhe for paga ou creditada, no decorrer do mês, pelos serviços prestados a outro contribuinte individual, a produtor rural pessoa física, a missão diplomática ou repartição consular de carreiras estrangeiras.

O segurado **contribuinte individual que prestar serviços a pessoas jurídicas não imunes pode deduzir de sua contribuição mensal 45% da contribuição devida pelo contratante (CPP de 20%)**, incidente sobre a remuneração que este lhe tenha pago ou creditado no respectivo mês, limitada a dedução a 9% (45% X 20%) do respectivo salário de contribuição. Assim a **alíquota a ser aplicada será de 11%** (20% – 9%), destacando que nesses casos a contribuição previdenciária será retida pelo tomador de serviços do contribuinte individual.

Quando o total da **remuneração mensal recebida pelo contribuinte individual por serviços prestados a uma ou mais empresas for inferior ao limite mínimo** do salário de contribuição (R$ 1.518,00), o segurado deverá recolher diretamente a complementação da contribuição incidente sobre a diferença entre o limite mínimo do salário de contribuição e a remuneração total por ele recebida ou a ele creditada, aplicando sobre a parcela complementar a alíquota de 20%.

Capítulo 7 – CONTRIBUIÇÕES PREVIDENCIÁRIAS, FGTS E PIS SOBRE A FOLHA

Na prática!

Um contribuinte individual prestou serviços em 01/2025 a uma empresa no valor de R$ 800,00. Por ocasião do pagamento foi retido a sua contribuição no valor de R$ 88,00 (R$ 800,00 X 11%).
Como o valor foi inferior ao salário-mínimo, ele deverá realizar a complementação, devendo ser recolhido a diferença até que seja alcançado o piso da contribuição.
Logo, deverá recolher R$ 143,60 [(R$ 1.518 – 800) X 20%].

O segurado contribuinte individual, não optante pelo programa microempreendedor individual, que trabalhe por conta própria, sem relação de trabalho com empresa ou equiparado, a partir da competência em que fizer opção pela exclusão do direito ao benefício de aposentadoria por tempo de contribuição, contribuirá à alíquota de **11% sobre o salário mínimo.**

Caso pretenda contar o tempo correspondente para fins de obtenção da aposentadoria por tempo de contribuição ou da contagem recíproca do tempo de contribuição para utilização em outro regime de previdência, **deverá complementar a contribuição mensal mediante o recolhimento de 9%** incidentes sobre o limite mínimo mensal do salário de contribuição em vigor na competência a ser complementada, acrescido dos juros moratórios. Essa contribuição complementar poderá ser realizada a qualquer tempo.

A contribuição do segurado facultativo corresponde a **20% do salário de contribuição por ele declarado**, observados os limites mínimo e máximo. Em caso de opção pela exclusão do direito ao benefício de aposentadoria por tempo de contribuição, a alíquota de contribuição será de 11% sobre o salário mínimo. A contribuição será de 5% para o segurado facultativo sem renda própria que se dedique exclusivamente ao trabalho doméstico no âmbito de sua residência, desde que pertencente à família de baixa renda (família inscrita no CadÚnico – cuja renda mensal seja de até 2 salários mínimos).

7.5.3 Tributação da Remuneração dos Sócios

O empresário individual e o titular de empresa individual de responsabilidade limitada, urbana ou rural, o diretor não empregado e o membro de conselho de administração de sociedade anônima, o sócio de sociedade em nome coletivo e o sócio solidário, o sócio gerente, o sócio cotista e o administrador, quanto a este último, quando não for empregado em sociedade limitada, urbana ou rural, serão contribuintes individuais, **desde que recebam remuneração decorrente de trabalho na empresa, inclusive de forma indireta, em relação a tais rendimentos.**

O **pró-labore indireto** ocorre quando os **sócios não utilizam recursos próprios para custear suas despesas pessoais**, como aluguel de imóveis, mensalidades escolares dos filhos, combustível, plano de saúde, entre outras, porque esses **gastos são cobertos com recursos da própria empresa**. Ou seja, a empresa assume despesas que, na prática, beneficiam diretamente os sócios. Esse entendimento foi reconhecido oficialmente pelo Conselho Administrativo de Recursos Fiscais (CARF), por meio do Acórdão nº 1-00.758, relacionado ao Processo nº 37193.003652/2006-90.

A contribuição da empresa em relação ao empresário individual e aos sócios enquadrados como contribuintes individuais terá como base de cálculo:

- A **remuneração paga ou creditada** aos sócios em decorrência de seu trabalho, de acordo com a escrituração contábil da empresa – pró-labore;
- Os valores totais pagos ou creditados aos sócios, ainda que a título de antecipação de lucro da pessoa jurídica, **quando não houver discriminação entre a remuneração decorrente do trabalho e a pro-**

Capítulo 7 – CONTRIBUIÇÕES PREVIDENCIÁRIAS, FGTS E PIS SOBRE A FOLHA

veniente do capital social, ou tratar-se de adianta-mento de resultado ainda não apurado por meio de demonstração de resultado do exercício ou quando a contabilidade for apresentada de forma deficiente.

O valor a ser distribuído a título de **antecipação de lucro** poderá ser previamente apurado mediante a elaboração de balancetes contábeis mensais, devendo, nessa hipótese, ser observado que, se a demonstração de resultado final do exercício evidenciar uma apuração de lucro inferior ao montante distribuído, a diferença será considerada remuneração aos sócios. Frise-se a necessidade de **escrituração contábil fidedigna e consistente, que seja capaz de comprovar os lucros apurados ao longo do exercício**, a qual é essencial para evitar autuações fiscais.

O **pró-labore deve ser fixado no próprio contrato social**, onde será definido os sócios que terão direito a esta remuneração, quando com efetiva atuação na sociedade por meio de atividade laborativa. A fixação do valor da retirada mensal a título de pró-labore depende, unicamente, da vontade dos sócios, podendo, inclusive, o contrato social estabelecer que os sócios não sejam remunerados por pró-labore, hipótese em que deixam de ser classificados como contribuintes individuais, não incidindo contribuições previdenciárias.

Não há dispositivo legal que determine a obrigatoriedade de pagamento de pró-labore aos sócios de sociedades, ainda que estes exerçam atividades na empresa. É plenamente válido que o contrato social estabeleça, de forma expressa, que os sócios serão remunerados exclusivamente pela distribuição de lucros (Código Civil – art. 997, VII), sem o pagamento de pró-labore. **Nessa hipótese, afasta-se a incidência da contribuição previdenciária, uma vez que não há remuneração pelo trabalho**, mas sim repartição dos resultados da atividade econômica da sociedade.

Esse entendimento é respaldado pelo art. 201, § 5º, II, do Decreto nº 3.048/99, que admite a remuneração dos sócios exclusivamente com base na lucratividade, desde que haja previsão contratual prévia e apuração contábil dos lucros. Ou seja, a ausência de pró-labore, quando pactuada entre os sócios e respaldada por resultados efetivos, não configura inadimplência tributária nem sonegação. A Receita Federal firmou esse entendimento por meio da **SOLUÇÃO DE CONSULTA DISIT/SRRF09 Nº 196, 18 OUTUBRO 2012.**

Além disso, tanto o art. 12, inciso V, alínea "f" da Lei nº 8.212/91, quanto o art. 9º, inciso V, alínea "e" do Decreto nº 3.048/99, **condicionam o enquadramento do sócio como contribuinte individual ao efetivo recebimento de remuneração decorrente do trabalho.** Dessa forma, na ausência de pagamento de pró-labore, não há obrigação legal de contribuir como contribuinte individual — embora o sócio possa, se quiser, contribuir como segurado facultativo para manter sua proteção previdenciária.

Ainda que a Receita Federal, por meio de algumas soluções de consulta — como a SC Cosit nº 120/2016 e a DISIT/SRRF04 de 17/04/2024 —, entenda que sócios de sociedades simples prestadoras de serviços profissionais devem necessariamente receber pró-labore quando atuam na empresa, tal entendimento não encontra respaldo legal. Trata-se de uma interpretação administrativa, sendo importante deixar claro que essas soluções **não têm força de lei**, valendo apenas para o consulente, embora possam influenciar a atuação do fisco, e que não se sobrepõe ao princípio da legalidade tributária, consagrado no art. 150, inciso I da Constituição Federal, segundo o qual *"sem lei que o estabeleça, não se pode exigir tributo"*.

Portanto, embora a Receita interprete que pelo menos parte dos valores pagos ao sócio deva ter natureza remuneratória (e, portanto, sujeita à contribuição previdenciária), não há base

Capítulo 7 – CONTRIBUIÇÕES PREVIDENCIÁRIAS, FGTS E PIS SOBRE A FOLHA   **469**

legal que imponha tal exigência. Desde que observados os requisitos legais — previsão contratual e efetiva apuração de lucros —, a distribuição de resultados não configura fato gerador da contribuição previdenciária.

Conclui-se, assim, que a inexistência de pró-labore não infringe a legislação, nem configura evasão fiscal, desde que a remuneração dos sócios ocorra unicamente por meio da distribuição de lucros demonstrados contabilmente. Qualquer cobrança de tributo fora dessas condições afronta diretamente o princípio da legalidade tributária.

Por fim, cumpre ainda esclarecer a possibilidade de distribuição de lucros de forma desproporcional à participação societária, desde que o contrato social assim estabeleça, conforme art. 1.007 do Código Civil. **É possível haver distribuição desproporcional, também, por meio de deliberação da assembleia ou reunião de sócios, quando houver cláusula contratual autorizativa.** Nesse caso, a ata deverá ser devidamente arquivada e averbada no órgão de registro competente. Esse é o entendimento consolidado pelo CARF, conforme Acórdão nº 9202-011.066 – CSRF / 2ª Turma (Processo 10120.009557/2009-40).

7.6 Fundo de Garantia do Tempo de Serviço (FGTS)

O Fundo de Garantia do Tempo de Serviço foi criado em 13 de setembro de 1966, com o objetivo de proteger o trabalhador demitido sem justa causa, mediante a abertura de uma conta vinculada ao contrato de trabalho, sendo regido pela Lei nº 8.036/1990, a qual foi regulamentada pelo Decreto nº 99.684/1990, que consolida as normas regulamentares do FGTS. **Embora o Supremo Tribunal Federal tenha por diversas vezes afastado a possível natureza tributária do FGTS, trata-se de um gasto compulsório incidente sobre a relação de emprego.**

Nos termos do art. 15 da Lei nº 8.036/1990, com redação dada pela Medida Provisória nº 1.107/2022, todos os empregadores ficam obrigados a depositar, até o vigésimo dia de cada mês, em conta vinculada, a importância correspondente a 8% da remuneração paga ou devida, no mês anterior, a cada trabalhador – incluídas na remuneração, além do pagamento em dinheiro, as gorjetas, as gratificações legais e as comissões, alimentação, habitação, vestuário ou outras prestações *in natura* que a empresa, por força do contrato ou do costume, fornecer habitualmente ao empregado, e mais a Gratificação Natalina (13º salário). Cabe destacar que a alíquota a ser aplicada nos contratos de aprendizagem será de 2%.

> ### Atenção!
>
> Não se incluem na remuneração as parcelas elencadas no parágrafo 9º do art. 28 da Lei nº 8.212/1991, dispositivo que estabelece as parcelas que não integram o salário de contribuição, base de cálculo das contribuições previdenciárias.

O conceito de empregador abrange a pessoa física ou a pessoa jurídica de direito privado ou de direito público, da administração pública direta, indireta ou fundacional de qualquer dos Poderes, da União, dos Estados, do Distrito Federal e dos municípios, que admitir trabalhadores a seu serviço, bem assim aquele que, regido por legislação especial, encontrar-se nessa condição ou figurar como fornecedor ou tomador de mão de obra, independente da responsabilidade solidária e/ou subsidiária a que eventualmente venha obrigar. Considera-se trabalhador toda pessoa física que prestar serviços a empregador, a locador ou tomador de mão de obra, excluídos os eventuais, os autônomos e os servidores públicos civis e militares sujeitos a regime jurídico próprio.

Capítulo 7 – CONTRIBUIÇÕES PREVIDENCIÁRIAS, FGTS E PIS SOBRE A FOLHA   471

O depósito na conta vinculada do FGTS é obrigatório também nos casos de interrupção do contrato de trabalho prevista em lei, tais como: prestação de serviço militar; licença para tratamento de saúde de até quinze dias; licença por acidente de trabalho; licença à gestante; e licença-paternidade.

7.7 Retenção das Contribuições Previdenciárias

As empresas contratantes de serviços, **por cessão de mão de obra ou empreitada**, **devem reter 11% do valor bruto** da nota fiscal, fatura ou recibo de prestação de serviços e recolher à Previdência Social. A empresa contratada deve discriminar serviços prestados em condições especiais na documentação.

O **valor retido pode ser compensado** com as contribuições devidas à Previdência Social, exceto para outras entidades e fundos. Caso haja saldo remanescente, este pode ser compensado posteriormente ou solicitado em restituição.

> **Atenção!**
>
> **Cessão de mão de obra:** disponibilização de trabalhadores para serviços contínuos, independentemente da atividade-fim da contratante.
>
> **Empreitada:** execução contratual de tarefas, obras ou serviços com preço ajustado, podendo ou não incluir materiais e equipamentos.
>
> A relação dos serviços sujeitos à retenção está listada no art. 219 do Decreto nº 3.048/99. e incluem:
>
> - Por empreitada ou cessão de mão de obra: limpeza, conservação, vigilância, construção civil, atividades rurais, digitação, preparação de dados, entre outros.
> - Exclusivamente por cessão de mão de obra: acabamento, embalagem, cobrança, coleta de lixo, copa, hotelaria, recepção, montagem, manutenção de equipamentos, telemarketing, entre outros.

A retenção não se aplica quando:

- o valor correspondente a 11% for inferior R$ 10,00;
- a empresa contratada não possuir empregados e seu faturamento do mês anterior for até duas vezes o limite do salário de contribuição;
- o serviço envolver exclusivamente atividades profissionais regulamentadas ou treinamentos prestados pessoalmente pelos sócios, sem empregados.

Materiais e equipamentos fornecidos pela empresa contratada não integram a base de cálculo da retenção, desde que discriminados na nota fiscal e comprovados documentalmente. Situações específicas incluem:

- Valores discriminados no contrato e na nota fiscal;
- Valores previstos no contrato, mas sem discriminação detalhada;
- Materiais e equipamentos não previstos no contrato;
- Itens não inerentes ao serviço contratado.

O valor do material fornecido ao contratante ou o de locação de equipamento de terceiros, utilizado na execução do serviço, não poderá ser superior ao valor de aquisição ou de locação para fins de apuração da base de cálculo da retenção.

Os valores de materiais ou de equipamentos, próprios ou de terceiros, exceto os equipamentos manuais, cujo fornecimento esteja previsto em contrato, sem a respectiva discriminação de valores, desde que discriminados na nota fiscal, na fatura ou no recibo de prestação de serviços, não integram a base de cálculo da retenção, devendo o valor desta corresponder no mínimo a:

Capítulo 7 – CONTRIBUIÇÕES PREVIDENCIÁRIAS, FGTS E PIS SOBRE A FOLHA

- **50% do valor bruto da nota fiscal**, da fatura ou do recibo de prestação de serviços;
- **30% do valor bruto da nota fiscal**, da fatura ou do recibo de prestação de serviços para os serviços de transporte de passageiros, cujas despesas de combustível e de manutenção dos veículos corram por conta da empresa contratada;
- **65%, quando se referir a limpeza hospitalar, e 80% (oitenta por cento), quando se referir aos demais tipos de limpeza**, do valor bruto da nota fiscal, da fatura ou do recibo de prestação de serviços.

Se a utilização de equipamento for inerente à execução dos serviços contratados e não havendo discriminação de valores em contrato, independentemente da previsão contratual do fornecimento de equipamento, a base de cálculo da retenção corresponderá, no mínimo, para a prestação de serviços em geral, a 50% do valor bruto da nota fiscal, da fatura ou do recibo de prestação de serviços e, no caso da prestação de serviços na área da construção civil, aos percentuais abaixo relacionados:

- 10% para pavimentação asfáltica;
- 15% para terraplenagem, aterro sanitário e dragagem;
- 45% para obras de arte (pontes ou viadutos);
- 50% para drenagem; e
- 35% para os demais serviços realizados com a utilização de equipamentos, exceto os manuais.

Não existindo previsão contratual de fornecimento de material ou de utilização de equipamento, e o uso desse equipamento não for inerente ao serviço, mesmo havendo discriminação de valores na nota fiscal, na fatura ou no recibo de prestação de serviços, a base de cálculo da retenção será o valor bruto da nota fiscal, da fatura ou do recibo de prestação de serviços, exceto no caso do serviço de transporte de passageiros, para o qual a base de cálculo da retenção corresponderá, no mínimo, à 30%.

Na falta de discriminação de valores na nota fiscal, na fatura ou no recibo de prestação de serviços, a base de cálculo da retenção será o seu valor bruto, ainda que exista previsão contratual para o fornecimento de material ou a utilização de equipamento, com ou sem discriminação de valores em contrato.

Poderão ser deduzidas da base de cálculo da retenção as parcelas que estiverem discriminadas na nota fiscal, na fatura ou no recibo de prestação de serviços, que correspondam ao custo da alimentação *in natura* fornecida pela empresa contratada (o custo do auxílio-alimentação), desde que este não seja pago em dinheiro e o fornecimento de vale-transporte, de conformidade com a legislação própria.

7.8 Caso Prático

Considere que a empresa Comercial XYZ Ltda. remunerou as seguintes pessoas durante a competência Jan/2025 em virtude do trabalho:

- Empregados
    - José de Silva – Salário R$ 3.000,00 + Horas Extras R$ 500,00
    - Maria Souza – Salário R$ 5.000,00

Capítulo 7 – CONTRIBUIÇÕES PREVIDENCIÁRIAS, FGTS E PIS SOBRE A FOLHA

- Prestador de Serviço sem vínculo empregatício
  – Jorge Santos   – R$ 2.000,00

A empresa ainda distribuiu pró-labore para seus dois sócios no valor de R$ 5.000,00, sendo que um sócio já contribui pelo teto do INSS em outra empresa.

A empresa não é optante pelo Simples Nacional, possui RAT leve e código FPAS 507 com alíquota aplicada a terceiros de 5,8%. Os trabalhadores não estão sujeitos a atividades especiais, logo desconsidere a contribuição adicional para financiamento da Aposentadoria Especial.

Com base nas informações, vamos apurar as contribuições previdenciárias:

Contribuições retidas dos Trabalhadores
- **Empregados:**

José da Silva – Base de Cálculo   = R$ 3.500,00
1ª Faixa = (R$ 1.518,00 x 7,5%)   = R$ 113,85
2ª Faixa = (R$ 2.793,88 – R$ 1.518,00) X 9% = R$ 114,83
3ª Faixa = (R$ 3.500,00 – R$ 2.793,88) X 12%   = R$ 84,73
Total (R$ 113,85 + R$ 114,83 + R$ 84,73)   = R$ 313,41

Maria Souza – Base de Cálculo   = R$ 5.000,00
1ª Faixa = (R$ 1.518,00 x 7,5%)   = R$ 113,85
2ª Faixa = (R$ 2.793,88 – R$ 1.518,00) X 9% = R$ 114,83
3ª Faixa = (R$ 4.190,83 – R$ 2.793,88) X 12% = R$ 167,63
4ª Faixa = (R$ 5.000,00 – R$ 4.190,83) X 14% = R$ 113,28
Total (R$ 113,85 + R$ 114,83 + R$ 167,63 + R$ 113,28)
= R$ 509,59

Assim, será retido dos trabalhadores empregados o valor de **R$ 823,00** (R$ 313,41 + R$ 509.49).

- **Contribuintes Individuais**
- Retenção da contribuição do Prestador de Serviço sem vínculo empregatício.

R$ 2.000,00 X 11% = **R$ 220,00**

- Sócios: haverá retenção apenas de um sócio, pois o outro já recolhe pelo teto das contribuições. Assim, ele não sofrerá retenção, contudo, haverá incidência de contribuição da Empresa.

R$ 5.000,00 X 11% = **R$ 550,00**

- **Contribuições a cargo do Empregador**
- **Contribuição Patronal Previdenciária = R$ 4.100,00** (R$ 1.700,00 + R$ 2.400,00)
- Empregados
- Base de cálculo R$ 8.500,00 (R$ 3.500,00 + R$ 5.000,00)
- R$ 8.500,00 X 20% = **R$ 1.700,00**

- **Contribuintes Individuais** (Prestador de Serviço e Sócios)
- Base de Cálculo R$ 12.000,00 (R$ 2.000,00 + R$ 5.000,00 X 2)
- R$ 12.000,00 X 20% = **R$ 2.400,00**

- **Risco Ambiental do Trabalho (leve) = R$ 85,00**
- Base de Cálculo remuneração dos empregados apenas
- R$ 8.500,00 X 1% = **R$ 85,00**

Capítulo 7 – CONTRIBUIÇÕES PREVIDENCIÁRIAS, FGTS E PIS SOBRE A FOLHA

- **Terceiros = R$ 493,00**
- Base de Cálculo remuneração dos empregados apenas
- R$ 8.500,00 X 5,8% = **R$ 493,00**

Assim, o total de contribuições a cargo do Empregador será de **R$ 4.678,00** (R$ 4.100,00 + R$ 85,00 + R$ 493,00).

FGTS
Base de cálculo R$ 8.500,00 (R$ 3.500,00 + R$ 5.000,00)
R$ 8.500,00 X 8% = **R$ 680,00**

7.9 Reconhecimento Contábil

O registro das contribuições previdenciárias e do FGTS garante a conformidade da empresa com as normas contábeis e fiscais, além de permitir um controle eficaz sobre as obrigações trabalhistas. A ausência de reconhecimento contábil pode resultar em inconsistências nos demonstrativos financeiros, impactando auditorias, declarações fiscais e até a obtenção de certificados de regularidade.

Essas obrigações representam valores retidos de salários dos trabalhadores registrados na contabilidade de acordo com os princípios contábeis e as normas vigentes. O reconhecimento contábil das contribuições previdenciárias inclui dois componentes principais:

- **Contribuição dos Trabalhadores** – corresponde ao valor descontado dos trabalhadores. Esse montante deve ser registrado como uma obrigação da empresa até o recolhimento.

No momento do desconto em folha de pagamento:

D – Despesas com Salários (Resultado)   R$ 8.500,00
C – INSS a recolher (Passivo Circulante)   R$ 823,00
C – Salários a pagar (Passivo Circulante) R$ 7.677,00

No momento do reconhecimento ou pagamento dos Contribuintes individuais:

D – Despesa correspondente (Resultado)   R$ 2.000,00
C – INSS a recolher (Passivo Circulante)   R$ 220,00
C – Contas a pagar (Passivo Circulante)   R$ 1.780,00

- **Cota Patronal** – no momento do reconhecimento da despesa.

A empresa deve lançar mensalmente em títulos próprios de sua contabilidade, de forma discriminada, os fatos geradores de todas as contribuições sociais a cargo da empresa, as contribuições sociais previdenciárias descontadas dos segurados, as decorrentes de sub-rogação, as retenções e os totais recolhidos:

D – CPP (Resultado)   R$ 4.100,00
D – RAT (Resultado)   R$ 85,00
D – Terceiros (Resultado)   R$ 493,00
C – INSS a recolher (Passivo Circulante)   R$ 4.678,00

FGTS

D – FGTS (Resultado)   R$ 680,00
C – FGTS a recolher (Passivo Circulante)   R$ 680,00

Capítulo 7 – CONTRIBUIÇÕES PREVIDENCIÁRIAS, FGTS E PIS SOBRE A FOLHA

7.10 Exercícios de Fixação

1) Qual é a alíquota da Contribuição Patronal Previdenciária (CPP) aplicada sobre a folha de pagamento das empresas?
A) 15%.
B) 18%.
C) 20%.
D) 22%.

2) O financiamento da Previdência Social ocorre de forma direta e indireta. Qual das alternativas abaixo NÃO representa uma fonte de financiamento?
A) Contribuições sociais dos trabalhadores.
B) Recursos da União.
C) Imposto sobre Produtos Industrializados (IPI).
D) Contribuições sociais dos trabalhadores.

3) Sobre o Risco Ambiental do Trabalho (RAT), qual é a alíquota aplicada para empresas com atividades enquadradas como Risco Médio?
A) 1%.
B) 2%.
C) 3%.
D) 5%.

4) Os produtores rurais estão sujeitos à contribuição previdenciária sobre:
A) A remuneração dos trabalhadores.
B) A comercialização de sua produção rural.
C) O lucro da atividade.
D) O número de hectares explorados.

5) As empresas optantes pelo Simples Nacional são dispensadas do recolhimento separado da CPP, exceto aquelas enquadradas em qual anexo da Lei Complementar nº 123/2006?

A) Anexo I.

B) Anexo II.

C) Anexo IV.

D) Anexo V.

6) O Fator Acidentário de Prevenção (FAP) pode alterar as alíquotas do RAT. Qual das opções representa uma variação possível da alíquota?

A) Redução de até 30% ou aumento de até 50%.

B) Redução de até 50% ou aumento de até 100%.

C) Redução de até 10% ou aumento de até 200%.

D) Redução de até 60% ou aumento de até 90%.

7) Qual é o órgão responsável pela fiscalização, arrecadação e cobrança da contribuição para terceiros?

A) Ministério do Trabalho.

B) Instituto Nacional do Seguro Social (INSS).

C) Secretaria da Receita Federal do Brasil (RFB).

D) Tribunal de Contas da União (TCU).

8) As alíquotas das contribuições previdenciárias dos segurados empregados, trabalhadores avulsos e empregados domésticos são aplicadas de forma:

A) Proporcional ao tempo de serviço.

B) Progressiva sobre o salário de contribuição.

C) Fixa, independentemente do salário.

D) Com desconto máximo de 9% sobre o salário.

Capítulo 7 – CONTRIBUIÇÕES PREVIDENCIÁRIAS, FGTS E PIS SOBRE A FOLHA

9) Qual é a alíquota aplicada para apuração da contribuição adicional para o financiamento da aposentadoria especial, no caso de atividades que possibilitam aposentadoria após 25 anos de trabalho?

A) 12%.

B) 9%.

C) 6%.

D) 3%.

10) A contribuição para terceiros inclui diversas entidades. Qual das alternativas NÃO faz parte desse grupo?

A) SENAI.

B) INCRA.

C) SEBRAE.

D) Banco Central.

11) Um contribuinte individual prestou serviços a uma empresa no valor de R$ 1.200,00, sendo esta a sua única renda decorrente do trabalho, até então, em um determinado mês. Quanto será retido pela empresa para fins de contribuição previdenciária?

A) R$ 132,00.

B) R$ 110,00.

C) R$ 88,00.

D) R$ 120,00.

12) Se um contribuinte individual recebeu R$ 1.000,00 por prestação de serviços a uma pessoa jurídica e precisa complementar sua contribuição para atingir o limite mínimo do salário de contribuição (R$ 1.518,00), quanto deverá recolher diretamente?

A) R$ 103,60.

B) R$ 110,00.
C) R$ 124,40.
D) R$ 150,00.

13) Um contribuinte individual que não optou pelo MEI e trabalha por conta própria, sem vínculo empregatício, deve contribuir com qual alíquota para a Previdência Social?
A) 11% sobre o salário mínimo.
B) 20% sobre sua remuneração.
C) 8% sobre sua remuneração.
D) 5% sobre o salário mínimo.

14) Um sócio de uma sociedade limitada que recebe remuneração a título de pró-labore está sujeito a qual contribuição previdenciária?
A) 11% sobre o salário mínimo.
B) 5% sobre o salário mínimo.
C) 11% sobre o valor do pró-labore recebido.
D) 8% sobre o valor do pró-labore recebido.

15) Um segurado facultativo sem renda própria, dedicado exclusivamente ao trabalho doméstico em sua residência, pode contribuir com qual alíquota para a Previdência Social, desde que pertença a uma família de baixa renda inscrita no CadÚnico?
A) 11% sobre o salário mínimo.
B) 20% sobre sua remuneração.
C) 8% sobre sua remuneração.
D) 5% sobre o salário mínimo.

Capítulo 7 – CONTRIBUIÇÕES PREVIDENCIÁRIAS, FGTS E PIS SOBRE A FOLHA

16)Um contribuinte individual prestou serviços a uma empresa no valor de R$ 900,00. Considerando a retenção de 11% pela empresa e a necessidade de complementação, qual será o valor total MÍNIMO que ele pagará à Previdência Social?
A) R$ 180,00.
B) R$ 200,00.
C) R$ 222,60.
D) R$ 188,60.

17)Um empregado recebe um salário de contribuição de R$ 2.000,00. Considerando a tabela de alíquotas progressivas do INSS vigente, qual será o valor da contribuição previdenciária desse trabalhador?
A) R$ 140,00.
B) R$ 157,23.
C) R$ 180,00.
D) R$ 200,00.

18) Um trabalhador possui um salário de contribuição de R$ 5.500,00. Com base na tabela progressiva do INSS, qual será o valor da sua contribuição previdenciária?
A) R$ 500,00.
B) R$ 509,59.
C) R$ 579,59.
D) R$ 650,00.

19) Um empregado possui um salário de contribuição de R$ 9.000,00. Considerando o teto máximo da Previdência Social de R$ 8.157,41, qual será o valor da contribuição previdenciária?
A) R$ 951,63.

B) R$ 1.000,00.

C) R$ 877,24.

D) R$ 913,00.

20) Um professor possui dois vínculos empregatícios. Em um dos vínculos, mantido com a Escola Tia Teteca, recebe um salário de R$ 3.000,00. Em outro vínculo, ele já contribui pelo teto máximo, tendo apresentado a documentação comprobatória na Escola Tia Teteca. Assim, qual será o valor que este empregador deverá descontar a título de contribuição previdenciária?

A) R$ 330,00.

B) R$ 0,00.

C) R$ 200,00.

D) R$ 270,00.

Respostas:

1 – C	6 – B	11 - A	16 -C
2 – C	7 –C	12 - A	17 - B
3 – B	8 –B	13 - B	18 – C
4 –B	9 –C	14 - C	19 – A
5 – C	10 - D	15 - D	20 – B

Capítulo 8 – TRIBUTOS SOBRE O LUCRO

A coisa mais difícil de compreender neste mundo
é o Imposto de Renda.
Albert Einstein (1879-1955)

O lucro das entidades é alcançado por dois tributos de espécies diferentes no Brasil, o Imposto sobre a Renda das Pessoas Jurídicas (IRPJ), estabelecido no art. 153, III da Constituição Federal, e a Contribuição Social sobre o Lucro Líquido (CSLL), estabelecida no art. 195, I, c, da Constituição Federal.

Cabe destacar que não há impedimento à existência dos tributos que incidam sobre o mesmo fato gerador, o lucro, não configurando uma hipótese de *bis in idem,* situação que ocorre quando uma pessoa jurídica de direito público tributa mais de uma vez o mesmo fato jurídico, algo que é vedado apenas no caso de impostos conforme definido na Constituição federal no art. 154, I. O *bis in idem* é permitido desde que expressamente autorizado pela Constituição.

O Imposto de Renda será informado pelos critérios da **generalidade, da universalidade e da progressividade**, conforme art. 153, § 2° da CF. A universalidade refere-se ao fato de o imposto ser aplicado a qualquer pessoa que realize o fato gerador, seja física ou jurídica, sem distinções de qualquer espécie. O critério da progressividade estabelece faixas de acordo com a capacidade contributiva de cada pessoa. O critério da generalidade estabelece que o fato gerador do Imposto de Renda deve abranger toda e qualquer forma de renda ou provento.

A CSLL foi criada pela Lei nº 7.689/88 com o objetivo de **financiar as atividades de seguridade social**, compostas por ações de Previdência Social, Assistência Social e Saúde.

Embora sejam tributos diferentes, os critérios de apuração são semelhantes, sendo aplicados três regimes distintos de apuração: Lucro Real, Lucro Presumido e o Lucro Arbitrado.

8.1 Fato Gerador

O IRPJ tem como fato gerador a **aquisição da disponibilidade econômica ou jurídica da renda ou proventos de qualquer natureza**. A disponibilidade jurídica abrange a renda ou proventos de qualquer natureza, adquiridos juridicamente, sobre os quais o titular já tem direito, embora ainda não os tenha recebido; enquanto a disponibilidade econômica refere-se à renda ou aos proventos de qualquer natureza já recebidos sob a forma de moeda.

A CSLL é calculada com base no resultado contábil do exercício social da pessoa jurídica. Sua base de cálculo é muito similar à do IRPJ, mas com determinadas diferenças nos aspectos de adições, exclusões e compensações que podem ser feitas a ela.

8.2 Momento da Opção pelo Regime de Tributação

A opção pelo Lucro Real Anual, Lucro Real Trimestral ou Lucro Presumido será manifestada com o **pagamento da primeira quota do IRPJ** de qualquer um dos regimes, sendo que a legislação proíbe alterar a forma de tributação durante o ano--calendário (art.13, Lei nº 9.718/98).

A pessoa jurídica que houver iniciado atividade a partir do segundo trimestre, manifestará a opção com o pagamento da pri-

Capítulo 8 – TRIBUTOS SOBRE O LUCRO

meira ou da quota única do imposto sobre a renda devido relativa ao período de apuração correspondente ao início de atividade.

> **Atenção!**
>
> É de extrema importância fazer uma análise detalhada, com a finalidade de identificar a melhor forma de tributação antes do pagamento da primeira quota do tributo. Cabe ainda destacar que a **opção feita para o IRPJ deve ser a mesma para a CSLL, gerando ainda efeitos na forma de apuração do PIS e da CO-FINS**, no que concerne às opções de recolhimento pelos métodos cumulativos e não cumulativos.

8.3 Lucro Presumido

Poderão optar pela tributação com base no Lucro Presumido as pessoas jurídicas que não estejam obrigadas à tributação com base no Lucro Real em função da atividade exercida, da sua constituição societária ou da natureza jurídica, e cuja receita total no ano-calendário anterior tenha sido igual ou inferior a R$ 78.000.000,00 ou a R$ 6.500.000,00 multiplicado pelo número de meses em atividade no ano-calendário anterior, quando inferior a doze meses.

> **Na prática!**
>
> A pessoa jurídica que ultrapassar o limite de R$ 78.000.000,00 de receita total durante o ano-calendário não será automaticamente obrigada a mudar para o regime de apuração com base no Lucro Real no mesmo ano, pois esse limite é considerado com base na receita total do ano-calendário anterior. Contudo, ao ultrapassar o limite dentro do ano-calendário, a empresa deverá obrigatoriamente adotar o regime de Lucro Real no ano seguinte, independentemente do valor da receita auferida nesse período. Para retornar ao regime de Lucro Presumido, será necessário cumprir as regras de opção vigentes à época.

As empresas que optarem pelo regime de Lucro Presumido poderão ser tributadas com base no Lucro Real em algum período de apuração trimestral, caso ocorra uma situação de obrigatoriedade. Isso acontece, por exemplo, se ela auferir lucros, rendimentos ou ganhos de capital oriundos do exterior. Nesse caso, o IRPJ e a CSLL deverão ser apurados sob o regime de Lucro Real trimestral, a partir do trimestre em que ocorreu o fato gerador.

A opção por esse regime de tributação requer um estudo detalhado sobre a lucratividade, sendo que o lucro da atividade da empresa deve ser seguramente maior que o Lucro Presumido pela legislação, para que se possa obter economia tributária. Contudo, é necessário considerar os impactos dessa opção na CSLL, PIS e COFINS.

Deve ainda ser considerado que os **ganhos de capital, receita financeira, descontos obtidos e demais receitas não possuem redução do percentual da base de cálculo, devendo ser adicionados à base de cálculo de maneira integral.**

A opção pelo Lucro Presumido se dá mediante o pagamento da DARF.

O Lucro Presumido, em cada trimestre, corresponde ao resultado da **aplicação dos percentuais fixados em lei relativos à atividade-fim da pessoa jurídica sobre a receita bruta auferida no período, adicionando integralmente os resultados das demais receitas, rendimentos e ganhos de capital**, que corresponderá à base de cálculo do IRPJ e da CSSL. Antes da aplicação dos percentuais de presunção a empresa deve deduzir da base de cálculo os descontos incondicionais concedidos e as vendas canceladas.

8.3.1 Base de Cálculo

A base de cálculo do IRPJ e da CSLL das empresas tributadas pelo Lucro Presumido, **em cada trimestre** (31/mar., 30/

Capítulo 8 – TRIBUTOS SOBRE O LUCRO

jun., 30/set. e 31/dez.), será determinada mediante **a aplicação dos percentuais fixados sobre a receita bruta** auferida no trimestre, sendo o resultado **acrescido às demais receitas, rendimentos e ganho de capital**. O imposto retido na fonte será considerado como antecipação do montante devido no trimestre, podendo ser deduzido dos valores a pagar.

O quadro a seguir apresenta, de forma resumida, os percentuais estabelecidos no art. 220 do RIR e detalhados nos arts. 33 e 34 da Instrução Normativa RFB nº 1.700, de 2017. Quando a pessoa jurídica exercer diferentes atividades, deverá aplicar, para cada uma delas, o percentual correspondente previsto na legislação. As receitas devem ser apuradas separadamente, de acordo com a natureza de cada atividade.

Quadro 8.1 – Percentuais da receita bruta aplicáveis ao Lucro Presumido

Tipo de Receita	IRPJ	CSLL
Indústria e comércio – venda de mercadorias e produtos	8%	12%
Serviços de transportes de cargas	8%	12%
Serviços hospitalares	8%	12%
Demais serviços de transportes	16%	12%
Prestação de serviços em geral	32%	32%
Revenda a varejo de combustíveis e gás natural	1,6%	12%
Construção por administração ou empreitada com material	8%	12%
Construção por administração ou empreitada exclusivamente mão de obra	32%	32%
Prestação de Serviços até R$ 120.000,00, exceto as regulamentadas	16%	32%

Fonte: Elaborado pelo autor a partir das informações do RIR.

Serão acrescidos às bases de cálculo do IRPJ e da CSLL, no mês em que forem auferidos, os ganhos de capital, as demais receitas e os resultados positivos, inclusive:

- Os ganhos de capital auferidos na alienação de participações societárias permanentes em sociedades coligadas e controladas e de participações societárias que permaneceram no ativo da pessoa jurídica até o término do ano-calendário seguinte ao de suas aquisições;
- Os ganhos auferidos em operações de cobertura (*hedge*) realizadas em bolsas de valores, de mercadorias e de futuros, ou no mercado de balcão organizado;
- A receita de locação de imóvel, quando não for este o objeto social da pessoa jurídica, deduzida dos encargos necessários à sua percepção;
- Os juros equivalentes à taxa referencial do Selic para títulos federais relativos a impostos e contribuições a serem restituídos ou compensados;
- Os rendimentos auferidos nas operações de mútuo realizadas entre pessoas jurídicas ou entre pessoa jurídica e pessoa física;
- As receitas financeiras decorrentes das variações monetárias dos direitos de crédito e das obrigações do contribuinte, em função de índices ou coeficientes aplicáveis por disposição legal ou contratual;
- Os ganhos de capital auferidos na devolução de capital em bens e direitos; e
- A diferença entre o valor em dinheiro ou o valor dos bens e direitos recebidos de instituição isenta, a título de devolução de patrimônio, e o valor em dinheiro ou o valor dos bens e direitos entregues para a formação do referido patrimônio.

8.3.2 Alíquotas IRPJ e CSLL e Adicional do IRPJ

O IRPJ devido em cada trimestre será calculado mediante a aplicação da **alíquota de 15%** sobre o Lucro Presumido. A parcela do Lucro Presumido que exceder o resultado da multiplicação de R$ 20.000,00 pelo número de meses do respectivo período de apuração (R$ 60.000,00 no trimestre) se sujeitará à incidência do **adicional de 10%.** Essa regra também é válida para os regimes de apuração do Lucro Real e Lucro Arbitrado.

A CSLL devida trimestralmente será calculada com a aplicação do percentual fixado em lei sobre a receita bruta definida para cada atividade-fim, incluindo integralmente as demais receitas (juros, aplicações financeiras, descontos obtidos etc.) e ganhos de capital, de forma a determinar a base de cálculo da CSLL, sobre a qual incidem as alíquotas de:

- **9%** como regra geral; e
- **15%** no caso de pessoas jurídicas de seguros privados e de capitalização, distribuidoras de valores mobiliários, corretoras de câmbio e de valores mobiliários, sociedades de crédito, financiamento e investimentos, sociedades de crédito imobiliário, administradoras de cartões de crédito, sociedades de arrendamento mercantil, associações de poupança e empréstimo, e cooperativas de crédito.

> **Na prática!**
>
> Considere que uma empresa comercial apurou, no 1º trimestre de 2025, receita de vendas no valor de R$ 100.000,00 e receita de locação de imóveis no valor de R$ 5.000,00.
> IRPJ = Base de Cálculo – 8% – alíquota 15%
> CSLL = Base de Cálculo – 12% – alíquota 9%

> **Base de Cálculo**
> IRPJ (R$ 100.000,00 X 8%) + R$ 5.000,00 = R$ 13.000,00
> CSLL (R$ 100.000,00 X 12%) + R$ 5.000,00 = R$ 17.000,00
> **IRPJ a pagar:** R$ 13.000,00 X 15% = **R$ 1.950,00**
> **Adicional do IRPJ:** Não haverá.
> O Lucro (R$ 13.000,00) foi menor que o limite de R$ 60.000,00
> (R$ 20.000,00 x 3m).
> **CSSL a pagar:** R$ 17.000,00 X 9% = **R$ 1.530,00**

No caso de a empresa ter **iniciado suas operações ou encerrado no decorrer do trimestre**, o cálculo do adicional considerará o **número de meses efetivamente trabalhados**. Por exemplo: a empresa inicia suas atividades em fevereiro/2025. Nesse caso, o cálculo do adicional será obtido multiplicando R$ 20.000,00 por 2 meses.

> **Na prática!**
>
> Considere que uma empresa comercial iniciou suas atividades em maio/2024, apurando no trimestre: receita de vendas no valor de R$ 800.000,00 e receita de locação de imóveis no valor de R$ 5.000,00.
> IRPJ = Base de Cálculo – 8% – alíquota 15%
> CSLL = Base de Cálculo – 12% – alíquota 9%
> Base de Cálculo
> IRPJ (R$ 800.000,00 X 8%) + R$ 5.000,00 = R$ 69.000,00
> CSLL (R$ 800.000,00 X 12%) + R$ 5.000,00 = R$ 101.000,00
> IRPJ a pagar: R$ 69.000,00 X 15% = R$ 10.350,00
> Adicional do IRPJ: R$ 69.000,00 – (R$ 20.000 X 2m) = R$ 2.900,00
> CSSL a pagar: R$ 101.000,00 X 9% = R$ 9.090,00

8.3.3 Caso prático IRPJ / CSLL – Lucro Presumido

Considere que uma empresa apresentou os seguintes dados no primeiro trimestre de 2025:

Capítulo 8 – TRIBUTOS SOBRE O LUCRO

Receita Bruta	R$ 3.200.000,00
De revenda de mercadorias	R$ 50.000,00
Prestação de serviços em geral	R$ 18.000,00
Rendimentos de operações financeiras de renda fixa	R$ 4.000,00
Demais juros e descontos ativos	R$ 6.000,00
Variações monetárias ativas	R$ 8.000,00
Ganhos de capital na venda de bens	
Imposto de Renda retido na fonte sobre:	
Receita de prestação de serviços	R$ 750,00
Rendimentos de renda fixa	R$ 3.600,00
CSLL na fonte sobre receita de prestação de serviços	R$ 500,00

Para apuração da base de cálculo, será necessário **aplicar os percentuais definidos na legislação sobre a receita bruta**. No caso do IRPJ, **aplicaremos 8% sobre as receitas de vendas e 32% sobre as receitas de prestação de serviços**, sendo ainda incluídos na base de cálculo os ganhos de capitais. No caso da CSLL, os percentuais serão **12% sobre as receitas de vendas e 32% sobre os serviços**. Dessa forma, o cálculo do IRPJ e da CSLL apurados com base no Lucro Presumido será:

Base de cálculo do IRPJ

$(3.200.000 \times 8\%) + (50.000 \times 32\%) + 18.000 + 4.000 + 6.000 + 8.000 = \mathbf{308.000}$

Base de cálculo da CSLL

$(3.200.000 \times 12\%) + (50.000 \times 32\%) + 18.000 + 4.000 + 6.000 + 8.000 =$ **436.000**

Como a base de cálculo do IRPJ (R$ 308.000,00) ultrapassou o limite aplicado para o cálculo do adicional, que é de R$ 60.000,00 (R$ 20.00,00 X 3 meses), haverá incidência do adicional do IRPJ calculado sobre a parcela que excede o limite de R$ 20.000 ao mês.

IRPJ Devido =
(R$ 308.000,00 x 15%) =   **R$ 46.200,00**
Adicional IRPJ =
(R$ 308.000,00 – R$ 60.000,00) x 10% =   <u>**R$24.800,00**</u>
Total IRPJ
(R$ 46.200,00 + R$ 24.800,00) =   **R$ 71.000,00**
CSLL Devida (R$ 436.000,00) x 9% =   **R$ 39.240,00**

Como a empresa sofreu retenções, esses valores devem ser deduzidos do tributo devido. Assim o valor a ser pago será:

IRPJ a pagar = R$ 66.650,00
(R$ 71.000,00 – R$ 750,00 – R$ 3.600,00)
CSLL a pagar = (R$ 39.240 – R$ 500,00) = **R$ 38.740,00**

8.4 Lucro Real

Entende-se por Lucro Real o **resultado contábil do exercício social, ajustado pelas adições, exclusões, compensações e deduções permitidas pela legislação**, aplicando-se a esta base de cálculo a alíquota do IRPJ e da CSLL e os adicionais do IRPJ previstos.

São obrigadas a adotar este regime de tributação as pessoas jurídicas:

- cuja receita bruta total, acrescida das demais receitas e dos ganhos de capital, no ano-calendário anterior, tiver ultrapassado o limite correspondente a **R$ 78.000.000,00** ou, em caso de período inferior a 12 meses, a R$ 6,5 milhões, multiplicado pelo número de meses do período;

Capítulo 8 – TRIBUTOS SOBRE O LUCRO

- cujas atividades sejam de bancos comerciais, bancos de investimentos, bancos de desenvolvimento, caixas econômicas, sociedades de crédito, financiamento e investimento, sociedades de crédito imobiliário, sociedades corretoras de títulos, valores mobiliários e de câmbio, distribuidoras de títulos e valores mobiliários, empresas de arrendamento mercantil, cooperativas de crédito, empresas de seguros privados e de capitalização e entidades de previdência privada abertas;
- que, autorizadas pela legislação tributária, **queiram usufruir de benefícios relativos à isenção ou redução do Imposto de Renda**;
- que, no decorrer do ano-calendário, tenham suspendido ou reduzido o **pagamento do imposto pago por estimativa**, mediante levantamento de balanço ou balancete específico para este fim;
- que auferirem **lucros, rendimentos ou ganhos de capital oriundos do exterior**; e
- que explorem as atividades de prestação cumulativa e contínua de serviços de assessoria creditória, mercadológica, gestão de crédito, seleção e riscos, administração de contas a pagar e a receber, compras de direitos creditórios resultantes de vendas mercantis a prazo ou de prestação de serviços.

8.4.1 Base de Cálculo

A base de cálculo do Lucro Real, de acordo com o art. 258 do RIR, Decreto nº 9.580/2018, é **o lucro líquido do período de apuração ajustado pelas adições, exclusões e compensações.**

As **adições** correspondem a **despesas ou custos que, embora registrados contabilmente, não são dedutíveis para fins**

fiscais. Elas aumentam a base de cálculo do IRPJ e da CSLL. As **exclusões** representam valores que reduzem o lucro contábil para fins de apuração do IRPJ e da CSLL. Elas geralmente incluem **receitas que não são tributáveis** ou despesas cuja dedução é permitida pela legislação.

Serão adicionados ao lucro líquido:

- os custos, despesas, encargos, perdas, provisões, participações e quaisquer outros valores deduzidos na apuração do lucro líquido que, de acordo com a legislação tributária, não sejam dedutíveis na determinação do Lucro Real (exemplos: resultados negativos de equivalência patrimonial, custos e despesas não dedutíveis);
- os resultados, rendimentos, receitas e quaisquer outros valores não incluídos na apuração do lucro líquido que, de acordo com a legislação tributária, devam ser computados na determinação do Lucro Real.

Entre as principais adições podemos destacar:

- **Despesas Indedutíveis**: multas fiscais, doações não incentivadas e gastos sem comprovação documental.
- **Provisões não Dedutíveis:** provisão para créditos de liquidação duvidosa não constituída conforme regras da Receita Federal, provisão para contingências e provisão para perdas futuras.
- **Despesas com Juros sobre o Capital Próprio não Dedutíveis**: caso excedam o limite permitido pela legislação.

Capítulo 8 – TRIBUTOS SOBRE O LUCRO

- **Despesas com Depreciação Acelerada**: se não estiverem de acordo com a legislação fiscal.
- **Valores Relativos a Incentivos Fiscais**: que não sejam expressamente permitidos pela Receita Federal.
- **Gastos com Participação de Sócios e Dirigentes nos Lucros**: quando não estiverem em conformidade com as normas fiscais.

Poderão ser excluídos do lucro líquido:

- os valores cuja dedução seja autorizada pela legislação tributária e que não tenham sido computados na apuração do lucro líquido do período;
- os resultados, rendimentos, receitas e quaisquer outros valores incluídos na apuração do lucro líquido que, de acordo com a legislação tributária, não sejam computados na determinação do Lucro Real, por exemplo os resultados positivos de equivalência patrimonial, ou os dividendos.
- Entre as principais exclusões, podemos destacar:
- **Receitas não Tributáveis:** dividendos recebidos de outras empresas (desde que oriundos de lucros já tributados).
- **Reversão de Provisões Anteriormente Adicionadas**: caso tenham sido tributadas em exercícios anteriores.
- **Ganho de Capital sobre Venda de Participações Avaliadas pelo Método de Equivalência Patrimonial:** desde que cumpridos os requisitos legais.
- **Depreciação e Amortização Incentivadas:** quando permitidas por regimes especiais.

- **Juros sobre o Capital Próprio Pagos ou Créditos:** até o limite permitido na legislação.

Saiba Mais! A lista completa das adições e exclusões pode ser obtida nos Anexos I e II da Instrução Normativa da Receita Federal do Brasil nº 1.700/2017. Disponível em: https://normasinternet2.receita.fazenda.gov.br/#/consulta/externa/81268

Poderão ser compensados, total ou parcialmente, à opção do contribuinte, os prejuízos fiscais de períodos de apuração anteriores, desde que **observado o limite máximo de 30% do lucro líquido** ajustado pelas adições e exclusões previstas na legislação tributária.

8.4.2 Caso prático – Apuração Lucro Real

Considere uma empresa optante pelo Lucro Real desde o início de suas atividades, que apurou nos dois primeiros anos de funcionamento prejuízos fiscais no valor de R$ 130.000,00. No primeiro trimestre de 2025 apresentou lucro antes do IRPJ e CSLL de R$ 400.000,00, sendo que neste resultado está inserido o valor de R$ 40.000,00 que representam despesas não dedutíveis e R$ 20.000,00 de receitas não tributáveis para fins de IRPJ e CSLL.

Saldo de Prejuízo Fiscal = R$ 130.000,00

LAIR	R$ 400.000,00
(+) Adições	R$ 40.000,00
(-) Exclusões	R$ 20.000,00
(=) BC antes compensações (Lucro Fiscal)	R$ 420.000,00

Capítulo 8 – TRIBUTOS SOBRE O LUCRO

(-) Compensações (30% R$ 420.000,00)	R$ 126.000,00
(=) Lucro ajustado	**R$ 294.000,00**

IRPJ (R$ 294.000,00 X 15%)	**R$ 44.100,00**
Adicional IRPJ (R$ 294.000,00 – R$ 60.000,00) X 10%	R$ 23.400,00
CSLL (R$ 294.000,00 X 9%)	**R$ 26.460,00**

Saldo de Prejuízos Fiscais R$ 4.000,00 (R$ 130.000,00 – R$ 126.000,00)

Dessa forma, a empresa, ao adicionar as despesas não dedutíveis e excluir as receitas não tributáveis, apurou lucro fiscal de R$ 420.000,00, o qual possibilitou a dedução de R$ 126.000,00, correspondente à parte dos prejuízos fiscais, ainda restando R$ 4.000,00 para serem compensados nos próximos trimestres.

8.4.3 Opção pelo Pagamento por Estimativa

Os contribuintes **tributados com base no Lucro Real poderão optar** pelo pagamento mensal do IRPJ e da CSLL, por estimativa, e apurar a base de cálculo em 31 de dezembro do ano-calendário ou na data do encerramento das atividades, efetuando o ajuste entre os dois valores. A opção pela apuração trimestral ou anual da base de cálculo será **manifestada com o pagamento do IRPJ e da CSLL** correspondentes ao mês de janeiro ou ao início da atividade.

O Lucro Real anual consiste em uma **forma híbrida entre o Lucro Real e o presumido**, uma vez que as antecipações mensais são apuradas por estimativa utilizando base de cálculo assemelhada ao Lucro Presumido. O lucro estimado para apuração das antecipações mensais será calculado através da soma do valor resultante da aplicação de percentuais, variáveis conforme o ramo de atividade da pessoa jurídica, sobre a receita bruta auferida nos meses civis de cada ano-calendário acrescido dos ganhos de capitais.

8.4.4 Caso Prático – Apuração Lucro Real – Pagamento por Estimativa

Considere uma empresa que atua no setor de comércio e prestação de serviços e que apurou em out/2024 receitas de vendas de R$ 850.000,00 com desconto incondicional concedido de R$ 10.000,00 e devolução de vendas no valor de R$ 5.000,00. Obteve ainda receita de prestação de serviços gerais no valor de R$ 1.200.000,00 e ganhos de capitais no valor de R$ 5.000,00.

A base de cálculo do imposto devido por estimativa mensal será determinada pela aplicação dos percentuais fixados em lei — os quais variam conforme o tipo de atividade exercida — sobre a receita bruta auferida no mês, acrescida dos ganhos de capital, das demais receitas e dos resultados positivos provenientes de atividades não incluídas na atividade principal.

Os percentuais a serem aplicados sobre a receita bruta, para fins de determinação da base de cálculo estimada, estão previstos nos arts. 15 e 20 da Lei nº 9.249/1995.

Os ganhos de capital, demais receitas e os resultados positivos decorrentes de receitas não abrangidas na receita bruta - previstos no art. 39 e 40 da IN RFB 1.700/2017- serão acrescidos integralmente à base de cálculo da estimativa.

A base de cálculo da CSLL, devida pelas pessoas jurídicas optantes pela sistemática de recolhimento mensal (estimativa) corresponderá a:

Capítulo 8 – TRIBUTOS SOBRE O LUCRO

- **12%** da receita bruta nas atividades comerciais, industriais, serviços hospitalares e de transporte;
- **32%** para:

  – prestação de serviços em geral, exceto a de serviços hospitalares e de transporte;

  – intermediação de negócios;

  – administração, locação ou cessão de bens imóveis, móveis e direitos de qualquer natureza;

  – prestação cumulativa e contínua de serviços de assessoria creditícia, mercadológica, gestão de crédito, seleção de riscos, administração de contas a pagar e a receber, compra de direitos creditórios resultantes de vendas mercantis a prazo ou de prestação de serviços (*factoring*).

- **38,4%** para as pessoas jurídicas que desenvolvam atividades de operação de empréstimo, de financiamento e de desconto de títulos de crédito realizadas por Empresa Simples de Crédito.

Os percentuais a serem aplicados sobre a receita bruta, para fins de determinação da base de cálculo estimada do IRPJ estão estabelecidos no art. 220 do RIR, entre os quais destacamos:

Quadro 8.2 – Percentuais aplicáveis para base de cálculo das antecipações

Discriminação das receitas	IRPJ
Indústria e comércio – venda de mercadorias e produtos	8%
Serviços de transportes de cargas	8%

Serviços hospitalares	8%
Atividades de venda de imóveis, de acordo com o objeto social da empresa	8%
Serviços de auxílio diagnóstico e terapia, patologia clínica, imagenologia, anatomia patológica e citopatologia, medicina nuclear e análises e patologias clínicas	8%
Atividade Rural	8%
Industrialização com materiais fornecidos pelo encomendante	8%
Demais serviços de transportes	16%
Prestação de serviços em geral	32%
Bancos comerciais, de investimentos, de desenvolvimento, caixas econômicas, sociedades de crédito, financiamento e investimento, sociedades de crédito imobiliário, sociedades corretoras de títulos, valores mobiliários e câmbio, distribuidoras de títulos e valores mobiliários, empresas de arrendamento mercantil, cooperativas de crédito, empresas de seguros privados e de capitalização e entidades de previdência privada aberta	16%
Revenda, para consumo, de combustíveis	1,6%
Construção por administração ou empreitada com material	8%
Construção por administração ou empreitada exclusivamente mão de obra	32%
Prestação de Serviços até R$ 120.000,00, exceto as regulamentadas	16%

Fonte: Elaborado pelo autor a partir das informações do RIR.

Considerando que a empresa optou pelo recolhimento no Lucro Real com antecipações mensais, o cálculo do IRPJ e CSLL será:

Base de Cálculo IRPJ
[(850.000 – 10.000 – 5.000) X 8%] + (1.200.000 X 32%) + 5.000 = **R$ 455.800,00**
IRPJ = 455.800 X 15% = **R$ 68.370,00**
Adicional IRPJ de 10% (455.800 – 20.000) = **R$ 43.580,00**
IRPJ a pagar = 68.370 + 43.580 = **R$ 111.950,00**
Base de Cálculo CSLL
[(850.000 – 10.000 – 5.000) X 12%] (1.200.000 X 32%) + 5.000 = **R$ 489.200,00**
CSLL = 489.200 X 9% = **R$ 44.028,00**

Capítulo 8 – TRIBUTOS SOBRE O LUCRO

A pessoa jurídica **poderá suspender ou reduzir o pagamento mensal por estimativa,** desde que demonstre, mediante a elaboração de balanço ou balancete, que o valor do IRPJ e da CSLL pago é igual ou maior que o valor do IRPJ e da CSLL devidos, calculados com base no Lucro Real do período em curso.

Considere que a empresa já tenha recolhido até a competência set/2024 R$ 910.000,00 de antecipações de IRPJ e R$ 405.000,00 de CSLL.

Ao apurar na competência out/2024 o tributo devido em bases anuais, até aquele momento constatou que seria devido R$ 955.000,00 de IRPJ e R$ 430.000,00 de CSLL. Dessa forma, a empresa **não será obrigada a recolher R$ R$ 111.950,00 de IRPJ e R$ 44.028,00 de CSLL**, pois, se assim proceder, ultrapassaria o valor devido, podendo optar em reduzir os valores a serem recolhidos, subtraindo do valor devido em base anual os valores já antecipados. Logo, a empresa **recolheria R$ 45.000,00 de IRPJ e R$ 25.000,00 de CSLL.**

	IRPJ	CSLL
Valor devido com base anual	R$ 955.000,00	R$ 430.000,00
(–) Valores antecipados mensalmente	R$ 910.000,00	R$ 405.000,00
(=) Valor a recolher	**R$ 45.000,00**	**R$ 25.000,00**

Caso ao apurar, na competência out/2024, o tributo devido em bases anuais, e até aquele momento o número seja inferior aos valores já antecipados, a empresa pode **suspender o recolhimento dos tributos** enquanto permanecer essa situação. Eventual diferença, a menor apurada ao final do exercício, implicará na necessidade de complementar os tributos. Contudo, caso a empresa tenha recolhido mais do que o apurado, poderá requerer a restituição ou compensação com valores devidos em exercícios futuros.

8.5 Lucro Arbitrado

O Lucro arbitrado será aplicado pela Receita Federal quando a pessoa jurídica deixar de cumprir as obrigações acessórias relativas à determinação do lucro real ou presumido. Também poderá ser aplicado pelo contribuinte, desde que ocorrida qualquer das hipóteses de arbitramento previstas na legislação e quando conhecida a receita bruta.

O imposto, devido trimestralmente, no decorrer do ano-calendário será determinado com base nos critérios do Lucro Arbitrado, quando:

- O contribuinte, obrigado à tributação com base no Lucro Real, **não mantiver escrituração** na forma das leis comerciais e fiscais, ou deixar de elaborar as demonstrações financeiras exigidas pela legislação fiscal;
- A escrituração a que estiver obrigado o contribuinte revelar evidentes **indícios de fraudes ou contiver vícios, erros ou deficiências** que a tornem imprestável para: identificar a efetiva movimentação financeira, inclusive bancária, e/ou determinar o Lucro Real.
- O contribuinte deixar de apresentar à autoridade tributária os livros e documentos da escrituração comercial e fiscal, ou o Livro Caixa, na hipótese de participações no lucro atribuídas a técnicos estrangeiros, domiciliados ou residentes no exterior, para execução de serviços especializados, em caráter provisório, conforme parágrafo único do art. 527 do Regulamento do Imposto de Renda, Decreto nº 9.580/2018;
- O contribuinte **optar indevidamente** pela tributação com base no Lucro Presumido;

Capítulo 8 – TRIBUTOS SOBRE O LUCRO

- O comissário ou representante da pessoa jurídica estrangeira deixar de escriturar e apurar o lucro da sua atividade separadamente do lucro do comitente residente ou domiciliado no exterior;
- O contribuinte não mantiver, em boa ordem e segundo as normas contábeis recomendadas, livro Razão ou fichas utilizadas para resumir e totalizar, por conta ou subconta, os lançamentos efetuados no Diário;
- O contribuinte não escriturar ou deixar de apresentar à autoridade tributária as informações necessárias para gerar o FCONT por meio do Programa Validador e Assinador da Entrada de Dados para o FCONT de que trata a Instrução Normativa RFB nº 967, de 15 de outubro de 2009, no caso de pessoas jurídicas sujeitas ao RTT e tributadas com base no lucro real; ou
- O contribuinte não escriturar ou deixar de apresentar à autoridade tributária a ECF.

Quando **a receita bruta for conhecida, o Lucro Arbitrado será apurado mediante a aplicação de percentuais sobre a receita bruta**, de acordo com a natureza da atividade econômica explorada. Os percentuais a serem aplicados são os aplicáveis para o cálculo da estimativa mensal e do lucro presumido, acrescidos de 20%, e no percentual de 45% para as instituições financeiras conforme o quadro abaixo.

Quadro 8.3 – Percentuais aplicados sobre a receita bruta conhecida

Atividades	Percentuais
Atividades em geral	9,6%
Revenda de combustíveis	1,92%

Serviços de transporte (exceto transporte de carga)	19,2%
Serviços de transporte de cargas	9,6%
Serviços em geral (exceto serviços hospitalares)	38,4%
Serviços hospitalares	9,6%
Intermediação de negócios	38,4%
Administração, locação ou cessão de bens e direitos de qualquer natureza (inclusive imóveis)	38,4%
Factoring	38,4%
Bancos, instituições financeiras e assemelhados	45%

Fonte: Elaborado pelo autor a partir das informações do Art. 227 da IN RFB 1.700/2017

Deverão ser acrescidos os ganhos de capital, os rendimentos e ganhos líquidos auferidos em aplicações financeiras (renda fixa e variável), as variações monetárias ativas, as demais receitas, todos os resultados positivos obtidos pela pessoa jurídica, inclusive os juros recebidos como remuneração do capital próprio, os descontos financeiros obtidos, os juros ativos não decorrentes de aplicações e os demais resultados positivos decorrentes de receitas não abrangidas no item anterior. A relação dos ganhos de capital está prevista no Art. 227 da IN RFB 1.700/2017.

Também deverão ser incluídos os valores recuperados correspondentes acustos e despesas, inclusive com perdas no recebimento de créditos, salvo se o contribuinte comprovar não ter deduzido tais valores em período anterior no qual tenha se submetido à tributação com base no Lucro Real, ou que se refiram a período a que tenha se submetido ao Lucro Presumido ou arbitrado.

O Lucro Arbitrado das pessoas jurídicas, quando não conhecida a receita bruta, será determinado por meio de procedimento de ofício, mediante utilização de uma das seguintes alternativas de cálculo:

Capítulo 8 – TRIBUTOS SOBRE O LUCRO

Quadro 8.4 – Lucro Arbitrado quando não conhecida a receita

Bases Alternativas	Coeficiente
Lucro Real referente ao último período em que a pessoa jurídica manteve escrituração de acordo com as leis comerciais e fiscais.	1,5
Soma dos valores do ativo circulante, realizável a longo prazo e permanente, existentes no último balanço patrimonial conhecido.	0,12
Valor do capital, inclusive correção monetária contabilizada como reserva de capital, constante do último balanço patrimonial conhecido ou registrado nos atos de constituição ou alteração da sociedade.	0,21
Valor do patrimônio líquido constante do último balanço patrimonial conhecido.	0,15
Valor das compras de mercadorias efetuadas no trimestre.	0,4
Soma, em cada trimestre, dos valores da folha de pagamento dos empregados e das compras de matérias-primas, produtos intermediários e materiais de embalagem.	0,4
Soma dos valores devidos no trimestre a empregados.	0,8
Valor do aluguel devido no trimestre.	0,9

Fonte: Elaborado pelo autor a partir das informações do RIR e art. 232 da IN RFB 1.700/2017.

8.6 Retenções IRPJ, CSLL, PIS e COFINS

A Lei nº 10.833/2003 estabelece que **o tomador de serviços deverá efetuar a retenção na fonte de CSLL, COFINS e PIS** nos pagamentos efetuados entre pessoas jurídicas de direito privado quando forem contratados serviços como:

- Limpeza, conservação e manutenção;
- Segurança, vigilância e transporte de valores;
- Locação de mão de obra;
- Assessoria creditícia, mercadológica, gestão de crédito e seleção de riscos;
- Administração de contas a pagar e a receber; e

- Remuneração de serviços profissionais, relacionados no § 1º do art. 714 do Decreto nº 9.580/2018, sendo eles:

  – administração de bens ou negócios em geral, exceto consórcios ou fundos mútuos para aquisição de bens; advocacia; análise clínica laboratorial; análises técnicas; arquitetura; assessoria e consultoria técnica, exceto serviço de assistência técnica prestado a terceiros e concernente a ramo de indústria ou comércio explorado pelo prestador do serviço; assistência social; auditoria; avaliação e perícia; biologia e biomedicina; cálculo em geral; consultoria; contabilidade; desenho técnico; economia; elaboração de projetos; engenharia, exceto construção de estradas, pontes, prédios e obras assemelhadas; ensino e treinamento; estatística; fisioterapia; fonoaudiologia; geologia; leilão; medicina, exceto aquela prestada por ambulatório, banco de sangue, casa de saúde, casa de recuperação ou repouso sob orientação médica, hospital e pronto-socorro; nutricionismo e dietética; odontologia; organização de feiras de amostras, congressos, seminários, simpósios e congêneres; pesquisa em geral; planejamento; programação; prótese; psicologia e psicanálise; química; radiologia e radioterapia; relações públicas; serviço de despachante; terapêutica ocupacional; tradução ou interpretação comercial; urbanismo; e veterinária.

Capítulo 8 – TRIBUTOS SOBRE O LUCRO

Essa obrigação é aplicada também a entidades como associações, sociedades simples, fundações de direito privado, entidades sindicais, federações, confederações, centrais sindicais, serviços sociais autônomos e condomínios edilícios. **Não estão obrigadas a efetuar a retenção** as **pessoas jurídicas optantes pelo Simples Nacional.**

A **retenção não será exigida** na hipótese de pagamentos efetuados a:

- Cooperativas, relativamente à CSLL;
- Empresas estrangeiras de transporte de valores; e
- Pessoas jurídicas optantes pelo Simples.

A **retenção da COFINS e do PIS não será exigida**, cabendo, somente, a retenção da CSLL nos pagamentos:

- a título de transporte internacional de valores efetuados por empresa nacional; e
- aos estaleiros navais brasileiros nas atividades de conservação, modernização, conversão e reparo de embarcações pré-registradas ou registradas no Registro Especial Brasileiro.

A retenção deve ser **calculada sobre o valor bruto do serviço prestado**, incidindo sobre qualquer forma de pagamento, inclusive os pagamentos antecipados por conta de prestação de serviços para entrega futura. A alíquota a ser utilizada apresenta a seguinte composição:

- CSLL: 1,0%
- COFINS: 3,0%
- PIS: 0,65%

As alíquotas de 3,0% e 0,65%, relativas à COFINS e ao PIS, aplicam-se inclusive na hipótese de as receitas da prestadora dos serviços estarem sujeitas ao regime não cumulativo. No caso de **receitas beneficiárias de isenção ou de alíquota zero**, de uma ou mais contribuições, a **retenção será efetuada pela soma das alíquotas correspondente às contribuições não alcançadas por esses benefícios** fiscais, devendo a entidade informar esta condição na nota ou documento fiscal, inclusive o enquadramento legal.

Fica **dispensada a retenção de valor igual ou inferior a R$ 10,00**, exceto na hipótese de Documento de Arrecadação de Receitas Federais (DARF) eletrônico efetuado por meio do Sistema Integrado de Administração Financeira (Siafi) – o principal sistema do governo federal para registrar, acompanhar e controlar a execução orçamentária, financeira e patrimonial dos órgãos da Administração Pública Federal que recebem recursos do Orçamento Fiscal e da Seguridade Social.

As pessoas jurídicas que fabricam **autopeças, máquinas ou veículos sujeitos à tributação concentrada** estão obrigadas a reter na fonte a contribuição para o PIS e a COFINS nas aquisições de autopeças listadas nos Anexos I e II da Lei nº 10.485/2002 (exceto pneumáticos). Essa obrigação se aplica tanto a fabricantes de peças e componentes quanto aos fabricantes dos próprios veículos ou máquinas. Os percentuais de retenção são de **0,1% para o PIS e 0,5% para a COFINS**, calculados sobre o valor das autopeças adquiridas.

Os valores de CSLL, PIS e COFINS retidos na fonte por órgãos públicos, cooperativas ou outras pessoas jurídicas **funcionam como antecipação das contribuições devidas pela empresa** que recebeu o pagamento. Esses valores podem ser **deduzidos do total a pagar no mês**. Caso a dedução não seja possível — por exemplo, se o valor retido for maior que o devi-

Capítulo 8 – TRIBUTOS SOBRE O LUCRO

511

do — **o excedente pode ser restituído ou compensado com outros tributos administrados pela Receita Federal**, seguindo as regras específicas. A restituição pode ser solicitada a partir do mês seguinte à identificação do excesso.

Os valores retidos deverão ser recolhidos pelo órgão público que efetuar a retenção ou, de forma centralizada, pelo estabelecimento matriz da pessoa jurídica até o último dia útil do segundo decêndio do mês subsequente àquele mês em que tiver ocorrido o pagamento à pessoa jurídica fornecedora dos bens ou prestadora do serviço.

A Lei nº 10.833/2003 permite que a União, por meio da Receita Federal, celebre **convênios com Estados, Distrito Federal e municípios para que esses passem a reter na fonte a CSLL, COFINS e PIS** nos pagamentos feitos por seus órgãos, autarquias e fundações a empresas privadas, tanto por fornecimento de bens quanto por prestação de serviços. Essa retenção segue as alíquotas acima apresentadas **(4,65%)**. Além disso, a retenção dessas contribuições é obrigatória para empresas públicas, sociedades de economia mista e outras entidades controladas pela União que recebam recursos do Tesouro Nacional e utilizem o Siafi. Há, no entanto, exceções — como a compra de combustíveis e derivados de petróleo — que não estão sujeitas à retenção.

Os **pagamentos realizados por órgãos, autarquias e fundações da administração pública federal** para pessoas jurídicas, seja pela prestação de serviços ou fornecimento de bens, estão sujeitos à **retenção na fonte do IRPJ, CSLL, PIS e COFINS, conforme previsto na Lei nº 9.430/1996**. A responsabilidade pela retenção e recolhimento é do órgão pagador, e os valores retidos são considerados antecipações dos tributos devidos pela empresa beneficiária.

Cada tributo possui uma alíquota específica: **PIS (0,65%), COFINS (3%), CSLL (1%)**. O **IRPJ é retido à alíquota de 15% aplicada sobre o percentual utilizado na apuração da base calculada do lucro presumido**, conforme a natureza da receita. Por exemplo: na venda de mercadorias, será retido 1,2% (15% X 8%); na prestação de serviços em geral, 4,8% (15% X 32%).

Os valores retidos deverão ser recolhidos até o dia 20 do mês subsequente àquele em que tiver sido efetuado o pagamento à pessoa jurídica fornecedora do bem ou prestadora do serviço, ou até o dia útil imediatamente anterior ao dia 20.

O valor do imposto e das contribuições sociais retido será considerado como **antecipação do que for devido pela contribuinte** em relação ao mesmo imposto e às mesmas contribuições. Essas retenções **só podem ser compensadas com tributos da mesma espécie** e, quando não for possível compensar no mesmo mês, os valores excedentes podem ser restituídos. Além disso, há regras específicas para cooperativas e para operações com o cartão de pagamento do Governo Federal. Valores inferiores a R$ 10,00 estão dispensados de retenção e recolhimento, devendo ser somados aos valores de meses seguintes até atingir esse limite mínimo para pagamento.

A Instrução Normativa RFB nº 1.234/2012 estabelece, no **artigo 4º**, uma série de hipóteses em que **não haverá retenção na fonte**, como no caso de **entidades com finalidades sociais, religiosas e sindicais** (templos de qualquer culto, partidos políticos, instituições de educação e de assistência social sem fins lucrativos); **organizações específicas e cooperativas** (condomínios edilícios, entidades do Sistema "S"); **pessoas jurídicas com tratamento tributário diferenciado** (optantes pelo **Sim-**

Capítulo 8 – TRIBUTOS SOBRE O LUCRO

ples Nacional, distribuidoras de jornais e revistas); **casos específicos de operações financeiras ou de gestão pública.**

Ficam sujeitas à incidência do **IRPJ retido na fonte, à alíquota 1,5%**, as importâncias pagas ou creditadas por pessoas jurídicas a outras pessoas jurídicas, civis ou mercantis, pela **prestação de serviços profissional**, previsto no art. 714, § 1º do Decreto nº 9.580/2018, já listados acima, além dos serviços de **administração de contas a pagar e a receber e serviços de assessoria creditícia, mercadológica, gestão de crédito, seleção e riscos**.

Ficam sujeitos à incidência do **IRPJ retido na fonte, à alíquota de 1%,** as importâncias pagas ou creditadas por pessoas jurídicas a outras pessoas jurídicas pela prestação de serviços de **limpeza, conservação, segurança, vigilância e pela locação de mão de obra.**

Os rendimentos em qualquer aplicação ou operação financeira de renda fixa ou de renda variável, mesmo no caso das operações de cobertura (*hedge*), realizadas por meio de operações de *swap* e outras, nos mercados de derivativos, sujeitam-se à incidência do imposto de renda na fonte, às seguintes alíquotas:

I – 22,5%, em aplicações com prazo de até 180 dias;

II – 20%, em aplicações com prazo de 181 dias até 360 dias;

III – 17,5%, em aplicações com prazo de 361 dias até 720 dias;

IV – 15%, em aplicações com prazo acima de 720 dias.

A empresa prestadora, assim como a empresa tomadora, deve reconhecer em sua contabilidade os tributos retidos. Considere que a Empresa ABC Comercial contratou a prestação de serviços de segurança da empresa Sempre Atento Ltda. O Valor dos Serviços no mês de Jan/2025 foi de R$ 10.000,00.

Valor dos Serviços:R$ 10.000,00

PIS	R$ 65,00	(R$ 10.000,00 X 0.65%)
COFINS	R$ 300,00	(R$ 10.000,00 X 3%)
CSLL	R$ 100,00	(R$ 10.000,00 X 1%)
IRPJ	R$ 100,00	(R$ 10.000,00 X 1%)

Reconhecimento Contábil na Tomadora de Serviços

D – Despesas com Segurança (Resultado)	R$ 10.000,00
C – PIS a recolher (Passivo Circulante)	R$ 65,00
C – COFINS a recolher (Passivo Circulante)	R$ 300,00
C – CSLL a recolher (Passivo Circulante)	R$ 100,00
C – IRPJ a recolher (Passivo Circulante)	R$ 100,00
C – Bancos (Ativo Circulante)	R$ 9.435,00

Reconhecimento Contábil na Prestadora de Serviços

D – Bancos (Ativo Circulante)	R$ 9.435,00
D – PIS a compensar (Ativo Circulante)	R$ 65,00
D – COFINS a compensar (Ativo Circulante)	R$ 300,00
D – CSLL a compensar (Ativo Circulante)	R$ 100,00
D – IRPJ a compensar (Ativo Circulante)	R$ 100,00
C – Receita de Prestação de Serviços (Resultado)	R$ 10.000,00

8.7 Reconhecimento Contábil do IRPJ e da CSLL

O IRPJ e a CSLL são tributos diretos incidentes sobre o resultado das empresas. A forma de apuração desses tributos varia conforme o regime de tributação adotado e cada modalidade tem particularidades que afetam o reconhecimento contábil dessas obrigações fiscais.

Capítulo 8 – TRIBUTOS SOBRE O LUCRO

• Reconhecimento Contábil da Apuração do Lucro Real

D – Despesa com IRPJ (Resultado)

D – Despesa com CSLL (Resultado)

C – IRPJ a pagar (Passivo Circulante)

C – CSLL a pagar (Passivo Circulante)

• Pelo pagamento do tributo:

D – IRPJ a pagar (Passivo Circulante)

D – CSLL a pagar (Passivo Circulante)

C – Banco (Ativo Circulante)

A **NBC TG 32 (R4)** estabelece o tratamento contábil para os tributos sobre o lucro estabelecendo o processo de **contabilização das diferenças temporárias**, que podem surgir de créditos fiscais de tais subvenções ou investimentos em relação aos efeitos fiscais atuais e futuros de:

- futura recuperação (liquidação) do valor contábil dos ativos (passivos) que são reconhecidos no balanço patrimonial da entidade; e
- operações, bem como outros eventos do período atual, que são reconhecidos nas demonstrações contábeis da entidade.

Além do resultado apurado por meio da demonstração do resultado do exercício, será necessário apurar um resultado fiscal, considerando adições e exclusões para apurar os tributos sobre o lucro. Assim, é necessário identificar quais são as receitas e despesas que foram reconhecidas no resultado da empresa, mas que não serão consideradas para cálculo do Imposto de Renda, devendo a empresa adicioná-las ou excluí-las da base de cálculo dos tributos sobre o lucro. Dessa forma, a diferença entre o resultado contábil e o resultado fiscal surge em razão das **adições e/ou exclusões.** Essas diferenças podem ser classificadas como:

- **Diferenças permanentes:** aquelas adicionadas ou excluídas do lucro sem repercussão futura, como brindes, multas e as perdas e ganhos com equivalência patrimonial.
- **Diferenças temporárias:** trata-se da diferença entre o valor contábil do ativo ou passivo no balanço e a sua base fiscal. **As diferenças temporárias podem ser tanto:**

    – diferença temporária **tributável**, a qual é a diferença temporária que resulta em valores tributáveis para determinar o lucro tributável (prejuízo fiscal) de períodos futuros quando o valor contábil de ativo ou passivo é recuperado ou liquidado; ou

    – diferença temporária **dedutível**, a qual é a diferença temporária que resulta em valores que são dedutíveis para determinar o lucro tributável (prejuízo fiscal) de futuros períodos quando o valor contábil do ativo ou passivo é recuperado ou liquidado.

Do ponto de vista contábil, essas diferenças serão reconhecidas como:

- **Passivo fiscal diferido** é o valor do tributo sobre o lucro devido em período futuro relacionado às diferenças temporárias tributáveis.

Capítulo 8 – TRIBUTOS SOBRE O LUCRO

- **Ativo fiscal diferido** é o valor do tributo sobre o lucro recuperável em período futuro relacionado a:
  - diferenças temporárias dedutíveis;
  - compensação futura de prejuízos fiscais não utilizados; e
  - compensação futura de créditos fiscais não utilizados.

As provisões indedutíveis são consideradas diferenças temporárias tributáveis, podendo citar como exemplo um processo judicial em que é provável que a empresa seja condenada a pagar uma indenização, tendo, portanto, efetuado a provisão.

D – Indenizações judiciais (Resultado)
C – Provisão demandas judiciais (Passivo Circulante)

Neste momento, não há certeza de que a empresa será condenada, dependendo de um evento futuro e incerto que é a sentença transitada em julgado. Para **efeitos fiscais**, deve-se adicionar essa despesa, uma vez que a legislação não permite a sua dedução, já que não foi realizada de forma efetiva.

Quando o valor contábil de um ativo **excede sua base fiscal**, o valor dos benefícios econômicos tributáveis excede o valor que será permitido como dedução para fins fiscais. **Essa situação caracteriza uma diferença temporária tributável**, e a obrigação de pagar o tributo incidente sobre o lucro em períodos futuros é **um passivo fiscal diferido.**

O **ativo fiscal diferido**, por outro lado, será reconhecido para todas as **diferenças temporárias dedutíveis** visto que é provável a existência de lucro tributável contra o qual a diferença temporária dedutível possa ser utilizada.

Considere que uma empresa comercial apresentou as seguintes informações no exercício de 2024.

Receitas de Vendas	R$ 1.000.000,00
Custo de mercadorias vendidas	R$ 500.000,00
Despesas Dedutíveis	R$ 250.000,00

Durante o exercício, foram realizadas provisões para contingências judiciais julgadas prováveis no valor de R$ 50.000,00, embora ainda não existam decisões judiciais transitadas em julgado. Considere ainda que do total de receitas R$ 30.000,00 não foram realizadas.

Projetando a DRE da empresa, iremos apurar lucro de R$ 152.000,00:

Receita Bruta de Vendas	R$ 1.000.000,00
(-) CMV	R$ 500.000,00
(=) Lucro Bruto	R$ 500.000,00
(-) Despesas (R$ 250.000,00 + R$ 50.000,00)	R$ 300.000,00
(=) Lucro antes do IRPJ/CSLL	R$ 200.000,00
(-) IRPJ	**R$ 30.000,00**
(-) CSLL	**R$ 18.000,00**
(=) Lucro após IRPJ/CSLL	**R$ 152.000,00**

Reconhecimento contábil

D – IR (resultado)	R$ 30.000,00
C – IR a recolher (Passivo Circulante)	R$ 30.000,00
D – CSLL (resultado)	R$ 18.000,00
C – CSLL a recolher (Passivo Circulante)	R$ 18.000,00

Capítulo 8 – TRIBUTOS SOBRE O LUCRO

Apuração do Lucro Fiscal

Lucro antes IR e CSLL	R$ 200.000,00
(+) Adições (provisão para contingências)	R$ 50.000,00
(-) Exclusões (parcela da receita não realizada)	R$ 30.000,00
(=) Lucro ajustado	R$ 220.000,00
IRPJ (R$ 220.000,00 X 15%)	**R$ 33.000,00**
Adicional do IRPJ Não há. Lucro ajustado menor que R$ 240.00,00	
CSLL (R$ 220.000,00 X 9%)	**R$ 19.800,00**

Ao compararmos os valores apurados do ponto de vista contábil e fiscal identificamos as diferenças provenientes das adições e exclusões. Assim, será necessário realizar ajustes reconhecendo ativos fiscais diferidos e passivos fiscais diferidos em relação à parcela dos tributos que incidem sobre as adições e exclusões.

	IRPJ	CSLL
Contábil	R$ 30.000,00	R$ 18.000,00
Fiscal	R$ 33.00,00	R$ 19.800,00
Diferença	R$ 3.000,00	R$ 1.800,00

Reconhecimento do Ativo Fiscal Diferido

D – IR diferido (Ativo Circulante)	R$ 7.500,00
C – IR a recolher (Passivo Circulante)	R$ 7.500,00
	(Adições = R$ 50.000,00 x 15%)

D – CSLL diferido (Ativo Circulante)	R$ 4.500,00
C – CSLL a recolher (Passivo Circulante)	R$ 4.500,00
	(Adições = R$ 50.000,00 x 9%)

Reconhecimento do Passivo Fiscal Diferido

D – IR a recolher (Passivo Circulante)   R$ 4.500,00 (Exclusões R$ 30.000,00 x 15%)

C – IR diferido (Passivo Circulante)   R$ 4.500,00

D – CSLL a recolher (Passivo Circulante)   R$ 2.700,00 (Exclusões R$ 30.000,00 x 9%)

C – CSLL diferido (Passivo Circulante)   R$ 2.700,00

IR Diferido (AC)		IR Diferido (PC)		IR a recolher	
D	C	D	C	D	C
7.500			4.500	4.500	30.000 7.500
7.500			**4.500**		**33.000**

CSLL Diferido (AC)		CSLL Diferido (PC)		CSLL a recolher	
D	C	D	C	D	C
4.500			2.700	2.700	18.000 4.500
4.500			**2.700**		**19.800**

Repare que, após os lançamentos de ajustes, o saldo das contas IRPJ e CSLL a recolher é o mesmo do valor apurado pelo Lucro Real.

8.8 Exercícios de Fixação

1) O critério da universalidade do IRPJ refere-se:

A) À diferenciação de alíquotas conforme o porte da empresa.

Capítulo 8 – TRIBUTOS SOBRE O LUCRO

521

B) À obrigatoriedade de adoção do regime de Lucro Real.

C) À aplicação do imposto a qualquer pessoa que realize o fato gerador.

D) À restrição do IRPJ a apenas empresas de grande porte.

2) Em relação à CSLL, é correto afirmar que:

A) Sua base de cálculo é completamente distinta da base de cálculo do IRPJ.

B) A CSLL possui caráter progressivo e segue as mesmas faixas do IRPJ.

C) A alíquota da CSLL é fixa para todas as atividades econômicas.

D) Sua base de cálculo é semelhante à do IRPJ, mas com algumas diferenças em adições, exclusões e compensações.

3) Sobre a opção pelo regime de tributação, é correto afirmar que:

A) Pode ser alterada no decorrer do ano-calendário, conforme a necessidade da empresa.

B) Deve ser feita no primeiro trimestre e pode ser revista a cada trimestre.

C) A opção pelo regime de tributação deve ser feita antes do pagamento da primeira quota do IRPJ e CSLL e não pode ser alterada no decorrer do ano-calendário.

D) Uma empresa optante pelo Lucro Presumido pode mudar para o Lucro Real a qualquer momento do ano.

4) Considerando uma empresa comercial no Lucro Presumido com receita bruta trimestral de R$ 500.000,00, a base de cálculo do IRPJ será:

A) R$ 50.000,00.

B) R$ 40.000,00.

C) R$ 60.000,00.
D) R$ 80.000,00.

5) Se uma empresa optante pelo Lucro Presumido apurou uma receita bruta trimestral de R$ 900.000,00 em venda de mercadorias e R$ 60.000,00 em prestação de serviços gerais, a base de cálculo do IRPJ será:
A) R$ 76.800,00.
B) R$ 91.200,00.
C) R$ 79.200,00.
D) R$ 87.200,00.

6) Considerando que a empresa do item anterior apurou rendimentos de renda fixa de R$ 15.000,00 e ganhos de capital de R$ 10.000,00, a base de cálculo do IRPJ devido será:
A) R$ 116.200,000.
B) R$ 106.200,00.
C) R$ 101.200,00.
D) R$ 106.800,00.

7) Uma empresa comercial optante pelo Lucro Presumido iniciou suas atividades em fevereiro de 2025 e apurou R$ 500.000,00 em receitas brutas trimestrais e R$ 10.000,00 em ganhos de capital.
Qual será o valor do adicional de IRPJ devido?
A) R$ 1.500,00.
B) R$ 1.000,00.
C) R$ 1.500,00.
D) Nenhum adicional será devido.

8) Uma empresa prestadora de serviços em geral, optante pelo Lucro Presumido, obteve no trimestre uma

Capítulo 8 – TRIBUTOS SOBRE O LUCRO

receita bruta de R$ 200.000,00 e uma receita financeira de R$ 5.000,00. Considerando que a CSLL incide sobre a totalidade dessas receitas com uma alíquota de 9%, qual será o valor da CSLL devida?
A) R$ 10.350,00.
B) R$ 7.500,00.
C) R$ 6.210,00.
D) R$ 5.760,00.

9) Considerando que uma empresa comercial apresentou os seguintes valores no primeiro trimestre de 2025:

Receita bruta:	R$ 1.500.000,00
Receita de locação de imóveis:	R$ 20.000,00
Rendimentos financeiros:	R$ 10.000,00

A base de cálculo e o total do imposto devido do IRPJ serão:
A) R$ 150.000,00 e R$ 22.500,00.
B) R$ 120.000,00 e R$ 21.000,00.
C) R$ 150.000,00 e R$ 31.500,00.
D) R$ 140.000,00 e R$ 22.500,00.

10) Sobre o regime de tributação do Lucro Real, qual das opções abaixo é verdadeira?
A) É obrigatório para todas as empresas, independentemente do faturamento.
B) Apenas empresas com receita superior a R$ 4,8 milhões são obrigadas a adotar esse regime.
C) Empresas com receita bruta superior a R$ 78 milhões no ano anterior devem adotar esse regime.
D) O Lucro Real não permite compensação de prejuízos fiscais.

524   CONTABILIDADE TRIBUTÁRIA

11) No Lucro Real, quais elementos podem ser excluídos da base de cálculo do IRPJ e CSLL?
A) Multas fiscais pagas pela empresa.
B) Receitas não tributáveis, como dividendos recebidos.
C) Provisões para créditos de liquidação duvidosa.
D) Juros pagos sobre capital próprio, sem limite.

12) Sobre a compensação de prejuízos fiscais no Lucro Real, qual alternativa está correta?
A) Não há limite para a compensação de prejuízos fiscais.
B) O limite máximo de compensação é de 50% do lucro fiscal.
C) A compensação de prejuízos fiscais está limitada a 30% do lucro fiscal ajustado.
D) Empresas do setor financeiro não podem compensar prejuízos fiscais.

13) Uma empresa optante pelo Lucro Real apresentou lucro antes do IRPJ e CSLL de R$ 600.000,00. Nesse valor, está inserido despesas não dedutíveis de R$ 50.000,00 e receitas não tributáveis de R$ 30.000,00. Considerando que a empresa possui saldo de prejuízo fiscal de R$ 130.000,00, qual será o lucro ajustado?
A) R$ 462.000,00.
B) R$ 500.000,00.
C) R$ 480.000,00.
D) R$ 490.000,00

14) Uma empresa no Lucro Real recolheu antecipações de IRPJ de R$ 1.200.000,00 e CSLL de R$ 500.000,00 ao longo do ano. No ajuste anual, apurou que o valor de-

Capítulo 8 – TRIBUTOS SOBRE O LUCRO

vido de IRPJ foi de R$ 1.150.000,00 e de CSLL foi de R$ 480.000,00. Qual será a ação permitida pela legislação?

A) Suspender o recolhimento dos tributos e solicitar restituição ou compensação da diferença.

B) Pagar integralmente o valor devido no ajuste.

C) Compensar apenas o IRPJ, sem alterar a CSLL.

D) Nenhuma ação é permitida.

15) Qual dos seguintes itens deve ser adicionado ao lucro líquido para fins de apuração do IRPJ e CSLL?

A) Juros sobre o capital próprio pagos ou creditados dentro do limite permitido.

B) Provisões não dedutíveis, como provisão para contingências.

C) Ganho de capital sobre venda de participações avaliadas pelo método de equivalência patrimonial.

D) Depreciação e amortização incentivadas permitidas por regimes especiais.

16) Sobre a determinação do Lucro Arbitrado, assinale a alternativa correta:

A) O Lucro Arbitrado é uma opção da empresa quando deseja simplificar sua apuração de tributos.

B) O Lucro Arbitrado é aplicado quando o contribuinte não mantém escrituração regular ou apresenta registros fiscais com vícios que os tornem imprestáveis.

C) O Lucro Arbitrado pode ser utilizado por qualquer empresa, independentemente do regime tributário adotado.

D) A opção pelo Lucro Arbitrado é feita anualmente pelo contribuinte, mediante comunicação à Receita Federal.

526   CONTABILIDADE TRIBUTÁRIA

17) Considerando as regras de retenção na fonte, em qual das situações abaixo a retenção NÃO é exigida?

A) Prestação de serviços de assessoria creditícia por uma empresa do Lucro Presumido no valor de R$ 6.000,00.

B) Prestação de serviços de locação de mão de obra para um condomínio edilício no valor de R$ 7.500,00.

C) Pagamento de R$ 10.000,00 por serviços de administração de contas a pagar a uma sociedade limitada.

D) Contratação de empresa do Simples Nacional para serviços de segurança e vigilância.

18) Em relação à retenção de IRPJ, CSLL, PIS e COFINS na fonte, assinale a alternativa correta:

A) A retenção deve ser realizada apenas nos pagamentos entre pessoas jurídicas de direito público e privado.

B) A retenção ocorre somente para serviços prestados por empresas optantes pelo regime do Lucro Real.

C) A retenção deve ser realizada pelo tomador do serviço e incide sobre qualquer forma de pagamento, incluindo antecipações.

D) A alíquota total da retenção é de 3,65%, composta por 3,0% de COFINS e 0,65% de CSLL.

19) Sobre a apuração do Lucro Real e o reconhecimento contábil do IRPJ e CSLL, assinale a alternativa correta:

A) As diferenças permanentes entre o lucro contábil e o lucro fiscal impactam a tributação futura da empresa.

B) As diferenças temporárias tributáveis geram um passivo fiscal diferido, pois resultarão em tributos a serem pagos em períodos futuros.

C) O reconhecimento contábil do IRPJ e da CSLL ocorre no passivo circulante, independentemente do pagamento do tributo.

D) O lucro fiscal sempre será igual ao lucro contábil, pois

Capítulo 8 – TRIBUTOS SOBRE O LUCRO

ambos seguem as mesmas regras de reconhecimento de receitas e despesas.

20) Considerando a apuração do Lucro Fiscal e a contabilização do Imposto de Renda diferido, qual das alternativas está correta?
A) O ativo fiscal diferido surge quando há diferenças temporárias tributáveis que aumentam o imposto a pagar no futuro.
B) A provisão para contingências judiciais deve ser excluída do lucro fiscal, pois ainda não houve sentença transitada em julgado.
C) O Imposto de Renda diferido sobre adições temporárias é registrado no ativo circulante, pois poderá ser recuperado no futuro.
D) As diferenças temporárias dedutíveis aumentam a base de cálculo do IRPJ e da CSLL no período corrente.

Respostas:

1 – C	6 – A	11 – B	16 – B
2 – D	7 – B	12 – C	17 – D
3 – C	8 – C	13 – D	18 – C
4 – B	9 – C	14 – A	19 – B
5 – B	10 – C	15 – B	20 – D

Capítulo 9 – TRIBUTAÇÃO SOBRE O COMÉRCIO EXTERIOR

Pensamentos não pagam imposto alfandegário.
Martinho Lutero

O comércio exterior no Brasil é regulado por uma série de tributos que desempenham tanto uma função arrecadatória quanto regulatória. Além de contribuírem para a geração de receitas públicas, esses tributos são utilizados pelo governo para proteger a indústria nacional, equilibrar a balança comercial e incentivar determinados setores estratégicos da economia.

Vale ressaltar que muitos países utilizam esses tributos de forma estratégica, podendo citar os EUA. A frase proferida pelo presidente Donald Trump em 2018: "Tariffs are the greatest!" (tarifas são as melhores!), reflete a crença, em algumas pessoas, de que a tributação sobre o comércio exterior é uma ferramenta eficaz para proteger a indústria americana e negociar melhores acordos comerciais com outros países.

Os seguintes tributos incidem sobre o comércio exterior:

- Imposto de Importação (II);
- Imposto sobre Exportação (IE);
- Imposto sobre Circulação de Mercadorias e Serviços (ICMS-Importação);

- Imposto sobre Produtos Industrializados (IPI-Importação); e
- Programa de Integração Social e Contribuição para o Financiamento da Seguridade Social (PIS-Importação e COFINS-Importação).

9.1 Imposto sobre a Importação de Produtos Estrangeiros

O II é um tributo federal incidente sobre a entrada de bens estrangeiros no Brasil, regulamentado pelos seguintes dispositivos legais:

- Constituição Federal de 1988, art. 153, inciso I, que atribui à União a competência para instituí-lo;
- Decreto-Lei nº 37/1966, que dispõe sobre o regulamento aduaneiro;
- Lei nº 5.025/1966, que regula a Tarifa Aduaneira do Brasil;
- Decreto nº 6.759/2009, que aprova o Regulamento Aduaneiro.

9.1.1 Hipóteses de Incidência e Fato Gerador

O II incide sobre a mercadoria estrangeira e tem como fato gerador sua **entrada no Território Nacional**, inclusive a mercadoria nacional ou nacionalizada exportada, que retornar ao país, salvo se:

- enviada em consignação e não vendida no prazo autorizado;
- devolvida por motivo de defeito técnico, para reparo ou substituição;

Capítulo 9 – TRIBUTAÇÃO SOBRE O COMÉRCIO EXTERIOR

- por motivo de modificações na sistemática de importação por parte do país importador;
- por motivo de guerra ou calamidade pública; e
- por outros fatores alheios à vontade do exportador.

O fato gerador ocorre no **desembaraço aduaneiro** da mercadoria estrangeira, ou seja, quando a Receita Federal autoriza sua entrada definitiva no território nacional.

9.1.2 Sujeitos Passivos

O contribuinte do II é o **importador da mercadoria**, que pode ser uma pessoa física ou jurídica. Em operações de importação direta, o importador é responsável pelo pagamento do imposto. Em regimes especiais, como o de remessa postal internacional, a responsabilidade pode recair sobre os correios ou transportadoras. É contribuinte do imposto:

- o importador, assim considerada qualquer pessoa que promova a entrada de mercadoria estrangeira no território aduaneiro;
- o destinatário de remessa postal internacional indicado pelo respectivo remetente; e
- o adquirente de mercadoria entrepostada.

É responsável pelo imposto:

- o transportador, quando transportar mercadoria procedente do exterior ou sob controle aduaneiro, inclusive em percurso interno;

- o depositário, assim considerada qualquer pessoa incumbida da custódia de mercadoria sob controle aduaneiro; ou
- qualquer outra pessoa que a lei assim designar.

9.1.3 Base de Cálculo

A base de cálculo do Imposto de Importação depende do regime de valoração aduaneira aplicado. O principal critério utilizado é o **valor aduaneiro**, que corresponde ao preço da mercadoria acrescido dos custos de transporte e seguro até o porto ou o aeroporto de destino no Brasil (método CIF – *Cost, Insurance and Freight*), gastos relativos à carga, à descarga e ao manuseio, associados ao transporte da mercadoria importada.

9.1.4 Alíquotas

As alíquotas do Imposto de Importação **variam conforme a classificação fiscal** das mercadorias na Nomenclatura Comum do Mercosul (NCM). Elas são definidas pela Tarifa Externa Comum (TEC) do Mercosul e podem sofrer alterações conforme decisões da CAMEX.

Em geral, as alíquotas variam **de 0% a 35%,** sendo mais elevadas para produtos que competem com a produção nacional e menores para bens essenciais ou insumos não fabricados no Brasil.

O imposto será calculado pela aplicação das alíquotas fixadas na Tarifa Externa Comum sobre a base de cálculo. Para efeito de cálculo, os valores expressos em moeda estrangeira deverão ser convertidos em moeda nacional à taxa de câmbio vigente na data em que se considerar ocorrido o fato gerador.

Capítulo 9 – TRIBUTAÇÃO SOBRE O COMÉRCIO EXTERIOR 533

Saiba Mais!

As taxas estão disponíveis no site: https://www.mercosur.int/politica-comercial/ncm/

9.1.5 Isenções e Regimes Especiais

Existem situações em que o II pode ser reduzido ou isento, tais como:

- Bagagem acompanhada, dentro dos limites estabelecidos pela Receita Federal;
- Importação por entidades beneficentes;
- Regimes especiais, como *Drawback* (suspensão ou isenção para insumos que serão reexportados) e Regime Aduaneiro Especial de Entreposto Industrial (RECOF).

9.1.6 Caso Prático – Apuração Imposto de Importação

Considere que a empresa Comercial XYZ importou um lote de bermudas e shorts de uso feminino, de fibras sintéticas NCM 6204.63.00. O valor negociado pelos produtos foi de US$ 20.000,00. A taxa de câmbio na data da ocorrência do fato gerador será de R$ 5,50. A empresa incorreu ainda nos seguintes gastos:

- Transporte da mercadoria até o porto e gastos relativos à carga, à descarga e ao manuseio, asso-

534 CONTABILIDADE TRIBUTÁRIA

ciados ao transporte da mercadoria importada = R$ 10.000,00.

- Seguro da mercadoria = R$ 15.0000,00.

A alíquota da mercadoria prevista na tarifa externa comum, na data da ocorrência do fato gerador, era de 35%.

Para calcular o Imposto de Importação com base nas informações fornecidas, será necessário converter o valor dos produtos negociados pela taxa de câmbio vigente na data de ocorrência do fato gerador, apurar a base de cálculo e apurar o valor do tributo devido por meio da aplicação da TEC, conforme os passos abaixo:

Converter o valor negociado para reais:
Valor negociado: US$ 20.000,00
Taxa de câmbio: R$ 5,50
Valor negociado em reais: 20.000 X R$ 5,50 = R$ 110.000,00

Calcular a base de cálculo do Imposto de Importação:

Valor negociado em reais:	R$ 110.000,00
(+) Transporte e gastos:	R$ 10.000,00
(+) Seguro:	R$ 15.000,00
(=) **Base de cálculo:**	**R$ 135.000,00**

Calcular o Imposto de Importação:
Alíquota: 35%
Imposto de Importação: 135.000 X 35% = **R$ 47.250,00**

9.2 Imposto sobre a Exportação, Para o Exterior, de Produtos Nacionais ou Nacionalizados

O IE é um tributo federal que incide sobre a saída de bens do território nacional com destino ao exterior e está previsto

Capítulo 9 – TRIBUTAÇÃO SOBRE O COMÉRCIO EXTERIOR

no art. 153, II da CF/88 e regulamentado pelo Decreto-Lei nº 1.578/1977 – além de disposições contidas nos artigos 212 a 236 do Regulamento Aduaneiro (Decreto nº 6.759, de 5 de fevereiro de 2009) e na Portaria Secex nº 23, de 14 de julho de 2011.

Embora seja pouco aplicado, pode ser um instrumento relevante para regular o comércio exterior e a competitividade dos produtos brasileiros no mercado internacional.

> **Atenção!**
>
> O IE não admite compensação com outros tributos e não gera direito a crédito.

9.2.1 Hipóteses de Incidência e Fato Gerador

A hipótese de incidência do IE ocorre quando há a **saída definitiva de bens do território nacional**, com a finalidade de exportação. Isso inclui tanto produtos nacionais quanto produtos nacionalizados, ou seja, mercadorias estrangeiras que foram importadas de forma definitiva e passaram por um processo de nacionalização.

O fato gerador se configura no momento da saída da mercadoria do território aduaneiro, com o registro da Declaração de Exportação (DE) no Sistema Integrado de Comércio Exterior (SISCOMEX). Para fins de pagamento do imposto de exportação, a determinação do valor em reais da base de cálculo, deve ser utilizada a taxa de câmbio de compra relativa ao dia útil imediatamente **anterior ao do registro da Declaração Única de Exportação (DU-E).**

9.2.2 Sujeitos Passivos

O sujeito passivo é o **exportador**, que pode ser qualquer pessoa física ou jurídica que promova a saída de produtos nacionais ou nacionalizados do território brasileiro.

9.2.3 Base de Cálculo

A base de cálculo do Imposto de Exportação é o **preço normal que a mercadoria, ou seu similar, alcançaria no mercado internacional em condições de livre concorrência,** no momento da exportação. Esse valor é geralmente indicado no campo "valor total no local de embarque" da DU-E.

9.2.4 Alíquotas

As alíquotas do IE são fixadas pelo Poder Executivo e podem variar de acordo com o produto exportado. Em geral, o imposto não é aplicado à maioria dos bens exportados, mas pode incidir sobre determinados produtos, como:

- Castanha de caju com casca: **30%** para exportações acima de 10 mil toneladas por operação;
- Concentrados de açúcar, leite e creme de leite: **100%**;
- Peles em bruto de bovino ou de equídeo: **9%**;
- Armamento e munições: **150%**.

> **Saiba Mais!**
>
> Atualmente, a **alíquota padrão é de 30%,** mas a Câmara de Comércio Exterior (CAMEX) pode ajustá-la para atender aos objetivos da política cambial e do comércio exterior. A **alíquota máxima permitida é de 150%**.

Capítulo 9 – TRIBUTAÇÃO SOBRE O COMÉRCIO EXTERIOR

9.2.5 Caso Prático – Apuração do Imposto de Exportação

Suponha que uma empresa exporte um lote de couro bovino com preço normal de mercado avaliado em US$ 100.000,00. Sabe-se que:

- A alíquota do IE: 9%. Desconsidere a incidência de outros tributos;
- Comissão Contratada: 10% sobre o valor da venda, a ser paga no recebimento da venda;
- Data da entrega da mercadoria no Porto e emissão da Nota Fiscal: 10/01/2025 – Taxa cambial: R$ 5,50 (compra) e R$ 5,60 (venda);
- Data do registro de exportação no SISCOMEX: 22/01/2025 – Taxa cambial dia anterior: R$ 5,55 (compra) e R$ 5,65 (venda);
- Data do embarque da mercadoria e emissão de NF Complementar: 22/01/2025 – Taxa cambial na data do embarque: R$ 5,55 para compra e R$ 5,65 para venda;
- Data do fechamento do Balancete: 31/01/2025 – Taxa cambial: R$ 5,57 (compra) e R$ 5,69 (venda);
- Data do recebimento: 15/02/2025 – Taxa cambial: R$ 5,70 (compra) e R$ 5,75 (venda).

Apuração do Imposto de Exportação (IE)

Para apuração deverá ser averiguado o valor da exportação em reais na data da declaração no SISCOMEX. Deve ser utilizada a taxa de câmbio de compra relativa ao dia útil imediatamente anterior ao do registro da DU-E.

US$ 100.000,00 X R$ 5,55 = R$ 555.000,00

Imposto de Exportação devido:

R$ 555.000,00 X 9% = **R$ 49.950,00**

9.2.6 Contabilização – Apuração Imposto de Exportação

Pelo Reconhecimento do Imposto de Exportação a pagar

D – Imposto de Exportação (Resultado) –R$ 49.950,00

C – Imposto de Exportação a recolher (Passivo Circulante) – R$ 49.950,00

Contabilização na data de entrega e emissão da nota fiscal (10/01/25)

Deve ser efetuada a conversão em moeda nacional pela taxa cambial, para compra, vigente na data do embarque da mercadoria: (R$ 100.000,00 x R$ 5,50).

D – Contas a receber (Ativo Circulante) – R$ 550.000,00

C – Receita de Exportação (Resultado) – R$ 550.000,00

Contabilização do registro da comissão sobre a venda (R$ 100.000,00 x R$ 5,60 X 10%)

D – Comissões sobre Vendas (Resultado) –R$ 56.000,00

C – Comissões a pagar (Passivo Circulante) – R$ 56.000,00

Reconhecimento complementar na data do embarque da mercadoria

(US$ 100.000,00 X 5,55 = R$ 555.000,00 – R$ 550.000,00 = R$ 5.000,00):

D – Contas a receber (Ativo Circulante) – R$ 5.000,00

C – Receita de Exportação (Resultado) – R$ 5.000,00

Reconhecimento complementar do valor da Comissão
[(US$ 100.000,00 X 5.65) x 10%] – R$ 56.000,00 = R$ 500,00

D – Comissões sobre vendas (Resultado) –R$ 500,00
C – Comissões a pagar (Passivo Circulante) – R$ 500,00

Reconhecimento da variação cambial na data do balanço

Para atualização de direitos de crédito expressos em moeda estrangeira, devem ser utilizadas as taxas para compra; para atualização de obrigações expressas em moeda estrangeira, devem ser utilizadas as taxas para venda.

US$ 100.000,00 x R$ 5,57 = R$ 557.000,00 – R$ 555.000,00 = R$ 2.000,00

D – Contas a receber (Ativo Circulante) –R$ 2.000,00
C – Variações Cambiais Ativas (Resultado) – R$ 2.000,00

Reconhecimento da variação cambial da comissão na data do balanço/balancete
[(US$ 100.000,00 X R$ 5,69) x 10%] – R$ 56.500,00 = R$ 400,00

D – Variações cambiais Passivas (Resultado) – R$ 400,00
C – Comissões a pagar (Passivo Circulante) –R$ 400,00

Reconhecimento da variação cambial até o recebimento do crédito
US$ 100.000,00 x R$ 5,70 = R$ 570.000,00 – R$ 557.000,00 = R$ 13.000,00

D – Clientes no exterior (Ativo Circulante) – R$ 13.000,00

C – Variações cambiais ativas (Resultado) – R$ 13.000,00

Reconhecimento da variação cambial até o pagamento das comissões

[(US$ 100.000,00 x R$ 5,75) x 10%] – R$ 56.900,00 = R$ 600,00

D – Variações monetárias passivas (Resultado) – R$ 600,00

C – Comissões a pagar (Passivo Circulante) – R$ 600,00

Reconhecimento do recebimento do crédito e pagamento da comissão

D – Banco conta movimento (Ativo Circulante) – R$ 512.500,00

D – Comissões a pagar (Passivo Circulante) – R$ 57.500,00

C – Clientes no exterior (Ativo Circulante) – R$ 570.000,00

9.3 IPI Aplicado ao Comércio Exterior

O IPI incide sobre produtos industrializados, incluindo os importados, conforme previsto no art. 153, IV da CF/88 e no Decreto nº 7.212/2010. A legislação estabelece isenção da incidência do IPI dos produtos industrializados destinados ao exterior.

O fato gerador é o **desembaraço aduaneiro** de produtos industrializados. A base de cálculo é o valor aduaneiro somado ao Imposto de II e a outros encargos. A alíquota dependerá do produto, devendo ser verificado o produto na Tabela de Incidência do IPI (TIPI).

Base de cálculo = (Valor aduaneiro + II) * (Alíquota)

Capítulo 9 – TRIBUTAÇÃO SOBRE O COMÉRCIO EXTERIOR

9.4 ICMS Aplicado ao Comércio Exterior

O ICMS é um tributo estadual e incide sobre a entrada de bens importados no território nacional, conforme previsto no artigo 155, inciso II, da Constituição Federal e regulamentado pela Lei Complementar nº 87/1996. As exportações de produtos industrializados são imunes ao ICMS.

O fato gerador é a **entrada do bem importado no estabelecimento do adquirente**. A base de cálculo é o valor aduaneiro acrescido do II, do IPI, das taxas aduaneiras e de outros encargos. A alíquota será definida por cada Estado, geralmente entre 12% e 18%.

Base de Cálculo = (Valor aduaneiro + II + IPI + PIS + CO-FINS + taxa SISCOMEX + despesas ocorridas até o momento do desembaraço aduaneiro) ÷ (1 – alíquota devida do ICMS)

9.5 PIS e COFINS Aplicados ao Comércio Exterior

Regulamentadas pela Lei nº 10.865/2004, essas contribuições sociais incidem sobre a **importação de bens e serviços**. Há isenção de PIS e COFINS sobre as receitas oriundas da exportação de mercadorias.

O fato gerador é a **entrada de bens estrangeiros no território nacional** ou pagamento de serviços prestados por não residentes. A base de cálculo será o valor aduaneiro para bens e valor pago ao prestador para serviços. A alíquota do PIS-Importação é de 2,1% e a da COFINS-Importação é de 9,65%.

9.6 Taxa de Utilização do SISCOMEX

A Taxa de utilização do SISCOMEX foi instituída pela Lei nº 9.716/1998, sendo regulamentada pelo art. 306 do Decreto nº 6.759/2009 e tem como objetivo custear a manutenção desse sistema informatizado de controle aduaneiro.

Essa taxa tem como fato gerador a **utilização do sistema sendo devida independentemente da ocorrência de tributo a recolher**. O momento da ocorrência do fato gerador é o registro da Declaração de Importação. A base de cálculo é o valor fixo estabelecido pela Receita Federal. Os valores encontram-se atualmente previstos na na Portaria MF nº 131, de 14 de abril de 2021, sendo:

- **R$ 115,67** por Declaração de Importação (DI); e
- **R$ 38,56** para cada adição de mercadorias à DI, observados os limites fixados pela RFB.

9.7 Caso Prático – Apuração dos Tributos Incidentes na Importação

Considere que a empresa Comercial XYZ importou um lote de guarda-sóis de jardim NCM 6601.10.00. O valor negociado pelos produtos foi de US$ 20.000,00. A taxa de câmbio na data da ocorrência do fato gerador será de R$ 5,50. A empresa incorreu ainda nos seguintes gastos:

- transporte da mercadoria até o porto e gastos relativos à carga, à descarga e ao manuseio, associados ao transporte da mercadoria importada = R$ 20.000,00;
- seguro da mercadoria = R$ 10.0000,00.

A alíquota da mercadoria prevista na Tarifa Externa Comum, na data da ocorrência do fato gerador, é de 35%.

Capítulo 9 – TRIBUTAÇÃO SOBRE O COMÉRCIO EXTERIOR

Na operação, incidiram ainda o ICMS (18%), o IPI (3,25%), o PIS-Importação (2,1%), a COFINS-Importação (9,65%) e a Taxa De Utilização do SISCOMEX. A empresa apura PIS e CO-FINS pelo regime não cumulativo e, na revenda dos produtos, haverá incidência de ICMS, PIS e COFINS. Com base nessas informações, apuraremos os tributos devidos e realizaremos os respectivos lançamentos contábeis.

Determinação da Base de Cálculo
A base de cálculo do Imposto de Importação é composta por:
- Valor Aduaneiro = (Valor da Mercadoria + Frete + Seguro)
- Cálculo do Valor Aduaneiro

Valor da mercadoria: US$ 20.000,00
Taxa de câmbio: R$ 5,50

Valor em reais: 20.000,00 x R$ 5,50 =	R$ 110.000,00
(+) Frete e despesas portuárias:	R$ 20.000,00
(+) Seguro da mercadoria:	R$ 10.000,00
(=) Valor Aduaneiro:	**R$ 140.000,00**

Apuração do Imposto de Importação (II)
- Alíquota do II: 35%.

Imposto de Importação devido
(R$ 140.000,00 x 35%) = **R$ 49.000,00**

Apuração do IPI
- Alíquota do IPI: 3,25%, conforme TIPI vigente em 02/03/2025.
- Base de cálculo

Valor Aduaneiro	R$ 140.000,00
(+) Imposto de Importação	R$ 49.000,00
= Base de cálculo	**R$ 189.000,00**

544

CONTABILIDADE TRIBUTÁRIA

- **IPI devido:** R$ 189.000,00 x 3,25% = **R$ 6.142,50**

Apuração do PIS-Importação e COFINS-Importação
PIS-Importação
- Alíquota do PIS-Importação: 2,1%.
- Base de cálculo: Valor Aduaneiro.
- PIS-Importação devido: R$ 140.000,00 x 2,1% = **R$ 2.940,00**

COFINS-Importação
- Alíquota da COFINS-Importação: 9,65%.
- Base de cálculo: Valor Aduaneiro.
- COFINS-Importação devido:
R$ 140.000,00 x 9,65% = **R$ 13.510,00**

Apuração do ICMS
Base de Cálculo do ICMS-Importação incide sobre a soma de:

Valor Aduaneiro	R$ 140.000,00
(+) Imposto de Importação	R$ 49.000,00
(+) IPI	R$ 6.142,50
(+) PIS-Importação	R$ 2.940,00
(+) COFINS-Importação	R$ 13.510,00
(+) Taxa SISCOMEX	R$ 115,67
(=) Valor de Partida	R$ 211.708,17
(+) O próprio ICMS (cálculo por dentro)	**R$ 258.180,69**
	[R$ 211.777,5 / (1 − 0.18)]

Cálculo do ICMS: 258.180,69 X 18% = **R$ 46.472,52**

Tabela 9.1 – Resumo dos tributos incidentes sobre a importação apurados

Tributo	Base de Cálculo (R$)	Alíquota	Valor (R$)
II	140.000,00	35%	**49.000,00**

IPI	189.000,00	3,25%	**6.142,50**
PIS	140.000,00	2,1%	**2.940,00**
COFINS	140.000,00	9,65%	**13.510,00**
ICMS	258.180,69	18%	**46.472,52**
SISCOMEX	Não se aplica	Fixa	**115,67**
Total			**118.180,69**

Fonte: Elaborada pelo autor, 2025.

9.8 Reconhecimento Contábil – Tributos Incidentes na Importação

Conforme estabelecido pela NBC TG 16 (R2) – ESTO-QUES, o custo de aquisição dos estoques compreende o preço de compra, os impostos de importação e outros tributos (exceto os recuperáveis perante o fisco), bem como os custos de transporte, seguro, manuseio e outros diretamente atribuíveis à aquisição de produtos acabados, materiais e serviços. Descontos comerciais, abatimentos e outros itens semelhantes devem ser deduzidos na determinação do custo de aquisição. Assim, no exemplo que estamos desenvolvendo, temos:

Preço de compra	R$ 110.000,00
(+) impostos de importação	R$ 49.000,00
(+) Taxa SISCOMEX	R$ 115,67
(+) IPI	R$ 6.142,50
(+) Frete e despesas portuárias:	R$ 20.000,00
(+) Seguro da mercadoria:	R$ 10.000,00
(=) Custo de Aquisição	**R$ 195.258,17**

Por ocasião da compra

D – Estoque (Ativo Circulante) R$ 195.258,17

C – II recolher (Passivo Circulante) R$ 49.000,00

C – IPI a recolher (Passivo Circulante) R$ 6.142,50

C – SISCOMEX a recolher (Passivo Circulante) R$ 115,67

C – Fornecedores (Passivo Circulante) R$ 140.000,00

Pela compensação dos tributos a recuperar

D – PIS – importação a recuperar (Ativo Circulante) R$ 2.940,00

C – PIS – importação a recolher (Passivo Circulante) R$ 2.940,00

D – COFINS – importação a recuperar (Ativo Circulante) R$ 13.510,00

C – COFINS – importação a recolher (Passivo Circulante) R$ 13.510,00

D – ICMS – importação a recuperar (Ativo Circulante) R$ 46.472,52

C – ICMS – importação a recolher (Passivo Circulante) R$ 46.472,52

Pelo Pagamento dos tributos devidos

D – II recolher (Passivo Circulante) R$ 49.000,00

D – IPI a recolher (Passivo Circulante) R$ 6.142,50

D – SISCOMEX a recolher (Passivo Circulante) R$ 115,67

D – PIS – importação a recolher (Passivo Circulante) R$ 2.940,00

D – COFINS – importação a recolher (Passivo Circulante) R$ 13.510,00

D – ICMS – importação a recolher (Passivo Circulante) R$ 46.472,52

C – Bancos (Ativo Circulante) R$ 118.180,69

9.9 Exercícios de Fixação

1) Qual das alternativas abaixo corresponde a um dos principais objetivos da tributação sobre o comércio exterior no Brasil?

A) Apenas arrecadar receita para o governo.

B) Incentivar exclusivamente a exportação de bens primários.

Capítulo 9 – TRIBUTAÇÃO SOBRE O COMÉRCIO EXTERIOR

C) Regular a entrada e saída de mercadorias e proteger a indústria nacional.

D) Eliminar completamente a concorrência de produtos estrangeiros no Brasil.

2) Sobre o Imposto de Importação (II), assinale a alternativa correta.

A) O fato gerador ocorre no momento do embarque da mercadoria no país de origem.

B) A alíquota do II é fixa e não varia entre os produtos.

C) A base de cálculo do II considera o valor aduaneiro da mercadoria, incluindo custos de transporte e seguro.

D) Apenas pessoas jurídicas podem ser contribuintes do II.

3) O Imposto sobre Exportação (IE) incide sobre a saída de bens do território nacional. Seu fato gerador ocorre no momento:

A) Do registro da Declaração de Exportação no SISCOMEX.

B) Em que a mercadoria é transportada para o porto de embarque.

C) Do pagamento do valor da mercadoria pelo importador estrangeiro.

D) Da emissão da nota fiscal pelo exportador.

4) No cálculo do Imposto de Importação, o valor aduaneiro segue qual método principal?

A) FOB – *Free on Board*.

B) CIF – *Cost, Insurance and Freight*.

C) EXW – *Ex Works*.

D) DDP – *Delivered Duty Paid*.

5) A empresa Comercial XYZ importou um lote de produtos com valor de negociação de US$ 30.000,00. A taxa de câmbio na data da ocorrência do fato gerador era de R$ 5,00. A empresa também arcou com R$ 20.000,00 de transporte e gastos logísticos e R$ 10.000,00 de seguro da mercadoria. A alíquota do Imposto de Importação (II), conforme a Tarifa Externa Comum (TEC), era de 20%. Com base nessas informações, qual é o valor do Imposto de Importação devido?
A) R$ 28.000,00
B) R$ 30.000,00
C) R$ 36.000,00
D) R$ 38.000,00

6) No caso de um importador que adquiriu mercadoria estrangeira e esta foi transportada por uma empresa de logística internacional, quem é o sujeito passivo do Imposto de Importação?
A) Apenas o importador da mercadoria.
B) Apenas a empresa de logística responsável pelo transporte.
C) O importador e, em alguns casos, o transportador ou depositário.
D) Nenhuma das alternativas está correta.

7) Qual das alternativas abaixo representa uma hipótese de isenção do Imposto de Importação?
A) Importação realizada por entidades beneficentes.
B) Importação por uma empresa comercializadora de produtos industrializados.
C) Importação de bens para revenda no mercado nacional.
D) Importação de veículos de passeio por pessoas físicas.

Capítulo 9 – TRIBUTAÇÃO SOBRE O COMÉRCIO EXTERIOR

8) Como são definidas as alíquotas do Imposto de Importação no Brasil?
A) Pela Receita Federal, conforme a arrecadação anual.
B) Pela Tarifa Externa Comum (TEC) do Mercosul, podendo ser alterada pela CAMEX.
C) De acordo com decisão do Congresso Nacional, por meio de lei complementar.
D) Baseadas exclusivamente na política cambial do Banco Central.

9) Em relação ao Imposto sobre Exportação (IE), assinale a alternativa correta.
A) Sua alíquota é fixa e única para todos os produtos exportados.
B) O IE admite compensação com outros tributos federais.
C) Ele pode ser um instrumento para regular a competitividade dos produtos brasileiros no mercado externo.
D) O imposto incide sobre serviços prestados a clientes no exterior.

10) Suponha que uma empresa exporte um lote de couro bovino com um valor normal de mercado de US$ 100.000,00. A alíquota do IE é de 9%. Se a taxa de câmbio de compra aplicável for de R$ 5,55, qual será o valor do imposto devido?
A) R$ 49.500,00.
B) R$ 49.950,00.
C) R$ 50.000,00.
D) R$ 55.500,00.

Respostas:

1 – C	3 – A	5 – C	7 – A	9 – C
2 – C	4 – B	6 – C	8 – B	10 – B

Capítulo 10 – TRIBUTAÇÃO SOBRE AS OPERAÇÕES FINANCEIRAS E PATRIMÔNIO

A arte de governar geralmente consiste em espo-
liar a maior quantidade possível de dinheiro de
uma classe de cidadãos para transferir a outra.

Voltaire (François Marie Arouet) (1694-1778)

As operações financeiras, bem como a posse ou transferência de bens patrimoniais, estão sujeitas à incidência de diversos tributos no Brasil. Esses tributos têm como finalidade a arrecadação para os cofres públicos e também podem ser utilizados como instrumentos de regulação econômica. Neste capítulo, abordaremos os principais tributos incidentes sobre operações financeiras e sobre o patrimônio, sendo eles:

- O Imposto sobre Operações Financeiras (IOF);
- O Imposto Predial e Territorial Urbano (IPTU);
- O Imposto sobre a Propriedade Territorial Rural (ITR);
- O Imposto sobre a Propriedade de Veículos Automotores (IPVA);
- O Imposto sobre Transmissão *Causa Mortis* e Doação (ITCMD); e

- O Imposto sobre Transmissão de Bens Imóveis (ITBI).

Com a recente reforma tributária, algumas mudanças podem impactar esses tributos. O IOF pode sofrer alterações para se alinhar à nova estrutura tributária, possivelmente sendo substituído por mecanismos mais simplificados. O IPTU e o ITBI poderão passar por revisões quanto às bases de cálculo e critérios de avaliação dos imóveis. O IPVA poderá ser ampliado para incluir outros tipos de veículos, como embarcações e aeronaves. O ITR pode ter ajustes em suas alíquotas para incentivar o uso eficiente da terra. Já o ITCMD pode sofrer revisões em suas alíquotas para tornar a tributação sobre heranças mais equitativa.

Cada um desses tributos será explorado nos próximos tópicos, detalhando seus contribuintes, bases de cálculo, alíquotas, legislações aplicáveis e outros aspectos importantes para análise de seus impactos nas entidades.

10.1 Imposto sobre Operações Financeiras (IOF)

A Constituição Federal confere competência à União para instituir o imposto sobre operações de crédito, câmbio e seguro, ou relativas a títulos ou valores mobiliários. Criado com a finalidade de **regular o mercado financeiro**, ele também representa uma importante fonte de arrecadação para o governo. A legislação que rege o IOF está prevista na Lei nº 5.143/1966, sendo regulamentado pelo Decreto nº 6.306/2007.

10.1.1 Fato Gerador

O fato gerador do IOF ocorre sempre que há a realização de determinadas operações financeiras, incluindo:

Capítulo 10 – TRIBUTAÇÃO SOBRE AS OPERAÇÕES FINANCEIRAS E PATRIMÔNIO **553**

- Operações de crédito (empréstimos, financiamentos, cheque especial, entre outros) realizadas por:
  - por instituições financeiras;

  - por empresas que exercem as atividades de prestação cumulativa e contínua de serviços de assessoria creditícia, mercadológica, gestão de crédito, seleção de riscos, administração de contas a pagar e a receber, compra de direitos creditórios resultantes de vendas mercantis a prazo ou de prestação de serviços (*factoring*);

  - entre pessoas jurídicas ou entre pessoa jurídica e pessoa física.

- Operações de Câmbio (compra e venda de moeda estrangeira);
- Operações de Seguros (contratação de seguros diversos);
- Operações de títulos e valores mobiliários (investimentos em renda fixa e outros ativos financeiros);
- Operações com ouro, ativo financeiro, ou instrumento cambial.

10.1.2 Momento da Incidência

O IOF é cobrado quando a operação financeira ocorre. O período exato de incidência varia conforme o tipo de transação:

- Na data da efetiva entrega do valor, total ou parcial, que constitua o objeto da obrigação ou sua colocação à disposição do interessado;

- No momento da liberação de cada uma das parcelas, nas hipóteses de crédito sujeito, contratualmente, a liberação parcelada;
- Na data do adiantamento a depositante, assim considerado o saldo a descoberto em conta de depósito;
- Na data do registro efetuado em conta devedora por crédito liquidado no exterior;
- Na data em que se verificar excesso de limite, assim entendido o saldo a descoberto ocorrido em operação de empréstimo ou financiamento, inclusive sob a forma de abertura de crédito;
- Na data da novação, composição, consolidação, confissão de dívida e dos negócios assemelhados;
- Na data do lançamento contábil, em relação às operações e às transferências internas que não tenham classificação específica, mas que, pela sua natureza, se enquadrem como operações de crédito.

10.1.3 Contribuintes

O contribuinte do IOF é, em regra:

- A pessoa física ou jurídica que realiza a operação financeira;
- A pessoa física ou jurídica alienante e no caso de alienação de direitos creditórios resultantes de vendas a prazo a empresas de *factoring*.

Entretanto, a **responsabilidade** pelo recolhimento do imposto é das **instituições financeiras** e das entidades envolvidas nas operações, como bancos, corretoras e seguradoras.

Capítulo 10 – TRIBUTAÇÃO SOBRE AS OPERAÇÕES FINANCEIRAS E PATRIMÔNIO **555**

10.1.4 Alíquotas e Base de Cálculo

As alíquotas do IOF **variam conforme a natureza da operação** realizada. Possui uma **alíquota máxima de 1,5% ao dia** sobre o valor das operações de crédito, conforme disposto no art. 6º do Decreto nº 6.306/2007. Entretanto, essa alíquota pode ser reduzida por ato do Poder Executivo, de acordo com o tipo de operação e o perfil do tomador do crédito.

> **Atenção!**
>
> Adicionalmente, nas operações de crédito, há uma alíquota extra de 0,38%, que é cobrada independentemente do prazo da operação e do tipo de mutuário (pessoa física ou jurídica).

A base de cálculo do IOF varia conforme o tipo de operação:

- **Operação de empréstimo**
    - Quando o valor do crédito não está definido e pode ser reutilizado, a base de cálculo é o somatório dos saldos devedores diários, apurados no último dia de cada mês:

        Pessoa jurídica: 0,0041%

        Pessoa física: 0,0082%

    - Quando o valor do crédito é definido, a base de cálculo é o principal entregue ao mutuário:

        Pessoa jurídica: 0,0041% ao dia

        Pessoa física: 0,0082% ao dia

- **Operação de desconto, inclusive *factoring***: a base de cálculo é o valor líquido obtido com a operação:
    - Pessoa jurídica: 0,0041% ao dia
    - Pessoa física: 0,0082% ao dia

- **Adiantamento a depositante:** a base de cálculo é o somatório dos saldos devedores diários no último dia do mês:
    - Pessoa jurídica: 0,0041%
    - Pessoa física: 0,0082%
- **Excessos de limite**
    - Se o valor do crédito não estiver definido, a base de cálculo é o somatório mensal dos saldos devedores:

        Pessoa jurídica: 0,0041%

        Pessoa física: 0,0082%

    - Se houver um valor definido, a base de cálculo será o excesso apurado diariamente:
    - Pessoa jurídica: 0,0041% ao dia
    - Pessoa física: 0,0082% ao dia
- **Operações para empresas do Simples Nacional (até R$ 30.000,00)**
    - Alíquotas reduzidas: 0,00137% ou 0,00137% ao dia, conforme o caso.
- **Financiamento para imóveis não residenciais para pessoas físicas:**
    - Alíquota de 0,0082% ao dia.

10.1.5 Imunidades

A Constituição prevê imunidades tributárias que também se aplicam ao IOF. De acordo com o artigo 150, inciso VI, alínea "c", são imunes ao IOF:

Capítulo 10 – TRIBUTAÇÃO SOBRE AS OPERAÇÕES FINANCEIRAS E PATRIMÔNIO **557**

- **Partidos Políticos e suas Fundações**: a imunidade visa garantir o regime democrático e o livre exercício dos direitos políticos, protegendo a difusão da ideologia partidária e promovendo o exercício da cidadania.
- **Entidades Sindicais dos Trabalhadores**: a imunidade assegura o pleno exercício da liberdade de associação sindical e dos direitos individuais e coletivos dos trabalhadores.
- **Instituições de Educação e de Assistência Social sem Fins Lucrativos**: a imunidade protege os direitos à educação, à saúde, ao livre desenvolvimento da personalidade e à assistência social, desde que atendam aos requisitos legais e não distribuam qualquer parcela do seu patrimônio ou renda.

> **Atenção!**
>
> O ouro, quando definido em lei como ativo financeiro ou instrumento cambial, sujeita-se exclusivamente à incidência do IOF.

10.1.6 Isenções

A legislação prevê isenções específicas para determinados casos. As isenções visam incentivar setores estratégicos e alinhar-se a compromissos internacionais do Brasil. A seguir, detalhamos as principais operações de crédito isentas de IOF, conforme o Decreto nº 63.006.

- **Financiamentos Habitacionais e Infraestrutura** – operações de crédito destinadas a fins habitacionais, incluindo projetos de infraestrutura e saneamento básico vinculados a programas habitacionais, são isentas de IOF. O objetivo é facilitar o acesso à moradia e melhorar as condições urbanas.

- **Exportação e Comércio Exterior** – créditos concedidos por meio de conhecimento de depósito e *warrant*, que representem mercadorias destinadas à exportação e armazenadas em entrepostos aduaneiros, também são isentos. Isso reduz custos para exportadores e fortalece a competitividade do setor no mercado internacional.
- **Fundos Constitucionais de Financiamento** – empréstimos concedidos com recursos dos Fundos Constitucionais de Financiamento do Norte (FNO), Nordeste (FNE) e Centro-Oeste (FCO) são isentos de IOF. Esses fundos têm o propósito de fomentar o desenvolvimento econômico e reduzir desigualdades regionais.
- **Crédito à Exportação** – as operações realizadas por meio de cédula e nota de crédito à exportação também estão isentas, garantindo maior viabilidade financeira para as empresas que atuam no comércio exterior.
- **Itaipu Binacional** – a entidade Itaipu Binacional, responsável pela geração de energia hidrelétrica na fronteira entre Brasil e Paraguai, também é beneficiada com a isenção do IOF em operações de crédito.
- **Financiamento para Aquisição de Veículos Específicos** – operações de crédito para a compra de automóveis de passageiros de fabricação na-

Capítulo 10 – TRIBUTAÇÃO SOBRE AS OPERAÇÕES FINANCEIRAS E PATRIMÔNIO **559**

cional, com potência bruta de até 127 HP (SAE), são isentas de IOF. Essa isenção visa estimular a indústria automotiva nacional e facilitar o acesso a veículos.

- **Missões Diplomáticas e Representações Consulares** – créditos concedidos a missões diplomáticas e repartições consulares de carreira estão isentos do IOF, em conformidade com tratados internacionais assinados pelo Brasil, como a Convenção de Viena sobre Relações Consulares.
- **Funcionários de Missões Diplomáticas** – os funcionários estrangeiros de missões diplomáticas e representações consulares também são beneficiados com isenção do IOF, desde que não possuam residência permanente no Brasil.
- **Organismos Internacionais** – organismos internacionais e regionais dos quais o Brasil seja membro também usufruem da isenção do IOF, desde que estabelecido nos respectivos acordos internacionais, contudo cabe destacar que:

  – Consulados e cônsules honorários não são abrangidos pela isenção de IOF.

  – Funcionários estrangeiros que possuam residência permanente no Brasil não se beneficiam da isenção.

  – Familiares de funcionários de missões diplomáticas podem usufruir da isenção, desde que mantenham relação de dependência econômica e não possuam residência permanente no Brasil.

10.1.7 Cálculo

O cálculo do IOF ocorre de acordo com a seguinte fórmula:

IOF = (Valor da Operação x Alíquota Diária x Número de Dias)
IOF Adicional = (Valor da Operação x Alíquota)

Na prática!

Uma empresa contrai um empréstimo de R$ 100.000,00 junto a uma instituição financeira, com prazo de 30 dias. A alíquota diária do IOF para pessoa jurídica é de 0,0041%. Na operação incide ainda alíquota adicional de 0,38% sobre o valor do principal.
Cálculo do IOF diário
IOF diário = 100.000,00 X 0,0041% X 30 = R$ 123,00
Cálculo do IOF adicional (0,38%)
IOF adicional = 100.000,00 X 0,38% = R$ 380,00
IOF Total a pagar
IOF total = IOF diário + IOF adicional
R$ 123,00 + R$ 380,00 = **R$ 503,00**

10.1.8 Reconhecimento Contábil

Do ponto de vista contábil, o IOF deve ser devidamente registrado conforme sua natureza. Para empresas, é considerado uma **despesa financeira**, reduzindo o lucro contábil e tributável.

D – IOF (Resultado)	R$ 380,00
C – Bancos (Ativo Circulante)	R$ 380,00

10.2 Imposto sobre a Propriedade Predial e Territorial Urbana (IPTU)

O Imposto sobre a Propriedade Predial e Territorial Urbana é um tributo de competência dos municípios, conforme disposto

Capítulo 10 – TRIBUTAÇÃO SOBRE AS OPERAÇÕES FINANCEIRAS E PATRIMÔNIO **561**

no artigo 156, inciso I, da Constituição Federal. Sua regulamentação geral está prevista no Código Tributário Nacional (CTN), nos artigos 32 a 34, e na Lei nº 10.257/2001 (Estatuto da Cidade). A Constituição estabelece que o IPTU poderá:

- Ser progressivo em razão do valor do imóvel;
- Ter alíquotas diferentes de acordo com a localização e o uso do imóvel; e
- Ter sua base de cálculo atualizada pelo Poder Executivo, conforme critérios estabelecidos em lei municipal, cabendo destacar que essa atualização é uma exceção ao princípio da noventena.

10.2.1 Fato Gerador

O fato gerador do IPTU ocorre anualmente, em 1º de janeiro de cada exercício, e consiste na **propriedade, no domínio útil ou na posse de um imóvel localizado na zona urbana do município**.

Na definição do fato gerador, encontramos institutos jurídicos típicos do Direito Civil, os quais, para um melhor entendimento, definimos de forma resumida a seguir:

- **Propriedade**: é o direito pleno sobre o imóvel, garantindo ao titular o uso, gozo e disposição do bem.
- **Domínio útil**: ocorre quando alguém tem um direito real sobre o imóvel, mas não a propriedade plena, como em casos de enfiteuse ou aforamento.
  - A **enfiteuse** é um instituto jurídico pelo qual o proprietário de um imóvel (senhorio direto) concede a outra pessoa (enfiteuta) o direito de uso e gozo do imóvel, mediante o pagamento de-

nominado foro. O enfiteuta tem o domínio útil do imóvel, podendo utilizá-lo, usufruí-lo e até mesmo transmiti-lo a terceiros, desde que continue pagando o foro ao senhorio direto.

– O **aforamento** é um contrato semelhante à enfiteuse, onde o proprietário de um terreno ou imóvel concede a outra pessoa o direito de ocupação e uso do bem, mediante o pagamento de um foro anual. O aforamento é comum em terrenos públicos, onde o Estado mantém a propriedade do bem, mas permite que particulares o utilizem e usufruam dele, desde que cumpram com suas obrigações contratuais.

- **Posse**: situação em que a pessoa utiliza o imóvel como se fosse o proprietário, ainda que não tenha o título formal.
- **Imóvel por natureza**: terrenos e construções fixas ao solo, como casas e prédios.
- **Imóvel por acessão física**: bens que se tornam parte do imóvel por anexação permanente, como muros e piscinas.

A definição de zona urbana segue critérios estabelecidos pela legislação municipal, contudo o CTN estabelece a necessidade de infraestrutura básica, sendo requisito mínimo a existência de **pelo menos dois melhoramentos** a seguir listados, construídos ou mantidos pelo Poder Público:

- meio-fio ou calçamento, com canalização de águas pluviais;
- abastecimento de água;

Capítulo 10 – TRIBUTAÇÃO SOBRE AS OPERAÇÕES FINANCEIRAS E PATRIMÔNIO **563**

- sistema de esgotos sanitários;
- rede de iluminação pública; e
- escola primária ou estabelecimento de saúde a uma distância máxima de três quilômetros do imóvel considerado.

10.2.2 Base de Cálculo

A base de cálculo do IPTU é o **valor venal do imóvel**, que consiste em uma estimativa do preço de mercado realizada pelo município com base em critérios técnicos e legais a partir de dados como:

- **Área do terreno**: medida em metros quadrados.
- **Área construída**: medida em metros quadrados.
- **Idade da construção**: quanto mais antiga a construção, menor tende a ser o valor venal.
- **Padrão de acabamento**: imóveis com acabamentos de luxo têm valor venal mais alto.
- **Localização**: imóveis em áreas mais valorizadas têm valor venal mais alto.
- **Uso do imóvel**: imóveis comerciais ou industriais podem ter valores venais diferentes dos residenciais.

10.2.3 Contribuintes

São contribuintes do IPTU: **o proprietário do imóvel, o titular do domínio útil e o possuidor do imóvel a qualquer título**. Dessa forma, o contribuinte do IPTU não é apenas o proprietário do imóvel, alcançando também:

- Enfiteuta;
- Usufrutuário;
- Superficiário – pessoa que possui o direito de superfície sobre um imóvel;
- Possuidor com "intenção de dono" – intenção de uma pessoa de agir como proprietária de um bem, exercendo sobre ele todos os direitos inerentes à propriedade, como uso, gozo e disposição;
- Possuidor por usucapião – que consiste em uma forma de aquisição de propriedade de um bem móvel ou imóvel pela posse prolongada e contínua, desde que atendidos certos requisitos legais;
- Promitente-comprador.

> **Atenção!**
>
> É importante destacar que o locatário, embora possa ser considerado um possuidor, não é contribuinte nem responsável tributário do IPTU, pois não possui o *animus domini*, ou seja, a intenção de ser dono do imóvel.
>
> A Lei do Inquilinato (Lei nº 8.245/1991) permite que o contrato de locação estabeleça que o locatário seja responsável pelo pagamento do IPTU, contudo essa cláusula não pode ser utilizada para alterar a responsabilidade tributária perante o fisco, permanecendo a responsabilidade legal pelo pagamento do imposto a cargo do proprietário do imóvel.
>
> O artigo 123 do CTN reforça essa posição ao estabelecer que "salvo disposições de lei em contrário, as convenções particulares, relativas à responsabilidade pelo pagamento de tributos, não podem ser opostas à Fazenda Pública, para modificar a definição legal do sujeito passivo das obrigações tributárias correspondentes".

10.2.4 Alíquotas

As alíquotas do IPTU variam **conforme a legislação municipal**, podendo ser diferentes para imóveis residenciais, comerciais, industriais ou terrenos não edificados. Municípios podem

Capítulo 10 – TRIBUTAÇÃO SOBRE AS OPERAÇÕES FINANCEIRAS E PATRIMÔNIO **565**

adotar alíquotas progressivas para incentivar o uso eficiente do solo urbano.

10.2.5 Período de Apuração

O IPTU é um imposto de **competência anual**, com fato gerador ocorrido no dia 1º de janeiro de cada exercício. O pagamento pode ser realizado em parcela única com desconto ou em prestações, conforme a regulamentação municipal.

10.2.6 Imunidades

A Constituição Federal prevê algumas imunidades ao IPTU, isto é, situações em que o tributo não pode ser cobrado. Entre os imóveis imunes, destacam-se:

- Bens da União, Estados, Municípios e suas Autarquias;
- Imóveis de templos religiosos de qualquer culto;
- Propriedades de partidos políticos e suas fundações;
- Imóveis pertencentes a sindicatos e entidades educacionais e assistenciais sem fins lucrativos.

> **Atenção!**
>
> Com relação aos templos de qualquer culto, cumpre mencionar que se aplica na hipótese de a entidade ser apenas locatária do bem imóvel.

10.2.7 IPTU Progressivo no Tempo

A CF/88 estabelece no art. 182 a política de desenvolvimento urbano que deve ser executada pelo Poder Público municipal, conforme diretrizes gerais fixadas em lei. Nesse sentido, estabeleceu que a propriedade urbana cumpre sua função social quando atende às exigências fundamentais de ordenação da cidade expressas no plano diretor, facultando ao Poder Público municipal, mediante lei específica para área incluída no plano diretor, exigir, nos termos da lei federal, do proprietário do solo urbano não edificado, subutilizado ou não utilizado, que promova seu adequado aproveitamento, sob pena, sucessivamente, de:

- Parcelamento ou edificação compulsórios;
- IPTU progressivo no tempo;
- Desapropriação com pagamento mediante títulos da dívida pública de emissão previamente aprovada pelo Senado Federal, com prazo de resgate de até dez anos, em parcelas anuais, iguais e sucessivas, assegurados o valor real da indenização e os juros legais.

A Lei nº 10.257/2001 (Estatuto da Cidade) que estabelece diretrizes gerais da política urbana, prevê o **IPTU progressivo no tempo como instrumento de política urbana**. O objetivo é combater a especulação imobiliária e estimular o uso adequado do solo urbano.

A Lei Municipal pode determinar a obrigação de parcelar, edificar ou utilizar imóveis urbanos não edificados, subutilizados ou não utilizados. Caso o proprietário não cumpra essa obrigação dentro dos prazos estipulados, o município pode aplicar alíquotas progressivas do IPTU por até cinco anos consecutivos.

O valor da alíquota não pode exceder o dobro do ano anterior, respeitando um teto máximo de 15%. Após cinco anos de cobrança do IPTU progressivo, sem cumprimento das exigências, o município pode desapropriar o imóvel com pagamento em títulos da dívida pública.

Capítulo 10 – TRIBUTAÇÃO SOBRE AS OPERAÇÕES FINANCEIRAS E PATRIMÔNIO 567

10.2.8 Reconhecimento Contábil

O processo de reconhecimento contábil do IPTU envolve várias etapas, desde o reconhecimento da obrigação até a apropriação das despesas. Vamos detalhar esse processo considerando um exemplo para ilustrar o processo:

- Valor total do IPTU: R$ 12.000,00.
- Pagamento mensal: R$ 1.000,00.
- Pagamento em cota única: R$ 11.400,00.

Reconhecimento da Obrigação – quando o IPTU é lançado pelo Município, a empresa deve reconhecer a obrigação de pagamento. Esse reconhecimento é feito da seguinte forma:

D – IPTU a apropriar (Ativo Circulante)	R$ 12.000,00
C – IPTU a pagar (Passivo Circulante)	R$ 12.000,00

Esse lançamento inicial registra o valor total do IPTU como uma obrigação a ser paga ao longo do ano. A conta IPTU a apropriar refere-se a uma despesa antecipada e deve ser reconhecida independentemente do pagamento em cota única, devido ao fato do IPTU ser um tributo apurado com base anual, com fato gerador ocorrido no dia 1º de janeiro de cada exercício, devendo ser realizado o reconhecimento proporcional da despesa. Caso seja realizado o pagamento em cota única, o lançamento contábil será:

D – IPTU a apropriar (Ativo Circulante)	R$ 12.000,00
C – Descontos Obtidos (Conta de resultado)	R$ 600,00
C – Caixa ou Bancos (Ativo Circulante)	R$ 11.400,00

Pagamento da Obrigação

No caso de pagamento parcelado, à medida que os pagamentos do IPTU forem sendo efetuados, a empresa deve registrar a saída de recursos financeiros. O lançamento contábil correspondente ao pagamento é:

D – IPTU a pagar (Passivo Circulante)	R$ 1.000,00
C – Bancos (Ativo Circulante)	R$ 1.000,00

Apropriação Mensal

Atendendo ao princípio da competência, que determina que as despesas devem ser reconhecidas no período em que ocorrem, a empresa deve apropriar mensalmente a despesa com IPTU. O lançamento contábil para a apropriação mensal é:

D – IPTU (Resultado)	R$ 1.000,00
C – IPTU a apropriar (Ativo Circulante)	R$ 1.000,00

10.3 Imposto sobre a Propriedade Territorial Rural (ITR)

O Imposto sobre a Propriedade Territorial Rural (ITR) é um tributo de competência da União, conforme previsto no artigo 153, inciso VI, da Constituição Federal. Sua regulamentação está disposta no Código Tributário Nacional (CTN) e na Lei nº 9.393/1996, que estabelece as normas gerais para sua apuração e cobrança.

O ITR é um imposto de **caráter extrafiscal**, ou seja, além de sua função arrecadatória, busca estimular a produtividade da terra e evitar a especulação fundiária.

Capítulo 10 – TRIBUTAÇÃO SOBRE AS OPERAÇÕES FINANCEIRAS E PATRIMÔNIO

Atenção!

A União é responsável pela instituição, arrecadação e fiscalização do ITR, embora possa delegar a capacidade tributária ativa aos municípios e ao Distrito Federal, desde que não haja redução do imposto ou qualquer outra forma de renúncia fiscal. A delegação da capacidade tributária ativa permite que os municípios e o Distrito Federal realizem a fiscalização e a cobrança do ITR em suas respectivas jurisdições. Essa delegação é regulamentada pela Lei nº 11.250/2005, que estabelece os critérios e condições para que os entes federativos possam exercer essa competência.

10.3.1 Fato Gerador

O fato gerador do ITR ocorre anualmente e está vinculado à propriedade, ao domínio útil ou à posse de imóvel rural. A tributação incide sobre imóveis localizados fora do perímetro urbano definido pelo município, conforme a legislação municipal.

10.3.2 Contribuintes

São contribuintes do ITR:

- O proprietário do imóvel rural;
- O titular do domínio útil;
- O possuidor a qualquer título.

São responsáveis pelo crédito tributário os sucessores, a qualquer título, nos termos dos art. 128 a 133 do CTN.

10.3.3 Base de Cálculo

A base de cálculo do ITR é o **Valor da Terra Nua (VTN)**, que corresponde ao valor de mercado da propriedade, excluindo-se benfeitorias, culturas e instalações.

O cálculo do VTN deve ser declarado anualmente pelo contribuinte na Declaração do Imposto sobre a Propriedade Territorial Rural (DITR) e pode ser fiscalizado pela Receita Federal.

10.3.4 Alíquotas

As alíquotas do ITR **variam conforme o grau de utilização da terra e a área do imóvel**. Quanto menor o aproveitamento produtivo do imóvel, maior será a alíquota aplicada, como forma de incentivar o uso racional da propriedade rural.

A tabela de alíquotas considera:

- O tamanho da propriedade em hectares;
- O Grau de Utilização (GU), que mede o percentual de aproveitamento da área para atividades produtivas – propriedades com maior utilização produtiva tendem a pagar menos imposto.

O grau de utilização do ITR é um fator importante para determinar a alíquota do imposto. Ele é calculado com base na relação percentual entre a área efetivamente utilizada pela atividade rural e a área aproveitável do imóvel rural. A fórmula para calcular o grau de utilização é a seguinte:

$$GU = \frac{\textbf{Área Efetivamente Utilizada} \times 100}{\textbf{Área Aproveitável}}$$

Em que:

- **Área Efetivamente Utilizada** é a área do imóvel que está sendo utilizada para atividades agrícolas, pecuárias, florestais ou outras atividades rurais.

Capítulo 10 – TRIBUTAÇÃO SOBRE AS OPERAÇÕES FINANCEIRAS E PATRIMÔNIO

- **Área Aproveitável** é a área do imóvel que pode ser utilizada para essas atividades, excluindo áreas de preservação permanente, reservas legais, entre outras.

Vamos considerar um exemplo para ilustrar o cálculo do grau de utilização:

- Área Efetivamente Utilizada: 150 hectares.
- Área Aproveitável: 200 hectares.

$$GU = (150/200) \times 100 = 75\%$$

Tabela 10.1 – Alíquotas do ITR

Área total do imóvel (em hectares)	GRAU DE UTILIZAÇÃO - GU (EM %)				
	Maior que 80	Maior que 65 até 80	Maior que 50 até 65	Maior que 30 até 50	Até 30
Até 50	0,03	0,20	0,40	0,70	1,00
Maior que 50 até 200	0,07	0,40	0,80	1,40	2,00
Maior que 200 até 500	0,10	0,60	1,30	2,30	3,30
Maior que 500 até 1.000	0,15	0,85	1,90	3,30	4,70
Maior que 1.000 até 5.000	0,30	1,60	3,40	6,00	8,60
Acima de 5.000	0,45	3,00	6,40	12,00	20,00

Fonte: Lei nº 9.393, de 19 de dezembro de 1996.

10.3.5 Cálculo do ITR

O cálculo do ITR segue a fórmula:

ITR = (VTN X Área Total X Alíquota) – Reduções e Isenções

Em que:

- **VTN**: Valor da Terra Nua declarado pelo contribuinte;
- **Alíquota**: percentual aplicável conforme a área e o Grau de Utilização;
- **Reduções e Isenções**: descontos aplicáveis para áreas de preservação ou imunidades.

Exemplo de cálculo do ITR

Considere os seguintes dados:

- Área Efetivamente Utilizada: 150 hectares.
- Área Aproveitável: 200 hectares.
- Área total do imóvel: 250 hectares.
- Grau de Utilização (GU): 75%.
- Valor da Terra Nua (VTN): R$ 5.000,00 por hectare.
- Alíquota do ITR: a alíquota varia conforme o grau de utilização e o tamanho da propriedade. Nesse caso, sendo a área total do imóvel 250 hectares com um GU de 0,75, a alíquota a ser aplicada, obtida na Tabela 10.1 será de 0.60%.

Fórmula do ITR:

ITR = (VTN X Área Total X Alíquota) – Reduções e Isenções

Procedimento de cálculo do ITR
Calcular o Valor da Terra Nua (VTN) Total:
VTN Total = Área Aproveitável X VTN por hectare
VTN Total = 200 X R$ 5.000 = **R$ 1.000.000**

Aplicar a Alíquota do ITR:
ITR = (VTN X Área Total X Alíquota)
ITR = R$ 1.000.000 X 0,006 = **R$ 6.000**

Capítulo 10 – TRIBUTAÇÃO SOBRE AS OPERAÇÕES FINANCEIRAS E PATRIMÔNIO **573**

10.3.6 Período de Apuração

O ITR é **apurado anualmente**, sendo devido no dia 1º de janeiro de cada exercício. O pagamento pode ser feito em cota única ou parcelado, conforme estabelecido pela Receita Federal.

10.3.7 Imunidades

A Constituição Federal e a legislação infraconstitucional estabelecem algumas hipóteses de imunidade ao ITR, isentando determinados proprietários do pagamento do imposto. São imunes:

- Imóveis rurais de instituições de educação e assistência social sem fins lucrativos;
- Pequenas glebas rurais exploradas pelo proprietário, só ou com sua família, desde que não possua outro imóvel. Pequenas glebas rurais são os imóveis com área igual ou inferior a:

  – 100 ha, se localizado em município compreendido na Amazônia Ocidental ou no Pantanal mato-grossense e sul-mato-grossense;

  – 50 ha, se localizado em município compreendido no Polígono das Secas ou na Amazônia Oriental;

  – 30 ha, se localizado em qualquer outro município.

- Áreas consideradas de preservação permanente ou reserva legal, devidamente averbadas no registro do imóvel.

10.3.8 Isenções

A Lei nº 9.393, de 19 de dezembro de 1996, estabelece as isenções do ITR. Vamos detalhar as principais isenções previstas na legislação:

- **Imóvel Rural em Programa de Reforma Agrária** – os imóveis rurais que fazem parte de programas oficiais de reforma agrária são isentos do ITR, desde que atendam aos seguintes requisitos:

    - **Exploração por associação ou cooperativa de produção**: o imóvel deve ser explorado coletivamente por uma associação ou cooperativa.

    - **Fração ideal por família assentada**: a fração ideal por família não deve ultrapassar os limites estabelecidos para usufruir da imunidade, apresentados no tópico anterior.

    - **Assentado sem outro imóvel**: o assentado não pode possuir outro imóvel.

- **Conjunto de Imóveis Rurais de Pequeno Proprietário** – é isento do ITR, desde que a área total não ultrapasse os limites estabelecidos para usufruir da imunidade, apresentados no tópico anterior, que explore o imóvel sozinho ou com sua família, admitindo ajuda eventual de terceiros e não possua imóvel urbano.

Os imóveis rurais oficialmente reconhecidos como áreas ocupadas por remanescentes de comunidades de quilombos são isentos do ITR, desde que estejam sob a ocupação direta e sejam explorados, individual ou coletivamente, pelos membros dessas comunidades.

Capítulo 10 – TRIBUTAÇÃO SOBRE AS OPERAÇÕES FINANCEIRAS E PATRIMÔNIO **575**

Da mesma forma, os imóveis rurais de comunidades quilombolas são dispensados da constituição de créditos da Fazenda Nacional, inscrição na Dívida Ativa da União e ajuizamento de execução fiscal. Além disso, são cancelados o lançamento e a inscrição relativos ao ITR a partir da data do registro do título de domínio previsto no art. 68 do Ato das Disposições Constitucionais Transitórias.

> **Atenção!**
>
> **Anistia de Multas**: não serão aplicadas penalidades para fatos geradores ocorridos até 13/11/2014, data de publicação da lei 13.043 decorrente da conversão da Medida Provisória nº 651, de 9 de julho de 2014. Os valores decorrentes de multas lançadas pela apresentação da declaração do ITR fora do prazo também são anistiados.

10.3.9 Documento de Informação e Atualização Cadastral do ITR

O Documento de Informação e Atualização Cadastral do ITR (DIAC) é um instrumento pelo qual o contribuinte ou seu sucessor comunica ao órgão local da Secretaria da Receita Federal as informações cadastrais de cada imóvel rural, bem como qualquer alteração ocorrida. A entrega do DIAC deve seguir as normas estabelecidas pela SRF.

O contribuinte deve comunicar, no prazo de sessenta dias, as seguintes alterações:

- **Desmembramento**: separação de uma parte do imóvel.
- **Anexação**: união de dois ou mais imóveis.
- **Transmissão**: transferência da propriedade ou dos direitos a ela inerentes, a qualquer título.
- **Sucessão *causa mortis***: transferência de propriedade por falecimento.

- **Cessão de direitos**: transferência de direitos sobre o imóvel.
- **Constituição de reservas ou usufruto**: criação de direitos de uso ou usufruto sobre o imóvel.

Essas informações cadastrais integrarão o Cadastro de Imóveis Rurais (CAFIR), administrado pela SRF, que pode solicitar atualizações a qualquer momento. O contribuinte pode indicar um endereço diferente para fins de intimação, que valerá até nova alteração.

A apresentação espontânea do DIAC fora do prazo estabelecido pela SRF sujeita o contribuinte a uma multa de 1% ao mês ou fração sobre o imposto devido, não inferior a R$ 50,00, além de multa e juros de mora pela falta ou insuficiência de recolhimento do imposto ou quota.

O contribuinte do ITR deve entregar anualmente o Documento de Informação e Apuração do ITR (DIAT) para cada imóvel, conforme datas e condições fixadas pela SRF. No DIAT, o contribuinte deve declarar o Valor da Terra Nua (VTN), que reflete o preço de mercado das terras em 1º de janeiro do ano de referência, sendo considerado uma autoavaliação.

O contribuinte cujo imóvel se enquadre nas hipóteses de imunidade ou isenção está dispensado da apresentação do DIAT. A entrega do DIAT fora do prazo sujeita o contribuinte à multa de 1% ao mês ou fração sobre o imposto devido, não inferior a R$ 50,00, além de multa e juros de mora pela falta ou insuficiência de recolhimento do imposto ou quota.

10.3.10 Reconhecimento Contábil

Para empresas que possuem imóveis rurais, o ITR deve ser registrado na contabilidade como uma despesa tributária. O re-

Capítulo 10 – TRIBUTAÇÃO SOBRE AS OPERAÇÕES FINANCEIRAS E PATRIMÔNIO **577**

conhecimento contábil segue o regime de competência, devendo ser registrado da seguinte forma:

Reconhecimento da Obrigação – quando o ITR é lançado, deve ser reconhecida a obrigação de pagamento. Esse reconhecimento é feito da seguinte forma:

D – ITR a apropriar (Ativo Circulante)	R$ 3.000,00
C – ITR a pagar (Passivo Circulante)	R$ 3.000,00

Pagamento da Obrigação

D – ITR a pagar (Passivo Circulante)	R$ 3.000,00
C – Bancos (Ativo Circulante)	R$ 3.000,00

Apropriação Mensal

Atendendo ao princípio da competência, que determina que as despesas devem ser reconhecidas no período em que ocorrem, a empresa deve apropriar mensalmente a despesa com ITR. O lançamento contábil para a apropriação mensal é:

D – ITR (Resultado)	R$ 250,00
C – ITR a apropriar (Ativo Circulante)	R$ 250,00

10.4 Imposto sobre a Propriedade de Veículos Automotores (IPVA)

O Imposto sobre a Propriedade de Veículos Automotores é um tributo de competência estadual, instituído para incidir sobre a propriedade de veículos automotores terrestres. Sua arrecadação é destinada aos estados e ao Distrito Federal, sendo repassado 50% ao município onde ocorreu o emplacamento.

A reforma tributária em curso no Brasil trouxe impactos significativos ao IPVA, ampliando sua incidência para **veículos aquáticos e aéreos de uso privado**. Essa ampliação tem como objetivo aumentar a arrecadação e corrigir distorções no sistema tributário nacional.

10.4.1 Fato Gerador

O fato gerador do IPVA ocorre **anualmente, com a posse ou propriedade de um veículo automotor** em 1º de janeiro de cada exercício. A transferência de titularidade ou o registro de novos veículos também podem configurar um fato gerador.

A reforma tributária estabeleceu por meio da Emenda Constitucional nº 132 que o IPVA incidirá sobre a propriedade de veículos automotores terrestres, aquáticos e aéreos, excetuados:

- Aeronaves agrícolas e de operador certificado para prestar serviços aéreos a terceiros;
- Embarcações de pessoa jurídica que detenha outorga para prestar serviços de transporte aquaviário ou de pessoa física ou jurídica que pratique pesca industrial, artesanal, científica ou de subsistência;
- Plataformas suscetíveis de se locomoverem na água por meios próprios, inclusive aquelas cuja finalidade principal seja a exploração de atividades econômicas em águas territoriais e na zona econômica exclusiva, e embarcações que tenham essa mesma finalidade principal;
- Tratores e máquinas agrícolas.

10.4.2 Contribuintes

Os contribuintes do IPVA são as pessoas físicas ou **jurídicas proprietárias de veículos automotores**. Caso o veículo esteja sujeito a contrato de *leasing*, a responsabilidade pelo pagamento pode recair sobre o arrendatário, conforme previsto na legislação estadual.

10.4.3 Base de Cálculo

A base de cálculo do IPVA é o **valor venal do veículo**, definido pelos estados com base em tabelas de mercado, como a Tabela FIPE. O valor pode ser atualizado anualmente para refletir as oscilações do mercado automotivo, lembrando que essa situação é uma das exceções ao princípio da noventena.

10.4.4 Alíquotas

As alíquotas do IPVA são **definidas por cada estado e variam conforme a categoria do veículo, o tipo de combustível** utilizado e outros fatores.

A Constituição estabelece que as alíquotas mínimas serão fixadas pelo Senado Federal. Resolução do Senado Federal nº 15, de 8 de julho de 2022, estabelece alíquota mínima de 0% (zero por cento) para o IPVA para veículos de 2 (duas) rodas de até 170 (cento e setenta) cilindradas.

Em geral, as **alíquotas variam entre 1% e 4%** do valor venal do veículo. Com a reforma tributária, os estados passaram a ter mais autonomia para definir alíquotas diferenciadas, respeitando os limites estabelecidos pela legislação federal.

A reforma tributária estabeleceu por meio da Emenda Constitucional nº 132 que o IPVA poderá ter alíquotas diferenciadas em função do tipo, do valor, da utilização e do impacto ambiental.

10.4.5 Período de Apuração

O IPVA é apurado anualmente, com vencimento fixado pelos estados, podendo ser parcelado em diversas cotas ou pago em cota única com desconto. O inadimplemento do imposto pode acarretar multas, juros e inscrição do débito na dívida ativa do estado.

10.4.6 Imunidades e Isenções

A Constituição Federal prevê as seguintes imunidades em relação ao IPVA:

- Veículos pertencentes a entes federativos (União, estados, municípios e Distrito Federal);
- Veículos de representações diplomáticas e organismos internacionais;
- Veículos de partidos políticos, entidades sindicais e instituições de educação e assistência social sem fins lucrativos, desde que cumpram os requisitos legais.

Com relação às isenções, caberá a cada estado estabelecer por meio de lei. Geralmente as isenções são aplicáveis a:

- Veículos adaptados para pessoas com deficiência;
- Táxis e mototáxis;
- Veículos utilizados por entidades filantrópicas;

Capítulo 10 – TRIBUTAÇÃO SOBRE AS OPERAÇÕES FINANCEIRAS E PATRIMÔNIO **581**

- Veículos com mais de 10, 15 ou 20 anos de fabricação, dependendo do estado.

A reforma tributária reforçou a necessidade de uniformização dos critérios para isenção, buscando evitar distorções entre os estados.

10.4.7 Reconhecimento Contábil

Para as pessoas jurídicas, o IPVA deve ser reconhecido contabilmente como despesa antecipada reconhecida independentemente do pagamento em cota única, devido ao fato desse imposto, assim como ocorre com o IPTU, ser um tributo apurado com base anual, com fato gerador ocorrido no dia 1º de janeiro de cada exercício. O registro contábil ocorre da seguinte forma:

Reconhecimento da obrigação:

D – IPVA a apropriar (Ativo Circulante)		R$ 1.200,00
C – IPVA a recolher (Passivo Circulante)		R$ 1.200,00

No caso de pagamento antecipado o lançamento será:

D – IPVA a apropriar (Ativo Circulante)		R$ 1.200,00
C – Descontos Obtidos (Resultado)		R$ 100,00
C – Bancos (Ativo Circulante)		R$ 1.100,00

Pagamento da Obrigação

No caso de pagamento parcelado, à medida que os pagamentos do IPVA forem sendo efetuados, a empresa deve registrar a saída de recursos financeiros. O lançamento contábil correspondente ao pagamento é:

582

D – IPVA a pagar (Passivo Circulante)   R$ 120,00
C – Banco (Ativo Circulante)   R$ 120,00

Apropriação Mensal

Atendendo ao princípio da competência, que determina que as despesas devem ser reconhecidas no período em que ocorrem, a empresa deve apropriar mensalmente a despesa com IPVA. O lançamento contábil para a apropriação mensal é:

D – IPVA (Resultado)   R$ 100,00
C – IPVA a apropriar (Ativo Circulante)   R$ 100,00
     (R$ 1.200,00 / 12m)

10.5 Imposto sobre Transmissão *Inter Vivos* de Bens Imóveis (ITBI)

O Imposto sobre a Transmissão *Inter Vivos* de Bens Imóveis (ITBI) é um tributo de competência municipal, previsto na Constituição Federal de 1988, artigo 156, inciso II, e regulamentado pelo CTN, nos artigos 35 a 42. Ele incide sobre a **transmissão, a qualquer título e por ato oneroso, de bens imóveis ou de direitos reais sobre eles, excetuando-se os direitos reais de garantia**.

A expressão *inter vivos* refere-se à transmissão de bens entre pessoas vivas, em contraste com a transmissão *causa mortis*, que ocorre em decorrência do falecimento do proprietário, ensejando a incidência de outro imposto de competências dos Estados e Distrito Federal (ITCMD).

O ITBI incide sobre a transferência realizada por meio de atos onerosos, ou seja, que **envolvem contraprestação financeira**. Isso significa que a transferência de propriedade deve envolver um pagamento ou outra forma de contraprestação.

Capítulo 10 – TRIBUTAÇÃO SOBRE AS OPERAÇÕES FINANCEIRAS E PATRIMÔNIO **583**

Exemplos comuns de atos onerosos incluem a compra e venda de imóveis e a permuta de propriedades. Bens imóveis, são aqueles que não podem ser movidos sem alteração de sua substância, como terrenos e edificações.

10.5.1 Fato Gerador

O fato gerador do ITBI ocorre quando há **transferência da propriedade** imobiliária por ato *inter vivos* e oneroso, como em contratos de compra e venda. O art. 35 do CTN estabelece como fato gerador do ITBI:

- A transmissão, a qualquer título, da propriedade ou do domínio útil de bens imóveis por natureza ou por acessão física, como definidos na lei civil;
- A transmissão, a qualquer título, de direitos reais sobre imóveis, exceto os direitos reais de garantia;
- A cessão de direitos relativos às transmissões da propriedade e dos direitos reais.

Direitos reais são aqueles que conferem ao titular um poder direto e imediato sobre um bem, permitindo-lhe utilizá-lo, usufruí-lo e, em alguns casos, dispor dele. Esses direitos são oponíveis a terceiros, ou seja, podem ser exigidos contra qualquer pessoa que interfira no exercício do direito, como o usufruto, a servidão e a enfiteuse, já abordada no tópico 10.2.1.

- **Usufruto** – é um direito real que permite ao usufrutuário utilizar e usufruir de um bem pertencente a outra pessoa (o nu-proprietário). O usufrutuário tem o direito de usar o bem e colher seus frutos (rendas, produtos etc.), mas não pode alienar ou destruir o bem. O usufruto pode ser vitalício ou temporário e termina com a morte do usufrutuário ou ao final do prazo estipulado.

- **Servidão** – é um direito real que impõe um ônus sobre um imóvel (o imóvel serviente) em benefício de outro (o imóvel dominante). A servidão pode ser de passagem, permitindo que o proprietário do imóvel dominante transite pelo imóvel serviente, ou de uso, permitindo o uso de recursos como água ou luz. A servidão é perpétua, salvo disposição em contrário, e deve ser registrada no Cartório de Registro de Imóveis para ter validade.

Os direitos reais de garantia sobre bens imóveis não são previstos nas hipóteses de incidência do ITBI. Esses direitos são mecanismos legais que asseguram ao credor o pagamento de uma dívida, utilizando o imóvel como garantia. Os principais direitos reais de garantia sobre bens imóveis são:

- **Hipoteca** – é um direito real de garantia em que o devedor oferece um imóvel como garantia de uma dívida, mantendo a posse do bem. O imóvel hipotecado fica sujeito ao cumprimento da obrigação, e o credor tem o direito de preferência sobre os demais credores em caso de inadimplência.
- **Anticrese** – direito de posse de um imóvel de um devedor obtido por um credor, que possibilita usufruir dos frutos civis e naturais do bem para liquidar a dívida. Diferente da hipoteca, na anticrese o credor administra o imóvel até que a dívida seja quitada com os frutos gerados pelo bem.

Capítulo 10 – TRIBUTAÇÃO SOBRE AS OPERAÇÕES FINANCEIRAS E PATRIMÔNIO **585**

- **Alienação Fiduciária** – contrato em que o devedor transfere a propriedade do imóvel ao credor como garantia da dívida, mantendo a posse direta do bem. O credor torna-se o proprietário fiduciário até a quitação da dívida. Em caso de inadimplência, o credor pode vender o imóvel extrajudicialmente para quitar a dívida.

A cessão de direitos à aquisição de bens imóveis também está sujeita ao ITBI. Isso ocorre quando uma pessoa cede a outra os direitos que possui sobre a aquisição de um imóvel, como no caso de contratos de promessa de compra e venda. A cessão de direitos é considerada uma forma de transmissão de propriedade e, portanto, está sujeita à incidência do imposto

Atenção!

Segundo o Supremo Tribunal Federal (STF), a incidência do imposto ocorre somente no momento do registro da transmissão no cartório de imóveis (ARE 759.964 AgR). Ademais, promessas de compra e venda não geram ITBI, pois não representam transferência efetiva da propriedade (RE 666.096 AgR).

10.5.2 Contribuintes

O contribuinte do ITBI é aquele que **adquire o bem ou direito real imobiliário**. No entanto, as leis municipais podem estabelecer que o vendedor também tenha responsabilidade solidária pelo pagamento.

10.5.3 Base de Cálculo

A base de cálculo do ITBI é o **valor venal do imóvel transmitido** (art. 38 do CTN). Esse valor deve refletir o preço de

586 CONTABILIDADE TRIBUTÁRIA

mercado e pode ser contestado judicialmente se o contribuinte considerar abusiva a avaliação feita pelo Município.

10.5.4 Alíquotas

A alíquota do ITBI é **definida por cada município**, contudo, não poderá exceder os limites fixados em resolução do Senado Federal, devendo ainda, nos casos de transmissões que atendam à política nacional de habitação, aplicar alíquota mais baixa.

Atualmente o teto para cobrança se encontra na Resolução 99 de 1981 do Senado Federal, sendo **0,5% para financiamentos subsidiados e 4% para outras transmissões.** Porém, diante da existência de outra norma em vigor que estabelece alíquotas máximas diferentes (Ato Complementar nº 27/1966), há quem sustente dúvida em relação a qual norma seguir, além do fato de ser necessário analisar se tais normas foram recepcionadas pela Constituição diante da exigência de Lei Complementar para regular essa limitação ao poder de tributar. Embora essas teses não tenham sido julgadas pelo Poder Judiciário, os municípios entendem que, a partir da publicação da Resolução 99, esta deve prevalecer.

Por meio da Súmula 656, o STF estabeleceu que é inconstitucional a lei que estabelece alíquotas progressivas para o ITBI com base no valor venal do imóvel.

10.5.5 Período de Apuração

O ITBI é apurado no **momento da transmissão** da propriedade e deve ser pago antes do registro da escritura do imóvel no cartório.

Capítulo 10 – TRIBUTAÇÃO SOBRE AS OPERAÇÕES FINANCEIRAS E PATRIMÔNIO **587**

10.5.6 Imunidades

A Constituição Federal (art. 156, § 1º) e o CTN (art. 36) preveem casos de imunidade do ITBI, como:

- Transmissão de bens para incorporação ao capital de pessoa jurídica, em realização de capital, bem como a fusão, incorporação, cisão ou extinção de pessoa jurídica, desde que a atividade preponderante da adquirente não seja a compra e venda desses bens ou direitos, locação de bens imóveis ou arrendamento mercantil.
- Transmissão decorrente de fusão, incorporação, cisão ou extinção de pessoa jurídica.
- Transmissão de direitos reais de garantia, como hipotecas e penhores, que são utilizados para assegurar o cumprimento de obrigações.

O CTN considera-se caracterizada a atividade preponderante quando mais de 50% da receita operacional da pessoa jurídica adquirente, nos dois anos anteriores e nos dois anos subsequentes à aquisição, decorrer de transações de compra e venda desses bens ou direitos, locação de bens imóveis ou arrendamento mercantil. No caso de a pessoa jurídica adquirente iniciar suas atividades após a aquisição, ou menos de dois anos antes dela, a preponderância será apurada levando em conta os três primeiros anos seguintes à data da aquisição. Sendo verificada a preponderância, será devido o imposto, nos termos da lei vigente à data da aquisição, sobre o valor do bem ou direito nessa data.

10.5.7 Isenções

As isenções serão definidas de acordo com as leis de cada município, contudo a Lei nº 14.620/2023 que dispõe sobre o **Programa Minha Casa, Minha Vida** estabelece que os municípios devem assegurar condições especiais para a viabilização de Habitação de Interesse Social, estabelecendo isenções nas operações do ITBI, ITCMD e IPTU.

10.5.8 Reconhecimento Contábil

No contexto contábil, o reconhecimento do ITBI é relevante para a adequada contabilização de ativos imobilizados. De acordo com a Norma Brasileira de Contabilidade NBC TG 27 (R4) – Ativo Imobilizado, o custo de um ativo imobilizado deve incluir, entre outros elementos, os custos diretamente atribuíveis à sua aquisição, acrescidos de impostos de importação e de tributos não recuperáveis incidentes na compra. Nesse sentido, o ITBI pago na aquisição de um imóvel deve ser incorporado ao custo do ativo imobilizado no momento da sua aquisição.

Vamos considerar um exemplo para ilustrar o reconhecimento contábil do ITBI:

- **Valor de aquisição do imóvel**: R$ 500.000,00.
- **ITBI pago**: R$ 10,000,00.

Reconhecimento Inicial

D – Imóveis (Ativo Imobilizado)	R$ 510.000,00
C – Bancos (Ativo Circulante)	R$ 510.000,00

Capítulo 10 – TRIBUTAÇÃO SOBRE AS OPERAÇÕES FINANCEIRAS E PATRIMÔNIO **589**

Mensuração Posterior

Após o reconhecimento inicial, a NBC TG 27 permite que os ativos imobilizados sejam mensurados pelo custo menos a depreciação acumulada e as perdas acumuladas por redução ao valor recuperável.

A depreciação do ativo imobilizado deve ser calculada ao longo de sua vida útil, refletindo a perda de valor do ativo ao longo do tempo. O ITBI, como parte do custo inicial do ativo, também será depreciado ao longo da vida útil do imóvel

10.6 Imposto sobre Transmissão *Causa Mortis* e Doação (ITCMD)

O Imposto sobre Transmissão *Causa Mortis* e Doação (IT-CMD) é um tributo de competência dos Estados e do Distrito Federal, conforme estabelecido pela Constituição Federal de 1988. Ele incide sobre a **transmissão gratuita de bens e direitos, seja por herança (*causa mortis*) ou por doação entre vivos**.

A legislação que rege o ITCMD é definida por cada ente federativo, respeitando os limites e diretrizes estabelecidos pelo Senado Federal e por legislação complementar. Embora o CTN tenha *status* de lei complementar e nos artigos 35 a 42 estabelecer previsões com relação ao imposto sobre a transmissão de bens imóveis e de direitos a eles relativos, inclusive nas transmissões decorrente de *causa mortis*, não cabe a aplicação dessas regras, pois à época de sua edição não existia previsão constitucional para esse tributo.

O sujeito ativo será o Estado da situação (localização) do bem, ou ao Distrito Federal relativamente a bens imóveis e respectivos direitos, e no caso bens móveis, títulos e créditos, a competência será do Estado ou Distrito Federal, onde era domiciliado o *de cujus*, ou tiver domicílio o doador, conforme alteração promovida pela Emenda Constitucional nº 132, no contexto da reforma tributária.

A Constituição ainda estabelece que a competência será regulada por lei complementar nos casos em que o doador tiver domicílio ou residência no exterior e se o *de cujus* possuía bens, era residente ou domiciliado ou teve o seu inventário processado no exterior.

10.6.1 Fato Gerador

O fato gerador do ITCMD ocorre no **momento da transmissão** da propriedade ou do direito sobre bens e patrimônio de uma pessoa para outra sem contrapartida financeira. Isso pode acontecer por herança, na partilha de bens em razão de falecimento ou por doação entre pessoas vivas.

10.6.2 Contribuintes

Os contribuintes do ITCMD são:

- O herdeiro ou legatário, no caso de transmissão *causa mortis*.
- O donatário, no caso de doação de bens ou direitos.
- O fiduciário no fideicomisso, situação caracterizada pela transferência de um bem com a obrigação de repassá-lo a uma terceira pessoa (fideicomissário) conforme as condições definidas pelo instituidor.
- O cessionário na cessão de herança ou de bem ou direito não oneroso.

Normalmente, as Leis Estaduais estabelecem como responsáveis solidários, diante da impossibilidade de exigência

Capítulo 10 – TRIBUTAÇÃO SOBRE AS OPERAÇÕES FINANCEIRAS E PATRIMÔNIO **591**

do cumprimento da obrigação principal pelo contribuinte, o tabelião, escrivão e demais serventuários de ofício, instituição financeira e bancária, e todo aquele a quem couber a responsabilidade do registro ou a prática de transmissão de bem nos atos em que intervierem ou pelas omissões de que forem responsáveis, além das hipóteses de responsabilidade estabelecidas no CTN.

10.6.3 Base de Cálculo

A base de cálculo do ITCMD corresponde ao **valor de mercado** dos bens ou direitos transmitidos. Para bens imóveis, considera-se o valor venal utilizado pelo IPTU ou laudo de avaliação. Para bens móveis e direitos, utiliza-se o valor declarado pelas partes ou determinado pela Administração Tributária.

10.6.4 Alíquotas

As alíquotas do ITCMD variam de acordo com a legislação estadual. A Constituição confere competência ao Senado Federal para fixar alíquotas máximas.

A Resolução SF nº 9, de 5 de maio de 1991, estabelece que a **alíquota máxima será de 8%**, a partir de 1° de janeiro de 1992. Com a Reforma Tributária, o imposto passou a ser progressivo, aumentando conforme o valor do quinhão, do legado ou da doação.

10.6.5 Período de Apuração

O ITCMD é apurado no momento da transmissão dos bens ou direitos, devendo ser pago dentro do prazo estabelecido pela legislação estadual, que pode variar conforme a jurisdição.

10.6.6 Imunidades e Isenções

A Emenda Constitucional nº 132, no contexto da Reforma Tributária, fixou as seguintes imunidades para o ITCMD:

- as doações destinadas, no âmbito do Poder Executivo da União, a projetos socioambientais ou destinados a mitigar os efeitos das mudanças climáticas e às instituições federais de ensino;
- transmissões e as doações para as instituições sem fins lucrativos com finalidade de relevância pública e social, inclusive as organizações assistenciais e beneficentes de entidades religiosas e institutos científicos e tecnológicos, e por elas realizadas na consecução dos seus objetivos sociais, observadas as condições estabelecidas em lei complementar.

As hipóteses de isenções devem ser estabelecidas pela legislação estadual, podendo incluir doações de baixo valor, transmissões entre cônjuge sobrevivente e filhos menores, entre outras.

10.6.7 Reconhecimento Contábil

No caso de recebimento gratuito de bens, como imóveis transferidos por doação, o reconhecimento contábil do ativo imobilizado segue diretrizes distintas das aquisições onerosas. Nesses casos, não há custo de aquisição no sentido tradicional, pois não há pagamento direto ao transferente.

A NBC TG 27 – Ativo Imobilizado trata da mensuração inicial de ativos adquiridos mediante contraprestação. Já os ativos recebidos gratuitamente devem ser reconhecidos com base na NBC TG 07 – Subvenção e Assistência Governamen-

Capítulo 10 – TRIBUTAÇÃO SOBRE AS OPERAÇÕES FINANCEIRAS E PATRIMÔNIO **593**

tais (quando aplicável) ou conforme os princípios gerais da contabilidade. O ativo deve ser reconhecido pelo valor justo na data do recebimento, que normalmente é o valor de mercado do bem.

Quando a empresa recebe um ativo imobilizado por doação ou herança, o lançamento contábil é feito da seguinte forma:

D – Imóveis (Ativo Imobilizado)   R$ 500.000,00
C – Receita com Doações (Resultado)   R$ 500.000,00

Em instituições sem fins lucrativos, o crédito pode ser feito diretamente no patrimônio líquido, a depender da natureza da doação.

O ITCMD, quando devido pelo beneficiário, não compõe o custo do ativo, pois não foi pago ao doador, mas sim ao Estado pela transferência gratuita. Portanto, o ITCMD é reconhecido como despesa tributária:

D – ITCMD (resultado)   R$ 25.000,00
C – Bancos (Ativo Circulante)   R$ 25.000,00

10.7 Exercícios de Fixação

1) Qual é o fato gerador do IPTU?
A) A transferência de propriedade do imóvel.
B) A propriedade, o domínio útil ou a posse de imóvel localizado na zona urbana.
C) A utilização do imóvel para fins comerciais.
D) O registro do imóvel no cartório de imóveis.

2) Sobre a base de cálculo do IPTU, é correto afirmar que:
A) É determinada pelo valor de mercado exato do imóvel.
B) Considera apenas o valor dos bens móveis no imóvel.

C) Corresponde ao valor venal do imóvel estimado pelo Poder Público.

D) É definida pelo contribuinte ao declarar o imposto.

3) O IPTU progressivo no tempo pode ser aplicado quando:

A) O imóvel é utilizado para fins industriais.

B) O proprietário descumpre a obrigação de parcelar, edificar ou utilizar o solo urbano.

C) O imóvel é de propriedade de entidade religiosa.

D) O proprietário vende o imóvel antes de pagar o IPTU.

4) João possui um imóvel na zona urbana e, no contrato de locação, repassou ao inquilino a responsabilidade pelo pagamento do IPTU. No entanto, o locatário deixou de quitar o imposto. Quem poderá ser executado pelo Município para pagamento da dívida?

A) Apenas o locatário, pois ele assumiu essa obrigação contratualmente.

B) O município não pode executar ninguém, pois a dívida será extinta automaticamente.

C) Nenhum dos dois, pois a cobrança do IPTU pode ser dispensada caso o locatário não pague.

D) O proprietário, pois perante o fisco ele continua sendo o contribuinte do IPTU.

5) No reconhecimento contábil do IPTU de uma empresa que possui imóveis próprios, como o imposto deve ser tratado antes de ser quitado?

A) O valor deve ser registrado inicialmente como uma despesa antecipada (ativo Circulante), pelo valor total pago ou a pagar, sendo apropriado ao resultado mensalmente, de

Capítulo 10 – TRIBUTAÇÃO SOBRE AS OPERAÇÕES FINANCEIRAS E PATRIMÔNIO

forma proporcional, em conformidade com o princípio da competência

B) Como despesa operacional, reduzindo imediatamente o resultado do exercício.

C) Como uma receita diferida, pois o pagamento pode ser parcelado.

D) Como um ativo, já que o valor pago será recuperado futuramente.

6) Sobre o ITR, é correto afirmar que:

A) O ITR é um imposto de competência municipal e incide sobre toda propriedade rural, independentemente de seu aproveitamento produtivo.

B) A base de cálculo do ITR considera o valor da terra nua, incluindo benfeitorias e instalações existentes no imóvel.

C) A alíquota do ITR varia conforme o tamanho da propriedade e seu grau de utilização, sendo menor para imóveis com maior aproveitamento produtivo.

D) Pequenas glebas rurais exploradas pelo proprietário, mesmo que ele possua outros imóveis, são isentas do pagamento do ITR.

7) Uma empresa do setor agropecuário adquiriu um imóvel rural e precisa calcular o ITR devido. O imóvel possui uma área total de 1.500 hectares, sendo que 900 hectares estão efetivamente utilizados para atividades agrícolas e pecuárias. O Valor da Terra Nua (VTN) declarado é de R$ 3.000,00 por hectare. Considerando que a alíquota aplicável para imóveis com esse Grau de Utilização (GU) seja de 0,5%, qual será o valor do ITR devido pela empresa?

A) R$ 15.000,00.

B) R$ 22.500,00.

C) R$ 30.000,00.
D) R$ 45.000,00.

8) O fato gerador do ITBI ocorre:
A) No momento da assinatura do contrato de promessa de compra e venda.
B) No momento do pagamento do preço do imóvel.
C) No momento do registro da transmissão no cartório de imóveis.
D) No momento em que o comprador assume a posse do imóvel.

9) Sobre a base de cálculo do ITBI, assinale a alternativa correta:
A) A base de cálculo é o preço do contrato de compra e venda.
B) A base de cálculo é o valor venal do imóvel.
C) O ITBI é calculado sobre o lucro obtido na venda do imóvel.
D) O valor venal do imóvel deve sempre ser o mesmo do IPTU.

10) O ITBI é imune em qual das seguintes situações?
A) Transferência de um imóvel para incorporação ao capital de uma empresa que comercializa imóveis.
B) Transmissão de bens ou direitos na fusão de uma empresa, cuja atividade principal é a venda de imóveis.
C) Incorporação de um bem imóvel ao capital social de uma indústria.
D) Compra e venda de um imóvel entre duas empresas do mesmo grupo econômico.

11) No contexto contábil, conforme estabelecido pela Norma Brasileira de Contabilidade, NBC TG 27 (R4) – ATIVO IMOBILIZADO, o ITBI pago na aquisição de um imóvel deve ser:

Capítulo 10 – TRIBUTAÇÃO SOBRE AS OPERAÇÕES FINANCEIRAS E PATRIMÔNIO

A) Reconhecido como despesa operacional no momento da aquisição.

B) Reconhecido como parte do custo do ativo imobilizado no momento da aquisição.

C) Reconhecido como passivo circulante no momento da aquisição.

D) Reconhecido como receita diferida no momento da aquisição.

12) Qual das alternativas abaixo não representa uma operação sujeita à incidência do IOF?

A) Financiamento de um veículo.

B) Resgate de um investimento antes de 30 dias.

C) Pagamento de um boleto bancário.

D) Compra de moeda estrangeira.

13) No reconhecimento contábil do IOF sobre um empréstimo, o valor do imposto deve ser classificado como:

A) Receita operacional.

B) Despesa financeira.

C) Ativo circulante.

D) Passivo não circulante.

14) Uma empresa contraiu um empréstimo de R$ 150.000,00 junto a uma instituição financeira, com prazo de 30 dias. Sabendo que a alíquota diária do IOF para pessoa jurídica é de 0,0041%, além da alíquota adicional de 0,38% sobre o valor do principal, qual será o valor total do IOF devido nessa operação?

A) R$ 754,50.

B) R$ 839,50.

C) R$ 899,00.

D) R$ 950,00.

15) O Imposto sobre a Propriedade de Veículos Automotores (IPVA) é um tributo de competência:

A) Exclusiva da União, sendo regulamentado pelo Código Tributário Nacional.

B) Estadual, com aplicação de alíquotas uniformes para todos os estados.

C) Municipal, pois incide sobre bens localizados dentro do território do município.

D) Estadual, sendo regulamentado por legislação estadual, com normas gerais previstas em lei complementar federal.

16) O fato gerador do IPVA ocorre:

A) Na transferência de propriedade de veículos automotores, independentemente do local de domicílio do comprador.

B) No primeiro dia de cada ano, para proprietários de veículos sujeitos à tributação.

C) No momento do licenciamento anual do veículo pelo Detran.

D) Na compra de qualquer bem móvel, independentemente de ser veículo automotor.

17) Sobre as imunidades e isenções do IPVA, assinale a alternativa correta:

A) A Constituição Federal garante de forma automática imunidade do IPVA para veículos de propriedade de entidades beneficentes e sem fins lucrativos, sem a necessidade de observar qualquer requisito legal.

B) As isenções do IPVA são determinadas exclusivamente por lei federal, sem interferência dos estados.

C) Os veículos utilizados para transporte público coletivo podem estar isentos do IPVA, conforme legislação estadual.

Capítulo 10 – TRIBUTAÇÃO SOBRE AS OPERAÇÕES FINANCEIRAS E PATRIMÔNIO

D) Todos os veículos com mais de 10 anos de fabricação são imunes ao IPVA, independentemente do estado.

18) Sobre o ITCMD, assinale a alternativa correta:
A) É um tributo de competência da União, regulado pelo Senado Federal.
B) Incide apenas sobre transmissões de bens imóveis.
C) Tem alíquotas estabelecidas exclusivamente por cada estado, sem limite federal.
D) Incide sobre transmissões gratuitas de bens ou direitos, por herança ou doação.

19) Considerando a Reforma Tributária de 2023, qual das alterações abaixo foi implementada no ITCMD?
A) Fim da tributação de bens móveis.
B) Definição de alíquotas fixas pelos estados.
C) Introdução da progressividade do imposto com base no valor transmitido.
D) Transferência da competência do imposto para a União.

20) Qual das seguintes situações está isenta ou imune ao ITCMD?
A) Transmissão de bens por doação a instituições sem fins lucrativos com finalidade pública e social.
B) Doação de valores financeiros entre particulares, independentemente do montante.
C) Herança de bens imóveis localizados no exterior, independentemente do domicílio do falecido.
D) Doação de bens dentro do mesmo estado, desde que não envolva dinheiro.

Respostas:

1 – B	6 – C	11 – B	16 – B
2 – C	7 – B	12 – C	17 – C
3 – B	8 – C	13 – B	18 – D
4 – D	9 – B	14 – A	19 – C
5 – A	10 – C	15 – D	20 – A

Capítulo 11 – TRIBUTAÇÃO DAS ENTIDADES SEM FINS LUCRATIVOS

A verdadeira solidariedade começa onde não se espera nada em troca.

Antoine de Saint-Exupéry

As entidades sem fins lucrativos, ao exercerem uma **função social relevante e colaborarem com o Estado** na consecução de suas atividades, podem usufruir de **benefícios tributários**, como imunidades e isenções de impostos e contribuições sociais.

Toda entidade sem fins lucrativos faz parte do Terceiro Setor, mas nem todas as entidades do Terceiro Setor são exatamente iguais em sua atuação ou estrutura. O Terceiro Setor é um conjunto de organizações privadas que **atuam com finalidade pública, sem buscar lucro**. Isso inclui ONGs, associações, fundações, cooperativas sociais, organizações religiosas e outras entidades filantrópicas. Já uma **entidade sem fins lucrativos é qualquer organização que não distribui seus lucros entre os sócios ou administradores**, mas reinveste os recursos na própria atividade.

Embora as entidades sem fins lucrativos, como as ONGs, geralmente não sejam elegíveis para o regime do Simples Nacional devido à ausência de finalidade lucrativa, existem exceções previstas na legislação. ONGs que exercem atividades econômicas específicas — como prestação de serviços educacionais, realização de eventos culturais ou comércio de produtos relacionados à sua causa — podem, em determinadas condições, optar por esse regime tributário simplificado. Para isso, é necessário que a entidade esteja formalmente constituída e regularizada, que suas atividades econômicas estejam previstas no objeto social e não estejam entre as vedadas pela Lei Complementar nº 123/2006. Além disso, a receita bruta anual deve respeitar os limites legais do Simples Nacional. Assim, desde que as atividades geradoras de receita estejam vinculadas à missão da organização e sejam conduzidas de forma regular, essas ONGs podem, sim, beneficiar-se da adesão ao Simples como instrumento de sustentabilidade financeira.

Essas entidades são divididas em dois grandes grupos no que tange aos benefícios fiscais: as imunes e as isentas. As imunidades tributárias consistem em hipóteses de não incidência, definidas pela Constituição Federal, possuindo caráter permanente e limitando a competência tributária dos entes públicos. Isso significa que esses entes não podem instituir tributos nas hipóteses definidas, ficando as entidades dispensadas do cumprimento da obrigação tributária.

É importante destacar que imunidade não se confunde com isenção. A **imunidade, como explicado, é uma garantia constitucional que limita o poder de tributar**. Para usufruir dessa garantia, o contribuinte deve preencher os requisitos constitucionais, com base na natureza da pessoa e no objeto social. Assim, a hipótese de incidência relativa à pessoa protegida pela Constituição e à atividade exercida é afastada. Já a **isenção trata-se de um benefício fiscal previsto em lei, de natureza temporária e precária**, afastando a obrigatoriedade do pagamento de tributo por razões de interesse público estabelecidas em lei. Esse benefício pode ser revogado a qualquer momento, restabelecendo-se, então, a obrigação tributária.

Capítulo 11 – TRIBUTAÇÃO DAS ENTIDADES SEM FINS LUCRATIVOS

11.1 Imunidades

A CF/88 estabelece, no art. 150, inciso VI, alíneas "b" e "c", a vedação à União, aos Estados, ao Distrito Federal e aos Municípios de instituírem **impostos sobre o patrimônio, a renda ou os serviços** dos templos de qualquer culto, dos partidos políticos, inclusive suas fundações, das entidades sindicais de trabalhadores e das instituições de educação e assistência social sem fins lucrativos, desde que atendam aos requisitos previstos em lei.

Ainda, o art. 195, § 7º, garante imunidade em relação às **contribuições para a seguridade social** às entidades beneficentes de assistência social que cumpram as exigências estabelecidas em lei. Dessa forma, tais entidades são imunes aos tributos sobre o patrimônio, a renda e os serviços, como IR, IPI, ITR, II, IE, ICMS, IPVA, ITCMD, IPTU, ISS e ITBI, além das contribuições para a seguridade social, desde que satisfaçam os requisitos legais, como CPP, RAT, COFINS e CSLL.

O reconhecimento da imunidade do IPVA sobre veículos pertencentes a templos religiosos de qualquer culto e a instituições de educação e assistência social sem fins lucrativos deve ser solicitado por meio de processo administrativo junto à Secretaria de Estado da Fazenda.

O proprietário do imóvel ou o representante legal dos templos de qualquer culto e das entidades beneficentes de assistência social pode requerer o reconhecimento da imunidade do IPTU, assim como, em alguns municípios, a isenção da Taxa de Coleta de Lixo, demonstrando que o imóvel pertence ao templo e que se trata de uma entidade religiosa e filantrópica que atende a todos os requisitos constitucionais e legais para essa imunidade.

De forma semelhante, o ITCMD não incidirá sobre as **transmissões e doações realizadas em benefício de instituições**

604

CONTABILIDADE TRIBUTÁRIA

sem fins lucrativos com finalidade pública e social relevante, incluindo organizações assistenciais e beneficentes de entidades religiosas, bem como institutos científicos e tecnológicos, desde que essas transações sejam realizadas na consecução de seus objetivos sociais.

> ## Atenção!
>
> O Supremo Tribunal Federal (STF), no julgamento do Recurso Extraordinário (RE) 325.822, redefiniu o conceito de "templo" para fins de imunidade tributária. Antes, o termo se referia apenas ao prédio onde eram realizados os ritos religiosos e seus anexos. Com a nova interpretação, o entendimento foi ampliado para o conceito de "templo-entidade", abrangendo toda a organização religiosa. Dessa forma, não apenas o imóvel, mas também o patrimônio, a renda e os serviços da entidade passaram a ser imunes a impostos, desde que utilizados para suas finalidades essenciais.
>
> Além disso, a Emenda Constitucional nº 116/2022 trouxe um avanço significativo ao estender a imunidade do IPTU aos imóveis alugados pelos templos, garantindo que mesmo aqueles que funcionam em propriedades locadas possam usufruir desse benefício.

As entidades sem fins lucrativos não possuem imunidade em relação ao recolhimento do PIS, mas podem ter direito à isenção, conforme os critérios estabelecidos pela Lei nº 9.532/1997. É importante destacar que, nesses casos, a base de cálculo e a alíquota aplicadas diferem das regras gerais: a contribuição incide sobre a folha de salários, à alíquota de 1%.

O artigo 146, inciso II, da CRFB/88, reserva à Lei Complementar a atribuição legal para regular as limitações ao poder detributar. Na esfera federal foi publicada a Lei nº 12.101/2009 a qual estabeleceu normas sobre a certificação das entidades beneficentes de assistência social e regulou os procedimentos de isenção de contribuições para a seguridade social, contudo, por meio da Ação Direta de Inconstitucionalidade (ADI 4480), o STF declarou a inconstitucionalidade formal e material de uma

Capítulo 11 – TRIBUTAÇÃO DAS ENTIDADES SEM FINS LUCRATIVOS

série de dispositivos legais da Lei nº 12.101/2009, com especial enfoque nas contrapartidas, incluindo as gratuidades, bem como as que regulam as isenções das contribuições sociais, ante o entendimento de que ambas as matérias devem ser expressas por meio de Lei Complementar, já que tratam de limitações constitucionais ao poder de tributar.

Em 16 de dezembro de 2021 foi publicada a Lei Complementar 187 que dispõe sobre a certificação das entidades beneficentes e regula os procedimentos referentes à imunidade de contribuições à seguridade social de que trata o § 7º do art. 195 da Constituição Federal. A partir dessa data, as entidades beneficentes que atuem nas áreas da Saúde, da Educação e da Assistência Social devem atender, cumulativamente, aos seguintes requisitos:

- Não recompensar dirigentes estatutários, conselheiros, associados, instituidores ou benfeitores com remuneração, vantagens ou benefícios, direta ou indiretamente, por qualquer forma ou título, em razão das competências, das funções ou das atividades que lhes sejam atribuídas pelos respectivos atos constitutivos;
- Aplicar suas rendas, seus recursos e eventual superávit integralmente no território nacional, na manutenção e no desenvolvimento de seus objetivos institucionais;
- Apresentar certidão negativa ou certidão positiva com efeito de negativa de débitos relativos aos tributos administrados pela Secretaria Especial da Receita Federal do Brasil e pela Procuradoria-Geral da Fazenda Nacional, bem como comprovação de

regularidade do Fundo de Garantia do Tempo de Serviço;

- Manter escrituração contábil regular que registre as receitas e as despesas, bem como o registro em gratuidade, de forma segregada, em consonância com as normas do Conselho Federal de Contabilidade e com a legislação fiscal em vigor;
- Não distribuir a seus conselheiros, associados, instituidores ou benfeitores seus resultados, dividendos, bonificações, participações ou parcelas do seu patrimônio, sob qualquer forma ou pretexto, e, na hipótese de prestação de serviços a terceiros, públicos ou privados, com ou sem cessão de mão de obra, não transfiram a esses terceiros os benefícios relativos à imunidade;
- Conservar, pelo prazo de dez anos, contado da data de emissão, os documentos que comprovem a origem e o registro de seus recursos e os relativos a atos ou a operações realizadas que impliquem modificação da situação patrimonial;
- Apresentar as demonstrações contábeis e financeiras devidamente auditadas por auditor independente legalmente habilitado nos Conselhos Regionais de Contabilidade, quando a receita bruta anual auferida for superior ao limite fixado para a opção ao Simples Nacional, R$ 4.800.000,00;
- Prevejam, em seus atos constitutivos, em caso de dissolução ou extinção, a destinação do eventual patrimônio remanescente a entidades beneficentes certificadas ou entidades públicas.

Capítulo 11 – TRIBUTAÇÃO DAS ENTIDADES SEM FINS LUCRATIVOS

Importante destacar que a **vedação de remuneração de dirigentes** não se aplica aos dirigentes não estatutários, assim como aos dirigentes estatutários, desde que, no caso desses últimos, recebam remuneração inferior, em seu valor bruto, a setenta por cento do limite estabelecido para a remuneração de servidores do Poder Executivo federal (valor do subsídio dos ministros do STF, atualmente R$ 46.366,19) e desde que nenhum dirigente remunerado seja cônjuge ou parente até o terceiro grau, inclusive afim, de instituidores, associados, dirigentes, conselheiros,benfeitores ou equivalentes da entidade, e o total pago a título de remuneração para dirigentes pelo exercício das atribuições estatutárias seja inferior a cinco vezes o valor correspondente ao limite individual estabelecido para a remuneração dos servidores do Poder Executivo federal.

Em todos os casos o valor da remuneração dos dirigentes deve respeitar como limite máximo os valores praticados pelo mercado na região correspondente à sua área de atuação e deverá ser estabelecida pelo órgão de deliberação superior da entidade, registrando em ata, com comunicação ao Ministério Público, no caso das fundações.

Considerando a competência para tributar atribuída pela Constituição aos municípios, Estados e Distrito Federal, cada ente federativo tem competência para instituir, por Lei Complementar, regras formais para o gozo da imunidade aplicada aos impostos de sua competência, respeitado o texto constitucional.

11.2 Isenções

As isenções são benefícios fiscais que dispensam o pagamento do tributo, podendo ser concedidas por prazo determinado ou indeterminado, e abrangem todos os tipos de tributo em cada esfera de Governo. É importante que as entidades sem fins lucrativos que não se enquadrarem nas regras de imunidade procurem identificar todas as normas referentes às isenções federais, estaduais e municipais, para verificar se podem se beneficiar desse benefício.

Verificado o atendimento aos requisitos específicos definidos pelas leis, a **entidade deve solicitar o reconhecimento da isenção**. Após a concessão, caso seja comprovado que a entidade não está cumprindo esses requisitos, tanto a imunidade quanto a isenção poderão ser desconsideradas pelas autoridades tributárias, sendo passível a cobrança de todos os tributos devidos, a partir do exercício em que ocorrer o não atendimento aos requisitos legais.

Entre benefícios fiscais concedidos aos templos de qualquer culto e entidades beneficentes de assistência social, podemos citar a isenção do ICMS no Estado do Rio de Janeiro sobre o consumo de energia, aprovada pelo Conselho Nacional de Política Fazendária (Confaz), em 12 de maio de 2022, bem como por força da Lei Estadual nº 3.266/99, com as alterações da Lei nº 9.371/21. A fruição desse benefício fiscal deverá ser requerida por petição simples às concessionárias de Serviço Público, comprovando a destinação institucional do imóvel compatível com suas finalidades essenciais. Essa isenção alcança os imóveis próprios, alugados, emprestados e os oriundos de justificativa de posse judicial, sendo indispensável a apresentação da escritura, contrato de locação, contrato de comodato ou sentença judicial de justificação de posse, ficando ainda a organização responsável por informar à concessionária de serviço público a desocupação do imóvel.

Para que possam usufruir de tais benefícios tributários, e ainda poderem receber recursos públicos, as entidades precisam possuir os títulos concedidos pelo Poder Público, como de Utilidade Pública, Certificado de Entidade Beneficente de

Capítulo 11 – TRIBUTAÇÃO DAS ENTIDADES SEM FINS LUCRATIVOS

Assistência Social (CEBAS), ou serem qualificadas como Organização da Sociedade Civil de interesse público ou Organizações Sociais.

O **CEBAS** é um reconhecimento concedido a instituições privadas sem fins lucrativos que prestam serviços na área de **Assistência social, Educação ou Saúde** e demonstre o cumprimento de regras estabelecidas pela Lei Complementar nº 187/2021. Esse certificado confere diversos benefícios às entidades, incluindo a isenção de contribuições sociais e o fortalecimento de sua atuação na promoção do bem-estar social. Para obter o CEBAS, a entidade deve comprovar que atua de forma gratuita e contínua em uma das três áreas prioritárias estabelecidas pela legislação. Além disso, a entidade deve estar regularmente constituída, possuir finalidade filantrópica, não distribuir lucros e apresentar comprovação documental do cumprimento de suas obrigações.

As **Organizações da Sociedade Civil de Interesse Público** são reguladas pela Lei nº 9.790/99, sendo tal título conferido pelo Ministério da Justiça às entidades que apresentem ao menos uma das finalidades contidas no art. 3º da citada lei, como promoção da assistência social, cultura, defesa e conservação do patrimônio histórico e artístico, educação, saúde, segurança alimentar e nutricional, preservação e conservação do meio ambiente e promoção do desenvolvimento sustentável, entre outros.

As **Organizações Sociais** são reguladas pela Lei nº 9.637/98, podendo ser qualificadas as fundações e as associações cujas atividades sejam dirigidas ao ensino, à pesquisa científica, ao desenvolvimento tecnológico, à proteção e preservação do meio ambiente, à cultura e à saúde, atendidos os requisitos estabelecidos pela citada Lei.

11.3 Obrigações Acessórias

Importante atenção deve ser dada ao cumprimento de obrigações acessórias como a entrega das seguintes declarações:

- Escrituração Contábil Fiscal – ECF;
- Escrituração Contábil Digital – ECD;
- Declaração de Impostos Retidos na Fonte – DIRF;
- Declaração de Débitos e Créditos Tributários Federais – DCTF;
- Escrituração Fiscal digital das Contribuições sociais – EFD;
- Sistema de Escrituração Digital das Obrigações Fiscais, Previdenciárias e Trabalhistas – eSocial.

Por fim, destacamos que entidades sem fins lucrativos devem atentar às obrigações tributárias dos Estados e municípios como a emissão de notas fiscais eletrônicas ou de serviços, além de cumprir regras em relação à retenção de impostos e contribuições, como no caso do ISS e de contribuições previdenciárias retidas de seus colaboradores, ou sobre serviços prestados por outras pessoas jurídicas.

Para entidades do Terceiro Setor com inscrição municipal e estadual, ainda podemos citar outras obrigações acessórias como a emissão de notas fiscais eletrônicas ou de serviços.

11.4 Impactos da Reforma Tributária

A Emenda Constitucional nº 132/2023 trouxe mudanças significativas para o sistema tributário brasileiro impactando também as entidades do Terceiro Setor. A seguir, destacamos as principais modificações que afetam essas entidades:

Capítulo 11 – TRIBUTAÇÃO DAS ENTIDADES SEM FINS LUCRATIVOS

- **Isenção do ITCMD:** esse imposto deixará de ser cobrado sobre doações e transmissões destinadas a entidades sem fins lucrativos que tenham relevância pública e social. Além disso, as doações realizadas por essas entidades para a execução de seus objetivos sociais também estarão isentas.
- **Imunidade do IBS e da CBS:** as organizações que cumprirem os requisitos continuarão isentas dessas cobranças, independentemente de possuírem o CEBAS.
- **Regime Diferenciado para Bens e Serviços Essenciais:** a Reforma Tributária prevê a possibilidade de uma redução de 60% ou até 100% das alíquotas do IBS e da CBS para determinadas operações, como educação e saúde, independentemente de a entidade ter ou não fins lucrativos.
- **Instituições científicas, tecnológicas e de inovação sem fins lucrativos:** terão redução total das alíquotas para seus serviços. Da mesma forma, as instituições de ensino superior vinculadas ao Programa Universidade para Todos (Prouni) também contarão com alíquota zero da CBS. Assim, o Terceiro Setor continuará desempenhando um papel fundamental em áreas essenciais da sociedade com menor impacto tributário.

11.5 Exercícios de Fixação

1)A principal diferença entre imunidade e isenção tributária está no fato de que:

A) A imunidade tem caráter constitucional e a isenção é prevista em lei.

B) A isenção é permanente e a imunidade é temporária.
C) Apenas a isenção pode ser revogada.
D) A imunidade exige solicitação formal junto à Receita Federal.

2) Segundo a Constituição Federal, as imunidades tributárias não abrangem:
A) Templos de qualquer culto.
B) Empresas privadas que realizam projetos sociais.
C) Instituições de educação sem fins lucrativos.
D) Partidos políticos e suas fundações.

3) Qual dos tributos abaixo não está incluído na imunidade tributária de entidades beneficentes de assistência social?
A) Imposto de Renda (IR).
B) Contribuições para a Seguridade Social.
C) Programa de Integração Social (PIS).
D) Imposto sobre Produtos Industrializados (IPI).

4) Sobre a isenção tributária para entidades sem fins lucrativos, é correto afirmar que:
A) É garantida pela Constituição Federal e não pode ser alterada.
B) Deve ser concedida automaticamente pelo governo.
C) É concedida mediante requisitos estabelecidos em lei e pode ser revogada.
D) Aplica-se apenas a entidades religiosas.

5) O que a Emenda Constitucional nº 116/2022 trouxe como inovação para os templos religiosos?
A) Permitiu a cobrança de IPTU para imóveis alugados.

B) Estendeu a imunidade do IPTU para imóveis alugados utilizados pelos templos.

C) Criou novas taxas para as igrejas.

D) Retirou a imunidade tributária das organizações religiosas.

6) Considerando a Lei Complementar nº 187/2021, que regula a certificação de entidades beneficentes para fins de imunidade às contribuições sociais, assinale a alternativa incorreta:

A) Para manter a imunidade tributária, a entidade deve aplicar integralmente seus recursos no território nacional, em consonância com seus objetivos institucionais.

B) Entidades beneficentes podem remunerar dirigentes estatutários, desde que o valor não ultrapasse 70% do subsídio de um Ministro do STF e respeite os valores praticados no mercado.

C) O Certificado de Entidade Beneficente de Assistência Social (CEBAS) é um dos critérios obrigatórios para que uma entidade possa usufruir da imunidade às contribuições sociais.

D) A imunidade às contribuições sociais é concedida automaticamente a todas as entidades que atuam na área de Assistência Social, independentemente da certificação.

7) Segundo a Lei Complementar nº 187/2021, para que uma entidade beneficente usufrua de imunidade, ela deve:

A) Pagar impostos estaduais e municipais obrigatoriamente.

B) Remunerar livremente seus dirigentes estatutários sem restrições.

614

CONTABILIDADE TRIBUTÁRIA

C) Atender a requisitos como a não distribuição de lucros e a aplicação dos recursos na atividade institucional.

D) Possuir CNPJ e estatuto registrado, sem exigências adicionais.

8) Qual é a principal obrigação acessória que entidades sem fins lucrativos devem cumprir?

A) Escrituração contábil e apresentação de declarações fiscais obrigatórias.

B) Distribuição de parte dos lucros entre os administradores.

C) Pagamento compulsório de todos os tributos, sem exceção.

D) Não manter qualquer controle contábil formal.

9) O Supremo Tribunal Federal (STF) ampliou a interpretação do conceito de "templo" para fins de imunidade tributária no julgamento do Recurso Extraordinário (RE) 325.822. De acordo com essa nova interpretação, qual das alternativas melhor reflete esse entendimento?

A) Apenas o prédio onde ocorrem os cultos religiosos e seus anexos são considerados templos para fins de imunidade tributária.

B) A imunidade tributária abrange apenas os templos que possuem registro formal como organização religiosa junto à Receita Federal.

C) A imunidade tributária se aplica a todo o patrimônio, à renda e aos serviços da entidade religiosa, desde que estejam diretamente vinculados à sua finalidade essencial.

D) A decisão do STF restringiu a imunidade tributária apenas a imóveis pertencentes diretamente a organizações religiosas, excluindo patrimônios alugados.

Capítulo 11 – TRIBUTAÇÃO DAS ENTIDADES SEM FINS LUCRATIVOS

10) No que se refere às obrigações acessórias das entidades sem fins lucrativos, assinale a alternativa que melhor representa a importância do seu cumprimento:

A) O cumprimento das obrigações acessórias é dispensável para entidades imunes e isentas, pois essas não estão sujeitas a tributos.

B) As entidades imunes e isentas devem manter escrituração contábil regular, apresentar demonstrações financeiras auditadas e cumprir obrigações acessórias para garantir a transparência e regularidade fiscal.

C) Apenas as entidades que recebem recursos públicos estão obrigadas a cumprir obrigações acessórias, como envio da ECF e ECD.

D) O descumprimento de obrigações acessórias não afeta a imunidade tributária, pois esta é um direito constitucional irrevogável.

Respostas:

1 – A	6 – D
2 – B	7 – C
3 – C	8 – A
4 – C	9 – C
5 – B	10 – B

Capítulo 12 – PLANEJAMENTO TRIBUTÁRIO

Dai, pois, a César o que é de César e a Deus o que é de Deus

(Mt 22, 21)

O Planejamento Tributário pode ser definido como qualquer **atividade lícita voltada à identificação de alternativas para minimizar a carga tributária** de uma empresa. Embora não possua definição legal expressa, a doutrina estabelece um limite claro: a não violação de normas jurídicas, especialmente nos campos tributário, comercial e societário. Assim, ainda que não haja consenso absoluto, o Planejamento Tributário é amplamente reconhecido como o conjunto de atos e negócios lícitos que buscam **evitar reduzir ou postergar a incidência de tributos**.

O pressuposto fundamental dessa prática é a liberdade conferida pela ordem jurídica para que os indivíduos **organizem seus negócios de maneira lícita**. O exercício dessa liberdade se traduz na escolha de estratégias empresariais que resultem na eficiência tributária e econômica. O Planejamento Tributário exige, portanto, o domínio tanto de conhecimentos jurídicos quanto empresariais e econômicas, para que as decisões tributárias sejam efetivas, aproveitando incentivos fiscais e minimizando riscos, dentro dos limites legais.

As regras econômicas ditam que os **atos empresariais devem maximizar lucros e reduzir custos, incluindo os tribu-**

618 CONTABILIDADE TRIBUTÁRIA

tários. Em um ambiente empresarial competitivo, a redução de custos permite uma maior competitividade via preços. A carga tributária, muitas vezes elevada, pode restringir ou inviabilizar atividades empresariais se não gerida de forma estratégica.

Cabe ao empresário utilizar técnicas de economia fiscal para otimizar os custos da empresa, especialmente em um contexto em que a administração pública transfere cada vez mais responsabilidades ao setor privado. O objetivo é assegurar que os investimentos empresariais gerem retornos adequados, equilibrando riscos e oportunidades. **O Planejamento Tributário, assim, fundamenta-se na liberdade do contribuinte de estruturar seus negócios de forma a reduzir legalmente a carga tributária.**

> **Atenção!**
>
> A economia de tributos é amplamente aceita e esperada pelos administradores empresariais, que devem atuar com previsão estratégica para garantir melhores resultados. Dado que ninguém é obrigado a escolher a opção mais onerosa, o Planejamento Tributário se torna um elemento essencial da gestão empresarial moderna.

12.1 Direito de Planejar e Organizar os Negócios

O princípio da legalidade, previsto no art. 5º, inciso II, da Constituição Federal, assegura que **ninguém será obrigado a fazer ou deixar de fazer algo senão em virtude de lei**. Esse princípio é fundamental para limitar o poder do Estado e garantir que apenas normas formalmente instituídas possam criar obrigações aos cidadãos.

Na esfera tributária, o art. 150, inciso I, da Constituição estabelece que tributos só podem ser exigidos ou majorados por meio de lei. Esse dispositivo garante previsibilidade e segurança

Capítulo 12 – PLANEJAMENTO TRIBUTÁRIO

ao contribuinte, permitindo-lhe planejar suas atividades econômicas com base em regras objetivas.

A legalidade tributária não é absoluta, devendo ser harmonizada com outros princípios constitucionais, como a capacidade contributiva, pois a legislação tributária é interpretada e complementada pelo Poder Judiciário. Assim, todo indivíduo tem o direito de organizar seus negócios de modo a pagar o menor tributo possível, desde que dentro da legalidade.

Dessa forma, é **garantido ao contribuinte o direito de estruturar seus negócios visando a economia fiscal, desde que respeitados os limites legais**. O Planejamento Tributário, assim, não só é um direito, mas também uma estratégia essencial para a sustentabilidade e competitividade empresarial.

12.2 Princípios e Limites das Atividades de Planejamento Tributário

Toda atividade de planejamento tributário envolve questões éticas. Assim, tanto a tributação quanto o planejamento tributário devem estar alinhados com a justiça fiscal e o interesse público, sendo fundamental observar determinados princípios:

- **Liberdade Fiscal**: garante que os indivíduos possam organizar seus negócios sem estar permanentemente sujeitos ao Estado. No entanto, essa liberdade encontra limites na necessidade de tributação para garantir condições de igualdade e justiça social.
- **Capacidade Contributiva**: determina que cada cidadão deve contribuir conforme sua riqueza, independentemente da disponibilidade financeira momentânea.

- **Proporcionalidade:** atua como um ponto de equilíbrio entre a liberdade fiscal e a capacidade contributiva, garantindo que tanto o contribuinte quanto o Estado respeitem limites razoáveis na tributação.
- **Legalidade Estrita:** nenhum tributo pode ser instituído ou aumentado sem previsão legal. No planejamento tributário, isso significa que todas as estratégias adotadas devem estar claramente previstas na legislação, evitando interpretações extensivas ou criativas que possam ser consideradas ilegais.
- **Tipicidade Cerrada:** exige que a lei tributária descreva de forma precisa todos os elementos essenciais da obrigação tributária, como fato gerador, base de cálculo, sujeito passivo e alíquota. Isso impede que a administração tributária amplie ou modifique a incidência tributária por meio de interpretações subjetivas, proporcionando segurança jurídica aos contribuintes.

Os **princípios representam garantias a serem observadas pelo fisco** na relação com o contribuinte. Contudo, as atividades de planejamento tributário devem observar dois limites essenciais:

- **Validade Jurídica dos atos praticados**: refere-se à conformidade das estratégias adotadas com as normas legais vigentes. Para que um planejamento tributário seja considerado válido, ele deve observar as condições estabelecidas pelo art.104 do Código Civil. Um ato é legítimo quando atende aos seguintes requisitos:

– **Agente capaz:** refere-se à pessoa que realiza o ato, que deve ter capacidade jurídica para tal.

– **Objeto lícito, possível, determinado ou determinável:** o conteúdo do ato deve ser permitido pela lei. O ato deve ser realizável, ou seja, não pode envolver algo impossível de ser cumprido. O objeto do ato deve ser claro e específico. Se não for determinado no momento da realização do ato, deve ser ao menos determinável, ou seja, deve ser possível identificá-lo com precisão posteriormente.

– **Forma prescrita ou não vedada em lei:** alguns atos jurídicos exigem uma forma específica para serem válidos, como a necessidade de escritura pública para a compra e venda de imóveis. Quando a lei não exige uma forma específica, o ato pode ser realizado de qualquer maneira, desde que não seja proibido pela legislação.

- **Legitimidade:** vai além da conformidade com a lei. Ela envolve a análise da intenção e do propósito das estratégias adotadas. Para que um planejamento tributário seja legítimo, ele deve atender aos seguintes critérios:

– **Propósito Negocial:** as operações devem ter um propósito econômico ou negocial real, além da mera economia de tributos. Isso significa que as transações devem ser justificadas por razões comerciais válidas e não apenas pela redução da carga tributária.

– **Ausência de Abuso de Direito**: o planejamento tributário não deve envolver abuso de direito, que ocorre quando o contribuinte utiliza formas jurídicas válidas para alcançar resultados que contrariam a finalidade da norma tributária.

– **Prevalência da Essência sobre a Forma**: a substância econômica das operações deve prevalecer sobre a forma jurídica adotada. Isso significa que o fisco pode desconsiderar estruturas artificiais criadas apenas para obter vantagens fiscais.

Na prática!

A validade jurídica e a legitimidade do planejamento tributário são avaliadas com base em critérios objetivos e subjetivos. As autoridades fiscais analisam não apenas a conformidade das operações com a legislação, mas também a intenção e o propósito das estratégias adotadas. Por exemplo, a utilização de incentivos fiscais previstos em lei é uma prática válida e legítima, desde que as operações tenham um propósito econômico real e não envolvam abuso de direito.

12.3 Tipos de Planejamento Tributário

As atividades de planejamento tributário podem ser classificadas em três tipos principais:

- **Planejamento para anulação do ônus fiscal**: utiliza estruturas jurídicas que impedem a ocorrência da hipótese de incidência tributária, eliminando, assim, a obrigação fiscal.
- **Planejamento para redução do ônus fiscal:** emprega formas jurídicas que resultam em menor carga tributária sem evitar a incidência do tributo.

Capítulo 12 – PLANEJAMENTO TRIBUTÁRIO

- **Planejamento para adiamento do ônus fiscal:** estruturado para postergar a ocorrência do fato gerador, o lançamento ou o pagamento do tributo, permitindo um diferimento do desembolso financeiro.

Cada tipo de planejamento deve ser conduzido dentro dos limites legais, respeitando a capacidade contributiva e os princípios da proporcionalidade e da justiça tributária.

12.4 Elisão, Elusão e Evasão Tributária

A caracterização do planejamento tributário depende da análise do caso concreto. Se o ato estiver amparado pelo ordenamento jurídico, deve ser aceito pelo fisco; caso contrário, trata-se de evasão fiscal.

Os conceitos de elisão, evasão e elusão tributária são fundamentais para entender as diferentes formas pelas quais os contribuintes podem lidar com suas obrigações fiscais. Embora ambos os termos se refiram a estratégias para reduzir a carga tributária, eles diferem, significativamente, em termos de legalidade, legitimidade e ética.

- **Elisão Tributária** – prática legítima amplamente utilizada por empresas e indivíduos para otimizar sua carga tributária de forma legal. Envolvem um planejamento tributário cuidadoso. Geralmente **ocorre antes do fato gerador do tributo**, ou seja, antes que a obrigação tributária se concretize; contudo, há casos de intervenções legítimas mesmo após a ocorrência do fato gerador, como as que ocorrem por meio de defesas administrativas, compensação fiscal, medidas judiciais. Exemplos comuns de elisão incluem:

– Escolha da forma jurídica e localização da empresa: Optar por um tipo de sociedade que ofereça benefícios fiscais, além de escolher localidades que resultem em economia fiscal superior ao acréscimo de outros gastos.

– Escolha da melhor forma de apurar tributos: optar por uma forma de tributação mais adequada, como: Lucro Real, Lucro Presumido ou Simples Nacional.

– Incentivos fiscais: aproveitar isenções, deduções e créditos tributários previstos na legislação.

– Planejamento de operações: estruturar transações de maneira a minimizar a carga tributária por meio de atividades de reorganização societária e de momentos para ocorrência do fato gerador, que promovem o adiamento de reflexos financeiros como também o de faturamentos, quando possível, nos últimos dias do mês, ou que promovem antecipação de compras para utilizar imediatamente os créditos tributários.

- **Evasão Tributária** – envolve **práticas ilícitas** para evitar o pagamento de tributos. Essas práticas violam a legislação tributária e podem resultar em sanções, incluindo multas e processos criminais. A evasão ocorre após o fato gerador do tributo, ou seja, depois que a obrigação tributária já se concretizou. Exemplos de evasão incluem:

- **Omissão de receitas**: não declarar parte ou a totalidade dos rendimentos para reduzir a base de cálculo do imposto.

- **Falsificação de documentos**: criar ou alterar documentos fiscais para ocultar a real situação financeira.

- **Uso de "caixa dois"**: manter uma contabilidade paralela não oficial para esconder receitas e despesas.

- **Elusão Tributária** – práticas adotadas pelos contribuintes para **disfarçar ou ocultar a real obrigação tributária** com o objetivo de reduzir ou evitar o pagamento de tributos. Opera em uma linha tênue entre a legalidade e o abuso da liberdade quando da formulação do planejamento tributário, uma vez que **utiliza estratégias legais para evitar a incidência de tributos por meio de negócios jurídicos atípicos ou indiretos com o intuito de simular ou driblar a lei.** Nessa dimensão, não apenas a legalidade do planejamento tributário deve ser considerada, mas também a sua legitimidade. Envolve a criação de estruturas artificiais ou a manipulação de transações para ocultar a verdadeira natureza das operações financeiras. Embora possa haver uma aparência de legalidade, a elusão é frequentemente requalificada pela administração tributária como evasão fiscal, resultando em sanções.

  - **Simulação de Operações**: criar operações fictícias ou alterar a natureza de transações para obter benefícios fiscais indevidos.

– Uso de Paraísos Fiscais: transferir lucros para jurisdições com baixa tributação de forma artificial, sem que haja substância econômica real nessas localidades.

> **Atenção!**
>
> A principal diferença entre elisão e evasão tributária reside na legalidade das práticas adotadas. **Enquanto a elisão é uma forma legítima de planejamento tributário, a evasão é uma prática ilegal e antiética.** Além disso, a elisão geralmente ocorre antes do fato gerador do tributo, enquanto a evasão ocorre após o fato gerador.

12.5 Norma Antielisão

A fim de fortalecer a administração tributária no cumprimento de suas funções, a Lei Complementar nº 104, de 10 de janeiro de 2001, introduziu um parágrafo único ao artigo 116 do Código Tributário Nacional (CTN). De acordo com a exposição de motivos dessa lei, o objetivo era criar um instrumento eficaz para **combater abusos no planejamento tributário, especialmente aqueles que utilizam formas jurídicas indevidas para reduzir a carga tributária.** Esse dispositivo estabelece:

> Art. 116 - (...)
> Parágrafo Único - A autoridade administrativa poderá desconsiderar atos ou negócios jurídicos praticados com a finalidade de dissimular a ocorrência do fato gerador do tributo ou a natureza dos elementos constitutivos da obrigação tributária, observados os procedimentos a serem estabelecidos em lei ordinária.

Esse dispositivo pode ser analisado sob quatro aspectos fundamentais:

Capítulo 12 – PLANEJAMENTO TRIBUTÁRIO

- **Competência da autoridade administrativa**: confere à Administração Tributária o poder de desconsiderar atos ou negócios jurídicos.
- **Objeto de análise**: aplica-se a atos e negócios jurídicos que possam dissimular a realidade tributária.
- **Finalidade do ato**: a norma visa impedir práticas que ocultem a ocorrência do fato gerador ou alterem indevidamente os elementos da obrigação tributária.
- **Regulação por lei ordinária**: sua aplicação efetiva depende da definição de procedimentos específicos por normas infralegais.

Na prática, a aplicação da norma exige que a Administração Tributária demonstre, com base em elementos concretos, que houve dissimulação da realidade econômica e jurídica. Isso significa que **a requalificação do fato gerador não pode se basear apenas em presunções genéricas, sendo necessário distinguir a elisão fiscal legítima de práticas abusivas.** Para isso, considera-se:

- **Dissimulação:** quando o contribuinte **oculta o fato gerador** real, criando uma aparência jurídica distinta da realidade econômica.
- **Requalificação:** permite que a Administração Tributária redefina a natureza jurídica de um ato quando a forma adotada pelo contribuinte **não reflete a substância econômica da operação**.

Quanto à constitucionalidade formal, não há razões para considerar que a Lei Complementar nº 104/2001 tenha infringido qualquer dispositivo constitucional. A União possui competência para editar lei complementar que estabeleça normas gerais em matéria de legislação tributária, incluindo a disciplina do fato gerador, conforme previsto no artigo 146, inciso III, alíneas "a" e "b" da Constituição Federal.

O STF, por meio da Ação Direta de Inconstitucionalidade nº 2466, declarou, por maioria, a constitucionalidade do artigo 1º da Lei Complementar nº 104/2001, que acrescenta um parágrafo único ao artigo 116 do CTN. **A decisão destacou que essa previsão não retira incentivos nem proíbe o planejamento tributário**. Assim, o contribuinte continua tendo o direito de buscar economia fiscal por meios legítimos, organizando suas atividades de forma menos onerosa e, consequentemente, deixando de pagar tributos quando não houver a ocorrência do fato gerador, desde que este tenha sido evitado de maneira lícita.

Segundo o voto da Ministra Relatora Cármen Lúcia, a desconsideração prevista no dispositivo se aplica apenas a atos ou negócios jurídicos realizados com o **propósito de dissimular ou ocultar o fato gerador**. A ministra também esclareceu que a expressão "norma antielisão", frequentemente associada a essa regra, é inadequada, pois o dispositivo trata, na verdade, do combate à evasão fiscal, que é um conceito distinto. Na elisão fiscal, há uma redução legal dos tributos devidos, pois o contribuinte estrutura suas operações de forma a evitar a relação jurídica que daria origem à obrigação tributária. Já na evasão fiscal, ocorre a ocultação do fato gerador com a intenção de omitir-se do pagamento do tributo devido.

Outro ponto que merece destaque é o processo de regulamentação das normas antielisivas no Brasil. Esse tema representa um desafio para o fisco e contribuintes, pois as leis que regulamentarem tais normas devem ser **suficientemente abrangentes para combater planejamentos tributários abusivos sem comprometer a previsibilidade e a segurança jurídica.**

Capítulo 12 – PLANEJAMENTO TRIBUTÁRIO

Para isso, é necessário distinguir transações legítimas de estratégias artificiais, aplicando a norma apenas como último recurso em situações de evidente dissimulação. O equilíbrio entre a liberdade do contribuinte e o poder fiscalizatório do Estado é essencial para garantir que a tributação ocorra dentro dos limites constitucionais.

Na esfera Federal, a primeira tentativa de regulamentação ocorreu com a Medida Provisória 66/2002, que buscou esclarecer o alcance do parágrafo único do art. 116 do CTN. No entanto, a definição precária dos conceitos de propósito negocial e abuso de forma levou ao veto dos artigos 13 a 19 daquela MP, não tendo sido inseridos na Lei nº 10.637/2002. Posteriormente, em 2015, o Governo Federal editou a Medida Provisória nº 685/2015, exigindo que os contribuintes informassem operações que resultassem na supressão, redução ou diferimento de tributos. Essa tentativa também foi frustrada, pois a obrigação imposta aos contribuintes não correspondia à previsão de regulamentação por lei ordinária, levando à supressão dos artigos relevantes quando da conversão para a Lei nº 13.202/2015.

A ausência de regulamentação impacta diretamente os contribuintes, que ficam sujeitos à interpretação subjetiva dos agentes fiscais quanto à validade de seus planejamentos tributários. Nos últimos anos, o CARF tem utilizado os conceitos de **propósito negocial e abuso de forma** para desconsiderar planejamentos considerados abusivos, mesmo sem uma norma específica que defina de forma objetiva esses critérios. Como resultado, os contribuintes enfrentam um cenário de incerteza jurídica, correndo o risco de autuações fiscais, aplicação de multas e até representações fiscais para fins penais.

Essa insegurança jurídica é agravada pela atuação do fisco, que, ao desconsiderar negócios jurídicos legítimos, frequentemente os classifica como simulação, quando, na verdade, poderiam ser, no máximo, casos de dissimulação. Essa prática leva à constituição de créditos tributários questionáveis e à imposição de penalidades severas, sem que haja uma regulamentação do parágrafo único do artigo 116 do CTN. Dessa forma, os contribuintes são penalizados com base em interpretações dos auditores fiscais, que, sem critérios objetivos, requalificam operações legítimas como ilícitas, invertendo o ônus da prova e ampliando indevidamente a esfera de atuação do Estado.

Além disso, **a falta de normas sobre as regras antielisivas gera uma presunção indevida de sonegação fiscal nos planejamentos tributários**, contrariando o princípio da legalidade tributária. Esse cenário cria um ambiente instável, no qual os contribuintes, mesmo amparados pela Lei das Sociedades Anônimas e pelo Código Civil no direito de buscar a menor carga tributária, se veem sujeitos a autuações arbitrárias. **A inexistência de parâmetros legais para diferenciar elisão e evasão fiscal compromete a previsibilidade das decisões administrativas e judiciais, tornando o ambiente tributário incerto e prejudicial à livre-iniciativa.**

Até a edição da Lei Complementar nº 214/2025 a regulamentação detalhada no âmbito federal não tinha sido estabelecida, porém, alguns estados já haviam implementado regras antielisivas em suas legislações próprias. Em Minas Gerais, por exemplo, alterações nos artigos 205 e 206 da Lei nº 6.763/1975 permitem a desconsideração de negócios jurídicos para fins de tributação do ICMS, ITCMD e IPVA. No Rio de Janeiro, a Lei Estadual nº 6.357/2012 autoriza a fiscalização a desconsiderar operações que dissimulem a ocorrência do fato gerador do ICMS, incluindo transações sem finalidade econômica. As penalidades aplicáveis incluem o pagamento do imposto devido acrescido de juros e multa de 150%, com vigência desde 1º de julho de 2013.

Capítulo 12 – PLANEJAMENTO TRIBUTÁRIO

A recente **Reforma Tributária introduziu novas disposições antielisivas por meio da Lei Complementar nº 214/2025**, regulamentando o IBS e a CBS. A norma prevê a tributação de operações que possam ser utilizadas para elisão fiscal indevida, como fornecimento gratuito ou a preço inferior ao de mercado, brindes e bonificações não devidamente documentados, bem como a transmissão de bens para sócios ou acionistas em devolução de capital ou dividendos *in natura*. Essas medidas visam evitar que contribuintes utilizem brechas legais para minimizar sua carga tributária de maneira abusiva. Além disso, estabelece critérios para identificar "partes relacionadas", coibindo planejamentos artificiais que distorcem a base tributária. Com essa regulamentação, o Brasil busca alinhar sua legislação às diretrizes da OCDE, promovendo maior transparência e segurança jurídica.

Diante desse cenário, a regulamentação clara das normas antielisivas é essencial para garantir um equilíbrio entre a liberdade do contribuinte e o poder fiscalizatório do Estado. **A ausência de critérios objetivos pode levar a insegurança jurídica e autuações arbitrárias, prejudicando o ambiente de negócios**. Assim, os contribuintes devem adotar cuidados redobrados na estruturação de planejamentos tributários, documentando suas operações com robustez e garantindo que seus atos tenham propósito negocial legítimo. O acompanhamento por especialistas e a análise criteriosa da legislação vigente são fundamentais para evitar riscos fiscais desnecessários.

12.6 Simulação, Dissimulação, Dolo e Fraude

No contexto tributário, a distinção entre simulação, dissimulação, dolo e fraude é fundamental para compreender os limites entre planejamento tributário lícito e práticas abusivas ou ilegais. Esses conceitos são frequentemente mencionados pelo CTN, especialmente no que diz respeito à revisão de lançamentos, extinção de créditos tributários e outras medidas fiscais. No entanto, enquanto dolo, simulação e fraude têm sua origem no Direito Privado e Penal, a dissimulação é um conceito diretamente relacionado à legislação tributária.

A **simulação ocorre quando se cria uma aparência enganosa** em um ato ou contrato, induzindo o fisco a erro quanto à natureza real da operação. Trata-se de um **fingimento deliberado**, no qual o que é apresentado oficialmente não corresponde à realidade. **Envolve a celebração de um ato que aparentemente produz um efeito, mas que, na verdade, gera outro**, violando a transparência necessária nas relações jurídicas. O Código Civil (art. 167) trata da nulidade do negócio simulado, permitindo, contudo, que o negócio dissimulado tenha validade caso esteja em conformidade com a legislação. Seria o caso de celebração de um contrato de empréstimo para justificar a transferência de grandes quantias, quando, na verdade, se trata de uma doação ou pagamento por serviços não declarados.

Por outro lado, a **dissimulação**, apesar de ter um significado próximo ao da simulação, é utilizada no Direito Tributário para designar situações em que o contribuinte **oculta a realidade econômica da transação**. Enquanto a simulação cria uma realidade falsa, a dissimulação **esconde a verdadeira natureza dos fatos. Dissimular é fingir não ter o que se tem**, enquanto **simular é fingir ter o que não se tem**. No contexto tributário, a dissimulação pode se manifestar em situações como a ocultação de receitas ou a não emissão de documentos fiscais, com o objetivo de sonegar tributos.

O **dolo**, por sua vez, é um conceito do Direito Penal e refere-se **à intenção deliberada de um agente em causar dano a outrem**. No Direito Tributário, o dolo está frequentemente

Capítulo 12 – PLANEJAMENTO TRIBUTÁRIO

associado à tentativa de enganar o fisco, com plena consciência das consequências do ato praticado. Já a fraude possui um conceito mais amplo, abrangendo qualquer meio ardiloso utilizado para enganar terceiros, incluindo tanto a simulação quanto a dissimulação. Em termos tributários, a **fraude pode envolver a apresentação de informações falsas, a alteração de documentos fiscais ou a manipulação de balanços para reduzir a carga tributária.**

A distinção entre esses conceitos é essencial para que contribuintes e empresas compreendam os limites do planejamento tributário. Estratégias lícitas de redução da carga tributária são permitidas, desde que não envolvam mecanismos de simulação, dissimulação, dolo ou fraude.

12.7 Infração e Crime Contra a Ordem Tributária

O poder de punir aproxima-se do poder de tributar, pois ambos encontram fundamento na Constituição e são exercidos dentro dos limites estabelecidos pelo Estado Democrático de Direito. O poder de tributar confere ao Estado a capacidade de criar uma estrutura, dentro das competências e limites constitucionais, para obter recursos financeiros necessários à satisfação das demandas coletivas. Por outro lado, **o poder de punir visa assegurar a validade da ordem jurídica,** sendo, no contexto tributário, empregado com o propósito de garantir a arrecadação de tributos de forma eficaz.

Muito embora o próprio conceito de tributo definido pelo CTN exclua a ideia de sanção por ato ilícito como elemento constitutivo, o ordenamento jurídico prevê punições para condutas fraudulentas que prejudiquem a arrecadação estatal. Nesse contexto, as leis brasileiras estabelecem normas para coibir práticas fraudulentas que prejudiquem a arrecadação estatal, definindo condutas como infrações à legislação tributária e, em situações mais graves, **tipificando-as como crimes contra a ordem tributária.**

A distinção entre infração tributária e crime contra a ordem tributária deve sempre ser considerada nas atividades de planejamento tributário, sendo essencial para compreender a natureza e as consequências das práticas adotadas.

- **Infração Tributária:** configura-se quando o contribuinte **descumpre obrigações tributárias**, como deixar de recolher tributos ou apresentar informações inconsistentes, sem intencionalidade fraudulenta. Nesses casos, a penalidade se limita a sanções administrativas, como multas e juros moratórios.
- **Crime contra a Ordem Tributária:** configura-se quando há dolo, isto é, a **intenção deliberada de fraudar** o fisco para reduzir ou suprimir tributos. Nesses casos, além das sanções administrativas, o responsável pode responder criminalmente, estando sujeito a penas de reclusão e multa.

Os crimes contra a ordem tributária no Brasil contam com um histórico legislativo que começou a ser consolidado com a **Lei nº 4.729/1965**, a qual introduziu as primeiras definições de delitos tributários no país, com a intenção de intimidar condutas contrárias à arrecadação. Essa lei tratava de infrações como a **sonegação fiscal**, que envolvia omissão de informações ou falsificação de dados para evitar o pagamento de tributos. Essa lei marcou um passo importante ao prever punições específicas para essas condutas ilícitas e buscou proteger o sistema tributário nacional.

Capítulo 12 – PLANEJAMENTO TRIBUTÁRIO

635

Posteriormente, a **Lei nº 8.137/1990** foi promulgada para substituir e ampliar as disposições da Lei nº 4.729/65, revogando boa parte de seus dispositivos – que antes eram denominados de sonegação e que passaram a serem denominados como crimes contra a ordem tributária. A Lei nº 8.137/90 trouxe um conjunto mais abrangente de normas sobre crimes contra a ordem tributária, econômica e as relações de consumo, além de atualizar as penalidades.

Os crimes contra a ordem tributária, previstos na Lei nº 8.137/90, abrangem a supressão ou redução de tributos, consumada ou tentada, mediante a prática das seguintes condutas:

- Omissão de informações ou prestação de declarações falsas;
- Fraude na fiscalização;
- Falsificar ou deixar de fornecer documentos fiscais;
- Declaração fraudulenta.

> Art. 1° Constitui crime contra a ordem tributária suprimir ou reduzir tributo, ou contribuição social e qualquer acessório, mediante as seguintes condutas:
> I – Omitir informação, ou prestar declaração falsa às autoridades fazendárias;
> II – Fraudar a fiscalização tributária, inserindo elementos inexatos, ou omitindo operação de qualquer natureza, em documento ou livro exigido pela lei fiscal;
> III – Falsificar ou alterar nota fiscal, fatura, duplicata, nota de venda, ou qualquer outro documento relativo à operação tributável;
> IV – Elaborar, distribuir, fornecer, emitir ou utilizar documento que saiba ou deva saber falso ou inexato;
> V – Negar ou deixar de fornecer, quando obrigatório, nota fiscal ou documento equivalente, relativa à venda de mercadoria ou prestação de

> serviço, efetivamente realizada, ou fornecê-la em desacordo com a legislação.
> Pena – reclusão de 2 (dois) a 5 (cinco) anos, e multa.
> Parágrafo único. A falta de atendimento da exigência da autoridade, no prazo de 10 (dez) dias, que poderá ser convertido em horas em razão da maior ou menor complexidade da matéria ou da dificuldade quanto ao atendimento da exigência, caracteriza a infração prevista no inciso V.

As hipóteses previstas no art. 1º são classificadas como **crimes materiais**, nos quais a lei exige não apenas a prática de determinada conduta, mas também a **ocorrência de um resultado específico** — como a efetiva supressão ou redução de tributo — para que o crime se configure.

Assim, para a configuração desses crimes, é necessário o êxito das condutas tipificadas no sentido de suprimir ou reduzir o tributo. A supressão de tributo refere-se à sua eliminação, enquanto a redução significa diminuí-lo, isto é, não recolher o que deveria ter sido pago ao erário público.

As hipóteses do art. 2º são definidas como **Crimes Formais, os quais independem da efetiva supressão ou redução do tributo**, sendo, dessa forma, o resultado desnecessário para a consumação, bastando a mera prática da conduta.

> Art. 2° Constitui crime da mesma natureza:
> I – Fazer declaração falsa ou omitir declaração sobre rendas, bens ou fatos, ou empregar outra fraude, para eximir-se, total ou parcialmente, de pagamento de tributo;
> II – Deixar de recolher, no prazo legal, valor de tributo ou de contribuição social, descontado ou cobrado, na qualidade de sujeito passivo de obrigação e que deveria recolher aos cofres públicos;

Capítulo 12 – PLANEJAMENTO TRIBUTÁRIO

> III – exigir, pagar ou receber, para si ou para o contribuinte beneficiário, qualquer percentagem sobre a parcela dedutível ou deduzida de imposto ou de contribuição como incentivo fiscal;
> IV – Deixar de aplicar, ou aplicar em desacordo com o estatuído, incentivo fiscal ou parcelas de imposto liberadas por órgão ou entidade de desenvolvimento;
> V – Utilizar ou divulgar programa de processamento de dados que permita ao sujeito passivo da obrigação tributária possuir informação contábil diversa daquela que é, por lei, fornecida à Fazenda Pública.
> Pena – detenção, de 6 (seis) meses a 2 (dois) anos, e multa.

O combate às fraudes fiscais no Brasil não se limita aos crimes contra a ordem tributária previstos na Lei nº 8.137/1990. O Código Penal Brasileiro também contempla dispositivos que criminalizam condutas fraudulentas relacionadas à evasão de tributos e outras irregularidades no cumprimento das obrigações fiscais. Dentre essas infrações penais, destacam-se os seguintes crimes:

- **Descaminho (art. 334):** ocorre quando um indivíduo ilude, total ou parcialmente, o pagamento de imposto devido na entrada, saída ou consumo de mercadoria. A pena é de reclusão de um a quatro anos. É um crime frequentemente praticado no comércio ilegal de produtos importados sem a devida quitação dos tributos.
- **Apropriação Indébita Previdenciária (art. 168-A):** consiste em deixar de repassar à Previdência Social as contribuições recolhidas dos contribuintes, dentro do prazo e da forma legal ou convencional.

A pena prevista é de reclusão de dois a cinco anos e multa.

- **Sonegação de Contribuições Previdenciárias (art. 337-A):** ocorre quando o agente suprime ou reduz contribuição social previdenciária e qualquer acessório por meio de omissão de informações na folha de pagamento, não lançamento de valores devidos na contabilidade da empresa ou omissão de receitas ou lucros sujeitos à tributação.

O art. 83 da nº Lei 9.430/96 regula a representação fiscal para fins penais, exigindo que ela somente seja encaminhada ao Ministério Público após a decisão final administrativa que confirme a exigência do crédito tributário relacionado a crimes contra a ordem tributária ou a Previdência Social. Essa disposição assegura que, antes de qualquer ação penal, a situação tributária seja apurada de forma definitiva no âmbito administrativo.

12.8 Extinção de Punibilidade

A extinção de punibilidade consiste em um ato jurídico que faz com que o **Estado perca o direito de aplicar uma pena ou dar continuidade ao processo penal** contra uma pessoa. Isso significa que, por motivos estabelecidos em lei, o acusado deixa de ser punido, mesmo que tenha cometido o crime. Esse instituto está previsto na legislação brasileira como uma forma de estimular a regularização espontânea das obrigações fiscais e minimizar o impacto do crime tributário.

A Lei nº 9.249/1995, em seu artigo 34, estabelece que a punibilidade dos crimes contra a ordem tributária definidos na Lei nº 8.137/1990 **é extinta quando o agente promove o paga-**

Capítulo 12 – PLANEJAMENTO TRIBUTÁRIO

mento do tributo ou da contribuição social, inclusive de seus acréscimos, antes do recebimento da denúncia.

No caso específico das contribuições previdenciárias, o Código Penal prevê mecanismos semelhantes. O artigo 168-A, § 2º, determina que a punibilidade é extinta se o agente, espontaneamente, **declarar, confessar e efetuar o pagamento das contribuições e valores devidos à Previdência Social antes do início da ação fiscal**. Já o § 3º desse mesmo, versa sobre o perdão judicial, que consiste na possibilidade de o juiz **deixar de aplicar a pena privativa de liberdade ou substituí-la por multa**, desde que o agente seja primário e tenha bons antecedentes. Para tanto, ele deve ter realizado o pagamento da contribuição social previdenciária e seus acessórios após o início da ação fiscal, mas antes da denúncia, ou quando o valor devido for inferior ao mínimo estabelecido administrativamente para execução fiscal.

O art. 337-A do Código Penal também prevê a extinção da punibilidade nas mesmas condições do artigo 168-A. O juiz pode, ainda, reduzir a pena ou aplicar apenas a multa caso o empregador seja pessoa física e sua folha de pagamento mensal seja inferior a um determinado limite. Para o ano de 2025 a Portaria Interministerial MPS/MF nº 6, de 10 de janeiro de 2025, fixou em R$ 7.201,70.

O art. 15 da Lei nº 9.964/2000 também disciplina a suspensão da pretensão punitiva quando a pessoa jurídica relacionada ao agente do crime é incluída no Programa de Recuperação Fiscal (Refis) antes do recebimento da denúncia criminal, e, durante esse período, também fica suspensa a prescrição criminal. Essas regras são aplicáveis a outros programas de recuperação fiscal instituídos pelos entes federados e a parcelamentos da União. **A punibilidade é extinta quando há o pagamento integral dos débitos tributários e das contribuições sociais,**

640

CONTABILIDADE TRIBUTÁRIA

incluindo seus acréscimos, desde que o parcelamento tenha sido concedido antes da denúncia criminal.

> **Na prática!**
>
> A legislação prevê hipóteses de suspensão e extinção da pretensão punitiva do Estado, como no caso de parcelamento do débito tributário. Nessas situações, a representação fiscal só é encaminhada ao Ministério Público se houver exclusão do parcelamento. Enquanto o parcelamento estiver vigente e tiver sido formalizado antes do recebimento da denúncia, a pretensão punitiva fica suspensa e a prescrição criminal não ocorre. Caso o débito seja integralmente quitado, com todos os acréscimos legais, a punibilidade é extinta. Essas regras, porém, não se aplicam quando a legislação veda o parcelamento do débito.

12.9 Metodologia e Processo de Elaboração

A elaboração de um planejamento tributário compreende seis fases:

1) Pesquisa do fato objeto do planejamento;
2) Articulação das questões fiscais;
3) Estudo dos aspectos jurídicos;
4) Conclusão;
5) Formalização do planejamento; e
6) Implementação e acompanhamento.

A elaboração de um planejamento fiscal inicia-se com o levantamento de dados pertinentes às operações industriais, negócios mercantis e prestações de serviços, realizados pela empresa, que estejam relacionados direta e indiretamente, com as questões fiscais abrangidas pelo planejamento. O planejamento deverá obter dados sobre os seguintes itens:

Capítulo 12 – PLANEJAMENTO TRIBUTÁRIO

- Estrutura e atividades operacionais da empresa.
- Qualificação fiscal de seus estabelecimentos, em face do IPI, ICMS e ISS.
- Particularidades das operações industriais, negócios mercantis e prestações de serviços abrangidos pelo planejamento tributário.

A coleta de dados ocorre por meio de entrevistas formais com responsáveis pelas operações e pesquisas, e análises nos documentos e livros fiscais. Além disso, deve-se mapear transações empresariais para compreender:

- Origem dos negócios (produção, comercialização, prestação de serviços).
- Impactos das transações entre empresas (aluguéis, serviços, repasses de custos, mútuos financeiros e mercadorias).
- Estrutura societária, identificando *holdings*, empresas operativas, controle acionário e interdependências.
- Perfil contábil e fiscal, verificando benefícios fiscais, passivos tributários e contenciosos.

A análise deve incluir a revisão da estrutura societária para simplificação e otimização tributária, evitando participações cruzadas e impactos financeiros indesejados. Outro ponto essencial é a discussão das diretrizes estratégicas, considerando:

- Política de distribuição de lucros e remuneração de dirigentes.
- Investimentos em tecnologia, expansão e novos produtos.
- Expectativas de alienação de ativos.
- Projeções de resultados.

Com base no levantamento de dados, são definidas as **questões a serem abordadas no planejamento** tributário, estabelecendo se o objetivo é anular, reduzir ou postergar o ônus tributário.

A seguir, inicia-se a pesquisa de legislação pertinente, jurisprudências e doutrinas a respeito de:

- Princípios jurídicos que norteiam o planejamento.
- Diretrizes jurídicas que garantem sua legitimidade.
- Conceitos tributários relevantes.
- Procedimentos normativos para execução do planejamento.

Na conclusão são organizados os dados coletados e a análise aprofundada dos impactos fiscais e societários. Essa etapa visa tanto a economia fiscal quanto a identificação de possíveis riscos e contingências tributárias.

Abrange também o trabalho de **articulação das respostas referentes às questões formuladas**, com base no trabalho desenvolvido na fase anterior, consistindo na organização lógica dos dados obtidos nas etapas anteriores e na análise dos mesmos, buscando-se identificar os aspectos fiscais e societários mais relevantes, concernentes a cada uma das empresas a serem envolvidas no processo de planejamento tributário, tanto do ponto de vista de economia fiscal, como do ponto de vista de áreas de risco que possam representar contingências fiscais.

A formalização consiste **na identificação e apresentação de alternativas de planejamento tributário que busquem atender aos objetivos propostos** e que contemplem a melhor configuração fiscal e negocial, levando-se em consideração as

Capítulo 12 – PLANEJAMENTO TRIBUTÁRIO

projeções futuras de resultado, bem como os impactos que modificações na legislação fiscal possam trazer às metas propostas.

A formalização do planejamento deve ser concisa e objetiva, abordando:

- O fato gerador do planejamento.
- Questões fiscais identificadas.
- Estudo jurídico-fiscal e suas conclusões.
- Representações gráficas das soluções propostas.
- Nessa etapa, também são destacadas alternativas que exigem estudos adicionais, como legislações específicas nacionais e internacionais.

A implementação ocorre com base em um cronograma detalhado, definindo prazos e responsáveis. **O acompanhamento contínuo é essencial para ajustes necessários e avaliação dos resultados.** O monitoramento deve considerar:

- Execução das estratégias dentro do prazo.
- Indicadores de desempenho.
- Mudanças na legislação que possam impactar os benefícios fiscais previstos.

Esse processo garante que o planejamento fiscal seja dinâmico e eficaz, adaptando-se às condições do mercado e à evolução das normas tributárias.

O ideal é formar um grupo de trabalho com três funções principais: acompanhar a implementação das ações sugeridas, avaliar os indicadores de desempenho que comprovem o avanço em direção aos objetivos propostos e monitorar eventuais mudanças na legislação que possam afetar os benefícios esperados.

12.10 Casos Práticos – Opções Tributárias

Com base nas informações sobre o Sistema Tributário Nacional e regras de apuração de cada tributo abordadas nos capítulos anteriores, desenvolveremos estudos de casos abordando possibilidades de escolhas dos regimes tributários Lucro Real, Lucro Presumido, além da opção pelo Simples Nacional em empresas que atuam nos segmentos industriais, comerciais e de prestação de serviços. Destacamos que na análise dos casos trabalharemos apenas com as regras gerais, não sendo objetivo esgotar o tema, mas tão somente fornecer um subsídio para auxílio da escolha da melhor hipótese de tributação.

12.10.1 Empresa Industrial

A Industrial ABC Ltda. foi tributada pelo Lucro Presumido no ano de 2024, auferindo receitas de R$ 2.850.000,00. Ao realizar seu plano orçamentário, pretende verificar a possibilidade de alterar sua forma de tributação para 2025, por ter avaliado que o ônus tributário foi excessivamente alto. As informações do plano orçamentário de 2025 indicam que o faturamento da empresa será de R$ 3.450.000,00.

Para fins didáticos, consideraremos as receitas de vendas como lineares ao longo dos anos. Assim, em 2024, a receita mensal será de R$ 237.500,00 (R$ 2.850.000,00 ÷ 12) e, em 2025, de R$ 287.500,00 (R$ 3.450.000,00 ÷ 12).

O faturamento da empresa possibilita a opção pelo Simples Nacional (Anexo II). A empresa fabrica um só produto o qual é tributado com alíquota de IPI de 10% e ICMS de 20%.

Capítulo 12 – PLANEJAMENTO TRIBUTÁRIO

A empresa estima os seguintes gastos operacionais:

- Mão de obra direta R$ 517.500 ao ano;
- Aquisição de matérias-primas R$ 690.000 ao ano;
- Despesas operacionais mensais são estimadas em:
  - Salários Administração — R$ 15.000,00
  - Aluguel — R$ 20.000,00
  - Depreciações — R$ 6.000,00
  - Energia — R$ 12.000,00
  - Telefonia — R$ 5.000,00
  - Despesas Gerais — R$ 16.000,00
  - Despesas Administrativas — R$ 7.000,00
  - Pró-labore — R$ 10.000,00

As matérias-primas compradas e aplicadas na produção possibilitam créditos tributários de PIS (1,65%) e COFINS (7,6%) no regime não cumulativo, ICMS (18%) e IPI (10%). Sabe-se ainda que 90% dos gastos com energia são aplicados na produção do produto e possibilitam crédito tributário de ICMS com alíquota de 18%. Não há previsão de estoques finais de matérias-primas e produtos acabados.

Os gastos com mão de obra incluem o 13º salário e 1/3 sobre férias, e não incluem a Contribuição Patronal Previdenciária, Risco Ambiental do Trabalho (Leve), terceiros e FGTS.

A empresa foi contemplada pela desoneração da folha de pagamento, com alíquota de 2,5% aplicada ao longo do ano de 2024.

Para efeitos de análise do Lucro Real, foi constatado que a empresa possui despesas não dedutíveis no valor de R$ 15.600,00 e receitas não tributadas no valor de R$ 3.800,00.

Com base nas informações fornecidas pela Industrial ABC Ltda., procederemos à análise do melhor enquadramento tributário para a empresa. Iniciaremos essa avaliação projetando os valores a serem pagos caso a opção seja pelo Simples Nacional. O primeiro passo consiste na projeção da Receita Bruta Acumulada dos doze meses anteriores ao período de apuração (RBT 12m).

Tabela 12.1 – Projeção da RBT12 e alíquota efetiva em 2025

Competência	RBT 12 m	% Nominal	Parcela a deduzir	% Efetiva
jan/25	R$ 2.850.000,00	14,70%	R$ 85.500,00	11,70%
fev/25	R$ 2.900.000,00	14,70%	R$ 85.500,00	11,75%
mar/25	R$ 2.950.000,00	14,70%	R$ 85.500,00	11,80%
abr/25	R$ 3.000.000,00	14,70%	R$ 85.500,00	11,85%
mai/25	R$ 3.050.000,00	14,70%	R$ 85.500,00	11,90%
jun/25	R$ 3.100.000,00	14,70%	R$ 85.500,00	11,94%
jul/25	R$ 3.150.000,00	14,70%	R$ 85.500,00	11,99%
ago/25	R$ 3.200.000,00	14,70%	R$ 85.500,00	12,03%
set/25	R$ 3.250.000,00	14,70%	R$ 85.500,00	12,07%
out/25	R$ 3.300.000,00	14,70%	R$ 85.500,00	12,11%
nov/25	R$ 3.350.000,00	14,70%	R$ 85.500,00	12,15%
dez/25	R$ 3.400.000,00	14,70%	R$ 85.500,00	12,19%

Fonte: Elaborada pelo autor, 2025.

Com base nessas informações, o cálculo da RBT 12m para a competência de janeiro de 2025 será realizado a partir da soma das receitas brutas mensais do período de janeiro a dezembro de 2024. Conforme os dados apresentados, a receita total de 2024 foi de R$ 2.850.000,00.

Capítulo 12 – PLANEJAMENTO TRIBUTÁRIO

Para a competência fev/25, o cálculo da RBT 12m abrangerá o período de fev/24 a jan/25, totalizando R$ 2.900.000,00 (11 meses X R$ 237.500,00 + 1X R$ 287.500,00).

Na competência de mar/25, a RBT 12m corresponderá ao período de mar/24 a fev/25, totalizando R$ 2.950.000,00 (10 meses x R$ 237.500,00 + 2 meses x R$ 287.500,00).

Procedemos da mesma forma para as demais competências. Assim, com a competência dez/25, o cálculo abrangerá o período de Dez/24 a Nov/25, ou seja, R$ 3.400.000,00 (R$ 237.500,00 + 11 meses X R$ 287.500,00).

Para o cálculo da alíquota da efetiva, foram utilizadas as informações constantes do Anexo II da Lei Complementar nº 123/2006. De acordo com o RBT 12m, ao longo de 2025, a empresa será enquadrada na 5ª Faixa que abrange receita bruta de R$ 1.800.000,01 a R$ 3.600.000,00, com alíquota nominal de 14,70% e parcela a deduzir no valor de R$ 85.500,00. A alíquota efetiva de cada mês será obtida por meio da seguinte equação:

[(RBT 12m X Alíquota nominal) – parcela a deduzir]/ RBT 12 m

Exemplificando: a alíquota efetiva da competência de jan/25 será apurada da seguinte maneira:

$$\frac{\textbf{((R\$ 2.850.000,00 X 14,7\%) - R\$ 85.500,00)}}{\textbf{R\$ 2.850.000,00}} = \textbf{0,117} = \textbf{11,70\%}$$

Apurada a alíquota efetiva de cada competência, conforme acima demonstrado, podemos apurar os valores que serão recolhidos multiplicando a receita bruta mensal pela alíquota efetiva apurada.

648   CONTABILIDADE TRIBUTÁRIA

Tabela 12.2 – Valores a recolher Simples Nacional exercício 2025

Competência	Receita bruta mensal	Alíquota Efetiva	Valor a Recolher
jan/25	R$ 287.500,00	11,70%	R$ 33.637,50
fev/25	R$ 287.500,00	11,75%	R$ 33.786,21
mar/25	R$ 287.500,00	11,80%	R$ 33.929,87
abr/25	R$ 287.500,00	11,85%	R$ 34.068,75
mai/25	R$ 287.500,00	11,90%	R$ 34.203,07
jun/25	R$ 287.500,00	11,94%	R$ 34.333,06
jul/25	R$ 287.500,00	11,99%	R$ 34.458,93
ago/25	R$ 287.500,00	12,03%	R$ 34.580,86
set/25	R$ 287.500,00	12,07%	R$ 34.699,04
out/25	R$ 287.500,00	12,11%	R$ 34.813,64
nov/25	R$ 287.500,00	12,15%	R$ 34.924,81
dez/25	R$ 287.500,00	12,19%	R$ 35.032,72
Total	**R$ 3.450.000,00**		**R$ 412.468,46**

Fonte: Elaborada pelo autor, 2025.

A opção pelo Simples Nacional implicará o recolhimento unificado dos tributos IPI, ICMS, PIS, Cofins, IRPJ, CSLL e CPP, totalizando **R$ 412.468,46.**

Realizada a projeção do Simples Nacional, vamos, agora, analisar a opção da empresa pelo Lucro Presumido. Nessa hipótese, assim como na opção pelo Lucro Real, haverá incidência sobre o faturamento do IPI e ICMS, sendo aplicadas sobre as receitas as alíquotas de 10% e 18%, respectivamente, podendo a empresa recuperar os valores do ICMS sobre as compras de materiais além de 90% dos gastos com energia. Poderá ainda recuperar o IPI que incidiu sobre as aquisições de materiais.

Capítulo 12 – PLANEJAMENTO TRIBUTÁRIO

Incidirá ainda sobre o faturamento as contribuições para o PIS e a COFINS na modalidade cumulativa com alíquotas de 0,65% e 3%.

A base de cálculo do IRPJ será de 8% e da CSLL 12% sobre a receita bruta de vendas, uma vez que o plano orçamentário não informa a previsão de ganhos de capital a serem adicionados na base de cálculo do IRPJ e CSLL. A base de cálculo do IRPJ apurada foi de **R$ 276.000,00**, resultante da aplicação do percentual de 8% sobre a receita bruta de R$ 3.450.000,00. O valor do IRPJ devido é de **R$ 41.400,00** (15% sobre R$ 276.000,00).

Em razão do excedente em relação ao limite de R$ 240.000,00, há a incidência do adicional do IRPJ no valor de **R$ 3.600,00**, calculado da seguinte forma: (R$ 276.000,00 – R$ 240.000,00) x 10%.

Quanto à CSLL, a base de cálculo corresponde a **R$ 414.000,00**, obtida pela aplicação do percentual de 12% sobre a receita bruta de R$ 3.450.000,00. O valor da CSLL é de **R$ 37.260,00** (15% sobre R$ 414.000,00).

Iniciamos essa análise apurando os valores a recuperar de IPI, ICMS, PIS e COFINS:

Tabela 12.3 – Projeção dos Créditos tributários – 2025

Gasto	Valor	ICMS		IPI		PIS/Cofins	
		%	R$	%	R$	%	R$
Matérias-primas	690.000,00	18	124.200,00	10	69.000,00	9,25	52.336,50
Aluguel	240.000,00					9,25	22.200,00
Energia	144.000,00	18	23.328,00			9,25	11.162,16
Depreciações	72.000,00					9,25	6.660,00
Total de Créditos	1.146.000,00		147.528,00		69.000,00		92.358,66

Fonte: Elaborada pelo autor, 2025.

Convém destacar que o crédito de ICMS sobre a energia elétrica corresponde a apenas 90% dessa despesa, conforme indicado no enunciado. Esse aproveitamento parcial decorre das restrições impostas pela Lei Complementar nº 87/1996, que permite o aproveitamento do crédito do ICMS destacado nas faturas de energia elétrica apenas nas seguintes hipóteses:

– quando a energia for objeto de operação de saída;

– quando for consumida no processo de industrialização; ou

– quando o consumo resultar em operação de saída ou prestação para o exterior, sendo, nesse caso, o crédito proporcional ao total das saídas ou prestações.

Assim, as empresas industriais e comerciais que queiram se creditar do ICMS devem possuir laudo técnico emitido por um perito para quantificar a energia elétrica consumida pela industrialização ou obter esses valores separados das atividades administrativas. Dessa forma, o valor do crédito de ICMS, no montante de R$ 23.328,00, foi apurado da seguinte forma:

R$ 144.000,00 × 90% × 18%.

Na apuração dos créditos de PIS e Cofins, o valor do ICMS foi excluído da base de cálculo, conforme entendimento atual da legislação e jurisprudência. Assim, o valor do crédito relativo às matérias-primas (R$ 52.336,50) foi calculado da seguinte maneira:

(R$ 690.000,00 – R$ 124.200,00) × 9,25%.

Capítulo 12 – PLANEJAMENTO TRIBUTÁRIO

A alíquota de 9,25% corresponde à soma das alíquotas do PIS (1,65%) e da Cofins (7,6%).

Os créditos tributários devem ser deduzidos dos gastos para efeitos de reconhecimento das despesas; uma vez que esses valores constituem direito da empresa, logo serão reconhecidos como Ativo Circulante (tributos a recuperar). Os valores que serão reconhecidos na projeção da demonstração do resultado do exercício, deduzidos dos créditos tributários correspondentes, serão:

Tabela 12.4 – Projeção dos gastos após a dedução dos créditos tributários

Gasto	Lucro Presumido		
	Valor Bruto	CT	Valor Líquido
Materiais	R$ 690.000,00	R$ 193.200,00	**R$ 496.800,00**
Aluguel	R$ 240.000,00		**R$ 240.000,00**
Energia	R$ 144.000,00	R$ 23.328,00	**R$ 120.672,00**
Depreciações	R$ 72.000,00		**R$ 72.000,00**
Total	**R$ 1.146.000,00**	**R$ 216.528,00**	**R$ 929.472,00**

Fonte: Elaborada pelo autor, 2025.

Caso a opção seja Lucro Real, a empresa poderá recuperar créditos de PIS e COFINS sobre as aquisições de materiais, aluguéis pagos a pessoas jurídicas, depreciações e gastos totais com energia, com a alíquota de 1,65% para o PIS e 7,6% para a COFINS.

Tabela 12.5 – Projeção dos gastos após a dedução dos créditos tributários

Gasto	Lucro Real		
	Valor Bruto	CT	Valor Líquido
Materiais	R$ 690.000,00	R$ 193.200,00	**R$ 444.463,50**
Aluguel	R$ 240.000,00	R$ 22.200,00	**R$ 217.800,00**
Energia	R$ 144.000,00	R$ 34.490,16	**R$ 109.509,84**

Depreciações	R$ 72.000,00	R$ 6.660,00	**R$ 65.340,00**
Total	**R$ 1.146.000,00**	**R$ 308.886,66**	**R$ 837.113,34**

Fonte: Elaborado pelo autor, 2025.

No que se refere à tributação sobre a folha de pagamento dos trabalhadores, a opção pelo Simples Nacional já contempla as contribuições previdenciárias no valor unificado do tributo. Por outro lado, no regime do Lucro Presumido ou do Lucro Real, a empresa está sujeita ao recolhimento da Contribuição Patronal Previdenciária (CPP), com alíquota de 20% sobre a remuneração de empregados e contribuintes individuais que prestam serviço à empresa. Além disso, incidem o adicional do Risco Ambiental do Trabalho (RAT), com alíquota de 1%, e as contribuições destinadas a terceiros, com alíquota de 5,8%, ambas calculadas sobre a remuneração dos empregados.

Como a empresa foi contemplada pela desoneração da folha de pagamento, deve-se realizar uma comparação antes de definir a melhor forma de tributação. A desoneração da folha substitui a contribuição patronal previdenciária que incide sobre a folha de salários pela tributação sobre a receita.

Tabela 12.6 – Projeção dos tributos sobre a folha de pagamento 2025

Gasto	Base de Cálculo	CPP em R$		RAT em R$		Terceiros em R$	
Mão de obra	517.500,00	20%	103.500,00	1%	5.175,00	5,8%	30.015,00
Salários	180.000,00	20%	36.000,00	1%	1.800,00	5,8%	10.440,00
Pró-labore	120.000,00	20%	24.000,00				
Total	**817.500,00**		**163.500,00**		**6.975,00**		**40.455,00**

Fonte: Elaborada pelo autor, 2025.

Capítulo 12 – PLANEJAMENTO TRIBUTÁRIO

653

Conforme definido no problema, a alíquota a ser aplicada da Contribuição Previdenciária sobre a Receita Bruta (CPRB) é de 2,5% sobre o faturamento. Para o cálculo da CPRB em 2025 a alíquota a ser aplicada será de 2%, tendo em vista a redução de 20% da alíquota aplicada ao longo do ano de 2024 [2,5% X (1 – 0,2)]. Caberá ainda a aplicação da alíquota de 5% sobre a folha de pagamento.

Assim, o valor previsto será R$ 69.000,00 (2% X R$ 3.450.000,00) acrescido de R$ 40.875,00 de tributação sobre a folha (5% R$ 817.500,00), **totalizando R$ 109.875,00**, valor menor do que a CPP de 20% incidente sobre a folha de pagamento que seria de R$ 163.500,00, [20% X (R$ 517.500,00 + R%180.000,00 + R$ 120.000,00)], sendo viável para recolher a CPRB em substituição a CPP no caso de optar pelo Lucro Presumido ou Real, destacando a existência de vedação de opção pela desoneração da folha de pagamento no caso da opção pelo Simples Nacional das empresas enquadradas nos Anexos I, II, III e V da Lei Complementar nº 123/2006.

A projeção da demonstração do resultado do exercício, adaptada para cada regime de tributação, permite que sejam realizadas as comparações necessárias para a tomada de decisão da melhor opção tributária.

Caso a opção da empresa seja Lucro Real, esse será apurado tendo por base o Lucro Ajustado. Para isso, será necessário apurar o LAIR e, após, ajustá-lo com as adições, no caso do problema R$ 15.600,00 provenientes de despesas não dedutíveis e exclusões no valor de R$ 3.800,00 decorrentes de receitas não tributadas. Nesse caso, não há valores a serem compensados, devido à inexistência de saldos de prejuízos fiscais. Assim, a base de cálculo do IRPJ e da CSLL é de R$ 312.781,66 (R$ 300.981,66 + R$ 15.600,00 - R$ 3.800,00).

O valor do IRPJ será de R$ 46.917,25 (R$ 312.781,66 × 15%).

O valor do adicional do IRPJ será de R$ 7.278,17 [(R$ 312.781,66 - R$ 240.000,00) × 10%].

O valor da CSLL será de R$ 28.150,35 (R$ 312.781,66 × 9%).

Tabela 12.7 – Resultado do exercício projetado por regime de tributação

	Simples Nacional		Lucro Presumido		Lucro Real
Faturamento Bruto	3.450.000,00		3.795.000,00		3.795.000,00
(-) IPI		10%	345.000,00	10%	345.000,00
(=) Receita Bruta	3.450.000,00		3.450.000,00		3.450.000,00
(-) Deduções	412.468,46		859.740,00		1.014.300,00
ICMS		20%	690.000,00	20%	690.000,00
PIS		1%	17.940,00	2%	45.540,00
Cofins		3%	82.800,00	8%	209.760,00
Simples Nacional	412.468,46				
CPRB		2%	69.000,00	2%	69.000,00
(=) Receita Líquida	3.037.531,54		2.590.260,00		2.435.700,00
(-) Custos Operacionais	1.207.500,00		1.014.300,00		961.963,50
Mão de Obra	517.500,00		517.500,00		517.500,00
Matéria primas (CT)	690.000,00		496.800,00		444.463,50
(=) Lucro Bruto	1.830.031,54		1.575.960,00		1.473.736,50
(-) Despesas Operacionais	1.147.800,00		1.212.777,00		1.172.754,84
Salários Administração	180.000,00		180.000,00		180.000,00
Pró-labore	120.000,00		120.000,00		120.000,00
Cont Prev. Patronal		5%	40.875,00	5%	40.875,00

Capítulo 12 – PLANEJAMENTO TRIBUTÁRIO

RAT			1%	6.975,00	1%	6.975,00
Terceiros			6%	40.455,00	6%	40.455,00
FGTS	8%	55.800,00	8%	55.800,00	8%	55.800,00
Aluguel (CT)		240.000,00		240.000,00		217.800,00
Depreciações (CT)		72.000,00		72.000,00		65.340,00
Energia (CT)		144.000,00		120.672,00		109.509,84
Telefonia		60.000,00		60.000,00		60.000,00
Desp. Gerais		192.000,00		192.000,00		192.000,00
Desp Adm.		84.000,00		84.000,00		84.000,00
(=) LAIR		**682.231,54**		**363.183,00**		**300.981,66**
(+) Adições						15.600,00
(-) Exclusões						3.800,00
(-) Compensações						
(=) Base de Cálculo IRPJ		**682.231,54**		**276.000,00**		**312.781,66**
(-) IRPJ			15%	41.400,00	15%	46.917,25
(-) Adicional IRPJ			10%	3.600,00	10%	7.278,17
(=) Base de Cálculo CSLL				**414.000,00**		**312.781,66**
(-) CSLL			9%	37.260,00	9%	28.150,35
(=) LAPIR		**682.231,54**		**280.923,00**		**218.635,90**

Fonte: Elaborada pelo autor, 2025.

De acordo com as informações projetadas, a melhor hipótese de tributação para essa empresa será o Simples Nacional, o qual permitirá o maior resultado. Cabe ainda uma análise em relação ao Fluxo de Caixa tributário, na qual será evidenciado o valor que seria devido por cada tributo no período em análise. Nessa perspectiva, fica evidente a importância da elaboração do plano orçamentário e planejamento tributário, uma vez que uma escolha indevida impactará significativamente no fluxo de caixa da entidade.

Tabela 12.8 – Fluxo de caixa tributário

Tributo	Simples Nacional	Lucro Presumido	Lucro Real
IPI a Recolher		345.000,00	345.000,00
(-) IPI a Recuperar		- 69.000,00	- 69.000,00
ICMS a recolher		690.000,00	690.000,00
(-) ICMS a recuparar		- 147.528,00	- 147.528,00
Pis cofins a recolher		100.740,00	255.300,00
(-) Pis cofins a recuperar			- 92.358,66
Simples Nacional	412.468,46	-	-
CPP	-	109.875,00	109.875,00
RAT	-	6.975,00	6.975,00
Terceiros	-	40.455,00	40.455,00
FGTS	55.800,00	55.800,00	55.800,00
IRPJ	-	45.000,00	54.195,42
CSLL	-	37.260,00	28.150,35
Total	468.268,46	1.214.577,00	1.276.864,10

Fonte: Elaborada pelo autor, 2025.

QR Code para acesso à planilha Livro Estudo de caso 12.10.1

12.10.2 Empresa Comercial

A Comercial CDE Ltda. foi tributada pelo Lucro Real no ano de 2024, auferindo receitas totais de R$ 4.000.000,00. Ao realizar seu plano orçamentário para 2025, projetou receita bruta de vendas de R$ 4.300.000,00, custo de mercadorias vendidas de R$ 2.300.000,00, sendo este o valor das compras para efeitos do planejamento a ser elaborado.

A Alíquota do ICMS nas operações internas é de 18% e a empresa não realiza operações interestaduais. Considere que a empresa toma crédito de ICMS sobre as compras e 90% dos gastos com energia.

A empresa estima os seguintes gastos operacionais:

- 1) Salários   R$ 400.000,00
- 2) Aluguel   R$ 30.000,00 ao mês
- 3) Depreciações   R$ 5.000,00 ao mês
- 4) Energia   R$ 15.000,00 ao mês
- 5) Telefonia   R$ 1.500,00 ao mês
- 6) Despesas Gerais   R$ 3.000,00 ao mês
- 7) Despesas Administrativas   R$ 2.000,00 ao mês
- 8) Pró-labore   R$ 10.000,00 ao mês

O valor dos gastos com salários já inclui o 13º salário e 1/3 sobre férias, não sendo computada a contribuição patronal previdenciária, risco ambiental do trabalho (risco preponderante leve), terceiros e FGTS.

Para efeitos de análise do Lucro Real, foi constatado que a empresa possui despesas não dedutíveis no valor de R$ 21.000,00 e receitas não tributadas no valor de R$ 5.000,00. A empresa ainda possui saldo de prejuízo fiscal de exercícios anteriores no valor de R$ 40.000,00.

Iniciamos a análise projetando os valores que deverão ser pagos pela empresa, caso a opção seja o Simples Nacional. Para isso, o primeiro passo é a projeção da receita bruta acumulada nos doze meses anteriores ao período de apuração – RBT 12m, apuração da alíquota efetiva e o valor a recolher.

De acordo com as informações do problema, a receita bruta de vendas em 2024 foi de R$ 4.000.000,00, valor que servirá de base para o cálculo da alíquota efetiva em Jan/2025.

Para o cálculo da alíquota da efetiva, foram utilizadas as informações constantes do Anexo I da Lei Complementar nº 123/2006. Ao longo de 2025 a empresa será enquadrada na 6ª Faixa, a qual contempla receita bruta total entre R$ 3.600.000,01 a R$ 4.800.000,00, tendo em vista que os valores estimados de RBT 12m variam entre R$ 4.000.0000,00, em Jan/2025, a R$ 4.275.000,00, em Dez/2025. Assim, para o cálculo da alíquota efetiva, aplica-se a alíquota nominal de 19% e parcela a deduzir no valor de R$ 378.000,00.

Como a receita bruta da empresa ultrapassou R$ 3.600.000,00, o ICMS não será contemplado pelo Simples Nacional e o cálculo da alíquota efetiva deverá ser apurado com o acréscimo da parcela do ICMS, com base nas informações da 5ª Faixa, onde é aplicada a alíquota nominal de 14,3% e parcela a deduzir no valor de R$ 87.300,00.

Tabela 12.9 – Projeção da receita bruta acumulada e alíquota efetiva em 2025

RBT 12 m	Alíquota Nominal	Parcela a Deduzir	Alíquota Efetiva
R$ 4.000.000,00	19,00%	R$ 378.000,00	13,6094%
R$ 4.025.000,00	19,00%	R$ 378.000,00	13,6726%
R$ 4.050.000,00	19,00%	R$ 378.000,00	13,7351%
R$ 4.075.000,00	19,00%	R$ 378.000,00	13,7967%
R$ 4.100.000,00	19,00%	R$ 378.000,00	13,8577%
R$ 4.125.000,00	19,00%	R$ 378.000,00	13,9179%
R$ 4.150.000,00	19,00%	R$ 378.000,00	13,9774%

Capítulo 12 – PLANEJAMENTO TRIBUTÁRIO

R$ 4.175.000,00	19,00%	R$ 378.000,00	14,0361%
R$ 4.200.000,00	19,00%	R$ 378.000,00	14,0942%
R$ 4.225.000,00	19,00%	R$ 378.000,00	14,1516%
R$ 4.250.000,00	19,00%	R$ 378.000,00	14,2083%
R$ 4.275.000,00	19,00%	R$ 378.000,00	14,2643%

Fonte: Elaborada pelo autor, 2025.

A alíquota efetiva de cada mês será obtida por meio da seguinte equação:

{[(RBT 12m X 19%) – 378.000]/RBT 12m} + {[(RBT 12m X 14,3%) – 87.300]/RBT 12m} X 33,5%

Exemplificando, temos que a alíquota efetiva das competências Jan/2025, Fev/2025 e Dez/2025 foram apuradas da seguinte forma:

Jan/25 = {[(4.000.000 X 19%) – 378.000]/4.000.000} + {[(4.000.000 X 14,3%) – 87.300]/4.000.000} X 33,5% = **13,61%**

Fev/25 = {[(4.025.000 X 19%) – 378.000]/4.025.000} + {[(4.025.000 X 14,3%) – 87.300]/4.025.000} X 33,5% = **13,67%**

Dez/25 = {[(4.275.000 X 19%) – 378.000]/4.275.000} + {[(4.275.000 X 14,3%) – 87.300]/4.275.000} X 33,5% = **14,26%**

Tabela 12.10 – Valores a recolher Simples Nacional exercício 2025

Competência	Receita Bruta Mensal	Alíquota Efetiva	Valor a Recolher
jan/25	R$ 358.333,33	13,61%	R$ 48.766,88
fev/25	R$ 358.333,33	13,67%	R$ 48.993,48
mar/25	R$ 358.333,33	13,74%	R$ 49.217,28

abr/25	R$ 358.333,33	13,80%	R$ 49.438,34
mai/25	R$ 358.333,33	13,86%	R$ 49.656,70
jun/25	R$ 358.333,33	13,92%	R$ 49.872,41
jul/25	R$ 358.333,33	13,98%	R$ 50.085,52
ago/25	R$ 358.333,33	14,04%	R$ 50.296,09
set/25	R$ 358.333,33	14,09%	R$ 50.504,14
out/25	R$ 358.333,33	14,15%	R$ 50.709,73
nov/25	R$ 358.333,33	14,21%	R$ 50.912,91
dez/25	R$ 358.333,33	14,26%	R$ 51.113,70
Total	R$ 4.300.000,00		R$ 599.567,18

Fonte: Elaborada pelo autor, 2025.

A opção pelo Simples Nacional importará no recolhimento unificado do PIS, COFINS, IRPJ, CSLL e CPP no valor de **R$ 599.567,18**, além do ICMS que será recolhido diretamente ao Estado da localidade da empresa, já que o sublimite da Receita de R$ 3.600.000,00 foi ultrapassado.

Assim a empresa ainda terá que recolher R$ 330.840,00 sendo apurado pela diferença entre o valor a Recolher de R$ 774.000,00 (R$ 4.300.000,00 X 18%) e a recuperar R$ 443.160,00, o qual contempla as parcelas de compras e energia elétrica {[R$ 2.300.000,00 + (R$ 180.000,00 X 90%)] X 18%}.

Na opção pelo Lucro Presumido, incidirá sobre o faturamento as contribuições PIS e COFINS apuradas de forma cumulativa, com alíquotas de 0,65% e 3%, respectivamente. Importante destacar que a base de cálculo dessas contribuições será R$ 3.526.000,00, uma vez que o ICMS deve ser excluído (R$ 4.300.000,00 - R$ 774.000,00). Para apuração da base de cálculo do IRPJ será utilizada a alíquota de 8% e, no caso da CSLL, 12% incidentes sobre o total das receitas de vendas, uma vez que se trata de atividade comercial. O plano orçamentário não informa a previsão de ganhos de capital a serem adicionados na base de cálculo do IRPJ e CSLL.

Capítulo 12 – PLANEJAMENTO TRIBUTÁRIO

Com relação à tributação sobre a folha de pagamentos de trabalhadores, incidirá, caso a opção da empresa seja Lucro Presumido ou Real, contribuição patronal previdenciária com alíquota de 20% sobre a remuneração de empregados e contribuintes individuais a serviço da empresa. Incidirá ainda risco ambiental do trabalho com alíquota de 1%, tendo em vista que o risco preponderante é leve, e terceiros com alíquota de 5,8% incidindo sobre a remuneração de empregados.

Caso a opção da empresa seja Lucro Real, será necessário apurar o lucro contábil e, após, ajustá-lo com as adições, de R$ 21.000,00 provenientes de despesas não dedutíveis e exclusões no valor de R$ 6.000,00, decorrentes de receitas não tributadas. A empresa poderá compensar R$ 40.000,00 referente ao saldo de prejuízos fiscais de exercícios anteriores. A empresa tomará créditos de PIS e COFINS sobre as compras, aluguel, energia e depreciação, totalizando R$ 227.2570,70, devendo ser destacado que sobre o valor das compras deve ser excluído a parcela do ICMS. Assim a base de cálculo dos crédito tributários R$ 2.456.840,00 será assim apurada:

Compras (R$ 2.300,000,00 - R$ 414.000,00) = R$ 1.886.000,00

Energia (R$ 180.000 - R$ 29.160,00) = R$ 150.840,00

Depreciação = R$ 60.000,00

Aluguel = R$ 360.000,00

A base de cálculo para apuração dos créditos tributários do PIS e da Cofins será: R$ 1.886.000,00 + R$ 150.840,00 + 60.000 + 360.000 = R$ 2.456.840,00

CT PIS R$ 2.456.840,00 X 1,65% = 40.537,86
CT Cofins = R$ 2.246.672,00 X 7,6% = R$ 186.719,84

662 CONTABILIDADE TRIBUTÁRIA

Na apuração do Lucro Real devemos deduzir os créditos tributários de ICMS, PIS e Cofins dos valores do custo de mercadorias vendidas e das despesas com aluguel, energia e depreciação.

Assim, o valor do CMV será **R$ 1.711.545,00** (R$ 2.300.000,00 - R$ 414.000,00 - R$ 174.455,00). O valor do aluguel será **R$ 326.700,00** (R$ 360.000,00 - R$ 33.300,00. O valor da energia será **R$ 136.837,30** (R$ 180.000,00 - R$ 29.160,00 - R$ 13.952,70). O valor da depreciação será **R$ 54.450,00** (R$ 60.000,00 - R$ 5.550,00).

De acordo com o resultado projetado, a melhor hipótese de tributação para essa empresa será o Lucro Real, que permitirá o maior resultado e menor pagamento de tributos.

Tabela 12.11 – Resultado do exercício projetado por regime de tributação

	Simples Nacional		Lucro Presumido		Lucro Real	
(=) Receita Bruta		4.300.000,00		4.300.000,00		4.300.000,00
(-) Deduções		1.373.567,18		902.699,00		1.154.557,40
ICMS	18%	774.000,00	18%	774.000,00	18%	774.000,00
PIS			0,65%	22.919,00	1,65%	58.179,00
Cofins			3%	105.780,00	7,60%	322.378,40
Simples Nacional		599.567,18				
(=) Receita Líquida		2.926.432,82		3.397.301,00		3.145.442,60
(-) C M V (CT)		2.300.000,00		1.886.000,00		1.711.545,00
(=) Lucro Bruto		626.432,82		1.511.301,00		1.433.897,60
(-) Despesas Operacionais		1.230.000,00		1.332.040,00		1.279.237,30
Salários		400.000,00		400.000,00		400.000,00

Capítulo 12 – PLANEJAMENTO TRIBUTÁRIO

Pró-labore		120.000,00		120.000,00		120.000,00
Cont Prev. Patronal			20%	104.000,00	20%	104.000,00
RAT			1%	4.000,00	1%	4.000,00
Terceiros			5,80%	23.200,00	5,8%	23.200,00
FGTS	8%	32.000,00	8%	32.000,00	8%	32.000,00
Aluguel (CT)		360.000,00		360.000,00		326.700,00
Deprecia-ções (CT)		60.000,00		60.000,00		54.450,00
Energia (CT)		180.000,00		150.840,00		136.887,30
Telefonia		18.000,00		18.000,00		18.000,00
Desp. Gerais		36.000,00		36.000,00		36.000,00
Desp Adm.		24.000,00		24.000,00		24.000,00
(=) LAIR		**- 603.567,18**		**179.261,00**		**154.660,30**
(+) Adições						21.000,00
(-) Exclusões						5.000,00
(-) Compensa-ções						40.000,00
(=) Base de Cálculo IRPJ		**- 603.567,18**		**344.000,00**		**130.660,30**
(-) IRPJ			15%	51.600,00	15%	19.599,05
(-) Adiconal IRPJ			10%	10.400,00	10%	
(=) Base de Cálculo CSLL				516.000,00		130.660,30
(-) CSLL			9%	46.440,00	9%	11.759,43
(=) LAPIR		**- 603.567,18**		**70.821,00**		**123.301,83**

Fluxo de Caixa Tributário						
	Simples Nacional		**Lucro Presumido**		**Lucro Real**	
ICMS a recolher		774.000,00		774.000,00		774.000,00
(-) ICMS a Recuperar		- 443.160,00		- 443.160,00		- 443.160,00
PIS e Cofins		-		128.699,00		380.557,40

(-)PIS e Cofins a Recuperar				- 227.257,70
Simples Nacional	599.567,18		-	-
CPP + RAT + Terceiros		-	131.200,00	131.200,00
FGTS	32.000,00		32.000,00	32.000,00
IRPJ	-		62.000,00	19.599,05
CSLL	-		46.440,00	11.759,43
Total	962.407,18		731.179,00	678.698,17

Fonte: Elaborada pelo autor, 2025.

QR Code para o acesso à planilha Livro Estudo 12.10.2

12.10.3 Empresa Prestadora de Serviços

A empresa XPTO Informática Ltda., cujo objeto social é o desenvolvimento de softwares, pretende analisar a melhor forma de tributação para o exercício de 2025. As informações do plano orçamentário são:

- 1) Faturamento anual estimado em R$ 3.000.000,00;
- 2) Folha de Pagamento anual R$ 1.250.000,00 (Não inclui tributos e FGTS);
- 3) Pró-labore estimado em R$ 180.000,00 no ano;
- 4) Despesas com aluguel, energia elétrica e depreciação de equipamentos de R$ 240.000,00, as quais permitem crédito de PIS e COFINS no Regime não cumulativo;
- 5) Outras despesas operacionais: R$ 150.000,00.

Capítulo 12 – PLANEJAMENTO TRIBUTÁRIO

O faturamento em 2024 foi de R$ 2.800.000,00. Com relação aos aspectos tributários, a empresa pode optar pelo Simples Nacional, podendo ser enquadrada no Anexo III ou no Anexo V de acordo com o Fato "R".

Com relação aos tributos sobre a folha de pagamento, existe a possibilidade de a empresa optar pela contribuição previdenciária sobre a receita bruta Patronal. Em 2024, a alíquota aplicada foi de 4,5%.

A base de cálculo para apuração do Lucro Presumido é de 32% para o IRPJ e CSLL. Para efeitos de apuração do IRPJ e CSLL, realizada por meio do Lucro Real, considere que R$ 12.500,00 referem-se a despesas não dedutíveis e R$ 8.500,00 a receitas não tributáveis. Sobre o faturamento incide ainda ISS com alíquota de 5%.

Tomando como base o levantamento dos dados operacionais e possibilidades fiscais existentes, vamos desenvolver o estudo das questões que serão solucionadas com o planejamento. A melhor opção tributária deve considerar a possibilidade de desoneração da folha de pagamento, já que o setor em que a empresa atua foi contemplado com essa possibilidade.

Em um primeiro momento, vamos analisar a possibilidade de a empresa optar pelo Simples Nacional. Para isso, será necessário apurar o Fator "R" o qual indicará o anexo a ser utilizado pela empresa, Anexo III ou Anexo V.

As atividades serão tributadas na forma do Anexo III quando a folha de salários for igual ou superior a 28% da receita bruta dos últimos 12 meses, anteriores ao período de apuração.

Compõem a folha de salário o montante pago a título de remunerações a pessoas físicas decorrentes do trabalho, além do montante efetivamente recolhido a título de contribuição patronal previdenciária e FGTS, inclusive as retiradas de pró-labore, devendo ser considerados os valores correspondentes aos últimos doze meses anteriores.

No caso em estudo, só os gastos com salário, FGTS e pró-labore representam mais de 54% na competência Jan/25: [R$ 1.250.000,00 + (R$ 1.250.000,00 X 8%) + R$ 180.000,00)]/R$ 2.800.000,00. Logo, o fator "R" será maior que 28%, sendo, assim, aplicado o Anexo III da Lei Complementar nº 123/2006.

De acordo com as informações do problema, a receita bruta de venda em 2024 foi de R$ 2.800.000,00, sendo esse o valor que servirá de base para o cálculo da alíquota efetiva em Jan/2025. A empresa será enquadrada na 5ª Faixa, com alíquota nominal de 21% e parcela a deduzir no valor de R$ 125.640,00.

A alíquota efetiva de cada mês será obtida por meio da seguinte equação:

$$[(RBT\ 12m\ X\ 21\%) - 125.640]/RBT\ 12m$$

Tabela 12.12 – Projeção da receita bruta acumulada e alíquota efetiva em 2025

Competência	RBT 12 m	Alíquota Nominal	Parcela a deduzir	Alíquota Efetiva
jan/25	R$ 2.800.000,00	21,00%	R$ 125.640,00	16,51%
fev/25	R$ 2.816.666,67	21,00%	R$ 125.640,00	16,54%
mar/25	R$ 2.833.333,33	21,00%	R$ 125.640,00	16,57%
abr/25	R$ 2.850.000,00	21,00%	R$ 125.640,00	16,59%
mai/25	R$ 2.866.666,67	21,00%	R$ 125.640,00	16,62%
jun/25	R$ 2.883.333,33	21,00%	R$ 125.640,00	16,64%
jul/25	R$ 2.900.000,00	21,00%	R$ 125.640,00	16,67%
ago/25	R$ 2.916.666,67	21,00%	R$ 125.640,00	16,69%
set/25	R$ 2.933.333,33	21,00%	R$ 125.640,00	16,72%
out/25	R$ 2.950.000,00	21,00%	R$ 125.640,00	16,74%

nov/25	R$ 2.966.666,67	21,00%	R$ 125.640,00	16,76%
dez/25	R$ 2.983.333,33	21,00%	R$ 125.640,00	16,79%

Fonte: Elaborada pelo autor, 2025.

Tabela 12.13 – Valores a recolher Simples Nacional Exercício 2025

Competência	Receita Bruta Mensal	Alíquota Efetiva	Valor a Recolher
jan/25	R$ 250.000,00	16,51%	R$ 41.282,14
fev/25	R$ 250.000,00	16,54%	R$ 41.348,52
mar/25	R$ 250.000,00	16,57%	R$ 41.414,12
abr/25	R$ 250.000,00	16,59%	R$ 41.478,95
mai/25	R$ 250.000,00	16,62%	R$ 41.543,02
jun/25	R$ 250.000,00	16,64%	R$ 41.606,36
jul/25	R$ 250.000,00	16,67%	R$ 41.668,97
ago/25	R$ 250.000,00	16,69%	R$ 41.730,86
set/25	R$ 250.000,00	16,72%	R$ 41.792,05
out/25	R$ 250.000,00	16,74%	R$ 41.852,54
nov/25	R$ 250.000,00	16,76%	R$ 41.912,36
dez/25	R$ 250.000,00	16,79%	R$ 41.971,51
Total	**R$ 3.000.000,00**		**R$ 499.601,39**

Fonte: Elaborada pelo autor, 2025.

Na opção da empresa pelo Lucro Presumido e pelo Lucro Real, haverá incidência de ISS com alíquota de 5% sobre o faturamento. Incidirá ainda as contribuições para o PIS e a COFINS na modalidade cumulativa com alíquotas de 0,65% e 3% e não cumulativo com alíquotas de 1,65% e 7,6%, sendo que nesta última a empresa poderá se creditar da parcela dos tributos sobre os gastos com aluguel e energia, além das depreciações.

Na apuração do Lucro Real, não podemos deixar de deduzir das despesas com aluguel a energia e depreciação dos créditos tributários, não sendo computados na apuração do resultado da empresa. Assim, apuramos o valor de R$ 217.800,00 (R$ 240.000,00 X (100% – 9,25%).

Com relação à tributação sobre a folha de pagamentos, incidirá, caso a opção da empresa seja Lucro Presumido ou real, contribuição patronal previdenciária – CPP com alíquota de 20% sobre a remuneração de empregados e contribuintes individuais a serviço da empresa, risco ambiental do trabalho com alíquota de 1% e terceiros com alíquota de 5,8%, esses dois últimos incidindo somente sobre a remuneração de empregados, contudo, é necessário realizar uma comparação em relação à Contribuição Previdenciária sobre a Receita Bruta (CPRB).

Para o cálculo da CPRB, em 2025, a alíquota a ser aplicada será de 3,6%, tendo em vista a redução de 20% da alíquota aplicada ao longo do ano de 2024. [4,5% X (1 – 0,2)]. Caberá ainda a aplicação da alíquota de 5% a ser aplicada sobre a folha de pagamento.

O valor previsto será R$ 108.000,00 (3,6 X R$ 3.000.000,00) acrescido de R$ 71.500,00 de tributação sobre a folha [5% X (R$ 1.250.000,00 + R$ 180.000,00)], totalizando **R$ 179.500,00**.

Ao realizarmos a comparação, identificamos que na tributação da CPP sobre a folha seria apurado o valor de R$ 286.000,00 [(R$ 1.250.000 + R$ 180.000) X 20%], sendo mais vantajosa caso a empresa faça opção pelo Lucro Real ou Lucro Presumido, optar pela desoneração.

Caso a empresa opte pelo regime de Lucro Real, a apuração será feita com base no lucro ajustado. Para isso, é necessário apurar inicialmente o lucro contábil e, em seguida, realizar os ajustes por meio de adições e exclusões.

Capítulo 12 – PLANEJAMENTO TRIBUTÁRIO

No presente caso, deve-se adicionar R$ 12.500,00 referentes a despesas não dedutíveis e excluir R$ 8.500,00 relativos a receitas não tributáveis.

Não há valores a serem compensados, uma vez que não existem saldos de prejuízos fiscais acumulados de exercícios anteriores.

De acordo com o resultado projetado, a melhor hipótese de tributação para essa empresa será o Simples Nacional, o qual permitirá o maior resultado e menor pagamento de tributos, e maior resultado líquido.

Tabela 12.14 – Resultado do exercício projetado por regime de tributação

	Simples Nacional		Lucro Presumido		Lucro Real	
(=) Receita Bruta		3.000.000,00		3.000.000,00		3.000.000,00
(-) Deduções		499.601,39		367.500,00		535.500,00
ISS	5%		5%	150.000,00	5%	150.000,00
PIS			0,65%	19.500,00	1,65%	49.500,00
Cofins			3%	90.000,00	7,60%	228.000,00
Simples Nacional		499.601,39				
CPP			3,6%	108.000,00	3,6%	108.000,00
(=) Receita Líquida		2.500.398,61		2.632.500,00		2.464.500,00
(-) Despesas Operacionais		1.920.000,00		2.076.500,00		2.054.300,00
Salários		1.250.000,00		1.250.000,00		1.250.000,00
Pró-labore		180.000,00		180.000,00		180.000,00
Cont Prev. Patronal			5%	71.500,00	5%	71.500,00
RAT			1%	12.500,00	1%	12.500,00
Terceiros			5,80%	72.500,00	5,8%	72.500,00

FGTS	8%	100.000,00	8%	100.000,00	8%	100.000,00
Aluguel Energia Depreciações		240.000,00		240.000,00		217.800,00
Outras Despesas Operacionais		150.000,00		150.000,00		150.000,00
(=) LAIR		580.398,61		556.000,00		410.200,00
(+) Adições						12.500,00
(-) Exclusões						8.500,00
(-) Compensações						
(=) Base de Cálculo IRPJ		580.398,61		960.000,00		414.200,00
(-) IRPJ			15%	144.000,00	15%	62.130,00
(-) Adiconal IRPJ			10%	72.000,00	10%	17.420,00
(=) Base de Cálculo CSLL				960.000,00		414.200,00
(-) CSLL			9%	86.400,00	9%	37.278,00
(=) LAPIR		580.398,61		253.600,00		293.372,00

Fluxo de Caixa Tributário		
	Simples Nacional	Lucro Presumido	Lucro Real
ISS	-	150.000,00	150.000,00
PIS e Cofins	-	109.500,00	277.500,00
(-)PIS e Cofins a Recuperar			- 22.200,00
Simples Nacional	499.601,39	-	-
CPP + RAT + Terceiros	-	264.500,00	264.500,00
FGTS	100.000,00	100.000,00	100.000,00
IRPJ	-	216.000,00	79.550,00
CSLL	-	86.400,00	37.278,00
Total	599.601,39	926.400,00	886.628,00

Fonte: Elaborada pelo autor, 2025.

QR Code para acesso à planilha Livro Estudo de caso 12.10.3

12.11 Deslocamento de Empresas

O deslocamento de empresas refere-se à mudança da sede ou do estabelecimento de uma organização para outra localidade, geralmente com o objetivo de se beneficiar de regimes tributários mais favoráveis. Essa estratégia pode ocorrer tanto no âmbito nacional quanto internacional.

No contexto nacional, o deslocamento pode envolver a transferência para estados ou municípios que oferecem incentivos fiscais, como redução de alíquotas de ICMS, ISS ou isenções de tributos. Cabe destacar que **a Reforma Tributária reduzirá essas hipóteses com a nova forma de tributação do consumo, passando a ser aplicada as alíquotas vigentes no destino do produto.**

No cenário internacional, a migração para países com regimes tributários mais brandos, conhecidos como paraísos fiscais ou jurisdições de baixa tributação, pode ser considerada.

Para essa análise, é importante considerar os seguintes pontos:

- **Aspectos jurídicos:** necessidade de readequação contratual e de registro da empresa nos órgãos competentes da nova localidade.
- **Reputação corporativa:** riscos de questionamentos sobre a legalidade da operação e impactos na imagem da empresa.
- **Aspectos políticos e econômicos:** riscos de revogação de incentivos fiscais concedidos sem prazo determinado.

- **Fiscalização e conformidade:** possibilidade de autuações por parte do fisco caso seja caracterizada uma tentativa de evasão fiscal em vez de uma real mudança operacional.

A decisão que envolve o deslocamento de empresas **deve avaliar as condições econômicas equivalentes e a capacidade de as operações não gerarem resultados abaixo da economia de tributos**. É necessário conhecer a forma de incidência de impostos sobre cada operação envolvida porque há uma série de dispositivos que podem inviabilizar a redução na carga. Essa decisão não pode ser tomada isoladamente, pois isso pode provocar o aumento de outros custos, inviabilizando a alternativa em consideração.

A questão articulada reside na possibilidade de aproveitar a guerra fiscal e transferir pelo menos parte das operações para uma outra localidade, com o fim de economizar tributos. As hipóteses a serem testadas envolvem a projeção de cenários com bases orçamentárias projetadas para uma possível situação, assim, possibilitando compará-la com a situação atual.

Para isso, é necessário identificar as condições necessárias para se obter economia tributária e aumento de resultado com deslocamento de empresas. Haverá aumento de lucro se observado redução da carga tributária com as demais variáveis permanecendo constantes, ou com variação menor do que a observado na carga tributária.

12.12 Reorganizações Societárias

As reorganizações societárias compreendem uma série de operações, como fusões, cisões, incorporações e transformações societárias, utilizadas para aprimorar a estrutura empresarial e reduzir a carga tributária de forma legítima.

- **Fusão**: união de duas ou mais empresas em uma única entidade, com o objetivo de consolidar operações e reduzir custos tributários.
- **Cisão:** divisão de uma empresa em duas ou mais entidades, permitindo a alocação estratégica de ativos e receitas para otimizar o pagamento de tributos.
- **Incorporação:** absorção de uma empresa por outra, o que pode resultar na transferência de benefícios fiscais, como aproveitamento de prejuízos fiscais acumulados.
- **Transformação:** alteração da natureza jurídica da empresa para um formato mais adequado à sua realidade tributária e operacional.

Devem ser levados em consideração os seguintes impactos:

- **Perda de benefícios fiscais:** possibilidade de impactar diretamente a viabilidade e a eficiência das estratégias adotadas, diante da impossibilidade de compensação de prejuízos fiscais acumulados.
- **Riscos de planejamento abusivo:** planejamentos agressivos podem ser questionados pelo fisco sob o argumento de simulação.
- **Custos operacionais e administrativos:** processos de reorganização podem demandar investimentos consideráveis e reestruturação interna.

Na prática!

As reorganizações societárias devem ser fundamentadas em uma boa justificativa, pois as Autoridades Administrativas podem entender como uma simples forma de reduzir tributos, e, assim, desconsiderar os atos por entender que se trate de uma simulação. O objetivo principal deve sempre ser no sentido de manter a competitividade.

A legislação tributária brasileira impõe restrições à compensação de prejuízos fiscais pelas empresas, especialmente em situações de sucessão, fusão, cisão e mudança de controle societário. Essas regras visam evitar que empresas utilizem prejuízos fiscais de terceiros ou de períodos anteriores como estratégia para reduzir artificialmente a base de cálculo do Imposto de Renda da Pessoa Jurídica (IRPJ) e da Contribuição Social sobre o Lucro Líquido (CSLL).

O art. 585 do Regulamento do Imposto de Renda estabelece que uma empresa sucessora, em casos de incorporação, fusão ou cisão, **não pode compensar os prejuízos fiscais da empresa sucedida**. Isso significa que, quando ocorre a união ou divisão de empresas, os prejuízos acumulados por uma delas não podem ser utilizados para reduzir a base tributável da nova entidade resultante da operação. No entanto, há uma exceção no caso da cisão parcial. O parágrafo único desse artigo estabelece que, quando uma empresa sofre uma cisão parcial, ou seja, transfere parte de seu patrimônio para outra entidade, ela ainda pode compensar seus próprios prejuízos fiscais, mas apenas na proporção do patrimônio que permaneceu com a empresa original. Isso garante que a parcela da empresa que continua operando mantenha o direito à compensação proporcional dos prejuízos acumulados.

O Regulamento do Imposto de Renda estabelece ainda no art. 584 que uma empresa perde o direito de compensar seus próprios prejuízos fiscais se ocorrerem, cumulativamente, duas mudanças significativas entre a data da apuração do prejuízo e o momento da compensação:

- **Mudança no controle societário**: quando há alteração dos acionistas ou sócios que detêm o controle da empresa.
- **Mudança no ramo de atividade**: quando a empresa altera significativamente o setor ou a área de negócios em que atua.

Capítulo 12 – PLANEJAMENTO TRIBUTÁRIO

Essa restrição impede que empresas adquiram outras exclusivamente para aproveitar prejuízos fiscais preexistentes e, assim, reduzir sua carga tributária. A norma busca garantir que a compensação de prejuízos seja legítima e esteja relacionada à mesma atividade econômica e estrutura empresarial que os gerou.

A reorganização societária é uma estratégia amplamente utilizada no planejamento tributário para otimizar a carga tributária e melhorar a eficiência operacional das empresas. No entanto, esse processo deve ser conduzido com cautela para evitar riscos fiscais e garantir a conformidade legal. Algumas medidas fundamentais devem ser observadas ao adotar essa prática.

Empresas que possuem unidades em diferentes localidades podem utilizar a reorganização societária para aproveitar regimes tributários mais vantajosos. No entanto, é essencial observar a legislação tributária de cada jurisdição para evitar questionamentos do fisco quanto à substância econômica da operação. A existência de uma estrutura física, operacional e administrativa real na localidade de registro da empresa é um fator determinante para a segurança jurídica da reorganização.

A separação de atividades entre diferentes entidades jurídicas pode ser uma estratégia válida para reduzir a tributação ou segregar riscos, desde que haja uma justificativa econômica real para essa divisão. A Receita Federal e outros órgãos fiscalizadores podem questionar reestruturações que sejam feitas exclusivamente para redução de impostos sem uma razão de negócio subjacente. Portanto, a documentação adequada, incluindo contratos, registros contábeis e atas societárias, é essencial para demonstrar a legitimidade da divisão.

Para afastar suspeitas de artificialidade em uma reorganização societária, é recomendável que cada empresa envolvida mantenha gestão própria, contabilidade independente e equipe de colaboradores distinta. O uso excessivo e indistinto de recursos humanos e financeiros entre empresas do mesmo grupo pode ser interpretado

676 CONTABILIDADE TRIBUTÁRIA

como indício de abuso fiscal ou simulação. Por isso, é essencial que cada entidade demonstre autonomia operacional e que suas atividades sejam compatíveis com sua estrutura física e funcional.

12.13 Exercícios de Fixação

1) Qual das alternativas a seguir caracteriza corretamente o Planejamento Tributário?

A) Adoção de qualquer estratégia para reduzir tributos, mesmo que viole normas jurídicas.

B) Estratégia lícita para minimizar a carga tributária sem violar a legislação vigente.

C) Qualquer forma de sonegação fiscal que reduza a carga tributária da empresa.

D) Redução de tributos por meio da ocultação de receitas e manipulação de documentos.

2) Qual das estratégias a seguir corresponde ao Planejamento Tributário para o adiamento do ônus fiscal?

A) Deixar de pagar tributos já devidos.

B) Utilizar brechas legais para evitar tributações obrigatórias.

C) Postergar a ocorrência do fato gerador ou o pagamento do tributo.

D) Criar despesas fictícias para reduzir a base de cálculo do imposto.

3) O conceito de "Prevalência da Essência sobre a Forma" no Planejamento Tributário refere-se a:

A) Garantia de que a forma jurídica adotada deve sempre prevalecer.

B) Possibilidade de a Administração Tributária desconsiderar estruturas artificiais sem propósito econômico real.

Capítulo 12 – PLANEJAMENTO TRIBUTÁRIO

C) Liberdade irrestrita do contribuinte para organizar seus negócios conforme sua conveniência.

D) Obrigatoriedade de seguir apenas o formato descrito na legislação, sem considerar a substância econômica das operações.

4) Uma empresa decide mudar sua forma de tributação de Lucro Presumido para Lucro Real para aproveitar melhor os créditos fiscais. Essa prática é um exemplo de:

A) Evasão fiscal.

B) Elisão tributária.

C) Elusão tributária.

D) Norma antielisão.

5) A evasão fiscal se diferencia da elisão tributária porque:

A) A evasão é uma prática legal e a elisão não.

B) A elisão ocorre após o fato gerador, enquanto a evasão ocorre antes.

C) A elisão é uma prática lícita baseada em estratégias permitidas pela legislação, enquanto a evasão é ilícita e implica descumprimento das normas tributárias.

D) Ambas são estratégias legítimas para reduzir tributos.

6) Qual das situações abaixo pode ser considerada abuso de direito no Planejamento Tributário?

A) Estruturar operações com finalidade negocial real e benefícios fiscais.

B) Simular operações para disfarçar a verdadeira natureza dos fatos geradores.

C) Aproveitar incentivos fiscais previstos em lei.

D) Escolher um regime tributário mais vantajoso dentro das opções legais.

7) O artigo 116, parágrafo único, do CTN, inserido pela Lei Complementar nº 104/2001, prevê que:

A) O fisco pode desconsiderar atos que dissimulem a ocorrência do fato gerador do tributo, desde que observem regras estabelecidas em lei.

B) O contribuinte é obrigado a optar sempre pelo regime mais oneroso.

C) A Administração Tributária pode modificar a base de cálculo de tributos sem justificativa.

D) Os tributos podem ser exigidos sem necessidade de previsão legal específica.

8) Uma empresa localizada na Zona Franca de Manaus pode optar por determinados incentivos fiscais concedidos pelo governo para reduzir sua carga tributária. Qual conceito se aplica a essa prática?

A) Elisão tributária, pois a empresa aproveita benefícios previstos em lei.

B) Evasão fiscal, pois a empresa está reduzindo a carga tributária ilegalmente.

C) Norma antielisão, pois a empresa está sendo investigada pelo fisco.

D) Simulação, pois a empresa está usando meios artificiais para reduzir impostos.

9) Uma empresa exportadora de tecnologia cria uma filial em um paraíso fiscal, registrando ali a maior parte dos lucros para pagar menos impostos. No entanto, não há funcionários nem operações reais nessa filial. Qual prática tributária está sendo realizada?

A) Elisão fiscal legítima, pois a empresa escolheu a melhor estrutura tributária.

Capítulo 12 – PLANEJAMENTO TRIBUTÁRIO

B) Planejamento tributário adequado, pois a filial está registrada legalmente.

C) Evasão fiscal, pois a empresa está ocultando sua real operação.

D) Elusão tributária, pois há uso de estrutura artificial para evitar tributos.

10) Uma rede de lojas decide instalar um novo centro de distribuição em um estado que oferece redução de ICMS para empresas do setor logístico. Essa estratégia representa:

A) Planejamento tributário legítimo, pois aproveita incentivos estaduais.

B) Evasão fiscal, pois a empresa está tentando pagar menos tributos de forma ilícita.

C) Elusão fiscal, pois há abuso da liberdade de planejamento.

D) Norma antielisão, pois a Receita Federal pode desconsiderar a operação.

11) Um empresário cria uma empresa fictícia apenas para emitir notas fiscais e reduzir sua carga tributária. A Receita Federal investiga a operação e decide desconsiderá-la. Qual norma permite essa ação do fisco?

A) Capacidade contributiva, que determina tributação proporcional.

B) Princípio da legalidade, que impede a cobrança de tributos sem previsão legal.

C) Norma antielisão, que permite desconsiderar atos que dissimulem a realidade tributária.

D) Tipicidade cerrada, que define a estrutura da obrigação tributária.

12) Uma empresa faz constantes reorganizações societárias sem motivos econômicos reais, apenas para pagar menos impostos. O fisco pode enquadrar essa prática como:

A) Abuso de direito, pois a empresa usa meios legais para fins ilegítimos.

B) Elisão fiscal legítima, pois a empresa age conforme a lei.

C) Planejamento tributário válido, pois não há restrição para reorganização societária.

D) Capacidade contributiva, pois a empresa está ajustando sua tributação.

13) Se uma empresa contrata funcionários como prestadores de serviço para evitar encargos trabalhistas e fiscais, mas a relação tem todas as características de um vínculo empregatício, o que pode ocorrer?

A) O fisco não pode intervir, pois a empresa tem liberdade de escolha.

B) A empresa está legalmente protegida, pois possui contratos assinados.

C) Trata-se de um caso de elisão tributária legítima.

D) O fisco pode desconsiderar a formalização e cobrar tributos trabalhistas e previdenciários.

14) Um empresário realiza um contrato de empréstimo para justificar a transferência de grandes quantias de dinheiro, mas, na realidade, trata-se de uma doação. Esse caso caracteriza:

A) Dissimulação.

B) Simulação.

C) Dolo.

D) Fraude.

Capítulo 12 – PLANEJAMENTO TRIBUTÁRIO

15) A empresa Alfa emitiu notas fiscais com valores menores do que os realmente cobrados para reduzir sua carga tributária. Essa conduta caracteriza:

A) Planejamento tributário lícito.

B) Dissimulação.

C) Crime contra a ordem tributária.

D) Infração tributária sem dolo.

16) Um contribuinte deixa de recolher tributo devido dentro do prazo legal, mas sem intenção fraudulenta. Esse caso configura:

A) Crime tributário formal.

B) Crime tributário material.

C) Infração tributária.

D) Sonegação fiscal.

17) Em uma auditoria, uma empresa é flagrada utilizando programa de contabilidade que permite omitir informações fiscais ao fisco. Essa prática configura:

A) Infração tributária.

B) Crime formal contra a ordem tributária.

C) Simulação.

D) Erro contábil sem dolo.

18) Qual dos seguintes casos pode extinguir a punibilidade de um crime tributário?

A) O parcelamento da dívida após a denúncia.

B) O pagamento integral do débito antes da denúncia.

C) O pedido de falência da empresa.

D) A contratação de um advogado tributarista.

CONTABILIDADE TRIBUTÁRIA

19) Durante a revisão fiscal de uma empresa, o auditor detectou que a empresa omitiu informações sobre sua folha de pagamento para reduzir contribuições sociais. Essa prática caracteriza:

A) Planejamento tributário lícito.

B) Infração leve sem consequências.

C) Dissimulação legal.

D) Sonegação de contribuições previdenciárias.

20) Um empresário primário e com bons antecedentes foi processado por não recolher contribuições previdenciárias. Ele efetuou o pagamento integral após a denúncia. O juiz pode:

A) Aplicar a pena integralmente.

B) Substituir a pena por multa ou conceder o perdão judicial.

C) Determinar reclusão de 2 a 5 anos.

D) Exigir o pagamento apenas das multas.

Respostas:

1 – B	6 – B	11 – C	16 – C
2 – C	7 – A	12 – A	17 – B
3 – B	8 – A	13 – D	18 – B
4 – B	9 – D	14 – B	19 – D
5 – C	10 – A	15 – C	20 – B

REFERÊNCIAS

BRASIL. Constituição. *Constituição da República Federativa do Brasil de 1988.* Promulgada em 5 de outubro de 1988. Diário Oficial da União, Brasília, DF, 5 out. 1988.

BRASIL. Decreto n° 3.048, de 6 de maio de 1999. Aprova o Regulamento da Previdência Social, e dá outras providências. *Diário Oficial da União: seção 1*, Brasília, DF, 7 maio 1999.

BRASIL. Decreto n° 6.306, de 14 de dezembro de 2007. Regulamenta o Imposto sobre Operações de Crédito, Câmbio e Seguro, ou relativas a Títulos ou Valores Mobiliários – IOF. *Diário Oficial da União: seção 1*, Brasília, DF, 17 dez. 2007.

BRASIL. Decreto n° 6.759, de 5 de fevereiro de 2009. Regulamenta a administração das atividades aduaneiras e a fiscalização, o controle e a tributação das operações de comércio exterior. *Diário Oficial da União: seção 1*, Brasília, DF, 6 fev. 2009.

BRASIL. Decreto n° 7.212, de 15 de junho de 2010. Regulamenta a cobrança, fiscalização, arrecadação e administração do Imposto sobre Produtos Industrializados - IPI. *Diário Oficial da União: seção 1*, Brasília, DF, 16 jun. 2010.

BRASIL. Decreto n° 7.828, de 16 de outubro de 2012. Regulamenta a incidência da contribuição previdenciária sobre a receita devida pelas empresas de que tratam os arts. 7° a 9° da Lei n. 12.546, de 14 de dezembro de 2011. *Diário Oficial da União: seção 1*, Brasília, DF, 17 out. 2012.

BRASIL. Decreto n° 9.580, de 22 de novembro de 2018. Regulamenta a tributação, a fiscalização, a arrecadação e a administração do Imposto sobre a Renda e Proventos de Qualquer Natureza. *Diário Oficial da União: seção 1*, Brasília, DF, 23 nov. 2018.

BRASIL. Decreto n° 11.158, de 29 de julho de 2022. Aprova a Tabela de Incidência do Imposto sobre Produtos Industrializados – TIPI. *Diário Oficial da União: seção 1*, Brasília, DF, 1º ago. 2022.

BRASIL. Decreto n° 70.235, de 6 de março de 1972. Dispõe sobre o processo administrativo fiscal, e dá outras providências. *Diário Oficial da União: seção 1*, Brasília, DF, 7 mar. 1972.

BRASIL. Decreto n° 99.684, de 8 de novembro de 1990. Consolida as normas regulamentares do Fundo de Garantia do Tempo de Serviço – FGTS. *Diário Oficial da União: seção 1*, Brasília, DF, 9 nov. 1990.

BRASIL. Decreto-Lei n° 1.578, de 11 de outubro de 1977. Dispõe sobre o imposto sobre a exportação, e dá outras providências. *Diário Oficial da União: seção 1*, Brasília, DF, 13 out. 1977.

BRASIL. Decreto-Lei n° 1.598, de 26 de dezembro de 1977. Altera a legislação do imposto sobre a renda. *Diário Oficial da União: seção 1*, Brasília, DF, 27 dez. 1977.

BRASIL. Decreto-Lei n° 9.760, de 5 de setembro de 1946. Dispõe sobre os bens imóveis da União e dá outras providências. *Diário Oficial da União: seção 1*, Rio de Janeiro, 6 set. 1946.

BRASIL. Receita Federal do Brasil. Instrução Normativa RFB n° 1.436, de 30 de dezembro de 2013. Dispõe sobre a Contribuição Previdenciária sobre a Receita Bruta (CPRB), destinada ao Regime Geral de Previdência Social (RGPS). *Diário Oficial da União: seção 1*, Brasília, DF, 31 dez. 2013.

BRASIL. Receita Federal do Brasil. Instrução Normativa RFB nº 1.700, de 14 de março de 2017. Dispõe sobre normas ge-

REFERÊNCIAS

rais de tributação relativas ao Imposto sobre a Renda das Pessoas Jurídicas. *Diário Oficial da União*, Brasília, DF, 20 mar. 2017.

BRASIL. Receita Federal do Brasil. Instrução Normativa RFB n° 1.881, de 4 de abril de 2019. Altera a Instrução Normativa RFB n. 1.700, de 14 de março de 2017, que dispõe sobre IRPJ, CSLL, Contribuição para o PIS/Pasep e Cofins. *Diário Oficial da União: seção 1*, Brasília, DF, 5 abr. 2019.

BRASIL. Receita Federal do Brasil. Instrução Normativa RFB n° 2.121, de 15 de dezembro de 2022. Consolida as normas sobre a apuração, a cobrança, a fiscalização, a arrecadação e a administração da Contribuição para o PIS/Pasep, da Cofins, da PIS/Pasep-Importação e da Cofins-Importação. *Diário Oficial da União: seção 1*, Brasília, DF, 16 dez. 2022.

BRASIL. Lei Complementar nº 7, de 7 de setembro de 1970. Institui o Programa de Integração Social, e dá outras providências. *Diário Oficial da União*, Brasília, DF, 9 set. 1970.

BRASIL. Lei Complementar nº 70, de 30 de dezembro de 1991. Institui contribuição para financiamento da Seguridade Social, eleva a alíquota da contribuição social sobre o lucro das instituições financeiras e dá outras providências. *Diário Oficial da União*, Brasília, DF, 31 dez. 1991.

BRASIL. Lei Complementar n° 87, de 13 de setembro de 1996. Dispõe sobre o ICMS, nos termos do art. 155, § 2º, XII, da Constituição Federal. *Diário Oficial da União: seção 1*, Brasília, DF, 16 set. 1996.

BRASIL. Lei Complementar n° 116, de 31 de julho de 2003. Dispõe sobre o Imposto sobre Serviços de Qualquer Natureza – ISSQN. *Diário Oficial da União: seção 1*, Brasília, DF, 1º ago. 2003.

BRASIL. Lei Complementar n° 123, de 14 de dezembro de 2006. Institui o Estatuto Nacional da Microempresa e da Empresa de Pequeno Porte. *Diário Oficial da União: seção 1*, Brasília, DF, 15 dez. 2006.

BRASIL. Lei Complementar nº 187, de 16 de dezembro de 2021. Dispõe sobre a certificação das entidades beneficentes e regula os procedimentos referentes à imunidade de contribuições à seguridade social de que trata o § 7º do art. 195 da Constituição Federal; altera as Leis nº 5.172, de 25 de outubro de 1966 (Código Tributário Nacional), e nº 9.532, de 10 de dezembro de 1997; revoga a Lei nº 12.101, de 27 de novembro de 2009, e dispositivos das Leis nº 11.096, de 13 de janeiro de 2005, e nº 12.249, de 11 de junho de 2010; e dá outras providências. *Diário Oficial da União*, Brasília, DF, 17 dez. 2021.

BRASIL. Lei Complementar n° 214, de 11 de janeiro de 2025. Regulamenta os tributos sobre o consumo previstos na Emenda Constitucional n. 132, de 2023, e dá outras providências. *Diário Oficial da União: seção 1*, Brasília, DF, 12 jan. 2025.

BRASIL. Lei n° 5.172, de 25 de outubro de 1966. Dispõe sobre o Sistema Tributário Nacional e institui normas gerais de direito tributário aplicáveis à União, Estados e Municípios (Código Tributário Nacional). *Diário Oficial da União: seção 1*, Brasília, DF, 27 out. 1966.

BRASIL. Lei n° 6.404, de 15 de dezembro de 1976. Dispõe sobre as sociedades por ações. *Diário Oficial da União: seção 1*, Brasília, DF, 17 dez. 1976.

BRASIL. Lei nº 7.689, de 15 de dezembro de 1988. Institui contribuição social sobre o lucro das pessoas jurídicas e dá outras providências. *Diário Oficial da União: seção 1*, Brasília, DF, 16 dez. 1988.

BRASIL. Lei nº 7.713, de 22 de dezembro de 1988. Altera a legislação do imposto de renda e dá outras providências. *Diário Oficial da União: seção 1*, Brasília, DF, 23 dez. 1988.

REFERÊNCIAS

BRASIL. Lei nº 8.036, de 11 de maio de 1990. Dispõe sobre o Fundo de Garantia do Tempo de Serviço, e dá outras providências. *Diário Oficial da União: seção 1*, Brasília, DF, 14 maio 1990.

BRASIL. Lei nº 8.137, de 27 de dezembro de 1990. Define crimes contra a ordem tributária, econômica e contra as relações de consumo, e dá outras providências. *Diário Oficial da União: seção 1*, Brasília, DF, 28 dez. 1990.

BRASIL. Lei nº 8.212, de 24 de julho de 1991. Dispõe sobre a organização da Seguridade Social, institui Plano de Custeio, e dá outras providências. *Diário Oficial da União: seção 1*, Brasília, DF, 25 jul. 1991.

BRASIL. Lei nº 9.249, de 26 de dezembro de 1995. Altera a legislação do imposto de renda das pessoas jurídicas, bem como da contribuição social sobre o lucro líquido, e dá outras providências. *Diário Oficial da União: seção 1*, Brasília, DF, 27 dez. 1995.

BRASIL. Lei nº 9.250, de 26 de dezembro de 1995. Altera a legislação do imposto de renda das pessoas físicas e dá outras providências. *Diário Oficial da União: seção 1*, Brasília, DF, 27 dez. 1995.

BRASIL. Lei nº 9.393, de 19 de dezembro de 1996. Dispõe sobre o Imposto sobre a Propriedade Territorial Rural - ITR, sobre pagamento da dívida representada por Títulos da Dívida Agrária e dá outras providências. *Diário Oficial da União: seção 1*, Brasília, DF, 20 dez. 1996.

BRASIL. Lei nº 9.430, de 27 de dezembro de 1996. Dispõe sobre a legislação tributária federal, as contribuições para a seguridade social, o processo administrativo de consulta e dá outras providências. *Diário Oficial da União: seção 1*, Brasília, DF, 30 dez. 1996.

BRASIL. Lei nº 9.715, de 25 de novembro de 1998. Dispõe sobre as contribuições para os Programas de Integração Social e de Formação do Patrimônio do Servidor Público - PIS/PASEP, e dá outras providências. *Diário Oficial da União: seção 1*, Brasília, DF, 26 nov. 1998.

BRASIL. Lei nº 9.716, de 26 de novembro de 1998. Dá nova redação aos arts. 1º, 2º, 3º e 4º do Decreto-Lei nº 1.578, de 11 de outubro de 1977, que dispõe sobre o imposto de exportação, e dá outras providências. *Diário Oficial da União: seção 1*, Brasília, DF, 27 nov. 1998.

BRASIL. Lei nº 9.718, de 27 de novembro de 1998. Altera a Legislação Tributária Federal. *Diário Oficial da União: seção 1*, Brasília, DF, 30 nov. 1998.

BRASIL. Lei nº 9.790, de 23 de março de 1999. Dispõe sobre a qualificação de pessoas jurídicas de direito privado, sem fins lucrativos, como Organizações da Sociedade Civil de Interesse Público, institui e disciplina o Termo de Parceria, e dá outras providências. *Diário Oficial da União: seção 1*, Brasília, DF, 24 mar. 1999.

BRASIL. Lei nº 9.876, de 26 de novembro de 1999. Dispõe sobre a contribuição previdenciária do contribuinte individual, o cálculo do benefício, altera dispositivos das Leis nºs 8.212 e 8.213, ambas de 24 de julho de 1991, e dá outras providências. *Diário Oficial da União: seção 1*, Brasília, DF, 29 nov. 1999.

BRASIL. Lei nº 9.964, de 10 de abril de 2000. Institui o Programa de Recuperação Fiscal – Refis e dá outras providências, e altera as Leis nºs 8.036, de 11 de maio de 1990, e 8.844, de 20 de janeiro de 1994. *Diário Oficial da União: seção 1*, Brasília, DF, 11 abr. 2000.

BRASIL. Lei nº 10.637, de 30 de dezembro de 2002. Dispõe sobre a não-cumulatividade na cobrança da contribuição para os Programas de Integração Social (PIS) e de Formação do Patrimônio do Servidor Público (Pasep), nos casos que especifica; sobre o pagamento e o parcelamento de débitos tributários federais, a compensação de créditos fiscais, a declaração de inaptidão de inscrição de pessoas jurídicas, a legislação aduaneira, e dá outras providências. *Diário Oficial da União: seção 1*, Brasília, DF, 31 dez. 2002.

BRASIL. Lei nº 10.833, de 29 de dezembro de 2003. Altera a Legislação Tributária Federal. *Diário Oficial da União: seção 1*, Brasília, DF, 30 dez. 2003.

BRASIL. Lei nº 10.865, de 30 de abril de 2004. Dispõe sobre a Contribuição para os Programas de Integração Social e de Formação do Patrimônio do Servidor Público e a Contribuição para o Financiamento da Seguridade Social incidentes sobre a importação de bens e serviços e dá outras providências. *Diário Oficial da União: seção 1*, Brasília, DF, 3 maio 2004.

BRASIL. Lei nº 12.973, de 13 de maio de 2014. Altera a legislação tributária federal relativa ao Imposto sobre a Renda das Pessoas Jurídicas - IRPJ, à Contribuição Social sobre o Lucro Líquido - CSLL, à Contribuição para o PIS/PASEP e à Cofins, e dá outras providências. *Diário Oficial da União: seção 1*, Brasília, DF, 14 maio 2014.

BRASIL. Lei nº 13.467, de 13 de julho de 2017. Altera a Consolidação das Leis do Trabalho (CLT), aprovada pelo Decreto-Lei nº 5.452, de 1º de maio de 1943, e as Leis nº 6.019, de 3 de janeiro de 1974, 8.036, de 11 de maio de 1990, e 8.212, de 24 de julho de 1991, a fim de adequar a legislação às novas relações de trabalho. *Diário Oficial da União: seção 1*, Brasília, DF, 14 jul. 2017.

BRASIL. Lei nº 13.988, de 14 de abril de 2020. Dispõe sobre a transação nas hipóteses que especifica; e altera as Leis nº 13.464, de 10 de julho de 2017, e 10.522, de 19 de julho de

2002. *Diário Oficial da União: seção 1*, Brasília, DF, 15 abr. 2020.

BRASIL. Lei nº 14.784, de 29 de dezembro de 2023. Prorroga até 31 de dezembro de 2027 os prazos de que tratam os arts. 7º e 8º da Lei nº 12.546, de 14 de dezembro de 2011, e o caput do § 21 do art. 8º da Lei nº 10.865, de 30 de abril de 2004, e dá outras providências. *Diário Oficial da União: seção 1*, Brasília, DF, 29 dez. 2023.

CARVALHO, Cristiano. Planejamento Tributário. São Paulo: Quartier Latin, 2004.

COELHO, Sacha Calmon Navarro. Curso de direito tributário brasileiro. Rio de Janeiro: Forense, 2004.

CREPALDI, Sílvio A.; CREPALDI, Guilherme S. Contabilidade fiscal e tributária. 2. ed. Rio de Janeiro: Saraiva Uni, 2019.

FABRETTI, Láudio C. Contabilidade Tributária. 16. ed. Rio de Janeiro: Atlas, 2016.

GRECO, Marco Aurélio. Planejamento Tributário. São Paulo: Dialética, 2004.

IMBRAHIM, F. Z. Curso de direito previdenciário. 24. ed. Rio de Janeiro: Impetus, 2021. ISBN 85-7626-382-1.

MACHADO, Hugo de Brito. Crimes contra ordem tributária. 5. ed. Rio de Janeiro: Atlas, 2022.

MACHADO, Hugo de Brito. Curso de Direito Tributário. 27. ed. São Paulo: Malheiros, 2006.

MARTINS, Ives Gandra da Silva. Imunidades tributárias, cláusulas pétreas constitucionais. Revista da Academia Brasileira de Letras Jurídicas, Rio de Janeiro, n. 27, p. 181-185, 2005. Disponível em: http://www.ablj.org.br/revistas/revista27.asp. Acesso em: 12 dez. 2020.

NOBERTO, Cristiane. Alíquota geral do IVA vai ficar em torno de 28%, diz Appy. CNN Brasil, Brasília, 16 jan. 2025. Disponível em: https://www.cnnbrasil.com.br/economia/macroeco-

REFERÊNCIAS

nomia/aliquota-geral-do-iva-vai-ficar-em-torno-de-28-diz-appy/.
Acesso em: 6 abr. 2025.

OLIVEIRA, Gustavo Pedro de. Contabilidade Tributária. 4. ed.
Rio de Janeiro: Saraiva, 2013.

PAULSEN, Leandro. Curso de direito tributário completo.
São Paulo: Saraiva, 2017.

PÊGAS, Paulo H. Manual de Contabilidade Tributária. 10. ed.
Rio de Janeiro: Atlas, 2022.

POHLMANN, Marcelo C. Contabilidade Tributária. 2. ed. Rio
de Janeiro: Atlas, 2024.

SABBAG, Eduardo. Manual de direito tributário. São Paulo:
Saraiva, 2017.

TEIXEIRA, Alexandre Alkmim. To Split or not to Split: o Split
Payment como Mecanismo de Recolhimento de IVA e seus
Potenciais Impactos no Brasil. Revista Direito Tributário
Atual, Instituto Brasileiro de Direito Tributário, São Paulo,
2022. Disponível em: https://revista.ibdt.org.br/index.php/
RDTA/article/view/2139/1923. Acesso em: 7 abr. 2025.

TORRES, Ricardo Lobo. Curso de Direito Financeiro e Tributário. 12. ed. Rio de Janeiro: Renovar, 2005.